ROUTENREISEFÜHRER

NATIONALPARKROUTE
USA – KALIFORNIEN

MARION LANDWEHR

Einleitung. 9

Staat und Verwaltung. 17

Highlights. 23

Routenübersicht 31

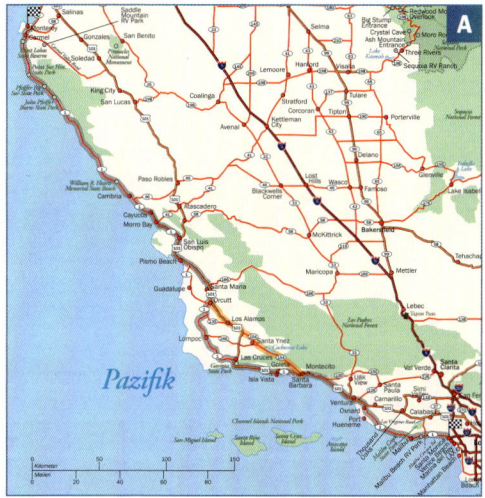

A **Los Angeles bis**
Monterey Bay 35

Los Angeles. 39
Santa Barbara. 59
Santa Ynez Valley 65
W. R. Hearst State Beach. 68
Julia Pfeiffer Burns State Park. 69
Point Sur Historic State Park . . 71
Monterey 72

B **Von Monterey Bay über**
San Francisco an den
Lake Tahoe 83

San Francisco 87
Napa Valley 110
Sacramento. 112
Eldorado National Forest 115
Lake Tahoe 118

Vom Lake Tahoe über Mono Lake zum Yosemite National Park **139**

Kingsbury Grade 143
Toiyabe National Forest 144
Bodie State Hist. State Park . 146
Mono Lake 150
June Lake Loop 153
Yosemite National Park 157
Tioga Road 161
Yosemite Valley. 167

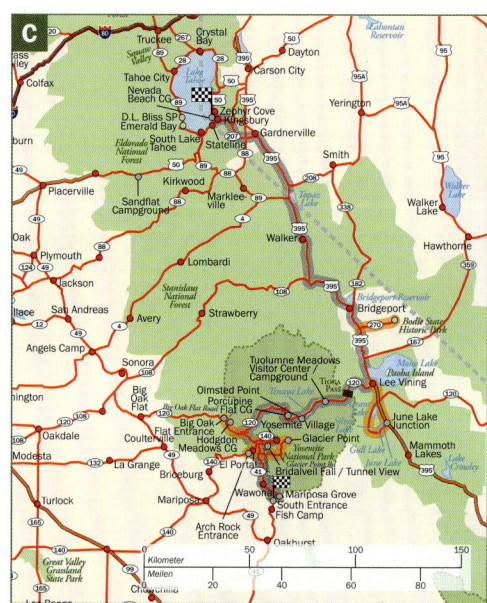

Vom Yosemite zu den National Parks Kings Canyon und Sequoia **181**

Fresno. 184
Kings Canyon National Park . 186
Exkurs Sequoias. 190
Kings Canyon Scenic Byway . 196
Sequoia National Park. 202
Giant Forest 209
Crystal Cave 215

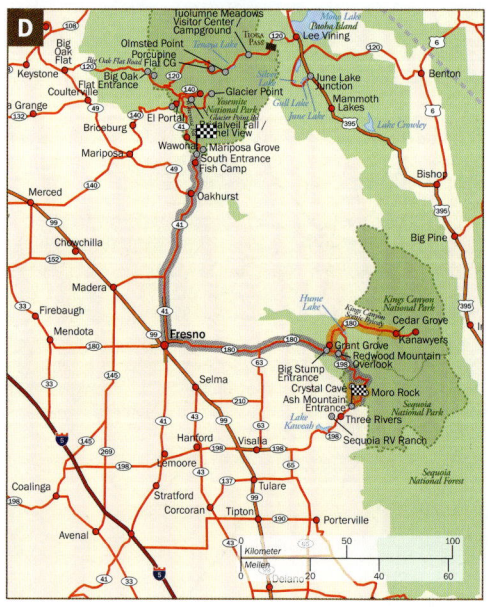

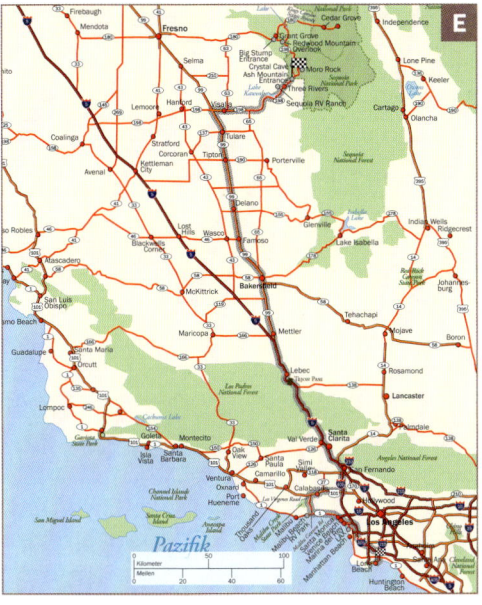

**Vom Sequoia National Park
zu den Pazifikstränden und
Los Angeles** **217**

Three Rivers 221
Lake Kaweah. 223
Malibu Beach 227
Santa Monica Beach 229
Venice Beach 230
Long Beach 233
LAX – Los Angeles Int. Airport . 235

Wissenswertes **237**
Reisevorbereitung 238
Unterwegs. 252
Checklisten. 274

Stichwortverzeichnis **276**

Karten. **283**
Channel Islands National Park 284
Kings Canyon & Sequoia National Park 286
Yosemite National Park 288

EINLEITUNG

Der kalifornische Traum

„Kalifornien" – schon der Name allein hat eine faszinierende Ausstrahlung. So verschieden die Bilder sind, die einem dazu einfallen, so vielseitig ist der ganze Bundesstaat selbst. Da ist auf der einen Seite eine atemberaubende Küste mit mehr als 2.000 Kilometern Länge. Der sanfte Karibik-Sandstrand ist dabei ebenso vorhanden wie die von Wind und Wellen dramatisch zerklüftete Felsklippe mit Blick in die Unendlichkeit des Pazifischen Ozeans. In unserer Vorstellung liegen die gut gebräunten Kalifornier am Strand und beten die Sonne an – alternativ surfen sie zu hunderten auf den haushohen Wellen. Allesamt mit gestähltem Body, versteht sich.

Das Kontrastprogramm kann sich ebenfalls sehen lassen: Es gibt Metropolstädte wie Los Angeles mit dem berühmtesten seiner Stadtteile: Hollywood. Hier stellt man sich die Stars scharenweise in den angesagten Kneipen und in den Nobelvierteln von Hollywood und Beverly Hills vor. Die Universal Studios erscheinen ebenso vor unserem geistigen Auge wie Disneyland in Anaheim mit all seinem Rummel im Südosten der Gigantenstadt. Die zweitgrößte Stadt der USA ist eigentlich ein Konglomerat aus vielen kleineren Orten mit Einwohnern aus allen Ecken dieser Welt. San Francisco drängt sich als nächstes ins Bewusstsein mit der imposanten Golden Gate Bridge. Für viele ist San Francisco eine der schönsten Städte der Welt. Ein solches Kompliment hat die Stadt auf den Hügeln mit ihrem europäischen Charme, ihren antiken Cable Cars, ihrer multikulturellen Zusammensetzung und ihrer geheimnisvoll-nebligen Bucht mit Sicherheit verdient.

Wir verlassen in unserer Vorstellung die Küste und haben nicht nur einen Klimawechsel, sondern einen kompletten Szenenwechsel zu verarbeiten: Es geht in die alpine Landschaft des Yosemite Tals, in die überwältigende Großartigkeit der Sequoia-Wälder, in die Gebirge der Sierra Nevada und zu Bergseen, an deren Ufer man ergriffen nach angemessenen Voka-

Surfen ist Volkssport an der kalifornischen Küste!

beln für so viel Schönheit sucht. Der Trubel, die Partystimmung und das wilde Naturschauspiel der Küste verwandeln sich im Hinterland zu ehrfurchtsvollem Staunen vor den Wundern der Schöpfung, die Betriebsamkeit zu beschaulichem Erleben – das alles innerhalb ein- und desselben Bundesstaates. Kaliforniens Beiname ist „The Golden State" und man kann nur einen kleinen Eindruck davon bekommen, warum der Staat so genannt wird. Offiziell ist Kalifornien natürlich wegen der Entdeckung des wertvollen Edelmetalls im Jahr 1848 zu diesem glanzvollen Namen gekommen. Seit 1968 darf er sich nun mit diesem goldenen Beinamen schmücken.

Viele Menschen träumen davon, diesen ganz besonderen Bundesstaat einmal zu besuchen. Es ist mit Abstand der populärste Staat der USA und nach Alaska und Texas der drittgrößte. Er reicht von der Pazifik-Küste im Westen bis zu den Bergen der Sierra Nevada im Osten und von den Redwood-Wäldern im Nordwesten bis zu den Gebieten der Mojave Wüste im Südosten. Mittendrin befindet sich das fruchtbare Central Valley als Herzstück der Landwirtschaft. Mit dem Mount Whitney und dem Death Valley befinden sich der höchste und der niedrigste Punkt des Landes innerhalb Kaliforniens. Es grenzen außerdem die Bundesstaaten Oregon, Nevada, Arizona und Mexiko an Kalifornien an. Mit einer Gesamtfläche von 411.000 Quadratkilometern ist der Bundesstaat etwas größer als Deutschland und etwas kleiner als Frankreich.

Es ist nicht möglich, Kalifornien im Rahmen eines Urlaubes auch nur annähernd „ganz" zu sehen. Eine wahrhaft disziplinierte Planung ist nötig, um sich nicht zu übernehmen. Denn es muss so manches im wahrsten Sinne des Wortes auf der Strecke bleiben, weil man in einem Urlaub nicht nur begrenzt viel Zeit hat, sondern vor allem auch nur eine begrenzte Menge an Eindrücken verarbeiten kann. Der vorliegende Routenreiseführer bemüht sich, die beliebtesten Ziele herauszupicken und einen Rahmen vorzugeben, der genussvoll machbar ist. Es wird an dieser Stelle ausdrücklich dazu geraten, sich nicht zu viel vorzunehmen. Es würde dem bezaubernden Staat nicht gerecht werden, wenn man in Hektik durch ihn hindurch eilt. Dennoch soll nicht der Eindruck entstehen, Sie müssten eine „fest vorgeplante" Route nur noch nachfahren. Ich habe stattdessen versucht, die Highlights so auszuwählen und zusammenzustellen, dass die Reise an keiner Stelle in Stress ausartet. Wenn man in etwa das Terrain absteckt, bietet sich die Runde, die Sie in diesem Reiseführer finden, auch auf natürliche Weise an. Im Text selbst finden Sie immer wieder Stellen, an denen Sie je nach persönlichem Zeitplan einen Umweg oder Abstecher einfügen können. Denn in erster Linie soll Ihnen der Reiseführer helfen, sich nicht zu verzetteln.

Gerade das aber kann leicht passieren. Man kennt so viele berühmte Ziele in Kalifornien, die man natürlich alle auch einmal persönlich gesehen haben will. Da man aber im Normalfall nicht drei Monate, sondern eher drei Wochen unterwegs ist, sollte man sich von Anfang an klar darüber sein, dass einfach nicht alles möglich ist. Der Mut zur Lücke ist eine unabdingbare Voraussetzung. Ich habe mich bemüht, die Lücke für Sie so klein wie möglich zu halten. Viele Menschen, denen ich begegnet bin, wollten unbedingt auch das Death Valley, Las Vegas und San Diego „mitnehmen". Ihre Pläne und Erfahrungen klangen eher wie eine Flucht, als ein Urlaub. Ein Wettkampf mit der Zeit und ein stumpfes Abfahren von Kilometern sollte die Kalifornien-Tour auf keinen Fall werden. Deshalb mein Rat: Kommen Sie lieber noch einmal wieder und schauen sich den „Rest" an – Kalifornien hat für mehr als einen Aufenthalt genug zu bieten.

Egal, wo in Kalifornien man sich aufhält – eines ist immer gegenwärtig: die Flagge des Staates. Es ist ein wenig irritierend, dass ein Grizzly darauf zu sehen

Die kalifornische Landesflagge

ist, obwohl es doch der Schwarzbär ist, der heute in Kalifornien recht häufig vorkommt. Der sogenannte Kalifornische Grizzly-Bär (Ursus californicus) wurde 1953 zum offiziellen Tier des Bundesstaates ernannt. Früher war das gewaltige Raubtier ein weit verbreitetes Tier in dieser Region, wurde aber von den frühen Siedlern gnadenlos gejagt und getötet. Der letzte Grizzly wurde 1920 im Tulare County getötet, zum letzten Mal gesichtet wurde in Kalifornien ein Grizzly-Bär 1922. Heute ist es für Touristen gar keine Seltenheit, auf Schwarzbären zu treffen. Der Name ist irreführend, in den seltensten Fällen ist die Fellfarbe wirklich schwarz. Von Blond bis Mittelbraun gibt es den Schwarzbären auch in helleren Farbtönen. Statistisch gesehen

trifft jeder zweite Tourist im Laufe seines Urlaubes auf einen Bären – das ist erstaunlich häufig. Wichtig ist es deshalb, gut darauf vorbereitet zu sein, einem solch beeindruckenden Pelztier hautnah über den Weg zu laufen (► „Bären" auf Seite 255). Eine Rangerin, die wir beim Wandern im Yosemite Valley getroffen haben, war in voller Bewaffnung mit Schlagstock, Elektroschocker und Handfeuerwaffe unterwegs. Der Grund für die martialische Ausstattung: Bären, die sich zu nah an Menschen heranwagen, müssen getötet werden. Denn sobald die Schwarzbären ihre natürliche Scheu vor Menschen verlieren, werden sie zur Gefahr. Deshalb sollte man alles tun, was in den Parks vorgeschrieben ist, um Mensch und Bär auf Distanz zu halten.

Die Regeln sind streng und werden ebenso streng geahndet. Wird man beispielsweise beim Füttern eines Bären erwischt, wandert man ins Gefängnis und landet vor einem Richter.

Auf manchen Flaggen steht zusätzlich „California Republic" unter dem Bären. Es scheiden sich die Geister, wie der Bundesstaat zu seinem Namen kam. Die erste Hypothese reicht ein wenig weiter zurück ins Jahr 1510, als der Spanier Garci Rodriguez de Montalvo einen Roman veröffentlichte, der unter anderem von einer Insel voller Gold namens Kalifornien handelte. Diese Insel soll von schönen Amazonen bewohnt worden sein, die von einer Königin mit dem wohlklingenden Namen „Califia" regiert wurden. Als nun 1535 die ersten Spanier im heutigen Kalifornien ankamen, dachten sie, es handele sich um eine Insel. In Anlehnung an den Roman tauften sie die Halbinsel, auf der sie gelandet waren, Baja California („Nieder-Kalifornien"). Eine zweite Entstehungstheorie geht auf eine schlichte Übersetzung aus dem Spanischen zurück und besagt, dass der Name des Staates von „La caliente Fornella" abgeleitet wurde, was übersetzt „der heiße Ofen" bedeutet.

Wie auch immer der Name entstand – die Geschichte mit der überschaubaren Gruppe von Amazonen im 16. Jahrhundert kann nicht ganz stimmen. Denn bereits 15.000 Jahre zuvor gab es menschliches Leben im Gebiet des heutigen Kaliforniens. Um 1500 herum müssen bereits etwa 300.000 Ureinwohner unterschiedlichster Herkunft hier gelebt haben. Es gab Fischer- und Jägergemeinschaften und technisierte Stämme, die Töpferwaren herstellten und Häuser aus Redwood-Stämmen bauten. Zu dieser Zeit waren die Machtverhältnisse zwischen den verschiedenen Dorfhäuptlingen sehr unterschiedlich, kriegerische Auseinandersetzungen hat es der Überlieferung nach nicht gegeben. Das Eintreffen der spanischen Entdecker von Juan Rodriguez Cabrillo in „Alta California", wie man das heutige Staatsgebiet von Kalifornien damals bezeichnet hat, wurde von den Ureinwohnern nicht feindselig, sondern lediglich skeptisch verfolgt. Doch die „Schonfrist" währte nur bis ins Jahr 1769, als spanische Kolonisten nach Kalifornien kamen. In der Folge wurden Krankheiten aus Europa eingeschleppt, gegen die die indianischen Ureinwohner keine Resistenzen hatten entwickeln können, was bei vielen zum Tode führte. Zudem wurden sie zu Zwangsarbeit verpflichtet und mussten hungern – so schrumpfte die Bevölkerung der Ureinwohner innerhalb eines Jahrhunderts von 325.000 auf 20.000. Dem gegenüber stand die Bevölkerungsentwicklung der Europäer auf dem Gebiet des späteren Bundesstaates: Die Zahl der europäisch-stämmigen Bewohner war bis zum Jahr 1870 auf 560.000 angestiegen.

Im 18. Jahrhundert begann in ganz Kalifornien der Bau von Missionen. Parallel wurden sogenannte „Presidios" errichtet, das waren Militärposten in Monterey, San Francisco und Santa Barbara. Die Soldaten trieben Zwangsarbeiter für den Bau der Missionen zusammen. Viele Indianer, die man für ihre Schufterei auch noch hungern ließ, fielen geschwächt den Pocken zum Opfer.

1821 endete mit der mexikanischen Unabhängigkeit die spanische Kolonialherrschaft in Kalifornien. Mexiko erhielt aus der ehemaligen Kolonie heruntergewirtschaftete Missionen. Unzufriedene Cowboys, sogenannte Rancheros, witterten darin ihre Chance: Die Missionen verfügten über gutes Weideland und kostenlose einheimische Arbeitskräfte. Wenngleich deren Zahl durch verschiedene Krankheiten und Ausbeutungen stark dezimiert war, waren es weiterhin dieselben Arbeiter, die schon zuvor in den Missionen geschuftet hatten. Mit der Privatisierung der Missionen nach der mexikanischen Unabhängigkeit führten die Rancheros ein gutes Leben mit Festen auf eindrucksvollen Haciendas. Von 1846 bis

1848 herrschte erneut Krieg um Kalifornien, diesmal zwischen Mexiko und den USA. Mexiko verliert am Ende, Kalifornien fällt den USA zu. Für die Mexikaner ein denkbar schlechter Zeitpunkt, denn nur kurze Zeit später war es endlich so weit: In Kalifornien wurde Gold entdeckt.

Das erste Goldnugget wurde im Januar 1848 von James W. Marshall an Sutter's Mill auf der Ranch Neu-Helvetien gefunden. Die Ranch-Arbeiter plauderten diesen Fund munter aus, sodass schon bald die ersten Goldsucher nach Kalifornien kamen. Ihnen folgten hunderttausende Menschen, die in Kalifornien ihr Glück suchten. Die Bevölkerung von San Francisco wuchs im ersten Jahr des Goldrauschs von 1.000 auf 25.000 Einwohner. Die Menschen kamen aus Mexiko, Chile, China und Europa. Zwar war die Reise für die meisten Goldsucher beschwerlich, der Ruf des Edelmetalls aber war stärker und lockte die Menschen voller Zuversicht nach Kalifornien. Die Goldsucher aus Europa oder der Ostküste der USA kamen mit dem Schiff. Sie mussten Südamerika umrunden, denn den Panamakanal gab es bekanntlich noch nicht. So dauerte die Reise zwischen drei und sieben Monaten bei zumeist schlechten Bedingungen an Bord der Schiffe. Reich wurden jedoch nur einige wenige Goldgräber. Nutznießer des Goldrauschs waren die Händler, die überall, wo es Goldgräbersiedlungen gab, ihre Waren teuer verkauften. Derweil war der Konkurrenzkampf unter den Goldsuchenden hart, oft auch blutig. Im Jahr 1854 wurde schließlich damit begonnen, Gold industriell abzubauen – das war das Ende der Ära der privaten Goldsuche. Dank des Reichtums und der stark gewachsenen Bevölkerung wurde Kalifornien am 9. September 1850 als 31. Bundesstaat in die USA aufgenommen.

In der Geschichte Kaliforniens ging es also immer schon um Träume. So wie die Goldgräber von einst den Traum von Gold und Reichtum verfolgten, kommen heute hoffnungsvolle Schauspieler nach Hollywood und versuchen ihr Glück im glänzenden Schein Hollywoods. Auch wenn man nicht auf der Suche nach Gold oder Glamour ist, findet man in Kalifornien seinen ganz persönlichen Traum erfüllt – in Form einer mit Sicherheit traumhaften Reise.

Dies wünsche ich Ihnen von Herzen!

Aufbau und Nutzung des Routenreiseführers

Nach dem Inhaltsverzeichnis und der Einleitung folgt ein Exkurs „Staat und Verwaltung USA". Danach erhalten Sie einen kurzen, optischen Überblick über die Highlights der Route. Es folgt eine grobe Skizzierung der Route, bevor es endlich losgeht. Die Rundreise startet und endet in Los Angeles, weil es gute Nonstop-Flugverbindungen dorthin gibt und der Flughafen recht zentral in der Stadt liegt. Damit hat man eine gute Infrastruktur, um weiterzukommen. Eine Alternative wäre der Reisestart in San Francisco, jedoch ist die Auswahl der Airlines, die San Francisco nonstop anfliegen, geringer, der Flugpreis ist tendenziell höher und der Flughafen liegt deutlich außerhalb der Stadt (im Süden San Franciscos). Die Reiserichtung im Uhrzeigersinn ergibt sich daraus, dass der Highway No. 1 in nördliche Richtung immer spektakulärer wird und dass beim ersten Teil der Reise das Abenteuer mit den berühmten Städten und der Küste im Vordergrund steht und beim zweiten Teil die Erholung und der Genuss der National Parks. Nach dem munteren Treiben an der Westküste ist das Hinterland eine wahre Offenbarung an Idylle und Beschaulichkeit.

Vor jeder neuen Routen-Etappe, die zur besseren Orientierung mit den Buchstaben ***X – Y*** und einer Ausschnittskarte versehen ist, wird die Fahrtstrecke in einer Tabelle mit Kilometer-/Meilenangaben anschaulich vorgestellt. Anschließend werden die Highlights der Reihe nach im Detail aufgeführt. Auf der Ausschnittskarte sind die wichtigsten Fixpunkte mit dem Buchstaben des Routenabschnitts und einer fortlaufenden Nummerierung markiert. Die Querverweise im darauffolgenden Textteil (z.B. A4, G4 etc.) verweisen direkt auf die jeweilige Ausschnittskarte und die nummerierte Sehenswürdigkeit.

Zusätzlich sind diejenigen Stellen im Text besonders markiert, die Sie auf gesonderten Karten im hinteren Teil des Routenreiseführers wiederfinden. Auf diesen Karten sind die wichtigsten Fixpunkte der Routenabschnitte erneut mit Verweisen markiert. Innerhalb der Routenbeschreibung erhalten Sie zu jeder Sehenswürdigkeit praktische Informationen wie Adresse, Öffnungszeiten und Eintrittspreise. Sie bekommen Freizeitaktivitäten und Wandermöglichkeiten angeboten. Dies kann jedoch jeweils nur eine Auswahl sein und erhebt keinen Anspruch auf Vollständigkeit. Gerade in den National Parks gibt es unüberschaubar viele Wanderungen in allen Längen und Schwierigkeitsgraden. In diesem Routenreiseführer finden Sie eine Selektion, die für jeden Anspruch einen Vorschlag anbietet und Ihnen die Entscheidung vor Ort erleichtern soll. Auch bei den vorgestellten Sehenswürdigkeiten handelt es sich um eine Auswahl, die gut in die Gesamtreise integrierbar ist und für jeden Geschmack etwas bereithält. An jede Wanderung schließt ein Informationsteil an, der die Fakten enthält. Falls nicht explizit anders angegeben, beziehen sich Wegeslänge und Zeitaufwand grundsätzlich auf die Gesamtstrecke, also Hin- und Rückweg.

Ebenso finden Sie eine gute Auswahl an Unterkunftsmöglichkeiten für jede Region. Hierzu eine wichtige Anmerkung: Aufgrund saisonaler Schwankungen sind für die Übernachtungen keine konkreten Preise angegeben. Stattdessen finden Sie eine Kategorisierung der Kosten, die neben den Saisonzeiten auch der Tatsache Rechnung trägt, dass es auf den Campgrounds Stellplätze in unterschiedlichen Preiskategorien gibt. (Wenn im Informationsteil eines Campgrounds

die Anzahl der Stellplätze für Wohnmobile der Anzahl der Stellplätze für Zelte entspricht, können Sie davon ausgehen, dass auf diesem Campground die Stellplätze variabel mit Zelt oder Wohnmobil belegt werden können.) Für Motel-Zimmer gilt ebenfalls, dass sie je nach Größe, Lage und Ausstattung unterschiedlich teuer sind. Für Campgrounds und Hotels beziehungsweise Motels gibt es zwei verschiedene Kategorisierungen:

Campgrounds

Wohnmobile/Wohnwagen
$ 12-35	*
$ 35-50	* *
ab $ 50	* * *

Zelt
bis $ 15	*
$ 15-30	* *
ab $ 30	* * *

Hotels/Motels
$ 40-100	*
$ 100-180	* *
ab $ 180	* * *

Die vorliegende Rundreise greift alle attraktiven Ziele auf, die mehr oder weniger „am Wegesrand" liegen. Wenn jedoch ein größerer Umweg oder Abstecher nötig ist, sehen Sie in den Tabellen der entsprechenden Etappen auf einen Blick, wie viele Kilometer/Meilen ein Umweg konkret bedeutet. Die Beschreibungen der abseits gelegenen Attraktionen sind genauso detailliert wie die der Hauptroute, sodass Sie von Fall zu Fall entscheiden können, ob Sie einen Umweg fahren wollen und können oder nicht. Diese Nebenstrecken sind zur besseren Orientierung farbig unterlegt.

Ein allgemeiner zeitlicher Hinweis: Pro Ziel sollten Sie eine oder in vielen Fällen zwei oder sogar drei Übernachtungen veranschlagen. Nur so ist gewährleistet, dass Sie die jeweilige Attraktion auch wirklich stressfrei genießen können.

Mit dieser Vorgabe ist die nachfolgende Route inklusive aller Umwege ein drei- bis vier-Wochen-Trip. Nehmen Sie den aufwändigeren Abstecher über die Santa Barbara Mountains und das Napa Valley heraus, ist die Reise sicher in drei Wochen gemütlich, stressfrei aber ebenso erlebnisreich zu absolvieren.

Im Anschluss an die Route erhalten Sie im Kapitel „Wissenswertes", das unterteilt ist in die Abschnitte „Reisevorbereitung" und „Unterwegs", alle für die Reise und Vorbereitung notwendigen Informationen. Nach einem ausführlichen Stichwortregister folgen Übersichtskarten der National Parks und der Städte. Auf diesen Karten werden Sie – wie bereits oben beschrieben – bei den wichtigsten Fixpunkten auf die Seite hingewiesen, wo Sie die entsprechenden Beschreibungen im Routenführer finden. Eine Übersichtskarte des gesamten Bereichs Kaliforniens, den Sie besuchen, finden Sie in der vorderen Innenklappe des Buches. In der hinteren Innenklappe sind die wichtigsten Verkehrszeichen der USA abgebildet. Legenden zu der Über-

sichtskarte und den Innenteilkarten wie auch die Textsymbole finden Sie ebenfalls dort. Ferner werden Ihnen die Textsymbole erklärt und Sie bekommen eine Übersicht über die Routenabschnitte und Karten.

Für die so konzipierte Route ist das Wohnmobil das Fahrzeug der Wahl. Erstens bietet jedes besuchte Ziel bis hin zu San Francisco einen Campground, zweitens kann man außerhalb der Saison einfach drauflos fahren und drittens ist es als Individual-Reisemittel das flexibelste. Falls es aber ein normaler Mietwagen oder ein Motorrad werden soll, sind Sie bei den einzelnen Etappen auch ausgiebig mit der Angabe von Motels und ähnlichen Unterkünften versorgt.

Zuletzt ein kleiner sprachlicher Hinweis: Schreibweise und Bedeutung einiger englischer Bezeichnungen wurden bewusst nicht „eingedeutscht". Das heißt, „National Park" wird getrennt geschrieben wie im Englischen und auch rein amerikanische Begriffe wie „Highway" wurden übernommen und nicht ins Deutsche übersetzt.

STAAT UND VERWALTUNG

Staat und Verwaltung

USA

Bevölkerung	311.484.627 Einwohner (32 Einwohner pro km²)
Sprachen	Auf Bundesebene ist keine Amtssprache festgesetzt, de facto: Englisch. Ansonsten: Spanisch und regionale Sprachen
Nationalfeiertag	4. Juli (Independence Day)
Zeitzonen	Eastern Standard Time Zone (EST): MEZ - 6 Std. Central Standard Time Zone (CST): MEZ - 7 Std. Mountain Standard Time Zone (MST): MEZ - 8 Std. Pacific Standard Time Zone (PST): MEZ - 9 Std. Alaska Standard Time Zone (AKST): MEZ - 10 Std. Hawaii-Aleutian Standard Time Zone (HAST): MEZ - 11 Std.
Hauptstadt	Washington D. C.
Größte Städte	New York City (18,9 Mio. Einwohner) Los Angeles (12,9 Mio. Einwohner) Chicago (9,8 Mio. Einwohner) Washington D. C. (8,1 Mio. Einwohner) Dallas (6,5 Mio. Einwohner) Philadelphia (6 Mio. Einwohner) Houston (5,9 Mio. Einwohner) Atlanta (5,7 Mio. Einwohner) Miami (5,4 Mio. Einwohner) Boston (4,6 Mio. Einwohner)
Kenndaten	Gesamtfläche: 9.929.091 km² (28-mal größer als Deutschland) davon Wasserfläche: 664.706 km²
Größter See	Michigansee: 58.016 km²
Längste Flüsse	Mississippi (mit Missouri): 6.051 km Mackenzie: 4.260 km Yukon River (mit Teslin River): 3.185 km
Höchste Erhebungen	Mount Mc Kinley/Denali (Alaska): 6.194 m Mount Foraker (Alaska): 5.304 m Mount Whitney (Sierra Nevada): 4.418 m
Größte Insel	Hawaii
National Parks	58 National Parks
Strom	110 Volt 60 Hz Wechselstrom
Domain-Endungen	.us, .gov, .mil, .edu

Mit einer Fläche von insgesamt 9.929.091 Quadratkilometern sind die Vereinigten Staaten von Amerika (United States of America, USA) das drittgrößte Land der Erde (nach Russland und Kanada). Die USA erstrecken sich auf dem nordamerikanischen Kontinent vom Atlantischen Ozean im Osten bis zum Pazifischen Ozean im Westen (Ost-West-Ausdehnung 4.500 Kilometer). Im Norden bildet Kanada die Grenze, im Süden ist es Mexiko (Nord-Süd-Ausdehnung 2.500 Kilometer).

Die USA besteht aus insgesamt 50 teilsouveränen Bundesstaaten. Die ersten Bundesstaaten gingen aus den dreizehn Kolonien mit Inkrafttreten der Verfassung hervor. Hinzu kamen weitere Staaten durch die Erweiterung nach Westen, das Louisiana-Gebiet, den Beitritt von Texas und die Aufnahme Hawaiis und Alaskas als Bundesstaaten. Das Staatsgebiet wird von den verschiedenen Außengebieten ergänzt.

Kalifornien

Kalifornien ist nach Alaska und Texas mit einer Fläche von 423.970 Kilometern der drittgrößte Bundesstaat der USA. Bemisst man die Größe der Bundesstaaten an deren Einwohnerzahl, belegt Kalifornien mit 37.253.956 Einwohnern sogar Platz eins. Davon leben knapp 13 Millionen Menschen im Metropolgebiet von Los Angeles und fast 4,5 Millionen in dem von San Francisco. Schon seit 1965 ist Kalifornien der bevölkerungsreichste Bundesstaat. Sacramento ist die Hauptstadt Kaliforniens, spielt aber mit etwas mehr als 2 Millionen Einwohnern in der Metropolregion keine so bedeutende Rolle wie die beiden berühmten Küstenstädte. Gesamt betrachtet leben mehr als 12 Prozent der US-Bürger in Kalifornien.

Bund und Bundesstaaten haben jeweils strikt getrennte Machtbefugnisse: Der Bund übt die von der Verfassung übertragenen gesetzgebenden Kompetenzen aus, für alle anderen Kompetenzen sind die einzelnen Staaten zuständig. So hat wiederum jeder einzelne Bundesstaat sein eigenes, autarkes politisches System mit jeweils eigener Verfassung und Verwaltung. Auch die Polizei ist Angelegenheit der jeweiligen Bundesstaaten. Jeder Bundesstaat ist noch einmal unterteilt in Counties.

Auf Bundesebene übt der in zwei Kammern geteilte Kongress die legislative Macht aus. Die eine der beiden Kammern ist der Senat, in dem je zwei Mitglieder aus jedem Bundesstaat vertreten sind. Die Sitze in der zweiten Kammer, dem Repräsentantenhaus, orientieren sich an der Bevölkerungszahl der einzelnen Bundesstaaten. Der Kongress hat die Gesetzgebungskompetenz und beaufsichtigt den exekutiven Zweig der Regierung.

Die Exekutive wiederum besteht aus dem Präsidenten und seiner Delegation. Der Präsident bekleidet eines der machtvollsten Ämter der Welt. Er ist in den USA Staatsoberhaupt, Regierungschef und Oberbefehlshaber der Streitkräfte in Personalunion. Er beaufsichtigt die Ausführung der Gesetze und hat Vetorecht über die Gesetze, hat judikative Machtbefugnisse und ist innerhalb der Exekutive mit umfangreichen Befugnissen ausgestattet, nationale Angelegenheiten zu verwalten.

Am 4. März 1789 ist nach dem Verfassungskonvent in Philadelphia die Verfassung der Vereinigten Staaten von Amerika in Kraft getreten. In sieben Artikeln definiert sie den Rahmen des amerikanischen Regierungssystems.

Aufgrund der hohen Zahl von Einwanderern wird die USA oft als „Melting Pot" bezeichnet – als Schmelztiegel der Völker. Die Indianer sind die Ureinwohner der USA, auf sie trafen die ersten kolonialen Einwanderer aus Europa, zunächst vorwiegend aus Spanien, Frankreich und England, später waren es auch deutsche, irische, italienische, skandinavische und osteuropäische Einwanderer. Die Afro-

Willkommen im US-Bundesstaat Kalifornien!

amerikaner als Nachfahren der afrikanischen Sklaven stellen mit ca. 13 Prozent einen nicht geringen Bevölkerungsanteil.

In Kalifornien macht der Anteil der lateinamerikanischen Bevölkerung (Latinos oder Hispanics) einen großen Bevölkerungsanteil aus. Der Bundesstaat hat nach New Mexico den zweithöchsten Anteil an Latinos der ganzen USA. Viele Lateinamerikaner fliehen vor der wirtschaftlichen Not in ihren Heimatländern nach Nordamerika, wo sie oft als illegale Einwanderer leben und stark an ihrer Kultur und Sprache festhalten. Schätzungen zufolge werden die Hispanics in nicht ganz 10 Jahren sogar die Bevölkerungsmehrheit in Kalifornien stellen. In Südkalifornien leben vor allem die Mexikano-Amerikaner, also die Amerikaner, die selbst oder deren Vorfahren in Mexiko geboren wurden. Das liegt vor allem daran, dass das heutige Kalifornien zum Hoheitsgebiet von Mexiko und Spanien gehörte, bevor es 1850 Bundesstaat wurde. Los Angeles ist heute noch die größte mexikanische Gemeinde der USA, einen hohen hispanischen Bevölkerungsanteil hat auch die San Francisco Bay Area. Insgesamt beträgt der Teil mexikanischstämmiger Einwohner 25 Prozent

der Gesamtbevölkerung des Staates, die gesamte Gruppe der lateinamerikanischen Bevölkerung 32,4 Prozent.

Indianer als die Ureinwohner Amerikas sind in Kalifornien stärker vertreten als in jedem anderen Bundesstaat. Auch Afro-Amerikaner und Asiaten sind deutlich stärker repräsentiert als in anderen Bundesstaaten: Über 2 Millionen Afro-Amerikaner und etwa 4,5 Millionen Amerikaner asiatischer Herkunft leben in Kalifornien. Das ist ungefähr ein Drittel aller asiatischen Amerikaner, die in den USA leben – nur auf Hawaii leben prozentual gesehen mehr von ihnen.

Die bunte Mixtur an Einwohnern schlägt sich auch in der Sprache nieder. Die meist gesprochene und seit 2006 als „Nationalsprache" erklärte Sprache der USA ist Englisch. Daneben existieren die Sprachen der amerikanischen Ureinwohner und der Immigranten. Wegen der Einwanderer aus Mexiko und aus den lateinamerikanischen Ländern ist der spanisch sprechende Anteil der kalifornischen Bevölkerung mit knapp 26 Prozent sehr hoch. Nach Englisch und Spanisch ist das Hochchinesisch als dritte Sprache weit verbreitet. Insgesamt werden in Kalifornien 200 verschiedene Sprachen gesprochen, davon sind etwa die Hälfte Indianersprachen.

Die Bereiche Wirtschaft, Industrie, Landwirtschaft und Kultur sollen im Folgenden speziell für den Bundesstaat Kalifornien betrachtet werden. Kalifornien ist der wichtigste Industrie- und Handelsstaat. Als souveräner Einzelstaat würde Kalifornien in derselben Liga spielen wie die Wirtschaftsmächte China, Deutschland oder Großbritannien. Kalifornien hat seinen Wohlstand zum einen dem wetterbegünstigten Süden und zum anderen den billigen mexikanischen Landarbeitern vor allem in den südlichen Regionen zu verdanken. Die Landwirtschaft bringt Baumwolle, Gerste, Weizen, Mais, Reis, Hafer, Bohnen und Zuckerrüben hervor, ebenso bedeutsam ist der Südfrucht- und Gemüse-Anbau. Nicht zuletzt sind die Geflügelzucht und die Erträge aus der Fischerei eine landwirtschaftliche Einnahmequelle. Der kalifornische Wein ist nicht nur berühmt, er macht zudem 90 Prozent der gesamten US-amerikanischen Weinproduktion aus. Auch die reichen Bodenschätze Kaliforniens, Erdöl, Erdgas und Gold beispielsweise, spielen eine große Rolle. Die Industrie in den Bereichen Luftfahrt, Raumfahrt, Elektronik und Computerindustrie ist hoch entwickelt. Und schließlich ist der Hauptsitz der amerikanischen Filmindustrie in Hollywood ansässig.

Kalifornien geht es gut, Kalifornien ist abwechslungsreich, Kalifornien ist ein Melting Pot für sich – aber Kalifornien verkörpert mehr als all das zusammen: eine eigene Lebensart! Natürlich sind die Klischee-Vorstellungen reicher Kalifornier, die sich den ganzen Tag in der Sonne räkeln und Cocktails trinken oder auf brandenden Wellen surfen, übertrieben und treffen nur auf einen geringen Bruchteil der Bevölkerung zu. Dennoch hat Kalifornien etwas an sich, das in der Vorstellung vieler Menschen eine wahre Traumszenerie ist. Kalifornien tickt ganz anders. Wahrscheinlich ist es die Mischung, die gegensätzlicher nicht sein könnte: Auf der einen Seite die Prominenz und High Society mit all ihrem Glitter und Glamour, aber auch Protestbewegungen wie die Hippie-Kultur. Auf der anderen Seite die tiefe und geheimnisvolle Schönheit der Natur, die das Innerste der Menschen berührt. Die National Parks sind sicher ein ebenso wichtiger Teil, der die Kultur Kaliforniens prägt, wie das große Angebot an Kunst, Musik, Film, Literatur, aber auch die – teils eigenwillige – Architektur. An letzterer zeigt sich am deutlichsten, wie kosmopolitisch Kalifornien ist. Die unterschiedlichsten Einflüsse prägen die Bauwerke, angefangen bei futuristischen Gebilden wie die Walt Disney Concert Hall über Elemente der antiken Welt bis hin zu skandinavischen Gebäuden.

Schaut man sich die Geschichte Kaliforniens an, ging es eigentlich schon immer um Träume und deren Verwirklichung. Junge Menschen kamen zu Zeiten des Goldrausches hierher, um ihr Glück zu versuchen. Nach dem Amerikanischen Bürgerkrieg kamen trotz vorangegangener Rassenunruhen viele Chinesen nach Kalifornien, um sich eine neue Existenz aufzubauen. Auch nach schweren Katastrophen wie dem Erdbeben von San Francisco 1906 ließen die Menschen sich nicht beirren und bauten ihre Stadt wieder auf. Dass der Bundesstaat der bevölkerungsreichste ist, spricht für sich. Noch immer ist er ein magischer Anziehungspunkt für die Menschen, wie es seit jeher der Fall war.

HIGHLIGHTS

Los Angeles
Hollywood ist nicht nur ein Stadtteil der Gigantenstadt Los Angeles, sondern auch das Zentrum der us-amerikanischen Filmindustrie. Der Schriftzug in den Hollywood Hills ist mindestens so berühmt wie der von Coca-Cola.

Highway No. 1
Eine der spektakulärsten Straßen dieses Planeten führt von Los Angeles auf einer Länge von unvergesslichen 780 Kilometern nach San Francisco. Unterwegs ist alles geboten – vom paradiesischen Sandstrand bis zur zerklüfteten Küste.

San Francisco
Die Golden Gate Bridge, eines der berühmtesten Fotomotive der Welt, zeigt sich bei weitem nicht jedem Fotografen freiwillig, oft versteckt sie sich im berühmten Nebel der San Francisco Bay.

Lake Tahoe
Die smaragdfarbene Emerald Bay ist das Zentrum und Herzstück des Lake Tahoe im Nordosten Kaliforniens und liegt am Südwestufer des größten Alpinsees der USA.

Mono Lake Basin
Unendliche Weite, Naturseen und die Ausläufer der
Sierra Nevada begleiten die Fahrt vom Lake Tahoe zum
Yosemite National Park durch das Mono Lake Basin.

Yosemite National Park
Malerische Bergseen, kuppenförmige Granitfelsen und eine Gebirgslandschaft wie aus dem Bilderbuch sind die Markenzeichen
des National Parks auf den westlichen Hängen der Sierra Nevada.

June Lake Loop
Der See an der Ostflanke der Sierra Nevada ist bezaubernd.
Im Sommer kann man hier die Seele baumeln lassen, im
Winter ist die Gegend ein Ski-Eldorado.

Kings Canyon
Der Fluss Kings River hat den Kings Canyon erschaffen, durch den man auf dem Scenic Byway 180 fährt.

Sequoia National Park
Star des Sequoia National Park ist der Riesenmammutbaum „General Sherman Tree" (hinten). Gemessen an seinem Volumen ist er der mit Abstand größte Baum der Welt.

Lake Kaweah
Der See ist künstlich und vom Terminus Dam aufgestaut. Er wird vom Kaweah River gebildet, der in den Bergen der Sierra Nevada seinen Ursprung hat und in den Stausee abfließt.

Venice Beach
Kunst, Kitsch und Chaoten – das ist das Motto von Venice Beach, der abgefahrensten Freakshow Kaliforniens.

Straßenkreuzung zu Highway 101 | 1 ► 101

Santa Barbara | 1/101

Nebenstrecke zu Santa Ynez Valley

Straßenkreuzung zu **Highway 1** | 1 ► 10

William R. Hearst Memorial State Park | 1

Julia Pfeiffer Burns State Park | 1

Pfeiffer Big Sur State Park | 1

Point Sur Historic State Park | 1

Point Lobos State Reserve | 1

Carmel-by-the-Sea | 1

Carmel Valley | Carmel

Monterey

Santa Cruz

Pacifica

San Francisco

Straßenkreuzung zu | 1

Vallejo

Nebenstrecke ins Napa Valley

Sacramento

Straßenkreuzung zu Highway 50 | I-

Eldorado National Forest

South Lake Tahoe Recreation Area

Stateline, Straßenkreuzung zu Highway 207

Straßenkreuzung zu Highway 88

Minerville

Staatengrenze Nevada-Kalifornien

ROUTENÜBERSICHT

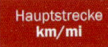

Hauptstrecke km/mi	Stationen auf dem Highway	Highway
0	**Los Angeles – Startpunkt**	1
80/50	Straßenkreuzung zu Highway 101	1 ► 101
139/87	**Santa Barbara**	1/101
	Nebenstrecke zu Santa Ynez Valley	
301/188	Straßenkreuzung zu **Highway 1**	1 ► 101
383/239	William R. Hearst Memorial State Park	1
467/292	Julia Pfeiffer Burns State Park	1
485/303	Pfeiffer Big Sur State Park	1
497/311	Point Sur Historic State Park	1
518/324	Point Lobos State Reserve	1
523/327	Carmel-by-the-Sea	1
552/345	Carmel Valley	Carmel Valley Rd
569/356	**Monterey**	1
640/400	Santa Cruz	1
749/468	Pacifica	1
774/484	**San Francisco**	1
794/496	Straßenkreuzung zur Interstate 80	1 ► I-80
842/526	Vallejo	I-80
	Nebenstrecke ins Napa Valley	
930/581	**Sacramento**	I-80
933/583	Straßenkreuzung zu Highway 50	I-80 ► 50
1.019/627	Eldorado National Forest	50
1.107/692	**South Lake Tahoe Recreation Area**	50
1.120/700	Stateline, Straßenkreuzung zu Highway 207	50 ► 207
1.140/713	Straßenkreuzung zu Highway 88	207 ► 88
1.146/716	Gardnerville	88 ► 395
1.180/738	Staatengrenze Nevada-Kalifornien	395
	Nebenstrecke nach Bodie	

Hauptstrecke km/mi	Stationen auf dem Highway	Highway
1.302/814	Mono Lake	395
1.309/818	Lee Vining	395
	Nebenstrecke zu June Lake Loop	
1.309/818	Straßenkreuzung zu State Route 120	395 ► 120
1.328/830	**Yosemite National Park**	120
1.341/838	Tuolumne Meadows	120
1.353/846	Tenaya Lake	120
1.358/849	Olmsted Point	120
1.405/878	Straßenkreuzung zu Big Oak Flat Road	120 ► Big Oak Flat Rd
	Nebenstrecke zu Big Oak Flat Entrance	
1.420/888	Straßenkreuzung zu Highway 140	Big Oak Flat Rd ► 140
	Nebenstrecke zu Arch Rock Entrance	
1.428/893	**Yosemite Village**	140
1.437/898	Straßenkreuzung zu Highway 41	140 ► 41
1.437/898	Bridalveil Fall	41
1.440/900	Tunnel View	41
1.450/906	Chinquapin Junction	41
	Nebenstrecke zu Glacier Point	
1.480/925	Yosemite National Park, South Entrance	41
1.578/986	**Fresno**, Straßenkreuzung zu Highway 180	41 ► 180
1.664/1.040	**Kings Canyon National Park**	180
1.669/1.043	**Grant Grove Village**	180
	Nebenstrecke zu Kings Canyon Scenic Byway	
1.679/1.049	Redwood Mountain Overlook	180
1.679/1.049	Straßenkreuzung zu Highway 198	180 ► 198
1.692/1.058	**Sequoia National Park**	198
1.710/1.069	**Lodgepole Village**	198

Hauptstrecke km/mi	Stationen auf dem Highway	Highway
1.713/1.071	General Sherman Tree	198
1.718/1.074	Giant Forest Museum	198
	Nebenstrecke zu Giant Forest	
	Nebenstrecke zu Crystal Cave	
1.739/1.087	Sequoia National Park, Ash Mountain Entrance	198
1.749/1.093	Three Rivers	198
1.768/1.105	**Lake Kaweah**	198
1.815/1.134	Visalia, Straßenkreuzung zu Highway 99	198 ▶ 99
1.941/1.213	Bakersfield	99
1.985/1.241	Straßenkreuzung zur Interstate 5	99 ▶ I-5
2.020/1.263	Tejon Pass	I-5
2.100/1.313	Straßenkreuzung zur Interstate 405	I-5 ▶ I-405
2.117/1.323	Straßenkreuzung zu Highway 101	I-405 ▶ 101
2.140/1.338	Straßenkreuzung zu Las Virgines Road	101 ▶ Las Virgines Rd
2.147/1.342	Malibu Creek State Park	Las Virgines Rd, Malibu Canyon Rd
2.157/1.348	**Malibu Beach**	Malibu Canyon Rd ▶ 1
2.187/1.367	**Santa Monica**, Straßenkreuzung zur Ocean Avenue	Ocean Ave
2.192/1.370	**Venice Beach**	Ocean Ave, Admiralty Way
2.198/1.374	Marina del Rey	90, I-405, I-710
2.248/1.405	**Long Beach**	I-710, I-405
2.285/1.428	**LAX Los Angeles – Endpunkt**	

LOS ANGELES BIS
MONTEREY BAY

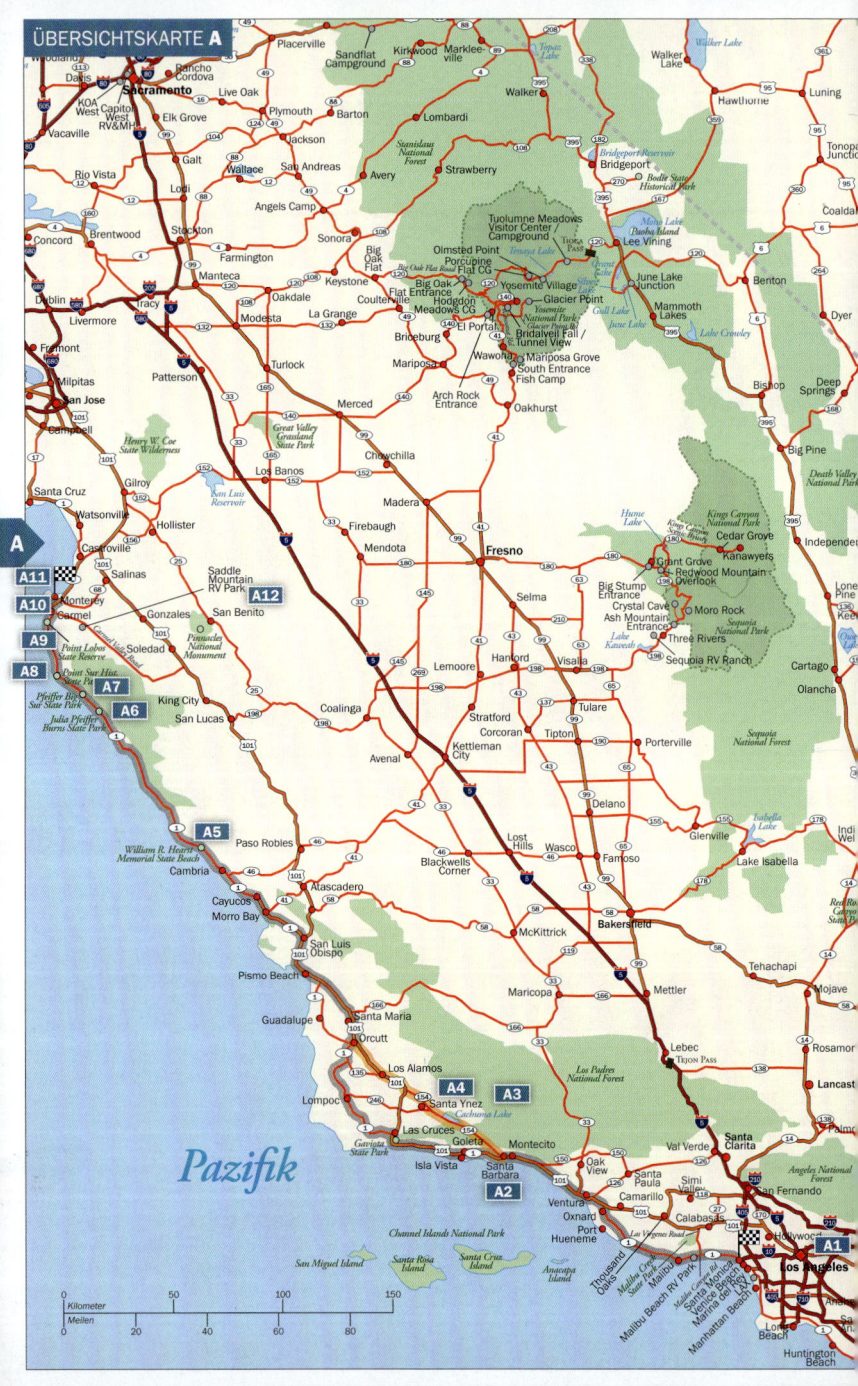

Hauptstrecke km/ml	Teilstrecke km/ml	Nebenstrecke km/ml	Stationen auf dem Highway	Highway
0	0		**Los Angeles**, Startpunkt an der Kreuzung I-10 und **Hwy 1** in Santa Monica ▶**A1**	CA-1
20/13	20/13		Malibu Beach, Kreuzung Hwy 1 und Malibu Canyon Rd	CA-1
80/50	80/50		Kreuzung Hwy 1 und Hwy 101 Oxnard	CA-1/ 101
139/87	139/87		**Santa Barbara** ▶**A2**	CA-1/ 101
139/87	139/87	0	Nebenstrecke Abzweig Hwy 154 Richtung Santa Ynez	CA-101/ 154
		29/18	**Cachuma Lake** ▶**A3**	CA-154
		44/27	**Santa Ynez Valley** ▶**A4**	CA-154/ 246
139/87	139/87	73/46	Kreuzung Hwy 154 und Hwy 101	CA-246/ 154
184/115	184/115		Gaviota State Park Campground	CA-101
301/188	301/188		Kreuzung Highway 1 und Highway 101 San Luis Obispo	CA-1
383/239	383/239		**William R. Hearst Memorial State Beach** ▶**A5**	CA-1
467/292	467/292		**Julia Pfeiffer Burns State Park** ▶**A6**	CA-1
485/303	485/303		**Pfeiffer Big Sur State Park** ▶**A7**	CA-1
497/311	497/311		**Point Sur Historic State Park** ▶**A8**	CA-1
518/324	518/324		**Point Lobos State Reserve** ▶**A9**	CA-1
523/327	523/327		**Carmel-by-the-Sea** ▶**A10**	CA-1
535/334	535/334		**Monterey** ▶**A11**	CA-1
552/345	552/345		**Saddle Mountain RV Park and Campground, Carmel Valley** ▶**A12**	Carmel Valley Rd

A

Los Angeles bis Monterey Bay

Die Ankunft am Los Angeles International Airport ist der Auftakt für eine Reise, die kontrastreicher nicht sein könnte. Nachdem man versucht hat, der zweitgrößten Stadt der USA Herr zu werden, folgt im Anschluss eine Fahrt auf der berühmtesten Küstenstraße der Welt am Pazifischen Ozean entlang, teils von palmengesäumten Stränden begrenzt, teils über enge Canyons hinweg und an wilden Felsküsten vorbei. Am Ende dieser mit Worten schwer zu beschreibenden Fahrt wartet die charmante Metropole San Francisco. Nahtlos geht es dann ins „Hinterland" Kaliforniens, in die landschaftlich berauschenden National Parks Yosemite, Kings Canyon und Sequoia.

Das alles will verdaut werden, sodass man den Start in Los Angeles so stressfrei wie möglich gestalten sollte. Gleich nach Ankunft alle berühmten Attraktionen abzuklappern, ist wenig sinnvoll. Da man, diesem Routenreiseführer folgend, am Ende der Reise wieder nach Los Angeles zurückkommt, kann man die Unternehmungen gut auf die zwei Aufenthalte zum Start und Ende der Route verteilen und hat damit den Stress der Großstadt ein wenig entzerrt.

❗ TIPP Sie sollten bei der Buchung Ihres fahrbaren Untersatzes für die weitere Reise darauf achten, ob der Vermieter einen Shuttle-Service vom/zum Flughafen beziehungsweise den Flughafen-Hotels anbietet. Da Los Angeles über kein umfassendes Netz an öffentlichen Verkehrsmitteln verfügt, kann die Reise vom Flughafen zum Vermieter mit dem Taxi unter Umständen ein Vermögen kosten. Ansonsten fahren Flughafenbusse zu Zielen in ganz Südkalifornien, ein Shuttle verkehrt zwischen dem Flughafen und dem Metro-Bahnnetz, ein weiteres zwischen Flughafen und Metro Bus Center. Zusätzlich gibt es Linienbusverbindungen.

Willkommen am Flughafen von Los Angeles!

🏛 LOS ANGELES

🏔	Santa Barbara	139 km/87 mi
🚶🚶🚶🚶	Stadt	3.832.000
	Metropolregion	12.900.000
❄ ❄	Winter	19 °C
☀	Sommer	23 °C
〰〰	Meereshöhe	100 m

Los Angeles (kurz: L.A.) ist vor allem eins: unüberschaubar groß! Und deshalb kann man diese Stadt mit ihren knapp 13 Millionen Einwohnern (inklusive Metropolregion) nicht einfach besichtigen wie andere Weltstädte. Man kann sich einen groben Plan dessen erstellen, was man unbedingt gesehen haben will. Aber es ist ganz und gar utopisch, dass man danach Los Angeles tatsächlich „gesehen" hat. Denn innerhalb der gigantischen Fläche von über 1.200 Quadratkilometern gibt es keinen Stadtkern im ursprünglichen Sinn. Wir finden zwar einen vielversprechend klingenden Stadtbereich namens Downtown auf dem Stadtplan, doch auch dieser ist eigentlich nur wieder ein Konglomerat aus verschiedenen Gemeinden wie El Pueblo, Chinatown und Little Tokyo. Demzufolge gibt es auch keine Empfehlung für eine zentrale Übernachtungsmöglichkeit. Der Einfachheit halber bietet sich eines der mitunter nah am Meer gelegenen Flughafenhotels an, von denen aus man einigermaßen flexibel seine Fühler in die Ausläufer der Stadt ausstrecken kann. Ansonsten sollte man im Voraus genau festlegen, was man unternehmen möchte und im entsprechenden Stadtteil oder Gebiet eine Unterkunft suchen. Hierfür ist es sehr wichtig, sich rechtzeitig eine Großraum-Straßenkarte zu besorgen, um sich besser orientieren zu können. Verteilt man Los Angeles auf zwei „Portionen" nach der Ankunft und vor der Abreise, sollte man zwei verschiedene Standorte für die Übernachtung aussuchen und dann die jeweils im Radius der Unterkunft gelegenen Ziele ansteuern.

Der **Los Angeles International Airport (LAX)** liegt 25 km/16 mi südwestlich von Downtown Los Angeles direkt am Meer südlich von Santa Monica. Sein Markenzeichen sind die Krakenarme, die ein Ufo symbolisieren sollen. Das Gebilde in der „Googie"-Architektur heißt „Theme Building". Im Bauch des Ufos befindet sich ein Restaurant.

Der Flughafen LAX ist nach den beiden Flughäfen von Atlanta und Chicago der drittgrößte der USA und der sechstgrößte der ganzen Welt. Trotz des internationalen Flugverkehrs gibt es nicht viele Fluggesellschaften, die von Deutschland aus (Frankfurt/Main, München oder Berlin) ohne Zwischenstopp, dafür täglich nach Los Angeles fliegen: beispielsweise Lufthansa und Continental Airlines in Kooperation miteinander sowie United Airlines oder neuerdings Air Berlin.

Los Angeles liegt im Bundesstaat Kalifornien. Trotz der Dimensionen dieser Stadt ist sie aber nicht Hauptstadt Kaliforniens – das ist Sacramento im Norden Kaliforniens. Dennoch ist Los Angeles Wirtschafts-, Geschäfts- und Kulturzentrum des Bundesstaates und vor allem berühmt für Film, Fernsehen und Musik. So ist es nicht verwunderlich, dass der erste Gedanke „Hollywood" ist, wenn man Los Angeles hört. Zusammen mit Disneyland Resort sind damit die beiden berühmtesten Highlights der Gigantenstadt genannt.

Für viele Reisende erfüllt Los Angeles lediglich die Funktion als Ankunfts-Fixpunkt. Das wird der Stadt aber nicht gerecht. Sie ist vor allem gegensätzlich: Es gibt jede Menge Glamour, aber auch eine hohe Kriminalitätsrate. Es gibt die Welt von Konsum, Spaß und Party, aber auch schlimme Armut. Wolkenkratzer, Verkehr und Smog als Sinnbilder der Riesenstadt stehen der schönen Lage direkt am Meer mit den berühmten Stränden gegenüber. Es gibt Gegenden und Ecken, für die man keine andere Bezeichnung als „anders" finden kann und die spannend und höchst interessant

A

Die Skyline Downtowns (Bunker Hill)

sind – beispielsweise Venice Beach oder den Hollywood Boulevard. Und auch hier zeigt sich die Gegensätzlichkeit: Tagsüber pulsiert das Leben, nachts sollte man diese Gebiete aus Sicherheitsgründen eher meiden.

Um ein einigermaßen geordnetes Bild zu erhalten, bietet es sich an, **Downtown Los Angeles** als zumindest geografischen Kern genauer zu beleuchten. Man findet Downtown eingebettet zwischen den Verkehrsachsen des Santa Monica Freeway im Süden, dem Hollywood Freeway im Norden und dem Harbour Freeway im Westen. Ein ganz passables Metro-Netz mit Bussen und hauptsächlich oberirdisch verkehrenden S-Bahnen erschließt in fünf Linien das innere Los Angeles einmal längs und einmal quer vom San Fernando Valley im Westen über Pasadena im Osten und Long Beach im Süden. Es ist zwar im Vergleich zu europäischen Verhältnissen ein bescheidenes Nahverkehrsnetz, hilft aber, vor allem im Bereich Downtown auf ein Fahrzeug verzichten zu können. Vor allem ist es sehr günstig: Man erhält an

den Automaten eine Tageskarte für $ 5 pro Person, die für fast alle Busse und Bahnen gilt.

Dominiert wird Downtown als Geschäftsviertel von Wolkenkratzern. Dennoch schlägt gerade in diesem Gebiet, genauer im Stadtviertel **Bunker Hill**, das kulturelle Herz der Stadt mit berühmten Bauwerken wie der **Walt Disney Concert Hall**. Besonders ragt aus dieser Skyline der 310 Meter hohe Bank Tower heraus. Auch das Rathaus von Los Angeles mit seinen 27 Stockwerken ist in Downtown angesiedelt. Besonders sehenswert ist das Gebäude, weil der Turm in einer Pyramide endet. Aber auch von innen ist die City Hall nicht irgendein Rathaus, sondern erinnert eher an eine Kirche. Neben der insgesamt luxuriösen Ausstattung ist es die Aussicht von der Plattform im 27. Stockwerk, die einen Besuch lohnenswert macht. Fans der Sportarten Basketball und Eishockey wissen, dass in der in Downtown ansässigen Sportarena der NBA-Basketball-Club Los Angeles Lakers und der NHL-Eishockey-Club Los Angeles Kings beheimatet sind.

Im fließenden Übergang schließen sich nun weitere bekannte Viertel an: Chinatown, Little Tokyo und der El Pueblo Los Angeles State Historic Parc flankieren als multikulturelle Stadtviertel den Kernbereich Downtown. Im Historic Corte schließlich finden sich noch einmal kulturelle Highlights zum Beispiel in Form von Kinopalästen aus der Zeit von 1890 bis 1930.

Weiter „außen" gruppieren sich um Downtown herum im Uhrzeigersinn bekannte Stadtteile wie West Hollywood und Midtown sowie Hollywood (nordwestlich von Downtown), Pasadena im Nordosten, Monterey Park und Montebello im Osten und Beverly Hills, Westwood und Bel Air im Westen. Santa Monica Bay, Long Beach und San Pedro grenzen im Süden an Mickey Mouse City, Anaheim, an. Die Strände sind ebenfalls ein erwähnenswertes Phänomen von Los Angeles und der Umgebung. Im Norden beginnend, 30 km/19 mi vom Zentrum von Los Angeles entfernt, liegt Santa Monica – der berühmte Strand ist nicht weit vom Stadtzentrum entfernt. Südlich von **Santa Monica Beach** ist **Venice Beach** mit dem **Ocean Front Walk** bekannt für eine ganz spezielle Kultur, was man schon an den Geschäften direkt am Strand erkennen kann: Vom Tätowier-Studio bis zum Shop mit Kleidern aus den 60ern, Künstlern mit den bizarrsten Kunstwerken, Wahrsagern und Musikern ist alles geboten und dazwischen findet sich auch noch Platz für Sport-Fanatiker. „Sehen und gesehen werden" lautet hier die Devise. Beide Strände, Santa Monica Beach und Venice Beach, sind tagsüber sehr nett, sollten aber bei Dunkelheit eher gemieden werden. Der dritte Strandbereich im Bunde ist **Marina del Rey**. Hier mischt sich die Schönheit am Rande des Ozeans mit einem beeindruckenden Hafen und es gibt jede Menge Möglichkeiten zum Spazierengehen, Rad- oder Kajakfahren. Weniger turbulent geht es dagegen an den Stränden von Laguna, Zuma, Malibu und Pacific Palisades zu, wo man

die Erholung suchenden Einheimischen, dafür aber weniger Touristenattraktionen findet.

Für einen groben Eindruck von Los Angeles soll diese Skizzierung zunächst ausreichend sein. Je nach persönlichen Vorlieben gibt es unterschiedliche Aktivitäten, die man in der Stadt verfolgen kann. Im Folgenden besteht deshalb die Auswahl aus einer gemischten Highlight-Auflistung, die für jeden Bedarf etwas zu bieten hat.

TIPP Für die Besichtigungen der Sehenswürdigkeiten im Großraum Los Angeles ist das Anmieten eines Fahrzeugs nahezu unabdingbar. Auch wenn Sie auf der Weiterreise mit einem Wohnmobil unterwegs sind, sollten Sie für die Stadtbesichtigung zusätzlich einen Mietwagen aufnehmen. Sie sind damit flexibler, was die weiten Entfernungen der Sehenswürdigkeiten voneinander anbelangt. Es gibt einige Vermieter, unter anderem am Flughafen stationiert, und das Angebot reicht vom Kleinwagen bis zur Luxusklasse.

ℹ Visitor Information

Los Angeles Convention & Visitors Bureau

✉ 685 South Figueroa Street, Los Angeles, CA 90017
☎ 1-213-689-8822
🖷 1-213-624-1992
🖥 http://discoverlosangeles.com

👁 Sehenswürdigkeiten außerhalb Los Angeles

👁 Disneyland Resort

Beginnen wir mit der ungeschlagenen Nummer 1 des Unterhaltungsangebots, für das Los Angeles berühmt ist. Nicht nur kleine Gäste entführt das riesige Resort, bestehend aus zwei Themenparks, Unterhaltungs-, Restaurant- und Shopping-Vierteln und drei Hotels in die Welt von Walt Disney und seinen Figuren. Neben

A

Die Party kann beginnen!

spektakulären Fahrgeschäften, Shows und Paraden wird vor allem in der Hochsaison ein abendlich wechselndes Unterhaltungsprogramm geboten, das seinesgleichen sucht: Feuerwerk, untermalt von bekannten Melodien aus Disney-Filmen, oder Live-Shows mit Spezialeffekten und Mickey Mouse „höchstpersönlich" als Hauptdarsteller sind die Highlights, die gerade im Sommer beachtliche Besucherströme anziehen. Zwei Stunden Wartezeit an einer Achterbahn sind keine Seltenheit. In der Hauptsaison sollte man deshalb den Park am besten unter der Woche besuchen und dann schon eine halbe Stunde vor Öffnung da sein. Eilige können mit dem „Fast Pass" allzu lästiges Anstehen vermeiden. Dieser wird bei den Attraktionen in einen Automaten gesteckt, woraufhin man einen festen Zeitpunkt für den Zugang zur Attraktion erhält.

▌**TIPP** Um Zeit und Geld am Tag des Besuches zu sparen, sollte man sich ▌vorab zu Hause unbedingt die Zeit nehmen, im Internet die komplexen Preisgestaltungsmöglichkeiten für Eintrittstickets zu erforschen. Mehrtages-Tickets sind im Paket beispielsweise günstiger als Einzeltickets, außerdem gibt es z.B. die Möglichkeit, eine „Park Hopper Option" zu wählen, die zum Eintritt in mehrere der Themenbereiche an einem Tag berechtigt. Auch diese Variante ist günstiger, als Einzeltickets für die verschiedenen Parkbereiche zu erwerben.

⇨ *Aus Richtung Downtown über die US-101 South in südöstliche Richtung fahren. Von der US-101 auf die I-5 wechseln und dieser etwa 36 km/23 mi folgen. An der Anschlussstelle 110A die I-5 verlassen und die Auffahrt Harbor Blvd nehmen. Rechts auf den Harbor Blvd einbiegen.*

✉ *1313 Harbor Boulevard, Anaheim, knapp 50 km südlich von Los Angeles*

☎ *1-714-781-4000*

🕐 *je nach Saison, in der Hauptsaison Mo-Fr 8-22 h, Sa & So 8-23/24 h*

🎟 *1-Tages-Ticket Erw. $ 80, Kinder (3-9 J.) $ 74, 1-Tages-Park-Hopper-Ticket Erw. $ 105, Kinder $ 99*

🖥 *http://disneyland.disney.go.com*

🏛 **Getty Villa, Malibu**

Dass es kulturell in die Antike geht, ist für Amerika eine Besonderheit. Die Getty Villa ist ein Museum, das sich den Künsten

Herrlich ist es, im Atrium der Villa zu flanieren.

⇨ *Die Getty Villa befindet sich 1,6 km nördlich des Sunset Blvd und 40 km westlich von Downtown Los Angeles direkt am Hwy 1.*

✉ *17985 Pacific Coast Highway, Pacific Palisades, CA 90265*

☎ *1-310-440-7300*

🕐 *Mi–Mo 10-17 h*

∞ *frei, Parkticket $ 15 pro Fahrzeug*

✉ *visitorservices@getty.edu*

🖥 *www.getty.edu/visit*

👁 Sehenswürdigkeiten Downtown Los Angeles

TIPP Wenn man mehrere Besichtigungen innerhalb Downtowns auf dem Programm hat, kann man die großen Entfernungen auch mittels der sogenannten **DASH-Minibusse** zurücklegen, die die Sehenswürdigkeiten im Zehnminutentakt anfahren. Neben dieser günstigen Variante des Sightseeings ($ 0,50 pro Person!) bietet sich auch eine Taxifahrt an, die innerhalb der Grenzen Downtowns auch nicht sehr teuer ist (unter $ 10 zu jeder Tages- und Nachtzeit).

ANMERKUNG Ob Los Angeles im Allgemeinen und Downtwon im Speziellen ein touristisches Highlight darstellen, das man unbedingt gesehen haben muss – darüber streiten sich die Geister. Los Angeles hat sicher einige interessante Ecken und ob Downtwon mit seinen verschiedenen Vierteln dazu zählt, ist reine Geschmackssache. Sollte aber die Zeit für Los Angeles knapp bemessen sein, ist Downtown am ehesten der Teil, der ausgelassen werden kann. Reicht die Zeit, soll für einen halben Tag im Herzen der Stadt im Folgenden ein kleines „Best of" skizziert werden:

🏛 El Pueblo de Los Angeles
Beginnen wir mit dem historischen Zentrum von Downtown Los Angeles am nordöstlichen Ende. Hier ist die Geschichte der Stadt verankert, im El Pueblo schlug das spätere Los Angeles 1781

und Kulturen des alten Griechenlands, Roms und der Etrusker widmet. Neben wechselnden Ausstellungen ist es vor allem die Dauerausstellung, die mehr als 1.200 Exponate aus dem Altertum bietet. Bronzestatuen, beispielsweise die des Apollo von Pompeji, oder die Glaskunst der Antike sind ebenso Bestandteil der Ausstellung wie Skulpturen aus dem Mittelalter und der Renaissance. Der herrlich gestaltete Bau im Stil eines römischen Gutshauses mit Atrium versetzt den Besucher auch tatsächlich zurück in die Zeit der Römer ...

Der Eintritt ins Museum ist zwar frei, Tickets für einen festgelegten Termin müssen jedoch vorab gebucht werden. Dies ist auf der Internetseite der Villa unter 🖥 www.getty.edu/visit/hours möglich.

Financial District in Downtown Los Angeles

seine Wurzeln. Ein spanischer Franziskaner hatte die Gegend 1769 erreicht und befunden, dass hier eine größere Siedlung entstehen könnte. Mit der Schenkung des Landes durch den spanischen König Carlos III. 1781 war die Stadtgründung offiziell besiegelt.

Die trubelige **Olvera Street** bildet den Mittelpunkt von El Pueblo de Los Angeles. Die Straße wurde restauriert und bietet heute ein mexikanisches Ambiente mit Trödelläden, Kunsthandwerk und mexikanischen Restaurants. Ess- und Souvenirbuden sind in der Mitte der Straße aufgebaut und sorgen für Jahrmarktsstimmung.

27 historische Gebäude des Viertels wurden restauriert, teilweise sind hier nun Museen untergebracht. Das älteste Haus, das 1818 erbaute **Avila Adobe**, gibt heute einen Einblick, wie eine Ranch in diesen Gefilden um die Mitte des 19. Jahrhunderts ausgestattet war. Die Innenräume sind wirklichkeitsgetreu nachgebildet worden.

Im gegenüberliegenden **Sepulveda House**, erbaut im viktorianischen Stil, ist das Visitor Center untergebracht, in dem man neben einem 20-minütigen Film über die Stadtgeschichte Los Angeles' auch Info-Material erhält, mit dem man das Viertel auf eigene Faust erforschen

Mexikanischer Jahrmarkt auf der Olvera Street

Edel, edler, am edelsten: Die Union Station mit Marmorboden im Wartesaal

A

kann. Das Sepulveda House ist jedoch derzeit geschlossen und eingerüstet, weil darin ein Interpretive Center entstehen soll, in dem die Kultur und das Wissen über die Vergangenheit des Ortes vermittelt werden. Außerdem ist eine große Wandmalerei geplant. Wann beides fertiggestellt sein wird, war zum Zeitpunkt des Redaktionsschlusses noch offen. Die Umbauarbeiten werden aber mindestens bis Ende 2012 andauern.

Einen mehr als eindrucksvollen Einblick in die Vergangenheit des Viertels gewährt die **Union Station**, mein persönlicher Favorit der historischen Gebäude von El Pueblo. Man fühlt sich um 70 bis 80 Jahre zurückversetzt, als die Eisenbahn ihre Blütezeit erlebte. Die Union Station wurde 1939 eröffnet und erstrahlt heute noch im alten Glanz mit herrlichen Terrakotta- und Marmorböden und der hohen Kassettendecke. Architektonisch sind hier Einflüsse des Art Déco, aber auch aus dem spanischen Kolonialstil erkennbar. Besonders authentisch wirken die schnörkeligen Holzbänke im großen Wartesaal und die schönen Innenhöfe mit Springbrunnen. Vor allem für Fotografen ein absolutes Muss, zumal dieses „Museum" als Bahnhof tatsächlich noch in Betrieb ist (in der Union

Station befindet sich auch eine U-Bahn-Haltestelle der Metro).

⇨ *Aus Richtung Westen über die US-101 Richtung San Bernadino bis zur Anschlussstelle 3A, hier die US-101 Richtung North Broadway verlassen. Über die West Cesar e Chavez Avenue (rechts abbiegen) rechts in die North Almeda Street einbiegen.*

✉ *El Pueblo de Los Angeles Historic Park, 845 North Alameda Street, Los Angeles, CA 90012*

☎ *1-213-680-2525*

✉ *info@olvera-street.com*

🖥 *www.olvera-street.com*

ℹ️ Visitor Information – Sepulveda House

✉ *200 North Main Street, Los Angeles, CA 90012*

☎ *1-213-485-6855*

🖨 *1-213-485-8283*

🕐 *tägl. 9-16 h*

🖥 *www.elpueblo.lacity.org/elpsh1.htm*

🏛 Chinatown

Nördlich des Stadtkerns El Pueblo befindet sich das Viertel **Chinatown Los Angeles**. Chinesische Einwanderer ließen sich nach dem Goldrausch um 1880 in der Gegend um die Alameda und Macy Street

Der Eingang zu Chinatown Los Angeles

Downtown. Das futuristisch anmutende Gebäude, in dem das Los Angeles Philharmonic Orchestra seinen Sitz hat, interpretiert mit den stählernen Kurven ein Segelschiff, verkleidet mit Stahlplatten als „Segel". Gestaltet wurde das Kunstwerk von Frank Gehry, einem kanadisch-amerikanischen Architekten und Designer. Der Konzert-Innenraum ist eng an den der Berliner Symphonie angelehnt und gilt akustisch als einer der besten der Welt. 2.265 Sitzplätze umfasst die Walt Disney Concert Hall, die ihre Existenz einer Stiftung der Disney-Witwe verdankt. Um das Kunstwerk aus rostfreiem Stahl herum wurden Gärten und Parkanlagen geschaffen, sodass man das imposante Bauwerk von allen Seiten eingehend bewundern kann.

⇨ *Über die US-101 North bis Ausfahrt Grand Avenue, dann rechts auf die Grand Avenue abbiegen.*

✉ *111 South Grand Avenue, Los Angeles, CA 90012*

☎ *1-213-480-3232*

🖥 *www.laphil.com*

A

nieder. Nachdem das Viertel wegen des Hauptbahnhof-Neubaus in den 30er Jahren des 20. Jahrhunderts geräumt worden war, entstand das heutige Chinatown wenige Häuserblocks weiter, gruppiert um den zentralen Sun Yat-Sen Square. Charakteristisch für das Erscheinungsbild des Viertels ist neben einer überwiegend chinesischen Bevölkerung die exotische Vielfalt: Akupunkteure, Kräuterkundler, asiatische Läden, Bars und Restaurants (für Fans der asiatischen Küche ein Muss!) sowie Kunstgalerien prägen Chinatown. Das asiatische Flair nimmt den Besucher schon an dem von einem Drachen bewachten Tor in Empfang, durch das man das Viertel betritt.

⇨ *Ausfahrt Hill St von der US-110. Chinatown kann mit der Gold Line über die Station „Chinatown" erreicht werden.*

✉ *Broadway Hill, nördlich des Cesar Chavez Boulevard*

🖥 *www.chinatownla.com*

🦋 Walt Disney Concert Hall

Ein architektonisches Highlight der Stadt ist die 2003 fertiggestellte Walt Disney Concert Hall westlich des Stadtviertels El Pueblo in

Ein Segelschiff auf hoher See – die Walt Disney Concert Hall

🐾 Museum of Contemporary Art (MOCA)

Für Liebhaber der zeitgenössischen Kunst ist das MOCA die richtige Adresse. Kunst aus allen Bereichen seit 1940 wird hier ausgestellt. Abstrakte Expressionisten und Pop Art Künstler sind vereint. Berühmte Vertreter: Andy Warhol, Jackson Pollack, Anselm Kiefer und Roy Lichtenstein. Selbst das Gebäude, ein Konglomerat aus geometrischen Formen, ist ein Kunstwerk für sich, entworfen von dem japanischen Architekten Arata Isozaki. Es gibt sogenannte „Highlight Tours" durch die Ausstellungen, die täglich zwei- bis sechsmal angeboten werden.

⇨ *Das Parkhaus der Walt Disney Concert Hall ist gleichzeitig das Parkhaus des Museums.*

✉ *250 South Grand Avenue, Los Angeles, CA 90012*

☎ *1-213-626-6222*

🕓 *Mo & Fr 11-17 h, Do 11-20 h, Sa & So 11-18 h*

💰 *Erw. $ 10, Kinder (unter 12 J.) frei, Sen. (über 65 J.) $ 5*

🖥 *www.moca.org*

👁 Sehenswürdigkeiten nördliche Innenstadt

🐾 Universal Studios

Bei den Universal Studios herrscht erneut Vergnügungsparkstimmung, wenn auch wieder ganz anderer Art als im Disneyland Resort. Neben einem Themenpark mit halsbrecherischen Achterbahnen, 4D-Kinos oder Tier-Dressurshows gibt es natürlich auch eine klassische Studio-Tour mit Blick hinter die Kulissen, vorbei an Tonstudios und berühmten Film-Sets sowohl von Klassikern wie beispielsweise Psycho, Spider Man oder King Kong, als auch neueren Produktionen. Z.B. findet sich hier der komplette Straßenzug „Wisteria Lane" der ABC-Serie Despe-

rate Housewives. Allerdings ist diese Tour nichts für schwache Nerven, denn Hollywood wäre nicht Hollywood, wenn nicht unterwegs einige „Überraschungen" auf die Fahrgäste warten würden – mehr wird an dieser Stelle natürlich nicht verraten!

Übrigens endet die Studio-Tour schon früher am Tag, als die anderen Attraktionen und Shows schließen. Das sollte man bei der Zeitplanung berücksichtigen.

Das Gelände der Universal Studios umfasst zwei Bereiche, die über eine nicht enden wollende Rolltreppenkonstruktion miteinander verbunden sind: Im Bereich Upper Lot kann man die 45-minütige Studio-Tramtour unternehmen (absolutes Muss, auch trotz zum Teil langer Wartezeiten!), aber auch eine simulierte Achterbahnfahrt durch einen 3D-Simpsons-Film starten oder eine Stunt-Show anschauen. Im Lower Lot schippert man im Boot durch Kulissen von Jurassic Park, natürlich der lauernden Gefahr von T-Rex & Co. ausgesetzt.

Neben der regulären Eintrittsgebühr gibt es den **Front of Line-Pass**, mit dem man reservierte Platzkontingente an allen Attraktionen in Anspruch nehmen kann. Der kostet zwar knapp doppelt so viel wie der normale Eintritt, ist aber an Wochenenden und Feiertagen absolut ratsam. Für die Inhaber dieses Passes

Fahrgeschäfte sind neben Shows und Studiotour die zweite Attraktion der Universal Studios.

A

47

gibt es jeweils einen ge-
sonderten Eintrittsbereich
(das sogenannte „Gate
A"), durch den man zu den
Shows und Attraktionen
an den regulären Warte-
schlangen vorbeispazieren
kann. Vor allem für die
sehr begehrte Studio-Tour
lohnt sich die horrende
Extra-Ausgabe, denn hier
kann man gut und gerne
zwei Stunden in der Warte-
schlange stehen. Schließ-
lich gibt es auch einen VIP-
Eintritt mit Führungen in
kleinen Gruppen und der
Möglichkeit, Kulissen und
laufende Dreharbeiten an-
zuschauen.

Der Hollywood City Walk bei Nacht

Geparkt wird in drei Ka-
tegorien. Der reguläre Parkplatz ist am weitesten vom
Eingangsbereich entfernt
und kostet $ 15. Für $ 20 parkt man etwas näher, die VIP-Parkplätze sind direkt
am Eingang gelegen und kosten $ 25.
Auch Parkplätze für das Wohnmobil sind
(im regulären Bereich) vorhanden. Der
Weg vom Parkplatz zur Kasse der Universal Studios führt über den **Hollywood
City Walk**, die Glitter-Fußgängerzone
mit Shops, Kino und Neon Art Museum.
Abends ist der Walk besonders imposant
mit den blinkenden Neonreklamen – ein
Stück Las Vegas mitten in Los Angeles.

⇨ *Über die US-101 North von Downtown aus
knapp 16 km/10 mi in nordwestliche Richtung
fahren, die Universal Studios liegen direkt an
dieser Ausfallstraße.*

✉ *100 Universal City Plaza, Universal City, CA 91608*

☏ *1-800-864-837725*

🕐 *je nach Saison. In der Hauptsaison Mo-Do
9-20 h, Fr 9-21 h, Sa & So 9-22 h*

♾ *1-Tages-Ticket $ 77 (Kinder bis 2 J. frei, bis
Körpergröße 122 cm $ 69, ab 122 cm Er-
wachsenenpreis), Front of Line Pass $ 129 von
Sept.-Juni & $ 149 von Juli-Anfang Sept., VIP
Experience $ 259 (Kinder erst ab 5 J. erlaubt!)*

🖥 *www.universalstudioshollywood.com*

👁 Hollywood-Zeichen

Mindestens so bekannt wie der Schriftzug von Coca-Cola ist das Hollywood-Zeichen. Es besteht aus je 15 Meter hohen
Buchstaben auf einer Gesamtlänge von
137 Metern und ist am Hang des Mount
Lee in den Hollywood Hills bei Los Angeles aufgestellt. Ursprünglich wurden die
Hollywood-Buchstaben im Jahr 1923 von
der Immobilienfirma Hollywoodland Real
Estate Group zu Werbezwecken für Parzel-
len in dieser damals abgelegenen Gegend
aufgestellt. Sie waren weithin sichtbar
und blinkten in der Nacht sogar auf. Nach
dem Verkauf der Grundstücke wurde der
Schriftzug zu einem Symbol der expandie-
renden Filmstadt Hollywood. Heute ist das
Hollywood-Zeichen sogar ein offizielles,
kulturhistorisches Denkmal.

Den ultimativen, offiziellen Aussichtspunkt mit Blick auf den Schriftzug gibt es
nicht – man darf sich nicht einmal in die
direkte Nähe des Denkmals wagen. Dies
ist nicht nur verboten, sondern wird in
der kompletten Umgebung mit Kameras,
Bewegungsmeldern und Alarmanlagen

überwacht. Hubschrauber umkreisen die neun legendären Buchstaben und bieten einen netten Ausblick von oben. Ein guter bodenständiger Fernblick eröffnet sich vom Griffith Park aus, wo einige Wanderwege zu Aussichtspunkten über ganz Los Angeles führen.

! TIPP Vom **Mulholland Highway** aus kann man an verschiedenen Stellen gute Blicke erhaschen, auch über die Skyline von Los Angeles auf der anderen Seite. Es ist hier nicht so sehr überlaufen und man muss nicht Schlange stehen, um das berühmte Motiv fotografieren zu können (auf der Internetseite 🖳 www.hollywoodsign.org sind weitere Blickpunkte ausführlich beschrieben).

✉ 6342 Mullholland Hwy, Los Angeles, CA 90068
🖳 www.hollywoodsign.org

〰 Griffith Park

Der Park mitten in Hollywood in den östlichen Bergen von Santa Monica ist der größte Stadtpark in den USA. Auf der 1.600 Hektar großen Parkfläche findet man eine bunte Mischung aus Wander-, Rad- und Reitwegen, Golf- und Tennisplätzen, dem Observatorium und Planetarium, einem Amphitheater, einem Wildwest-Museum, dem **Los Angeles Zoo** und einer ursprünglich gebliebenen Wildnis mit zerklüfteten Tälern. Der Gründer des Parks, Griffith Jenkins Griffith, hat der Stadt Los Angeles 1896 einen großen Teil seines Landbesitzes geschenkt mit der Auflage, dass hier „ein Platz der Erholung" erstehen solle. Diese Intention scheint geglückt, die grüne Lunge der Stadt erfüllt ihren Zweck. Neben Reit-Zentren, bei denen man Ausritte vereinbaren kann, und Fahrrad-Vermietungen lockt der Zoo mit seinen exotischen Tieren (Informationen unter 🖳 www.lazoo.org). Während der Sommermonate steht das Freibad „The Plunge" zur Verfügung und die kleinen Gäste kommen in der Minibahn „Griffith Park Southern Railroad" auf ihre Kosten – die Rundfahrt führt vorbei an einem Ponyhof, einer Western-Geisterstadt, einem Indianerdorf und anderen Abenteuern.

Eine der beliebtesten Wanderungen ist der **Mount Hollywood Trail**, der vom Parkplatz des Observatoriums hinauf auf den Gipfel des Mount Hollywood, den höchsten Punkt des Parks, führt. Von hier aus eröffnen sich grandiose Ausblicke auf Los Angeles und die Umgebung.

A

Der berühmte Schriftzug thront am Hang des Mount Lee in den Hollywood Hills.

Auf einer Anhöhe liegt das Getty Center, erreichbar vom Parkplatz aus nur mit einer Magnetschwebebahn.

Auch ein Marsch zu den **Bronson Caves** ist sehr empfehlenswert. Der ehemalige Steinbruch und die Höhlen hielten schon als Kulissen für „Bonanza" oder „Star Trek" her. Wanderer sollten jedoch prinzipiell beachten, dass die Wanderwege des Griffith Park durch Wildnis führen und Füchse, Kojoten, Klapperschlangen und Hirsche die Wege kreuzen können.

⇒ *Der Griffith Park liegt westlich der I-5 zwischen dem Los Feliz Blvd im Süden und dem Ventura Fwy (SR 134) im Norden. Zum Haupteingang des Parks gelangt man über die Ausfahrt Los Feliz Blvd.*

✉ *4730 Crystal Springs Drive, Los Angeles, CA 90027*

☎ *1-323-913-4688*

🕐 *tägl. 5-22.30 h, Wanderwege und Bergstraße werden bei Sonnenuntergang geschlossen.*

🖥 *www.laparks.org/dos/parks/griffithPK*

👁 Sehenswürdigkeiten nordwestliche Innenstadt

🏛 Getty Center

Eigentlich ist das Inhaltliche bei diesem Prachtbau eher nebensächlich. Die erlesene Kunstsammlung bestehend aus europäischen Meistern, Impressionisten und antiken Kunstwerken, der Kunst der Fotografie des 20. Jahrhunderts und der abstrakten Kunst der Moderne ist natür-

lich absolut sehenswert und ein kulturelles Highlight in Los Angeles. Denn namhafte Künstler wie Van Gogh, Cézanne und Rubens wetteifern mit Künstlern der Renaissance um die Gunst der Besucher. Aber zusammen mit dem äußeren Erscheinungsbild des mit italienischem Marmor verkleideten Gebäudes, den Parkanlagen und der Lage auf einer Anhöhe ist das Getty Center selbst ein riesengroßes Kunstwerk. Hoch auf den Hügeln Brentwoods thront dieses Objekt außergewöhnlicher Architektur, sodass schon allein die Aussichten auf die Gigantenstadt L.A. grandios sind.

Das Getty Center selbst besteht aus fünf sogenannten Pavillons, in denen die Dauerausstellungen der Getty Sammlung untergebracht sind. Die Pavillons sind um einen Innenhof gruppiert, in dem man auf begehbaren Stegen unterwegs ist. Der ganze Komplex ist mit einer Bahn mit dem Parkhaus im Tal verbunden. Besonders gut kann man den Gebäudekomplex von den wunderschönen Außenanlagen aus genießen, beispielsweise vom Central Garden aus, in dem Blumenarrangements und Wasserflächen den Besucher ins Paradies zu versetzen in der Lage sind. Diese erholsamen Auszeiten wird man auch brauchen, um die Vielfalt der Exponate aus den verschiedenen Epochen verarbeiten zu können. Multimedia-Einrichtungen und interaktive Guides (auch speziell für Kinder) begleiten den Besucher durch die Ausstellungen. Darüber hinaus finden ganztags kostenlose Architektur- und Gartenführungen statt.

⇨ *Das Getty Center liegt ca. 19 km/12 mi nordwestlich von Downtown. Über die I-405 kommend nimmt man die Ausfahrt Getty Center Drive und folgt der Beschilderung zum Haupteingang am Sepulveda Blvd.*

✉ *1200 Getty Center Drive, Los Angeles, CA 90049-1679*

☎ *1-310-440-7300*

🕐 *Di-Fr & So 10-17.30 h, Sa 10-21 h*

∞ *Der Eintritt ist kostenlos, Parken im Parkhaus kostet $ 15 pro Fahrzeug.*

🖥 *www.getty.edu*

👁 Hollywood

Hollywood ist gleichbedeutend mit Filmindustrie. Filme, Kinos, Stars – das sind die ersten Gedanken, die einen bei dem berühmten L.A.-Stadtteil durch den Kopf gehen. Das Debut als Film-Metropole der Welt feierte Hollywood 1912 mit dem Regisseur Cecil B. DeMille, der in einem Pferdestall den ersten Spielfilm Hollywoods namens „The Squaw Man" drehte (heute ist in dieser Scheune das **Hollywood Heritage Museum** untergebracht; ✉ 2100 N. Highland Avenue, 🖥 www.hollywoodheritage.com). Zwischenzeitlich sind die meisten Filmstudios nach Burbank und Culver City abgewandert, sodass Hollywood über die Jahre Zeiten gänzlicher Vernachlässigung erfahren musste. Lediglich die Paramount Studios sind im „alten" Hollywood geblieben. Doch der Bau des **Hollywood & Highland Complex**, in dem nun schon seit einigen Jahren die Oscar-Verleihung stattfindet, bescherte dem Stadtteil einen Wiederaufschwung. Auch sonst

wird einiges getan, um Hollywood als „Museum" attraktiv zu halten. Beispielsweise machen die **Filmpaläste** mit zum Teil extravagantem Ambiente und ihren glanzvollen Premieren einen Besuch Hollywoods zu einem Muss. „Richtige" Film-Luft schnuppert man im **Hollywood Entertainment Museum**. Fans von Star Trek und Raumschiff Enterprise dürfen sich auf Original-Schauplätze freuen. Requisiten und Kostüme von Filmen aller Epochen gehören zu den Exponaten. Das Museum ist in der ✉ 1140 N. Citrus Avenue, ☎ 1-323-465-7900, 🖥 www.hollywoodmuseum.com. Ebenfalls um Hollywood und im Besonderen die Nostalgie dreht sich die Ausstellung im **Hollywood History Museum**. Alte Filmhelden wie Charlie Chaplin und John Wayne finden hier ihren Platz, ebenso deren Filmausrüstungen und Kostüme (✉ 1660 N. Highland Avenue, ☎ 1-323-464-7776, 🖥 www.thehollywoodmuseum.com).

👁 Hollywood Boulevard

Zurückversetzt in die guten alten Glanz-Zeiten Hollywoods fühlt man sich auf dem Hollywood Boulevard. Hier pulsiert das Leben wieder fast genauso wie vor dem Zweiten Weltkrieg. Vor allem der Hollywood & Highland Complex hat dazu

A

Der Hollywood Boulevard

Besucheranstrom vor dem Kodak Theatre

A

sich die Prominenz beim **Grauman's Chinese Theatre** (✉ 6925 Hollywood Boulevard). Auf dem Vorplatz des Kinos sind die Abdrücke im Pflaster eingelassen, die etwa 200 Hollywood-Stars in frischem Zement hinterlassen haben. Das historische Monument selbst ist ein herrlich geschmückter Prachtbau, der für sich allein schon sehenswert ist, sofern die Menschenmassen den Blick nicht komplett versperren.

Zwei weitere Premiere-Kinos in ausgefallener Optik sind das El Capitan Theatre der Walt Disney Group (✉ 6834 Hollywood Boulevard) und das Egyptian Theatre (✉ 6712 Hollywood Boulevard).

beigetragen, dass die Straße zwischen der Vine Street und der La Brea Avenue wieder schillert. Neben Läden, Restaurants, Clubs und Kinos ist es vor allem das **Kodak Theatre**, für das der Gebäudekomplex berühmt ist: Dort findet die Verleihung der Oscars statt.

Nicht minder berühmt ist der **Walk of Fame**. In Marmorsteinen mit sternförmigen Messingplatten werden tote und noch lebende Stars auf den Gehsteigen von 18 Blocks beidseitig des Hollywood Boulevards für die Ewigkeit konserviert. Um den Überblick über so viel Prominenz (fast 3.000 Sterne!) nicht zu verlieren, werden die Stars fünf festen Kategorien zugeordnet: Film, Fernsehen, Musik, Radio und Theater. So wetteifern Cary Grant und Michelle Pfeiffer in der Gunst mit Audrey Hepburn und Nicolas Cage, im Musikbereich findet man die Sterne von Elvis, Michael Jackson, Jimi Hendrix und David Bowie. Mickey Mouse ist ebenso mit von der Partie wie Kermit der Frosch. Allerdings wird nicht jedem Star die große Ehre zuteil, sich hier im Gehweg einmeißeln lassen zu dürfen. Ein Komitee und der Stadtrat von Los Angeles bestimmen, ob ein Star eines Sternes würdig ist oder nicht.

Ebenfalls verewigt, diesmal in Form von Hand- und Fußabdrücken, hat

Man kann aber ganz einfach auch nur den Hollywood Boulevard entlangschlendern, um die besondere Atmosphäre in sich aufzunehmen. Viele Sehenswürdigkeiten tauchen dann ganz automatisch auf, so zum Beispiel das Capitol Records Gebäude in Form eines Schallplatten-Stapels oder das Apartmenthaus „The Outpost", in dem schon etliche Stars abgestiegen sind und in dessen Lobby ein Sammelsurium an Erinnerungen aufbereitet ist. Vor allem im Zentrum des Geschehens, vor dem Grauman's Chinese und dem Kodak Theatre, trifft man einige

PHIL COLLINS

Suchspiele nach dem Stern des Lieblingsstars

Die Sicht auf die Fußabdrücke vor dem Chinese Theatre versperren oft die Menschenmassen.

geklonte Stars. So posiert zum Beispiel ein als Captain Jack Sparrow verkleideter „Johnny Depp" für Fotos – man muss schon zweimal hinschauen, um die „Fälschung" zu erkennen! Auch Superman ist unterwegs, ebenso Mickey Mouse und Marilyn Monroe. Hier werden auch die Stars auf den Sternen auffallend prominenter, vor Michael Jacksons Stern versammeln sich gelegentlich wahre Menschenaufläufe ...

Schreitet man den Hollywood Boulevard zwischen der Vine Street und dem Orange Drive ab, hat man das Wesentliche auch schon gesehen. Rund um den Einstieg bei der Vine Street gibt es in den Seitenstraßen bezahlbare Möglichkeiten, das Auto auf einem Public Parking abzustellen. Hier kann man dann unbegrenzt lange parken und zahlt dafür zwischen $ 8 und 10. Dagegen ist das Parken am Straßenrand des Hollywood Boulevard auf eine Stunde begrenzt.

👁 Sunset Strip

Der Sunset Strip ist ein Teil des Sunset Boulevard, einer vierspurigen Straße, die von Downtown durch Hollywood und Beverly Hills bis nach Santa Monica führt. Die Musikszene dominiert auf dem Sunset Strip zwischen dem La Cienga und dem Crescent Heights Boulevard. Nicht nur in der Vergangenheit sind hier berühmte Musiker aufgetreten, auch in der Gegenwart gibt es in den zahlreichen Nachtclubs ein gutes Programm (vor allem an den Wochenenden). Besonders erwähnenswert ist das **House of Blues**, ✉ 8430 Sunset Boulevard. Unter 🖥 www.houseofblues.com/venues/club-venues/losangeles findet man das vielfältige Programm mit den Schwerpunkten Gospelmusik und – natürlich – Blues. Reklametafeln charakterisieren den Strip und werben für CDs, Kinofilme und Stars. Zu Nachtclubs und Rockbühnen gesellen sich auch schicke Boutiquen. Der Sunset Strip ist allerdings nur ein kleiner, knapp 3 km/2 mi langer Teil des Sunset Boulevard, der bei El Pueblo beginnt und bis zum Pazifik führt. Ursprünglich ein alter Indianerpfad, vereint der Boulevard heute eine multikulturelle Vielfalt.

👁 Beverly Hills

Streng genommen ist die Nobelgegend von Los Angeles eine eigenständige Stadt, aber die Grenzen zu L.A. sind fließend. Hier riecht es geradezu nach Geld und Prominenz, Beverly Hills ist eine der exklusivsten und damit auch teuersten Wohngegenden der Welt. Herausragende Restaurants und Hotels tummeln sich hier ebenso wie extravagante Privat-Villen. Alle Shopping-Fans sind hier gut aufgehoben bei einem schier unüberschaubaren Angebot von Designer-Läden, Second-Hand-Shops und Boutiquen. Die großen Malls finden sich entlang des Wilshire Boulevard. Auf dem Rodeo Drive kann man die Mode des nächsten Jahres für viel Geld erstehen oder zumindest einmal einen Blick darauf werfen. Außerhalb des Einkaufsbereichs liegen die Villen der Stars und Geschäftsleute. Diese sind aber meist von hohen Hecken verdeckt und man muss schon auf die Informationen der fliegen-

A

Beverly Hills City Hall

den Händler und deren inoffizielle „Star Maps" zurückgreifen, wenn man genaue Adressen in Erfahrung bringen möchte.

Beverly Hills ist aber nicht nur Konsum und Reichtum, auch für die Kultur ist noch Platz. Ein etwas ungewöhnliches Museum beispielsweise ist das **Museum of Tolerance (MOT)** in ✉ 9786 W. Pico Boulevard (🕐 Mo-Fr von 10-17 Uhr und Sonntag von 11-17 Uhr). Unterdrückung, Rassismus und Verfolgung sind die Themen des Museums, die sich vor allem dem Holocaust und der Rassendiskriminierung in den USA widmen. Visuelle und interaktive Hightech-Medien regen den Besucher zum Nachdenken an, haben aber durchaus auch beklemmende Wirkungen.

! TIPP Allen Kunstliebhabern und Museumsfans sei die Museum Row ans Herz gelegt, die sich auf dem Wilshire Boulevard befindet. Sieben bedeutende Museen sind hier auf der „Miracle Mile" versammelt, die ihre Schwerpunkte in den Themen Kunst, Geschichte, Handwerk und Technik haben.

Wer einfach nur zwanglos Beverly Hills erleben möchte, kann dem Cactus Garden auf dem Santa Monica Boulevard einen Besuch abstatten, das ist ein komplett mit Kakteen bewachsener Block. Oder man genießt einfach das Flanieren auf den von Palmen gesäumten Straßen und hofft darauf, Tom Cruise aus einer der Luxuslimousinen steigen zu sehen ...

🏛 Unterkünfte Los Angeles

Mit der Wahl eines der Flughafenhotels in der Nähe des Los Angeles International Airport macht man für die Zeit direkt nach der Ankunft nichts falsch. Zu den meisten Hotels besteht ein Shuttle-Service ab LAX, und einige Hotels liegen sogar recht nah am Meer. Zum Ankommen, Relaxen und Überwinden des Jetlags sicher eine gute Wahl. Für die Attraktionen und Sehenswürdigkeiten in Los Angeles sind sie allerdings weniger gut gelegen. Die folgende Auswahl an Hotels soll ein möglichst großes Spektrum an Standorten innerhalb der Stadt abdecken, kann aber dennoch nur ein winzig kleiner Ausschnitt dessen sein, was L.A. an Unterkünften zu bieten hat. Im Vorfeld mit Stadtplan ausgestattet und einer Wunschliste aller Ziele, die man besuchen möchte, sollte man in der entsprechend günstigsten Ecke seine Zelte aufschlagen. Da für den Aufenthalt in Los Angeles als Start- und Zielort der Rundreise der Camper nicht vorgesehen ist, entfällt für die Stadt selbst die Auflistung der Campgrounds.

Die Gegend südlich von Downtown ist nicht Bestandteil dieses Routenreiseführers (Kriminalität, wenig attraktive Ziele), deshalb wird im Folgenden auf die Hotel-Nennung in diesem Raum verzichtet.

🏨 Flughafenhotels

🏨 Radisson Los Angeles Airport Hotel

Das 4-Sterne-Flughafenhotel mit kostenlosem Shuttle-Service zum Los Angeles International Airport ist nur 2,5 km/1,5 mi vom Flughafen entfernt. Neben einem Außenpool und Wellness-Angeboten ist das Hotel gut geeignet für die Ankunft in L.A. und die Entspannung nach dem Interkontinentalflug. Venice Beach und Marina del Rey sind als attraktive Ausflugsziele vom Hotel aus mit einer kurzen Fahrt erreichbar.

⇨ *Unterhalb des Flughafens in östliche Richtung auf den West Century Boulevard fahren. Auf dieser Straße liegt nach etwa 350 Metern bereits das Hotel (auf der rechten Straßenseite).*

⊠ *6225 W. Century Boulevard, Los Angeles, CA 90045*

☎ *1-310-670-9000*

🖷 *1-310-337-6555*

⊗ **-****

🖂 *rhi_laap@radisson.com*

🖳 *www.radisson.com/los-angeles-hotel-ca-90045/calaair*

🏨 Hyatt Summerfield Suites Los Angeles LAX/El Segundo

Knapp 5 km/3 mi südlich vom Flughafen entfernt liegt dieses 3-Sterne-Hotel. Sie können den Aufenthalt entweder in einem Standardzimmer oder einer Suite genießen. Zur Ausstattung des Hotels gehören Fitnessraum, Außenpool, Whirlpool und ein Basketball-/Tennisplatz. Der nächstgelegene Strand ist der Manhattan Beach (zu dem ein Hotel-Shuttle die Gäste bringt), aber gut erreichbar sind auch Marina del Rey, Venice Beach und Santa Monica sowie der **Redondo Beach Pier** (🖳 www.redondopier.com) mit Läden, Bars, Diners und Unterhaltungsangebot (fast jeden Abend Live-Musik).

Direkt neben dem Hotel befindet sich eine Haltestelle der grünen Metro Line, wodurch das Hotel recht gut an das öffentliche Verkehrsnetz Richtung Downtown angeschlossen ist.

⇨ *Dem Sepulveda Blvd Richtung Süden folgen, dann rechts in die Rosecrans Ave abbiegen, anschließend nach links in die Douglas St.*

⊠ *810 South Douglas Street, El Segundo, CA 90245*

☎ *1-310-725-0100*

🖷 *1-310-725-0900*

⊗ ****

🖂 *elsegundoopsmgr@ih-corp.com*

🖳 *www.HyattSummerfieldSuites.com*

🏨 Hotels im Nordwesten von Los Angeles

🏨 Maison 140 Beverly Hills

Zentral gelegenes, kleines Designer-Hotel im Boutique-Stil mit fernöstlichen und französischen Elementen. Man kann zwischen Zimmern im Mandarin- oder im Paris-Stil wählen. In fünf Minuten hat man den Rodeo Drive mit seinen Shopping-Möglichkeiten erreicht. Die Zimmer sind recht klein, aber gemütlich.

⇨ *Dem Fwy 405 in nördliche Richtung folgen bis Ausfahrt Wilshire Blvd. Dann rechts auf den Spalding Dr abbiegen und wieder rechts auf den Charleville Blvd. Danach links auf den Lasky Dr.*

⊠ *140 S. Lasky Drive, Beverly Hills, CA 90212*

☎ *1-310-281-4000*

🖷 *1-310-281-4001*

⊗ *****

🖂 *reservations@maison140beverlyhills.com*

🖳 *www.maison140beverlyhills.com*

🏨 Hilton Los Angeles-Universal City

Wer sich mitten im Geschehen rund um die Universal FStudios (über eine Fußgängerbrücke in fünf Minuten erreichbar) und anderen Fernseh- und Filmeinrichtungen aufhalten will, ist hier gut aufgehoben. Die Zimmer sind sehr geräumig, das Hotel insgesamt sicher und gut gelegen. Das Hotel bietet einen Pool, einen Fitness-Raum und Sightseeing-Touren an. Ein Autovermietungs-Schalter ist ebenfalls vorhanden.

⇨ *Den Fwy 405 in nördliche Richtung befahren, bis sich die Straße teilt. Hier den Highway 101 South bis zur Ausfahrt Lankershim Blvd nehmen. Rechts abbiegen und an einer Ampel wieder rechts abbiegen.*

✉ *555 Universal Hollywood Drive, Universal City, CA 91608-1001*

☎ *1-818-506-2500*

🖷 *1-818-509-2058*

☍ *****

🖳 *www1.hilton.com/en_US/hi/hotel/BURUCHF-Hilton-Los-Angeles-Universal-City-California/index.do*

🏛 Hotels im Norden von Los Angeles

🏛 Tangerine Hotel

Ein erfrischend anderes Hotel ist das kleine, gemütliche Tangerine Hotel im Stadtteil Burbank. Als sogenanntes „Boutique-Hotel" ist es aufgepeppt mit ansprechenden Wandgemälden, Holzskulpturen und einigen netten Extras. Das Tangerine ist ein angenehmer Ausgangspunkt, um die im Norden gelegenen Sehenswürdigkeiten L.A.s anzusteuern. Vor allem die nahe gelegenen Studios sind gut erreichbar. Das Tor zum Warner Bros. Studio beispielsweise ist sogar fußläufig, die Universal Filmstudios sind in einer zehnminütigen Busfahrt erreichbar. Wer nicht auf Abenteuerreise gehen will, kann am kleinen, beheizten Pool relaxen. Alles in allem ein Geheimtipp in Los Angeles mit gutem Preis-Leistungs-Verhältnis und bester Lage. Um das Haus herum gibt es kostenlose Parkplätze für die Hotelgäste. Der Nachteil des Tangerine ist: Es wird kein Frühstück angeboten (lediglich Kaffee, Tee und Scones in der Hotel-Lobby). In derselben Straße gibt es allerdings fußläufig einige Möglichkeiten zu frühstücken.

⇨ *Über den Fwy 405 North auf den Ventura Fwy South. Wenn sich der Fwy teilt, auf den 134 East fahren. Bei Pass Ave herausfahren und rechts abbiegen. Links auf den Riverside Dr einbiegen.*

✉ *3901 Riverside Drive, Burbank, CA 91505*

☎ *1-877-843-1121*

🖷 *1-818-559-6424*

☍ ****

✉ *info@tangerinehotel.com*

🖳 *www.tangerinehotel.com*

🏛 Disneyland Resort Hotels, Anaheim

Erste Adresse und Anlaufstelle beim Besuch von Disneyland ist natürlich eine Übernachtung in einem der Resort Hotels, die sich alle in unmittelbarer Nachbarschaft zum Freizeitpark-Resort befinden. Sie liegen alle in der Preiskategorie drei Sterne und sind auf den ersten Blick recht teuer. Im Internet finden sich zu den einzelnen Hotels allerdings Package-Angebote, sodass man verschiedene Variationen in Kombination mit den Eintrittstickets durchprobieren kann – und auch sollte.

🏛 Disney's Grand Californian Hotel & Spa

Dieses Hotel im Stil der Kunst und des Handwerks um 1900 verfügt über einen Privatzugang in den Disney California Adventure Park. Von den Zimmern aus kann man in den Park blicken und sich so auf die bevorstehenden Attraktionen freu-

Klein aber fein: das Hotel Tangerine in Hollywood

en. Mehrere Pool-Landschaften, unter anderem eingebettet in Disney-Kulissen und versehen mit abenteuerlichen Rutschen, bieten Erholung vom stressigen Disney-Leben. Shoppen, Spa und Essen in gepflegter Atmosphäre sind möglich in und nahe diesem Themenhotel. Spezielle Angebote und Kombinationen mit dem Eintritt in Disneyland sollten je nach Reisezeitraum vorab übers Internet erforscht werden.

⊠ *1600 S. Disneyland Drive, Anaheim, CA 92802*
☎ *1-714-625-2300*
🖥 *http://disneyland.disney.go.com/ grand-californian-hotel*

🏨 Disneyland Hotel

Über eine Monorail-Bahn ist das Hotel mit den Disney-Parks verbunden. Für eine kleine Auszeit vom Parktrubel kann man sich einfach in das Hotel oder an dessen Pool zurückziehen. Die knapp 1.000 Zimmer des Hotels sind in drei Türmen mit den bezeichnenden Namen „Magic", „Dreams" und „Wonder" untergebracht. Natürlich ist auch dieses Hotel angereichert mit Disney-Charakteren, man kann sich sogar von Mickey Mouse wecken lassen. Auch hier gilt: vorab checken, welche Packages zusammen mit Eintrittstickets möglich sind.

⊠ *1150 Magic Way, Anaheim, CA 92802*
☎ *1-714-778-6600*
🖥 *http://disneyland.disney.go.com/disneyland-hotel*

🏨 Disneyland Paradise Pier Hotel

Auch dieses frisch renovierte Hotel befindet sich im Herzen des Downtown Disney District. Thema hier ist die Imitation der Meeresküste. Mit neckischen Wasserrutschen saust man in den Pool auf der Dachterrasse im dritten Stock des Hotels. Eine Goofy-Statue heißt die Hotelgäste in der Lobby willkommen. Arrangements mit den Parks sind ebenfalls möglich.

⊠ *1717 S. Disneyland Drive, Anaheim, CA 92802*
☎ *1-714-999-0990*
🖥 *http://disneyland.disney.go.com/ paradise-pier-hotel*

🏨 Hotels in Downtown Los Angeles

Prinzipiell gilt, dass man abends und nachts auf den Straßen in Downtown große Vorsicht walten lassen sollte. Auch wenn Downtown von den Flughafenhotels aus gut erreichbar ist, kann es Gründe geben, direkt in Downtown zu übernachten. Da es viele schlechte Hotels gibt, sollte man ein in diesem Stadtteil gelegenes Hotel mit Bedacht auswählen. Zwei gute Vertreter sind:

🏨 Kyoto Grand Hotel and Gardens

Das Hotel mit asiatischem Flair liegt in der Nähe des Rathauses, des Music Center und der Disney Hall. Das Hotel bietet einen kostenlosen Shuttle-Service zu allen Sehenswürdigkeiten innerhalb Downtowns an. Eine besondere Perle im Trubel der Innenstadt ist mit Sicherheit der japanische Garten.

⇒ *Vom Flughafen LAX geht es über die I-105 East zur I-110 North und von dieser nimmt man die Ausfahrt 4th St. Sechs Blocks weit fahren, dann erreicht man die Los Angeles St, auf die man links abbiegt.*
⊠ *120 S. Los Angeles St, Los Angeles, CA 90012*
☎ *1-213-629-1200*
🖨 *1-213-622-0980*
∞ ****
📧 *sales@kyotograndhotel.com*
🖥 *www.kyotograndhotel.com*

🏨 O Hotel

Im Herzen Downtowns liegt das Hotel im Boutique-Stil und sowohl das Music Center als auch die Disney Hall sind in der nächsten Umgebung. Empfehlenswert ist das Hotel-Restaurant im mediterranen Stil, die Bar fungiert am Wochenende als echter Geheimtipp. Ein solides Innenstadt-Hotel mit gutem Preis-Leistungs-Verhältnis. Einziger Nachteil: Die meisten Zimmer sind erst ab zwei oder drei Nächten buchbar.

⇒ *Vom Fwy 110 die Ausfahrt W. 9th St nehmen und dieser so lange folgen, bis links die South Flower St abzweigt. In dieser Straße befindet sich (linkerhand) das Hotel.*

✉ *819 South Flower Street, Los Angeles, CA 90017*
☎ *1-213-623-9904*
🖨 *1-213-623-9904*
⚭ ****
✉ *reservations@ohotelgroup.com*
🖥 *www.ohotelgroup.com*

Wir wenden der Metropolregion Los Angeles fürs Erste den Rücken zu und machen uns auf den Weg Richtung Norden. In Santa Monica treffen wir auf den legendären Highway No. 1, der uns nun eine ganze Weile und über mehrere Zwischenstationen hinweg begleiten wird.

👁 HIGHWAY NO. 1 SÜD

A

Die Küstenstraße entlang des Pazifischen Ozeans misst von Innenstadt Los Angeles bis Zentrum San Francisco ca. 650 km/406 mi und gilt als eine der schönsten Straßen der Welt. Sie verbindet Süd- und Nordkalifornien miteinander und ist als National Scenic Byway ausgewiesen. Die Landschaft, die sich rechts und links der Straße auftut, bietet eine Vielfalt, die man kaum mit Worten beschreiben kann: Einsame und von Palmen gesäumte Strände, Dünenland-

schaften, eine gigantische Brandung, die schäumend auf zerklüftete Felsen trifft, Küsten-Mammutbäume und entzückende amerikanische Kleinstädte.

*Grob kann man den berühmten Highway an der Küste entlang in zwei Abschnitte einteilen, den südlichen (der **Pacific Coast Highway** heißt) und den nördlichen Abschnitt (der **Cabrillo Highway** genannt wird). Während im Süden noch die Prominenten-Orte dominieren und Palmen, feine, goldene Sandstrände und Hotels am Strand das Bild beherrschen, wird die Landschaft Richtung Norden zunehmend wild und rau. Ab jetzt bietet sich ein einzigartiges Naturspektakel, bei dem Meer und Felsenlandschaft aufeinandertreffen, wie es selten der Fall ist. Nach jeder Kurve taucht eine neue, atemberaubende Impression auf, wofür hauptsächlich die zerklüftete Steilküste verantwortlich ist. Vor allem die Strecke zwischen San Simeon und Monterey überwältigt mit unzähligen solcher Eindrücke. Die Küstenstraße ist im nördlichen Küstenbereich nur noch zweispurig ausgebaut und schlängelt sich gelegentlich in abenteuerlich engen Kurven und über spektakuläre Brückenkonstruktionen an tiefen Schluchten entlang.*

Sanfte Landschaft dominiert im Süden auf dem Abschnitt Pacific Coast Highway.

Den Zauber dieser Küstenstraße muss man in sich aufnehmen, weswegen man sie auf gar keinen Fall „in einem Rutsch" durchfahren sollte. Man sollte die Strecke auf mindestens zwei Tage verteilen und zwischen dem Start der Reise in Los Angeles und Monterey unbedingt eine zusätzliche Übernachtung einplanen. Dies sollte man nicht nur tun, um die vielen Haltepausen zum Fotografieren und Betrachten der wechselnden Küstenland-

Wahrzeichen von Santa Barbara ist der Brunnen mit springenden Delfinen.

schaft einzukalkulieren, sondern auch, dass die Strecke 500 km/313 mi umfasst, die nicht einfach geradeaus verlaufen wie auf einer Interstate. Zeitmäßig bietet sich hierfür nach der Camper-Übernahme in L. A. als erstes Etappenziel auf dem Highway Santa Barbara an, die „Hauptstadt der American Riviera". Bis Santa Barbara zeigt sich der Highway, der hier noch der 101 ist, allerdings noch keinesfalls in seiner vollen Pracht – im Gegenteil: Zunächst zweispurig vermittelt er eher das europäische Autobahn-Feeling mit viel Verkehr und äußerst wenigen landschaftlichen Reizen.

🏛 SANTA BARBARA

	Los Angeles	139 km/87 mi
	Monterey	407 km/254 mi
🚶🚶🚶🚶	Stadt	89.500
❄❄	Winter	18 °C
☀	Sommer	25 °C
〰〰	Meereshöhe	15 m

Nicht nur die direkte Lage am Pazifischen Ozean ist verantwortlich für die Namensgebung „**Amerikanische Riviera**". Santa Barbara umgibt sich mit attraktiven Touristenzielen wie dem Los Padres National Forest , einem großen Naturschutzgebiet mit vielen Freizeitmöglichkeiten, oder den

Santa Ynez Mountains im Hinterland, die die Kulisse des Stadtbildes wesentlich mitprägen. Einen National Park hat Santa Barbara ebenfalls im Angebot und zwar einen auf dem Meer – die Channel Islands. Das mediterrane Klima mit milden Wintern und einer frischen Brise im Sommer sowie der wenig hektische und eher geruhsame Lebensfluss innerhalb der Stadt tragen zum Mittelmeer-Feeling bei.

Die spanische Vergangenheit des Ortes trägt das Ihre dazu bei, dass es mediterran zugeht in Santa Barbara. Die Spanier kamen im 18. Jahrhundert, um sich hier niederzulassen. Zuvor war das Gebiet von den Chumash-Indianern besiedelt gewesen. Mit den Spaniern kamen jedoch auch Soldaten und Priester und die Ureinwohner wurden gezwungen, Frondienste zu leisten. Seinen konkreten Ursprung nahm das heute so anziehende Städtchen im Jahr 1786, als Franziskaner eine Mission auf dem heutigen Stadtgebiet errichteten. Ziel war es, die Chumash-Indianer zum christlichen Glauben zu bekehren. Das Missionsgebäude, das nach einem Erdbeben 1812 entstanden ist, wird noch heute als Kirche genutzt und beinhaltet ein Museum mit einer schönen Gartenanlage (✉ 2201 Laguna Street, ☎ 1-805-682-4713, 🕐 tägl. 9-17 Uhr, 🖳 www.sbmission.org).

*Die spanische Franziskaner-
mission in Santa Barbara*

Zwischen 1850 und 1860 stieg die Einwohnerzahl der ehemaligen Mission stark an, einen erneuten Aufschwung gab es nach dem Zweiten Weltkrieg, als Santa Barbara zu einem Marinestützpunkt wurde. 1872 wurde der Pier **Stearns Wharf** errichtet, um Waren und Passagiere an Land nehmen zu können (🖥 www.stearnswharf.org). Im Laufe der Zeit hat der Pier Wetterkatastrophen, Erdbeben und Feuer erlebt, wurde aber immer wieder in der ursprünglichen Holzfassung neu erbaut. So ist der Pier auch heute noch Hauptattraktion von Santa Barbara mit dem Unterschied, dass er jetzt als Landestelle für Sport- und Fischerboote und Whale Watching Touren dient. Die Kaianlage ist die älteste an der Westküste, die ohne Unterbrechung in Betrieb war. Man erreicht den Pier über das Südende der State Street.

TIPP Man kann direkt auf dem Pier 90 Minuten lang kostenlos parken, muss sich aber einen Einkauf aus einem Souvenirladen oder einen Imbiss bestätigen lassen. Ansonsten parkt man für $ 2,50 pro Stunde (was weitaus günstiger ist als ein sündhaft teurer Strafzettel, mit dem man bei geringfügig verkehrswidrigem Parken in Santa Barbara schnell dabei ist!).

Der Pier teilt den weitläufigen Strand in einen West- und einen Oststrand. Das Sonnenleben findet eher am East Beach statt, denn das Schwimmen ist am West Beach nicht gestattet. Die meisten Hotels sind in der Umgebung des East Beach angesiedelt, und als Verlängerung der Hauptgeschäftsstraße Richtung Pazifik finden sich am Pier mehrere Geschäfte und Restaurants. Es gibt im Strandbereich diverse Fahrradverleihe, bei denen zwei- und vierrädrige Vehikel aller Art angemietet werden können, mit denen man sich mittels Strampelkraft durch Santa Barbara bewegen kann.

Weitere Strandbereiche sind der Leadbetter Beach mit Bade- und Surfmöglichkeit, der Familienstrand Arroyo Burro Beach mit Restaurant und Rasen-Liegeflächen oder der direkt am Meer gelegene Douglas Family Preserve Park mit schönen Spaziermöglichkeiten. Eine komplette Liste aller Strände rund um Santa Barbara findet man unter 🖥 www.santabarbara.com/activities/beaches.

TIPP Entlang der sogenannten Waterfront verkehrt von 12 Uhr mittags bis Sonnenuntergang alle halbe Stunde ein Boot-Shuttle namens „**Lil Toot**" zwischen dem Santa Barbara Hafen und Stearns Wharf. Mit diesem Shuttle sind sowohl Strände als auch Attraktionen auf besondere Art und Weise erreichbar (Kinder dürfen sogar gelegentlich das Steuerrad übernehmen!).

*Blick vom Rathausturm
auf Santa Barbara*

*Stearns Wharf, das Touristen-
zentrum von Santa Barbara*

🛈 Visitor Information

**Santa Barbara Conference
& Visitors Bureau**
✉ 1601 Ancapa St, Santa Barbara, CA 93101-1909
☎ 1-805-966-9222
🖨 1-805-966-1728
🖥 www.santabarbaraca.com

👁 Sehenswürdigkeiten Innenstadt Santa Barbara

👁 Ty Warner Sea Center

Das Sea Center ist einfach ein Erlebnis, denn wo sonst auf der Welt kann man waschechte Seegurken anfassen oder durch einen Wellentank kriechen, um sich den Ozean einmal aus einer anderen Perspektive anzuschauen? Das Center liegt direkt am Stearns Wharf und ist interaktiv aufgebaut. Thema ist das Leben der Meerestiere rund um den Santa Barbara Kanal. Man kann einen Tag lang Wissenschaftler spielen und Wasserproben untersuchen oder als Meeresforscher Funde aus dem Meer unter die Lupe nehmen. Das Warner Sea Center gehört zum **Santa Barbara Museum of Natural History**.
✉ 211 Stearns Wharf, Santa Barbara, CA 93101
☎ 1-805-962-2526
🕐 tägl. 10-17 h
💰 Erw. $ 8, Kinder (2-12 J.) $ 5, Jugendliche (13-17 J.) $ 7, Sen. (über 65 J.) $ 7
🖥 www.sbnature.org

🐚 Santa Barbara Maritime Museum

Eine Alternative zum Sea Center am Pier ist das Maritime Museum am Hafen von Santa Barbara. Hier liegt der Schwerpunkt allerdings weniger auf lebenden Exponaten als vielmehr auf historischen Schiffsmodellen und der maritimen Geschichte der Stadt. Computeranimationen und Filmtheater sorgen auch hier für Interaktivität, viele Ausstellungsstücke darf man in die Hand nehmen.
✉ 113 Harbour Way, Santa Barbara, CA 93109
☎ 1-805-962-8404
🖨 1-805-962-7634
🕐 tägl. außer Mi von Labour Day bis Memorial Day 10-17 h & von Memorial Day bis Labour Day 10-18 h
💰 Erw. $ 7, Kinder (1-5 J.) $ 2, Stud. mit Ausweis & Jugendl. (6-17 J.) $ 4, Sen. (über 62 J.) $ 4
🖥 www.sbmm.org

🐚 Santa Barbara Historical Museum

Wer sich in die Geschichte von Santa Barbara und die Vergangenheit der **Chumash-Indianer** vertiefen möchte, dem sei dieses Museum empfohlen. Mit historischen Exponaten wird die lokale Geschichte des Städtchens dokumentiert, die von gewebten Körben der Ureinwohner über kolonialzeitliche Textilien bis hin zu kostbaren Gemälden aus vergangenen Epochen reicht.
✉ 136 East de la Guerra St, Santa Barbara, CA 93101
☎ 1-805-966-1601
🖨 1-805966-1603
🕐 Die-Sa 10-17 h, So 12-17 h
💰 frei, Spende erwünscht
🖥 www.santabarbaramuseum.com

🏛 Santa Barbara County Courthouse

Aus dem Jahr 1929 stammt das Gebäude im spanisch-maurischen Stil, das nicht nur von außen herrlich anzuschauen ist. Auch im Inneren präsentiert sich das palastartige, ehemalige Gerichtsgebäude prachtvoll mit tunesischen und spanischen Fliesen, Wandmalereien mit Szenen aus der spanischen Kolonialzeit und bemalten Decken. Nirgendwo sonst in Santa Barbara zeigt sich der typische architektonische Baustil so schön wie bei diesem Courthouse. Der Komplex besteht aus vier Gebäuden; zu einem davon gehört ein Glockenturm, von dessen Spitze aus man einen sehr schönen Panoramablick über die Stadt, das Meer und die Berge hat. Der Turm schließt früher als das restliche Gebäude, weshalb man spätestens um 16 Uhr hinaufsteigen sollte.

- ✉ *110 Anacapa Street, Santa Barbara, CA*
- ☎ *1-805-962-6464*
- 🕐 *Mo-Fr 8.30-16.45 h, Sa & So 10-16.45 h*
- ♿ *frei*
- 🖥 *www.santabarbaracourthouse.org*

🏛 El Presidio de Santa Barbara State Historic Park

In der Nähe des County Courthouse befindet sich der El Presidio State Park. Die Bezeichnung „Park" mag hier irreführend sein, den es handelt sich eigentlich um eine alte Festung, die 1782 von den Spaniern erbaut wurde und dem Schutz der Missionen zwischen San Diego und Monterey diente. Das Museum ist klein aber fein und bietet mit der schönen Kapelle eine nette Möglichkeit, eine zeitliche Lücke zu füllen. Im Eintritt inbegriffen ist das Casa de la Guerra Historic House Museum, in dem man Exponate zur spanisch-amerikanischen Geschichte findet.

- ✉ *123 East Canon Perdido Street, Santa Barbara, CA 93101*
- ☎ *1-805-965-0093*
- 🕐 *tägl. 10.30-16.30 h*
- ♿ *Erw. $ 5, Kinder unter 16 J. frei, Senioren (über 62 J.) $ 4*
- 🖥 *www.sbthp.org*

👁 Sehenswürdigkeiten außerhalb von Santa Barbara

Channel Islands National Park

(Keine Eintrittsgebühren, es wird lediglich eine Reservierungsgebühr für Campen auf den Inseln fällig.)

Vor der Küste Santa Barbaras liegt ein National Park der besonderen Art: Aus acht Inseln besteht die Inselkette namens Channel Islands, die ihre Namensgebung dem schmalen Meeresarm verdankt, der sie vom Festland trennt. Bis die Chumash-Indianer gezwungen wurden, in der Mission auf dem Festland zu leben, bewohnten sie diese Inseln. Heute besteht das Gebiet des National Parks aus den vier Inseln **Anacapa Island**, **Santa Cruz Island**, **Santa Rosa Island** und **San Miguel Island** sowie der weiter südlich gelegenen Mini-Insel **Santa Barbara Island**. Durch die Isolation über tausende von Jahren konnten sich hier Tiere und Pflanzen entwickeln, die es sonst nirgendwo auf der Welt gibt. Ein Beispiel hierfür ist der Insel-Graufuchs, der zu den kleinsten Füchsen der Welt zählt. Aber auch Robben, Seevögel und Gezeitentiere lassen sich hier so gut beobachten wie selten sonst. In dieser Umgebung wird den Besuchern eine Ursprünglichkeit geboten, wie sie zu früheren Zeiten an der Küste geherrscht hat. Heute stehen Campen, Kajakfahren und Schnorcheln auf dem Freizeitprogramm der Inseln mit dem Spitznamen „Galapagosinseln Kaliforniens". Wanderwege führen zu Aussichtspunkten mit Blick auf Robben-Tummelplätze und zu prähistorischen Fundstätten. Vor allem auf den Inseln Anacapa und Santa Barbara gibt es herrliche Aussichtspunkte oberhalb der rauen Steilküsten.

Der Channel Islands National Park kann natürlich nur im Rahmen einer Bootsfahrt besucht werden. Private Boots-Unternehmer bringen Besucher

▶ Karte S. 284

von Ventura, Santa Barbara und Oxnard zu den Inseln. Innerhalb der Fahrpläne kann man frei entscheiden, ob man eine oder mehrere Inseln anschaut und einen halben oder ganzen Tag investieren möchte. Alternativ dazu kann man natürlich auch auf eigene Faust losschippern und mit einem gemieteten Boot anreisen. Da es aber geschützte Gebiete gibt, die gesperrt sind, sollte man sich vorab im Besucherzentrum am Hafen von Ventura über mögliche Anlegestellen informieren. Dort gibt es auch Seekarten und Genehmigungen. Eine Ausstellung und ein Film bereiten die Besucher auf die Inseln vor. Auf allen Inseln stehen außerdem Park-Ranger für alle Fragen bereit.

ℹ Visitor Information

Channel Islands National Park
✉ *Ventura, CA 93001*
☎ *1-805-658-5700*
🕐 *ganzj.*
💻 *www.nps.gov/chis*

ℹ Visitor Center

The Robert J. Lagomarsino Visitor Center at Channel Islands National Park
⇒ *Auf dem Hwy 101 Richtung Norden etwa 40 km/25 mi vor Santa Barbara die Ausfahrt Victoria Ave nehmen. Dann über den Olivas Park Dr auf den Spinnaker Dr abbiegen. Das Visitor Center befindet sich am Ende dieser Straße.*
✉ *1901 Spinnaker Drive, Ventura, CA 93001*
☎ *1-805-658-5730*
📠 *1-805-658-5799*
🕐 *tägl. 8.30-17 h*
✉ *chis_interpretation@nps.gov*

🏛 Unterkünfte Santa Barbara

🚐 Campgrounds Santa Barbara
Grundsätzlich sollte man entscheiden, ob man direkt in Santa Barbara campen möchte oder eher südlich, nördlich oder in den Bergen. Die Auswahl des Platzes

hängt maßgeblich davon ab, welcher Art der Aufenthalt in Santa Barbara sein soll. Wenn man ein oder zwei Tage hier verweilen möchte, empfiehlt sich ein stadtnaher Campground, von dem aus die Ziele gut erreichbar sind. Derer gibt es allerdings wenige, ein Stückchen fahren muss man immer. Der einzige stadtnahe Campground, der Sunrise RV Park, liegt direkt am Highway in einer eher unschönen Gegend, ist klein und für das, was er bietet, sehr teuer. Deshalb wird er hier auch nicht empfohlen. Ist Santa Barbara nur die erste Übernachtungsstation auf der Durchreise, bietet sich einer der Plätze in den südlich und nördlich der Stadt gelegenen State Parks an. Zusammen mit den Campgrounds in den Bergen oder sogar einem Platz auf den vorgelagerten Kanalinseln bietet das Umfeld von Santa Barbara eine gute Auswahl, die man hier sehr übersichtlich zusammengefasst findet: 💻 www.santabarbara.com/activities/camping.

🚐 Carpinteria Beach State Park Campground
Etwa 20 km/13 mi südöstlich von Santa Barbara befindet sich der State Park mit Campground. Der Campingplatz liegt am Meer mit Stellplätzen direkt am Strand. In den Wintermonaten kann man hier sogar Robben und Seelöwen beobachten, gelegentlich kommt auch einmal ein Grauwal vorbei. Der Campground hat einen Kiosk und ein Visitor Center. Full Hookup ist möglich ($ 65).
⇒ *Der State Park liegt am Hwy 101, Ausfahrt Casitas Pass Rd. Auf dieser Straße in westliche Richtung zur Carpinteria Ave fahren, an der Ampel rechts und schließlich links auf die Palm Ave und dieser drei Blocks bis zum Park folgen.*
✉ *5361 6th Street, Carpinteria, CA 93013*
☎ *1-805-968-1033*
🕐 *ganzj.*
🚻 *ja*
🚐 *205*   🔌 *ja*   🚿 *ja*   ⊗ *$ 50*
⛺ *91*   ⊗ *$ 35*
💻 *www.reserveamerica.com*

63

Direkter Zugang vom Campground zum weitläufigen Sandstrand

A

⚆ El Capitan Beach State Park

⌂ El Capitan Beach State Park Campground

Dieser Campground liegt nordwestlich von Santa Barbara. Das bedeutet, bei nur einer Übernachtung in dieser Region auf der Reise von Los Angeles nach San Francisco legt man am besten einen Stopp in Santa Barbara ein und steuert erst danach den Campground an, da dieser etwa 27 km/17 mi entfernt ist und damit bereits auf der Weiterreise Richtung Monterey liegt. Der Campground hat eine direkte Lage auf den Klippen oberhalb vom Meer. Zu dem wunderschönen, weitläufigen Sandstrand führt eine Treppe hinunter. Allerdings ist der Highway nicht weit von den meisten Stellplätzen entfernt, sodass man die vorbeirauschenden Autos auch in der Nacht recht laut hört.

⇨ *Der Campground liegt am Hwy 101, etwa 27 km/17 mi westlich von Santa Barbara, direkt am Meer (links vom Highway), Ausfahrt 117 (El Capitan State Beach).*

⌧ *10 Refugio Beach Road, Goleta, CA 93117*
☎ *1-805-968-1033*
🕐 *ganzj.*
🚻 *ja*
🚐 *127*   🚲 *nein*   🐾 *ja*   ♾ *$ 35*
⛺ *124*   ♾ *$ 35*
🖥 *www.reserveamerica.com*

⌂ Ocean Mesa Campground

Ebenfalls im El Capitan State Park, aber auf der Bergseite, liegt dieser Campingplatz, der vom Los Padres National Forest umgeben ist. Der Platz oberhalb des Highways wird nicht so sehr vom Lärm des Autoverkehrs heimgesucht wie der unten liegende State Park Campground. Außerdem stehen ein beheizter Pool, ein Waschsalon und ein Lebensmittelladen zur Verfügung.

⇨ *Der Campground liegt ein kurzes Stück vom Hwy 101 entfernt in den Bergen, etwa 27 km/17 mi westlich von Santa Barbara (rechts vom Highway). Ausfahrt 117 (El Capitan State Beach) nehmen, dann zum El Capitan Canyon Eingang fahren und rechts in die Calle Real und wieder rechts in die El Capitan Terrace Lane einbiegen.*

⌧ *100 El Capitan Terrace Lane, Santa Barbara, CA 93117*
☎ *1-866-410-5783*
🕐 *ganzj.*
🚻 *ja*
🚐 *80*   🚲 *ja*   🐾 *ja*   ♾ *****
⛺ *20*   ♾ *****
✉ *info@oceanmesa.com*
🖥 *www.oceanmesa.com*

⌂ Refugio Beach State Park Campground

Von Palmen gesäumt präsentieren sich Strand und Campingbereich bei diesem Campground 32 km/20 mi nordwestlich von Santa Barbara. Rund um den Campground kann man sich an guten Wandermöglichkeiten erfreuen. Es gibt einen Kiosk. Wegen des schönen Platzes und der tollen Lage am Strand ist dieser Campground früh ausgebucht – man sollte rechtzeitig reservieren!

⇨ *Etwa 32 km/20 mi nordwestlich von Santa Barbara den Hwy 101 an der Refugio Road verlassen.*

✉ *10 Refugio Beach Road, Goleta, CA 93117*
☎ *1-805-968-1033*
🕐 *ganzj.*
🚻 *ja*
🛏 *66*   🛎 *nein*   🍴 *ja*   ♺ *$ 35*
♨ *nein*
💻 *www.reserveamerica.com*

🏨 Hotels Santa Barbara

🏨 Motel 6 Santa Barbara State Street

Alle Zimmer des Motels wurden kürzlich renoviert und präsentieren sich sehr modern. Die Attraktionen der Stadt sind gut erreichbar – der Strand zu Fuß, die Innenstadt in wenigen Autominuten. Für eine Übernachtung auf der Durchreise ist das Motel bestens geeignet. Ein Außenpool dient der Erfrischung.

✉ *3505 State Street*
☎ *1-805-687-5400*
🖨 *1-805-569-5837*
♺ ***
💻 *www.motel6.com*

🏨 Best Western Plus Encina Lodge & Suites

Das Hotel ist in einer ruhigen Wohnstraße gelegen und bietet als kleines Hotel den Charme eines Bed & Breakfast. Es gibt einen Garten-Pool und die Zimmer haben Balkon oder Terrasse. Das Hotel eignet sich gut für einen längeren Aufenthalt in Santa Barbara, wofür Suites und Apartments zur Verfügung stehen. Die behaglich eingerichteten Zimmer sind im Landhaus-Stil gehalten. Nur wenige Minuten entfernt liegen die historische Altstadt von Santa Barbara sowie die Strände.

✉ *2220 Bath Street, Santa Barbara, CA 93105*
☎ *1-805-682-7277*
🖨 *1-805-563-9319*
♺ ****
✉ *Encina@sbhotels.com*
💻 *www.encinalodge.com*

🏨 Lavender Inn by the Sea

Nomen est Omen, denn das Lavender Inn liegt inmitten eines Lavendel-Gartens mit einem leichten Hauch Côte d'Azur, wofür auch die geschmackvolle Zimmereinrichtung verantwortlich ist. Ein Außenpool ist vorhanden. Nur zwei Blocks entfernt liegen Jachthafen und Strände von Santa Barbara. Fußläufig zu erreichen ist auch Stearns Wharf mit den Shops und Restaurants.

✉ *206 Castillo Street, Santa Barbara, CA 93101*
☎ *1-805-963-4317*
🖨 *1-805-962-9428*
♺ *****
✉ *lavenderinnbythesea@sbhotels.com*
💻 *www.lavenderinnbythesea.com*

Blick ins fantastische Tal der Santa Ynez Mountains

▼ A4

....
Nebenstrecke zu den
Santa Ynez Mountains

🏵 SANTA YNEZ MOUNTAINS

Auf der Weiterreise Richtung Monterey lohnt sich ein Abstecher in die Santa Ynez Mountains. Der Gebirgszug liegt nordwestlich von Santa Barbara im Santa Barbara County. Vor allem die zahlreichen Möglichkeiten zu wandern, machen diesen kleinen Umweg attraktiv. Statt auf dem Highway 101 und gleich darauf wieder Highway No. 1 Richtung San Francisco weiterzufahren, biegt man innerhalb von Santa Barbara auf den Highway 154 in nördliche Richtung in die Berge ab. Man passiert die **Cachuma Recreation Area** mit dem schönen **Lake Cachuma**. Entspannung pur mit einem gewaltigen Hauch Romantik ist hier angesagt zwischen den Santa Ynez und den **San Rafael Mountains**.

Zum **Santa Ynez Valley** gehören mehrere Ortschaften: Solvang, Los Olivos, Santa Ynez, Buelton, Ballard und Los Alamos. Vor allem **Solvang** mit seinem sichtbar dänischen Einfluss ist eine Touristenattraktion. Nicht nur die schmucke Windmühle und die dänische Fachwerkarchitektur sind den Umweg wert. Auch die dänischen Restaurants, Bäckereien und Läden entführen die Besucher nach Dänemark, weswegen das 5.000-Einwohner-Städtchen auch „Die dänische Hauptstadt Amerikas" genannt wird. Für Michael Jackson Fans wichtig: In der Nähe von Solvang liegt das frühere Anwesen des verstorbenen Popstars. Die **Neverland Ranch** befindet sich 10 Minuten außerhalb von Los Olivos und 18 km/11 mi nördlich von Santa Ynez.

🏵 Wandermöglichkeiten

Es gibt eine große Auswahl an Wandermöglichkeiten in den Santa Ynez Mountains, sodass für alle Zeitkontingente etwas dabei sein sollte. Die höchste Erhebung bietet der Santa Ynez Mountains High Point mit 1.435 Metern – was schon eine enorme

Höhe ist, wenn man bedenkt, dass man sich eben noch auf Meereshöhe befunden hat. Vier schöne Wanderungen werden auf 🖥 www.independent.com/news/outdoors/santaynezmt vorgestellt. Auch unter 🖥 www.santabarbarahikes.com sollte jeder fündig werden, was auch immer man für Anforderungen stellt. Ein absolutes Muss allerdings ist der **Red Rocks Trail** – zwar keine lange Wanderung, aber eine sehr abwechslungsreiche. Der Rundweg verläuft in der Sonne, es ergeben sich zwischendurch immer wieder Bademöglichkeiten im Fluss.

⇒ Von der CA-154 zweigt die Paradise Road ab, dieser ca. 16,5 km/10,3 mi folgen. Nach etwa 7 km/4,3 mi kommt die Ranger Station, an der man für $ 5 pro Fahrzeug den Adventure Pass kaufen kann. Dieser berechtigt zum Parken am Trailhead. Die restliche Fahrstrecke führt Sie mehrfach über Betonplatten durchs Bachbett – eine ungewöhnliche Anreise, aber die Wanderung ist die Mühe wert! Der Parkplatz am Ende der Paradise Road ist asphaltiert und gut befahrbar.

🏵 Red Rocks Trail

Der Weg führt ca. 800 Meter weit immer an der rechten Flussseite entlang. Am Ende wartet zur Belohnung eine Badestelle im Fluss. Außerdem erreicht man hier den Red Rock (eine 13 Meter hohe Erhebung), der diesem Ziel seinen Namen gibt. Viele Familien grillen hier im Sommer und es herrscht nicht selten Party-Stimmung – ein Geheimtipp, den eher die Ortsansässigen aufsuchen. Von kleinen und mittleren Felsen kann man in den Fluss springen oder sich rechts und links des Flusses ein abgeschiedenes Plätzchen suchen.

Wem dieser kurze Marsch nicht ausreicht, kann den Weg ausweiten bis zum Gibraltar Dam. Bis zum gleichnamigen Stausee am Damm sind es etwa 5 km/3 mi und als Rundweg zurück über die Forststraße noch einmal ca. 4 km/2,5 mi. Man erreicht den Parkplatz im Tal an dessen westlichem Ende an einem Metallgatter. Da die größere Wanderung an einem Bergkamm entlang und durch ein Seitental verläuft, hat man 150 Höhenmeter zu bewältigen.

⇨ *Ende der Paradise Road am Santa Ynez River*
🕐 *1 ½ Std. ohne Badepause*
⤳ *leicht*
⇔ *3,2 km/2 mi*
⇱ *15 m*

🏛 Übernachtungsmöglichkeit

🏕 Cachuma Lake Campground

Direkt am idyllischen Lake Cachuma liegt dieser Campground mit einem Pool, Minigolf, Fahrradverleih und einer Snackbar. Ein kleines Naturzentrum ist auch mit dabei, sodass man sich ein wenig über die Gegend informieren kann.

⇨ *In Santa Barbara auf den Hwy 154 biegen und dann etwa 32 km/20 mi weit in die Berge fahren, dort stößt man auf die Parkeinfahrt.*
✉ *HC 58 – Highway 154, Santa Barbara, CA 93105*
☎ 1-805-686-5055
🖨 1-805-686-5075
🕐 *ganzj.*
⌗ *nein (nur Gruppenplätze sind reservierbar)*
🛏 *550*   ⛺ *ja*   🍴 *ja*   ♿ *****
🏕 *150*
✉ *reservations@sbparks.org*
🖥 *www.countyofsb.org*

Ende der Nebenstrecke

. . . .

Mit der Nebenstrecke übergehen wir entweder ein Stück Highway No. 1 (und zwar zwischen der Gabelung der beiden Highways 101 und 1 bei Las Cruces und Orcutt bei Santa Maria) oder wir fahren zurück nach Las Cruces, um über den Highway No. 1 weiter nach Monterey zu fahren. Es ist Geschmackssache, aber wenn man auf einen Teil des No. 1 verzichten kann, dann ist es genau dieser. Der Streckenabschnitt hat auf jeden Fall auch seine Reize und stimmt uns gut auf die Weiterreise ein (siehe unten), aber wenn man Zeit sparen muss, kann man es am ehesten hier tun. Wenn man direkt und ohne Umwege von der Nebenstrecke aus weiterfahren will, bietet es

A

Eben noch türkisblaues Wasser und Sonnenschein ...

sich an, über den Highway 101 recht flott nach Santa Maria zu gelangen und erst bei Pismo Beach auf den No.1 zu stoßen.

Entscheidet man sich für das Komplettprogramm Highway No. 1, muss man ihm bei Las Cruces auf jeden Fall folgen.

Direkt nach Santa Barbara geht es mit einem kleinen Vorgeschmack auf das Kommende sehr schön hinein in die Berge bis zum Ort Lompoc. Danach folgt man immer der Beschilderung „1" – teilweise mit ein wenig Herumgekurve und vielen Abbiegungen. Ein kurzes Stück weit verlaufen auch die beiden Highways 1 und 135 zusammen, was zunächst verwirrend sein kann. Vor Santa Maria aber geht es links wieder auf den No. 1.

Dort folgt eine Fahrt über etliche Kleinstädte, die einen, ebenso wie die weiten, offenen Landschaften auf der Hochebene, am Anfang der Reise richtig gut in das kleinstädtische amerikanische Leben einführen. So erreicht man schließlich Pismo Beach und damit auch wieder die Küste, wenn auch nur für eine sehr kurze Strecke. Es folgt ein zweispuriges Stück Highway (101), bis man bei San Luis Obispo wieder auf den No. 1 gelangt. Man nimmt nun Kurs auf Morro Bay. Ab dort verläuft der berühmte Highway nur noch an der Küste und entfaltet seine herrlichsten Abschnitte. Angenehm ist, dass es nun einfach immer geradeaus und der Nase nach geht!

Der Küstenbereich heißt jetzt **Central Coast** und die Fahrt ist ein wahrer Genuss. Auch wenn einige Kilometer bis zum nächsten Etappenziel und viele kleine und große Zwischenziele vor einem liegen, sollte man sich alle Zeit der Welt für diese Passage gönnen. Meist kommt man ohnehin nicht schnell voran, denn die Straße ist einspurig und kurvig. Einige State Parks, tolle Strände und attraktive Städtchen warten rechts und links des Highways. Nicht nur die Landschaft ändert sich nun ständig und schlagartig – auch das Wetter scheint entlang der Küste verrückt zu spielen. War der Himmel eben noch tiefblau und sonnig und das Meer darunter türkisfarben, ist es im nächsten Moment grau mit einer schäumenden Gischt, die Wolken hängen tief, alles wirkt irgendwie gespenstisch. Dieses Wechselspiel kann sich innerhalb weniger Minuten vollziehen, hinter jeder Kurve sieht es wetter- und landschaftsmäßig anders aus.

Es ist unmöglich, überall entlang des Highways zu halten, zu schauen, zu wandern und zu staunen. Aber es gibt einige Stopps, die unbedingt empfehlenswert sind. Dazu gehört der William R. Hearst Memorial State Beach in der **San Simeon Bay**.

... und im nächsten Moment wird die Brandung stärker und die Küste rauer.

Der San Simeon Pier

 A5

🌲 WILLIAM RANDOLPH HEARST MEMORIAL STATE BEACH

Die San Simeon Bay hat eine bewegte Vergangenheit als Seehafen. Um 1900 herum landeten hier Schiffe aus der ganzen Welt, um unter anderem das nahe gelegene Hearst Castle zu bauen und zu beliefern. Heute legen vor allem Segel- und Fischerboote an. Kernstück und berühmtes Foto-Motiv ist der 26 Meter weit ins Meer hinausreichende, schmale **San Simeon Pier**, unter dem sich schäumend die Wellen brechen, während die Möwen sich auf dem Sandstrand versammeln. In die vom San Simeon Point geschützte Bucht ist der romantische Pier eingenistet. Ein herrlicher Platz zum Anhalten, einem Snack an den Picknicktischen, einer sonnigen Pause am Sandstrand oder vielleicht sogar einem kühnen Gang in den Pazifik. Am Pier kann man saisonabhängig Kajaks mieten, wenn man sich spontan unbedingt sportlich betätigen will. Nur Angeln scheint hier keine erfolgsgekrönte Tätigkeit zu sein. Wie uns ein Amerikaner erzählte, der die Möwen aus der Hand fütterte, wurde laut einer Studie des California Fish & Game Department in den 60er Jahren dieser Pier mit den niedrigsten Fangquoten aller Piers der Region „gekürt".

Wenn man sich dazu entschlossen hat, den Highway No. 1 zwischen Santa Barbara und Monterey noch einmal mit einer Nacht zu unterbrechen, wäre folgender Campground eine gute Möglichkeit dafür:

🏕 San Simeon Creek Campground

Wandern, Surfen, Angeln oder einfach nur das Beobachten der Seevögel sind die Hauptaktivitäten rund um den Campground im San Simeon State Park.

✉ *San Simeon State Park, Vangordon at San Simeon Creek, Cambria, CA 93428*
☎ *1-805-927-2035*
🕐 *ganzj.*
🚿 *ja (von Ende Mai bis Mitte Sept.)*
🚗 *115*   🚐 *ja*   🐟 *ja*   ∞ *$ 28-35*
🚐 *115*   ∞ *$ 28-35*
🖥 *www.reserveamerica.com*

Man nähert sich nun Monterey und hat jede Menge Möglichkeiten, sich zu verzetteln. Big Sur und Carmel sind zwei Ziele südlich von Monterey, die man nicht außer Acht lassen sollte. Big Sur kann man auch gar nicht ignorieren, denn der Küstenstreifen zwischen San Simeon im Süden und Carmel im Norden fesselt den Betrachter durch seine naturgewaltige Schönheit ganz von alleine.

🌲 BIG SUR

Der Name entstand zur Zeit der spanischen Kolonien in Kalifornien und bedeu-

Einer der vielen State Parks entlang der Küste ist der Julia Pfeiffer Burns SP.

tet übersetzt „Das große Land im Süden". Einen Ort Big Sur gibt es allerdings nicht – vielmehr ist unter „Big Sur" der Bereich mit der schroffen Felsküste und den dahinter aufragenden, hohen Bergen gemeint. Zwar gibt es eine sogenannte Village, aber das ist nicht gleichbedeutend mit Big Sur. Des Weiteren liegen an dem Küstenstreifen wiederum einige State Parks mit Buchten und Sandstränden. Andere bieten abwechslungsreiche Wandermöglichkeiten oder herrliche Ausblicke. Einige sind einen Abstecher wert. Unter anderem:

⚜ Julia Pfeiffer Burns State Park

Als erster State Park im Bunde erstreckt sich der Julia Pfeiffer Burns State Park zu beiden Seiten des Highways. Hier wird mit den McWay Falls als einzigem Wasserfall direkt an der Küste eine wahre Rarität geboten. Es gibt eine Wanderung zu dem Wasserfall, die zu den Aktivitäten gehört, die man unbedingt gemacht haben muss.

🚶‍♂️ McWay Waterfall Trail

Im Gebiet des Big Sur ist dies die kürzeste, aber vermutlich auch die eindrucksvollste Wanderung. Mit Blicken auf die Küste

in Richtung Norden und Süden bietet sie schon unterwegs atemberaubende Momente. Der Wasserfall selbst stürzt sich aus 24 Metern Höhe ins Meer hinab. Vom (östlich des Highways gelegenen) Parkplatz aus geht man in westliche Richtung wieder auf den Highway No. 1 zu, von wo aus man einem Wegweiser „Overlook/Waterfall Trail/Pelton Wheel" folgt. Zunächst geht es Holzstufen hinab, danach unterquert man den Highway und geht weiter, bis man den Ozean sieht. Hier rechts abbiegen und auf einem bequemen Pfad bis zum Aussichtspunkt auf den Wasserfall wandern. Auch unterwegs schon bieten sich herrliche Aussichtspunkte, eigens gekennzeichnet für Fotografen. Geht man vom Aussichtspunkt weiter bis zum Ende des Weges, erreicht man eine weitere wunderschöne Aussichtsstelle mit Blick auf die Küste im Norden.

⇥ *Parkplatz im Julia Pfeiffer Burns SP*
🕐 *1 Std.*
⇗ *einfach*
⇔ *0,8 km/0,5 mi*
⌐ *60 m*
⛺ *2 innerhalb des Julia Pfeiffer Burns State Park*

Er ziert so manche Postkarte: der McWay Waterfall.

Abenteuerlich überspannt die Bixby Bridge die Schlucht – die Nebelschwaden als Vorgeschmack auf San Francisco.

Pfeiffer Big Sur State Park

Für viele Besucher ist dieser State Park der Inbegriff für „Big Sur". Vor allem der Big Sur River dominiert das Gebiet und windet sich durch Mammutbaum-Wälder bis zum Pazifik. Diese Küsten-Mammutbäume sind gleichzeitig die Hauptattraktion des Parks, unterwegs kann man allerdings auch alle möglichen Wildtiere antreffen, beispielsweise Hirsche, Stinktiere und seltene Vögel wie die Wasseramsel oder den gestreiften Eisvogel. Im Park befindet sich außerdem die Big Sur Lodge mit Restaurant, Café und einem Laden für Lebensmittel und Campingbedarf. Mitten in einem Tal von Mammutbäumen kann man mit viel Glück einen Zelt- oder Camperplatz am Big Sur River ergattern. Einige wunderschöne Wanderungen führen durch den State Park, darunter auch ein Naturlehrpfad. Besonders empfehlenswert ist eine Wanderung zu den Pfeiffer Falls.

Valley View Trail to Pfeiffer Falls Overlook

Im Wald versteckt sich der 18 Meter hohe Wasserfall, dessen Wassermassen sich von Dezember bis Mai in die Tiefe stürzen. Nicht nur der Wasserfall selbst, sondern auch die landschaftliche Schönheit des Parks kommt auf dieser Wanderung zur Geltung. Am Ende der Tour wartet ein herrlicher Blick auf die Pfeiffer Falls und die Mammutbäume in den Schluchten des Flusses. Diese Wanderung ist für alle Familienmitglieder ein tolles Erlebnis. Vom Parkplatz bei der Lobby der Lodge geht es weg vom Highway Richtung Wald. Ein Wegweiser schickt die Wanderer zu den Pfeiffer Falls und dem Valley View, man folgt der Beschilderung zum Valley View. Zunächst geht es recht lange steil auf felsigen Pfaden und über Treppen durch den Bestand an majestätischen Mammutbäumen. Schließlich stößt man auf eine Weggabelung, an der es rechts zu den Wasserfällen und links zum **Valley View Trail** abgeht. Wir geben den Wasserfällen den Vorrang. Nachdem man den Ausblick auf die Wasserfälle genossen hat, geht es zunächst denselben Weg wieder zurück Richtung Valley View Trail. An der Abzweigung wählt man den rechten Weg zum Valley View. Es folgt eine kurze, aber steile Klettereinlage und schon ist der Aussichtspunkt erreicht, von dem aus man einen herrlichen Blick auf den Ozean genießen kann.

Der Rückweg führt zurück zur Abzweigung, von wo aus es denselben Weg zurück zum Ausgangspunkt geht.

TIPP Um am Ausgangspunkt der Wanderung zu parken, muss man den Eingangsbereich des Pfeiffer Big Sur Parks passieren und damit auch die Eintrittsgebühr in Höhe von $ 10 bezahlen. Wenn man sich nur für die Wanderung im Park aufhält, kann man sich vielleicht auch ein Plätzchen in einer der Buchten entlang des Highways suchen und zu Fuß in den Park laufen.

⇨ *Parkplatz an der Lodge im Pfeiffer Big Sur SP*
🕐 *2 ½ Stunden*
⤳ *einfach bis anstrengend*
⇔ *3,8 km*
⊐ *135 m*
⛺ *158 Zeltplätze und Camper-Stellplätze im Pfeiffer Big Sur SP*

A ⏏AB **Point Sur Historic State Park**

Der Point Sur State Historic Park beispielsweise beherbergt einen vulkanischen Felsen mit dem Leuchtturm **Point Sur Lightstation** darauf, der zwar nicht mehr in Betrieb ist, den man aber im Rahmen einer dreistündigen Führung besuchen kann (🖥 www.pointsur.org).

Nach den schönen State Parks kann man sich bis Monterey wieder voll auf die Schönheit des Highway No. 1 konzentrieren. Die Küste wird zunehmend rau, felsig und zerklüftet, ein starker Kontrast zu den lieblichen Küstenszenen im südlichen Bereich. Als Highlight dieser Region gilt die spektakuläre **Bixby Bridge**, die den Rainbow Canyon auf einer Länge von 79 Metern überspannt. Es ist eine der höchsten Brücken ohne Zwischenstützen der Welt. Die Brücke erspart Autofahrern einen Umweg von 22,5 km/14 mi, den man über das Binnenland fahren musste, bevor im Jahr 1932 die Brücke von Strafgefangenen erbaut wurde. Fotografieren kann man dieses Wunderwerk der Technik nach Überfahren der Brücke von einem ausgewiesenen Viewpoint aus auf der linken Seite.

Es wird Zeit, wieder ein wenig Stadtluft zu schnuppern, Monterey kommt in Sichtweite. Wenn man den Namen der Stadt hört, ist „Whale Watching" und das Aquarium das Erste, das einem in den Sinn kommt. Aber Monterey hat weitaus mehr zu bieten.

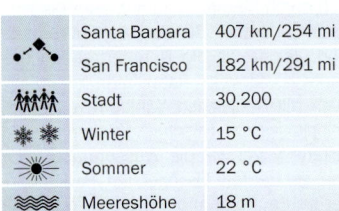

🏛 **MONTEREY** ⏵A11

•✦•	Santa Barbara	407 km/254 mi
	San Francisco	182 km/291 mi
🚶🚶🚶🚶	Stadt	30.200
❄❄	Winter	15 °C
☀	Sommer	22 °C
〰〰〰	Meereshöhe	18 m

Das charmante Küstenstädtchen Monterey

Mit den Nachbarorten Pacific Grove und Carmel bildet Monterey die sogenannte „**Monterey Peninsula**", die Halbinsel am südlichen Ende der **Monterey Bay**. Das Meeresschutzgebiet mit den seltenen Meerestieren, die landschaftliche Schönheit und das spanisch-mexikanische Flair der Region sind Hauptanziehungspunkte der Bay. Der südländische Einfluss geht zurück auf den spanischen Entdecker Sebastián Vizacíno, der im Jahr 1602 in der Gegend um das heutige Stadtzentrum von Monterey landete und die Stelle nach dem Grafen von Rey benannte, dem er diente und der seinerzeit Vizekönig von Neuspanien war. Doch erst 1770 kehrten die Spanier wieder hierher zurück und legten mit dem Militärstützpunkt „Presidio" den Grundstein für die heutige Stadt, die 1821 sogar kurzzeitig zur Hauptstadt des damals sogenannten Alta Californias ernannt wurde. Zu dieser Zeit wurde aus Monterey ein wichtiger, internationaler Fischerei- und Handelshafen. Händler von der Ostküste oder aus dem fernen China kamen mit ihrer Ware in die Stadt.

Der Kriegsbeginn 1846 stellte einen tiefen Einschnitt für die florierende Stadt dar. Kurz darauf trieb der Goldrausch die Menschen in die Sierra Nevada, sodass Monterey einige Jahrzehnte lang ein unbedeutendes Dasein führte. Der Walfang wurde jetzt zur Haupteinnahmequelle der Bewohner. Mit der Errichtung eines Luxushotels entdeckten schließlich die reichen Einwohner San Franciscos Monterey als Ferienort. Gleichzeitig entwickelten sich die reichen Fanggründe der Bucht zu einer guten Einnahmequelle, sodass Monterey in den 30er Jahren des 20. Jahrhunderts zur „Sardinenhauptstadt der Welt" ernannt wurde. Die Verarbeitungsbetriebe der Sardinen befanden sich vor allem entlang der **Cannery Row**, der Küstenstraße Montereys. Überfischung und klimatische Faktoren beendeten schließlich etwa 20 Jahre später die Blüte dieses Industriezweigs. Heute kommt dem Tourismus die wichtigste Bedeutung zu. Denn Monterey ist hauptsächlich eine Stadt zum

Die Pelikane von Monterey sind alles andere als scheu!

Genießen: Kajakfahren, Surfen und die herrlichen, teils einsamen Sandstrände, exotische kleine Orte innerhalb der Bucht und das Beobachten von Meerestieren wie Seehunde, Seeotter und Pelikane in ihrer natürlichen Umgebung – all das hat seinen ganz besonderen Reiz.

Auch als Ort zum Relaxen eignet sich Monterey bestens, vor allem an den herrlichen Sandstränden rund um die Stadt. Kleine, versteckte und idyllische Buchten sind genauso vorhanden wie unendlich breite Sandstrände. Der kleinste Strand ist der **McAbee Beach** an der Cannery Row, der trotz seiner geringen Größe sehr beliebt ist. Ebenfalls an der Cannery Row, genauer an deren Ende neben dem Coast Guard Pier, liegt der **San Carlos Beach**.

Er eignet sich gut für einen spontanen Strand-Stopp, da ein großer Parkplatz zum Strand gehört. Die Einheimischen gehen an den **Del Monte Beach** westlich der Del Monte Avenue. Sehr schön sind die Strände über den **Monterey Bay Coastal Recreational Trail** zu erleben.

Die Gesamtlänge dieser zweispurigen Küstenwanderung beträgt knapp 29 km/18 mi. Empfehlenswert ist aber vor allem der Abschnitt im Bereich des Aquariums, der Cannery Row und Fisherman's Wharf, also dem Zentrum Montereys. Vor allem die einzigartige Tierwelt des Küstenabschnittes lässt sich auf diesem Spaziergang sehr schön betrachten. Pelikane, Seelöwen und Robben sind in „freier Wildbahn" zu beobachten – sie tummeln sich

A

Ein gutes und originelles Verkehrsmittel ist der Trolley.

A

teils direkt am Strand und manchmal näher an den Spaziergängern, als es diesen
geheuer ist (gilt vor allem für die Pelikane).

Man kann sich die Stadt aber auch
fahrend in einem „Monterey-Salinas-
Transit" erschließen. Das sind auf antik
getrimmte Busse mit Holzverkleidung,
die hier „Trolleys" genannt werden und
die optisch einen Vorgeschmack auf die
Cable Cars in San Francisco geben. Eine
Auflistung der Ziele, die die Trolleys anfahren, findet man unter ☎ www.mst.org/
maps-schedules/route-list.

❗ TIPP Es gibt Seelöwen, die ganze Fels-
bänke am Strand bevölkern. Dieses
Erlebnis kann man hautnah genießen,
wenn man sich ein Kajak oder ein anderes Boot mietet und einfach in Ufernähe
paddelt. Vermietungen gibt es beispielsweise in der Cannery Row (ein Anbieter
dort ist „Adventures by the Sea").

🛈 Visitor Information

Monterey County Visitors Center
✉ 401 Camino El Estero, Monterey, CA 93940
☎ 1-877-666-8373
🕐 9-17 h
🖥 www.seemonterey.com

👁 Sehenswürdigkeiten Monterey

👁 Monterey Bay Aquarium

Highlight und Attraktion Nummer eins in
Monterey ist das berühmte Schauaquari-
um. Es befindet sich auf dem Gelände einer ehemaligen Fischfabrik an der Cannery Row und ist eines der größten weltweit.
Über 550 verschiedene Arten von Meerestieren vom Seesternchen bis zu Haien und
Pinguinen leben im Aquarium unter möglichst naturnahen Bedingungen. Vor allem
unglaubliche Extreme sind es, mit denen
man hier konfrontiert wird: 35.000 Tiere
beherbergt das Aquarium, das größte der
200 Becken umfasst etwa vier Millionen
Liter Wasser, 9.000 Liter Meerwasser werden minütlich in eine Seetang-Anlage ge-
pumpt. In einer Gezeitenzone kann man
Pinguine beobachten, die zweimal täglich
öffentlich gefüttert werden. Hautnahe Be-
kanntschaft können Besucher bei den diversen Streichelbecken machen und Ro-
chen und Seegurken ein wenig hinter den
Ohren kraulen. Durch riesige Fenster- und
Glasfronten, hinter denen die Meeresbewohner ihre Runden drehen, entsteht die
Illusion, mitten im Meer zu sein und sich
Auge in Auge mit Hammerhai & Co. zu
befinden. Ein interaktives Museumspro-
gramm, das nicht nur Kinder anspricht,
ergänzt das Angebot dieses superlativen
Komplexes, für dessen Besuch man vor-
sichtshalber einen ganzen Tag einplanen
sollte. Dann reicht die Zeit vielleicht auch
noch für eine der angebotenen, geführten
Touren, wie zum Beispiel den Blick hinter
die Kulissen, eine Familien-Show oder ein
Publikumsprogramm beispielsweise über
den Weißen Hai.

Das aktuelle Tagesprogramm bekommt
man vor der Kasse ausgehändigt, sodass
man die einzelnen Shows, Touren und Vor-
führungen in den Besuch einplanen kann.
✉ 886 Cannery Row, Monterey, CA 93940
☎ 1-831-648-4800
🕐 Im Winter tägl. 10-17 h, im Sommer und in der
amerikanischen Ferienzeit tägl. 9.30-18 h, WE
im Sommer 9.30-20 h

∞ *Erw. $ 29,95, Kinder (3-12 J.) $ 19,95, Jugendl.*
(13-17 J.) $ 27,95 ,Sen. (über 65 J.) $ 27,95
🖳 *www.montereybayaquarium.org*

⚉ Whale Watching

Die zweite Attraktion, die Monterey weit über die Landesgrenzen hinaus berühmt macht, heißt Whale Watching. Die Gegend um Monterey beheimatet die größte Vielfalt an Meeressäugetieren und Seevögeln der ganzen USA. Das liegt vor allem daran, dass der Monterey Submarine Canyon mit einer Meeresströmung nah an die Küste heranreicht, wodurch das Wasser in Küstennähe ungewöhnlich tief und nährstoffreich ist. Wale, Delfine und Seevögel, die tiefes Wasser benötigen, können auf diese Weise nahe an die Küste herankommen. Das besondere Highlight einer Walbeobachtung kann man das ganze Jahr über erleben, wobei Blau-und Buckelwale ihre „Saisonzeiten" von April bis November haben, Grauwale zwischen Dezember und April. Sogar Killerwale lassen sich hier blicken und zwar vor allem im April und Mai. Man sieht sie zwar nicht ganz so oft wie beispielsweise die Buckelwale, aber vor allem Mitte April tauchen sie fast täglich auf und werden während des Som-

mers und Herbstes in der Bucht auch gefüttert. Um den entscheidenden Moment des Auftauchens nicht zu verpassen, sollte man darauf achten, wann der Wal bläst. Er spritzt dabei eine Wasserfontäne hoch und erscheint unmittelbar danach höchstpersönlich an der Oberfläche.

Es gibt einige Anbieter für Beobachtungsfahrten, manche Trips werden von Meeresbiologen begleitet, die während der Fahrt Interessantes über die gesichteten Tiere erzählen und Fragen beantworten. Ein Anbieter, der auf allen Fahrten Fachleute dabei hat, ist zum Beispiel „Monterey Bay Whale Watch". Zweimal täglich starten die Touren und dauern morgens vier bis fünf und nachmittags drei bis vier Stunden. Eine Reservierung, vor allem in der Hochsaison, ist erforderlich. Das Kassenhäuschen befindet sich direkt am Fisherman's Wharf und ist erkennbar an der roten Fassade.

Eines jedoch sollte man unbedingt beachten: Man muss wissen, worauf man sich einlässt. Wenn zu Beginn der Fahrt der Kapitän oder der begleitende Meeresbiologe die Passagiere bittet, sich über die Reling zu übergeben, statt dies in den Toilettenräumen zu tun, hat

Der Buckel beim Abtauchen gibt dem Buckelwal seinen Namen.

das seine Berechtigung. Denn man fährt auf den offenen Ozean hinaus – und wird dabei durch die Wellen geworfen, als säße man in einer Nussschale. Geradestehen ist eine Herausforderung und schon im Sitzen kann einen das Schaukeln bei entsprechendem Wellengang den Magen umdrehen. Nicht selten klatschen die Wellen auch über den Bug ins Boot hinein und sorgen für eine eisige Dusche. Kurz: Man sollte seetauglich sein und nicht allzu leicht zu Übelkeit neigen. Außerdem muss man sich bei jeder Wetterlage warm anziehen – am besten mit Mütze und Handschuhen. Selbst wenn an Land die Sonne warm scheint, kann es auf offener See mit dem kalten Wind unerträglich werden. Übrigens: Seekrankheit ist im Inneren des Bootes stärker spürbar als im Außenbereich.

Ist man für alle Widrigkeiten gewappnet, kann eine Walbeobachtungsfahrt zu einem Erlebnis werden, das man so schnell nicht vergisst! Taucht einer dieser bis zu 15 Meter langen Giganten auf, kann es einem schon die Sprache verschlagen. Schon allein die Schwanzflosse eines Buckelwals, die bei jedem Auftauchen sichtbar wird, ist beeindruckend. Taucht ein Wal nach einem Sprung aus dem Wasser wieder ab, macht er einen Buckel – daher der Name. Der anschließende Tauchgang dauert im Schnitt nur etwa drei bis neun Minuten. Das heißt, hat man erst einmal ein Exemplar auf offener See „erwischt", lohnen sich Geduld und Ausdauer, dann kann man mehrere Blicke auf den Wal werfen.

TIPP Es kann leider vorkommen, dass sich während einer mehrstündigen Tour kein einziger Wal zeigt. Dann hat man mit einem sogenannten „Rain Check" die Möglichkeit, die Tour am selben Tag oder am Folgetag noch einmal zu unternehmen, ohne erneut bezahlen zu müssen. Monterey Bay Whale Watching (siehe nachfolgend) bietet dies beispielsweise an.

Monterey Bay Whale Watching

⇒ *Abfahrtsort ist das Monterey Bay Whale Watch Center (vom Highway No. 1 der Beschilderung „Fisherman's Wharf" folgen).*

✉ *84 Fisherman's Wharf, Monterey, CA 93940*

☎ *1-831-375-4658*

🖷 *1-831-372-0566*

🕓 *Vormittagsfahrt von April-Dez. tägl. 9 h, Nachmittagsfahrt im selben Zeitraum um 14 h*

💲 *Vormittagsfahrten: Erw. $ 47, Kinder (3-12 J.) $ 37; Nachmittagsfahrten $ 39 bzw. $ 27*

✉ *whaletrips@gowhales.com*

🖥 *www.montereybaywhalewatch.com*

Weitere renommierte Anbieter sind beispielsweise **Princess Monterey Whale Watching**, die ebenfalls bei Fisherman's Wharf direkt neben dem oben genannten Anbieter starten (🖥 www.montereywhalewatching.com) oder **Sanctuary Cruises**, deren Boote bei Moss Landing ablegen (🖥 www.sanctuarycruises.com). Princess Monterey Whale Watching gibt zwar keine „Garantie" auf die Sichtung eines Wales, beruft sich aber auf einen unübertroffenen Erfolgsrekord. Sanctuary Cruises spendiert, wie Monterey Bay Whale Watching auch, die nächste Tour, wenn die erste erfolglos war.

TIPP Bei der Auswahl des Anbieters kann ein Blick auf das Boot hilfreich sein. Sicherlich erlebt man den Wellengang in einem Fischerboot ach intensiver als auf einem etwas größeren Schiff, wie es zum Beispiel Princess Monterey Whale Watching anbietet.

👁 Cannery Row

Die ehemalige Straße der Ölsardinen-Industrie hieß früher Ocean View Avenue, wie sie auch heute noch genannt wird. Sie ist das touristische Zentrum Montereys und beherbergt Restaurants, Souvenirläden und touristische Attraktionen wie das Aquarium. Einen Eindruck über die Vergangenheit dieser legendären Straße kann man sich im Cannery Row Arbeiterschuppen verschaffen. Hier erfahren Besucher etwas darüber, wie es auf der

Die Cannery Row ist die Hauptattraktion Montereys

Cannery Row zur Zeit der japanischen und italienischen Einwanderer in den Fischfabriken zuging. Es war der Schriftsteller John Steinbeck, der zur Wandlung der Cannery Row von einer stinkenden und ärmlichen Straße in eine Touristenattraktion beitrug. In seinem Roman „Die Straße der Ölsardinen" beschrieb er die Straße so fesselnd, dass viele sie einmal mit eigenen Augen sehen wollten. Der Grundstein für einen Touristenmagneten war gelegt. Was alles auf der Straße zu sehen ist und weitere ausführliche Informationen findet man unter 🖵 www.canneryrow.com.

👁 Sehenswürdigkeiten Old Monterey

Das sogenannte Old Monterey ist das Herz Downtowns. Das historische Zentrum erstreckt sich rund um die **Alvarado Street** und reicht heran bis zu Fisherman's Wharf. Dieser Stadtteil wird gerne mit der Bezeichnung „Where California was born" versehen, weil es das erste Headquarter der Spanier in Alta California war – noch bevor die Unabhängigkeitserklärung unterzeichnet worden war. In Old Monterey vereinigen sich Ansichten der Vergangenheit mit denen der Gegenwart. Neben Festivals im Sommer und Kunstausstellungen kann man hier shoppen und sich in den zahlreichen Restaurants kulinarisch ver-

gnügen. Highlight ist aber sicherlich der historische Markt „**Farmers Market**" auf der Alvarado Street, der jeden Donnerstagnachmittag und bei jedem Wetter stattfindet. Frische, heimische und internationale Produkte, Kunsthandwerk, Schmuck, Blumen und Kleider werden unter anderem auf dem Markt angeboten, der dreieinhalb Blocks der Stadt als Fläche beansprucht. Kein Wunder also, dass der Farmers Market im Sommer zu den größten Menschenansammlungen in ganz Monterey County führt.

🏛 Monterey State Historic Park

Ebenfalls zum historischen Teil der Stadt gehört der State Historic Park. Er fasst sehr schön die Backstein- und sogenannten Adobe-Häuser (aus ungebrannten Ziegeln erbaute Häuser) zusammen, die das historische Stadtbild prägen. Während man sich am äußeren Anblick der Fassaden erfreuen kann, lassen sich die meisten Häuser nur mit einem Führer des State Parks von innen erkunden. Informationen und Tickets hierfür erhalten Besucher beim Pacific House Museum – im Übrigen ein guter Startpunkt, um den State Historic Park zu erforschen: Interaktive Ausstellungen erzählen von der ereignisreichen Geschichte Montereys, zum Beispiel aus der Zeit, als die Stadt Hauptstadt des spanischen und mexikanischen Kaliforniens war. In demselben Gebäude ist das Museum untergebracht, das Handarbeiten und Kunstwerke der Indianer präsentiert. Umgeben ist das Pacific House Museum von dem herrlichen Memory Garden.

Man kann den State Park im Rahmen einer Führung erkunden, die am Pacific House Museum startet. Alternativ kann man auch auf eigene Faust losziehen

A

und auf einem etwa 3 km/2 mi langen „**Path of History**" einige der sehenswerten Häuser aus dem 19. Jahrhundert bewundern. Einen Plan für den Spaziergang erhält man im Pacific House Museum. Bei dieser Tour trifft man unter anderem auf folgende schönen Gebäude: Das Custom House, das ehemalige Zollhaus Alta Californias, das Casa Soberanes, bei dem vor allem die Antiquitäten im Inneren einen Besuch wert sind beziehungsweise der schöne und verwunschene Garten außenherum, das Stevenson House, in dem angeblich der Schriftsteller Robert Louis Stevenson an seinem Roman „Die Schatzinsel" arbeitete, oder das Old Monterey Jail, das eine Rolle in John Steinbecks Roman „Tortilla Flat" spielte. Weitere Häuser, Museen, eine Kirche, eine altes spanisches Fort und ein Theater ergänzen das Angebot. Ausführliche Beschreibungen zu den einzelnen Gebäuden findet man unter der Internetadresse des State Park.

✉ *20 Custom House Plaza, Monterey, CA 93940*
☎ *1-831-649-7118*
♾ *frei*
🖥 *www.parks.ca.gov/?page_id=575*

🏛 Monterey History & Maritime Museum

Ein bisschen tiefer einsteigen in die Geschichte von Monterey, speziell unter dem Gesichtspunkt der Bedeutung der früheren Schifffahrt, kann man in diesem Museum. Bis ins 20. Jahrhundert hinein finden sich Exponate, darunter Buddelschiffe und Ausstellungsstücke aus der Zeit der Sardinenindustrie.

✉ *5 Custom House Plaza, Monterey, CA 93940*
☎ *1-831-372-2608*
🕐 *Die-So 10-17 h*
♾ *frei*
🖥 *www.museumofmonterey.org*

👁 Sehenswürdigkeiten außerhalb Montereys

🏠 Carmel-by-the-Sea

Ungefähr 8 km/5 mi südlich von Monterey liegt die Kleinstadt Carmel. Es ist vor allem der kuriose Architekturstil des 4.000-Einwohner-Städtchens, der es so sehenswert macht. Wie windschiefe Hexenhäuschen präsentieren sich die Wohnhäuser, die allesamt aussehen, als gehörten sie zu einer Filmkulisse. Diese Häuser verfügen weder über Briefkästen noch über Hausnummern oder Straßennamen, es gibt keine Straßenlaternen, Fußgängerwege, Parkuhren und Leuchtreklame. Diese gesetzlich verankerten Traditionen verdienen schon allein einen Abstecher in den Ort. Landschaftlich gibt es auch Reizvolles zu sehen: Der **17-Miles-Drive** verbindet Pacific Grove mit Carmel und schlängelt sich malerisch durch das Wohngebiet **Pebble Beach**. Viele herrliche Ansichten tun sich auf der engen Straße auf; für manche ist es der schönste Abschnitt zwischen Los Angeles und San Francisco. Allerdings scheiden sich hier die Geister. Für manche Besucher ist die kostenpflichtige Rundfahrt (♾ $ 9,50) nur ein „Sightseeing der Vorgärten reicher Amerikaner". Villen und Golfplätze begleiten die Fahrt tatsächlich konstant, jedoch kann man den Blick ge-

Berühmtestes Fotomotiv des 17-Miles-Drive ist Lone Pine.

nauso gut auf die herrliche Natur richten, die man vor allem von den Aussichtspunkten aus genießen kann. Man sollte einen Abstecher vom Zeitplan und den geplanten Aktivitäten in Monterey abhängig machen. Wenn man zuvor schon die State Parks besucht hat und in Monterey einiges anschauen möchte, kann der Drive möglicherweise dafür auf der Strecke bleiben. Für den Rundweg empfiehlt sich der Einstieg am Pacific Grove Gate am Sunset Drive, dann verlässt man den 17-Miles-Drive am Carmel Gate wieder. Impressionen und Informationen findet man unter 🖥 www.pebblebeach.com.

Die alte spanische Mission „San Carlos Borromeo de Carmelo" ist die historisch bedeutsame Stätte Carmels. Die heutige Pfarrkirche des Ortes stammt aus dem Jahr 1770, war zwischenzeitlich verfallen und ist seit 1863 im Besitz der katholischen Kirche, die die Mission restauriert hat. Heute ist noch der Original-Glockenturm vorhanden, aber auch der Blumengarten und die Bauweise der Missionskapelle lohnen einen Besuch. Zu dem ausgewiesenen nationalen, historischen Denkmal gehört auch ein Museum.

Schließlich hat das kleine Carmel auch eine kulturelle Bedeutung: Hier findet im Sommer (Juli/August) das jährliche Carmel Bach Festival statt, das zu den bedeutendsten Klassik-Musikfestspielen der USA zählt. Musiker und Sänger aus der ganzen Welt treten mit Werken von Johann Sebastian Bach auf. Neben dem Sunset Center und der Carmel Kapelle gibt es mehrere Auftrittsorte rund um die Monterey Halbinsel. Das jeweils aktuelle Programm mit den Musikern und Ensembles erfährt man unter 🖥 www.bachfestival.org.

⚕ Point Lobos State Reserve

Seeottern, karibisches Meer und eine ungewöhnliche Tier- und Pflanzenwelt sind die Charakteristika dieses Naturreservates. Das Schutzgebiet liegt zwischen Big Sur und Monterey im Süden der Stadt. Der Landschaftskünstler Francis McCo-

ma beschrieb Point Lobos sehr poetisch: „The greatest Meeting of Land and Water in the World". Das sagt schon alles, denn die steil abfallende Meeresküste, der Pazifik und der Himmel dahinter geben ein Gefühl der Unendlichkeit. Deshalb sind gerade Künstler hier gut aufgehoben und reichlich anzutreffen. Fotografen und Maler halten die Schönheit dieser wilden Landschaft fest.

Das Highlight ist jedoch die Seeotter-Population – kaum zu überhören, denn die putzigen Hundeartigen machen lautstark auf sich aufmerksam, während sie im Wasser herumtollen. Daher kommt im Übrigen auch der Name des Schutzgebietes: „Punta de los Lobos Marinos" ist Spanisch und bedeutet „Platz der Seelöwen".

Point Lobos ist zum Genießen – die frische Luft tief einatmen, die Natur entdecken und auf den Wanderwegen Vögel beobachten. Man kann am Meer entlang wandern oder an einem der schönen Strände baden. Tauchen ist erlaubt in der Whaler's Cove und in der Bluefish Cove. Eine Genehmigung dafür ist jedoch nötig, diese gibt's am Eingang des Parks. Geführte Wanderungen werden angeboten, die aktuellen Zeiten kann man ebenfalls am Eingang erfahren. Berühmt sind auch die Monterey-Zypressen, die hier wachsen. Diese Baumart ist mit 20 bis 35 Meter Höhe die größte, kalifornische Zypressenart und zeichnet sich dadurch aus, dass die dichte Krone flach und ausladend wie ein Sonnenschirm aussieht.

Schließlich gibt es im Park auch ein Museum, das „Whaler's Cabin", das normalerweise von 11 bis 15 Uhr geöffnet hat. Je nach Personallage sind kurzfristige Änderungen möglich.

⇨ *Der Eingang zum Naturschutzgebiet befindet sich 4,8 km/3 mi südlich von Carmel am Highway No. 1.*

✉ *Highway 1, Carmel, CA 93923*

☎ *1-831-624-4909*

🕐 *Ab Mitte März tägl. 8-19 h. Nach der Zeitumstellung tägl. 8-16.30 h*

💲 *pro Fahrzeug $ 10*

🖥 *www.pointlobos.org*

79

🏛 Unterkünfte Monterey

🛏 Campgrounds Monterey

🛏 Saddle Mountain RV Park and Campground

Dieser abseits in den Bergen gelegene, kleine Platz gehört zu Carmel und bietet eine gute technische Ausstattung sowie eine schöne Umgebung zum Entspannen. Hinzu kommt ein attraktiver, beheizter Pool mit herrlichem Weitblick in die Berge. Für junge Gäste gibt es einen Spielplatz am Campground, außerdem sorgt ein Badmintonfeld für sportliche Abwechslung. Allerdings bieten die Plätze keinen Sonnenschutz, wenig Privatsphäre ohne Sichtschutz zum Nachbarn und sie sind relativ eng um einen asphaltierten Platz gruppiert. Da die Grundstückspreise in Kalifornien recht hoch sind, wird uns dieses Phänomen bei privaten Campgrounds auch auf der Weiterreise noch öfter begegnen. Die Zeltplätze sind ein wenig idyllischer in die kleinen Waldabschnitte eingebettet.

Monterey beziehungsweise die Cannery Row sind knapp 18 km / 11 mi entfernt. Der Standort des Campground eignet sich gut, um die südlich von Monterey gelegenen Ziele anzusteuern, wie den 17-Miles-Drive, Carmel oder Point Lobos State Reserve.

✉ *27625 Schulte Road, Carmel, CA 93923*
☎ *1-831-624-1617*
🕐 *ganzj.*
🚻 *ja*
🛏 *23*   🔥 *ja*   🔦 *ja*   ∞ *★★★*
⛺ *25*   ∞ *★★★*
🖥 *http://saddlemountain.tripod.com/ saddlemountaincamping*

🛏 Carmel by the River RV Park

Ebenfalls in Carmel und in direkter Nachbarschaft zum Saddle Mountain RV Park liegt dieser äußerst gepflegte Campground östlich der Innenstadt von Monterey. Die idyllische Lage am Carmel River verhilft einem dazu, abends vom fröhlichen Gequake der Frösche in den Schlaf gesungen zu werden. Der „Recreation Room" mit einem Lounge-Bereich mit Tischkicker, Billard und Tischtennis ist eher eine Seltenheit auf einem Campground. Ein kleiner Laden bietet Lebensmittel an. Das luxuriöse Campen ist nicht ganz billig und Gäste sollten beachten, dass Kreditkarten hier nicht akzeptiert werden.

Baden in herrlicher Umgebung im Saddle Mountain RV Park

✉ *27680 Schulte Road, Carmel, CA 93923*
☎ *1-831-624-9329*
🖨 *1-831-624-8416*
🕐 *ganzj.*
🚻 *ja*
🛏 *35*   🍴 *ja*   🐾 *ja*   ✧ *****
♿ *nein*
✉ *mike@carmelrv.com*
🖥 *www.carmelrv.com*

🚐 Marina Dunes RV Park

Nördlich der Innenstadt von Monterey liegt dieser neu hergerichtete RV Park direkt am Meer. Im Jahr 2009 wurde er zum Park des Jahres gekürt. Allerdings sollte man bei der Wahl des Platzes bedenken, dass er direkt am Highway liegt und es infolgedessen recht laut zugehen kann. Wer unempfindlich ist, kann sicher die Lage am Meer mit Strandspaziergängen, Wal-Beobachtung oder die kurzen Entfernungen zu den Sehenswürdigkeiten in Monterey genießen. Full Hookup-Plätze, ein Souvenirshop mit Campingbedarf und ein Café sind vorhanden. Man kann hier außerdem Propangas kaufen.

✉ *3330 Dunes Drive, Marina, CA 93933*
☎ *1-831-384-6914*
🖨 *1-831-384-0285*
🚻 *ja*
🛏 *62*   🍴 *ja*   🐾 *ja*   ✧ *****
♿ *62*   ✧ *****
✉ *info@marinadunesrv.com*
🖥 *www.marinadunesrv.com*

🏨 Hotels Monterey

🏨 Monterey Hotel

Sehr zentral liegt dieses Hotel in der City von Monterey. Essen und Shoppen ringsherum ist kein Problem, alle Attraktionen der Stadt befinden sich ebenfalls in guter Reichweite. Für mache davon gibt es in Verbindung mit dem Hotel spezielle Packages, beispielsweise für das Monterey Bay Aquarium. Das Hotel wurde vor wenigen Jahren restauriert und erscheint nun im ursprünglichen, viktorianischen Glanz. Vom eher sehr kleinen Zimmer bis zur Suite ist alles zu haben.

✉ *406 Alavarado Street, Monterey, CA 93940*
☎ *1-831-375-3184*
🖨 *1-831-373-2899*
✧ ***-****
✉ *info@MontereyHotel.com*
🖥 *www.montereyhotel.com*

🏨 InterContinental Hotel The Clement Monterey

Direkt in der legendären Cannery Row liegt dieses moderne Hotel mit herrlichem Blick auf den Pazifik vor der Haustür. Fast alle Sehenswürdigkeiten sind zu Fuß erreichbar. Es gibt Zimmer und Suiten mit direktem Meer-Blick vom Balkon aus. In einem kleinen Spa-Bereich kann man sich vom Sightseeing des Tages erholen.

✉ *750 Cannery Row, Monterey, CA 93940*
☎ *1-831-375-4500*
🖨 *1-831-375-4501*
✧ *****
✉ *icreservation@pahotel.com*
🖥 *www.ictheclementmonterey.com*

🏨 Carmel Country Inn

Wenn es eine ganz besonders reizvolle Unterkunft für Monterey sein soll, ist diese Adresse eine ganz spezielle Empfehlung: In Carmel gibt es das kleine, feine Carmel Country Inn, das so persönlich wie eine Bed & Breakfast Unterkunft wirkt und im Landhaus-Stil gehalten ist. Der Charme des Hotels ist unvergleichlich. Eine Zwei-Zimmer-Suite mit Kamin bietet allen Komfort, aber auch die anderen Zimmer sind groß, sauber und behaglich eingerichtet. Die Besitzer sind sehr freundlich und entgegenkommend, die Unterkunft ist tierfreundlich. Verschiedene Packages wie das „Picknick Package" versüßen den Aufenthalt.

✉ *Dolores Street at Third Avenue, Carmel-by-the-Sea, CA 93921*
☎ *1-831-625-3263*
🖨 *1-831-625-2945*
✧ *****
✉ *info@carmelcountryinn.com*
🖥 *www.carmelcountryinn.com*

VON **MONTEREY BAY** ÜBER **SAN FRANCISCO** AN DEN **LAKE TAHOE**

Pazifik

Hauptstrecke km/mi 	Teilstrecke km/mi	Nebenstrecke km/mi	Stationen auf dem Highway	Highway
552/345	0		Carmel Valley	Carmel Valley Rd
569/356	17/11		Monterey	CA-1
640/400	88/55		Santa Cruz	CA-1
749/468	197/123		Pacifica	CA-1
774/484	222/139		**San Francisco, Union Square ▶B1**	CA-1
784/490	232/145		**Candlestick RV Park ▶B2**	3rd St, Gilman Ave
794/496	242/151		Kreuzung CA-101/IS-80	CA-101
842/526	290/181	0	Nebenstrecke Abzweig Hwy 37, Vallejo	IS-80
		6/4	Kreuzung CA-37/CA-29	CA-37
		17/11	Kreuzung CA-29/CA-221	CA-29
		21/13	Kreuzung CA-221/Ca-121	CA-221
		27/17	**Napa ▶B3**	CA-121
		63/39	**Bothe Napa Valley State Park Campground ▶B4**	CA-29
		99/62	**Napa**	CA-121
		105/66	Kreuzung CA-121/CA-221	CA-121
		109/68	Kreuzung CA-221/CA-12	CA-221
851/532	299/187	114/71	Zurück zur IS-80	CA-12
917/573	368/230		**KOA, West-Sacramento ▶B5**	IS-80
925/578	373/233		**Capitol West RV & MH Park ▶B6**	IS-80
930/581	378/236		**Sacramento ▶B7**	IS-80
933/583	381/238		Kreuzung IS-80/US-50	IS-80
1.019/627	467/292		**Eldorado National Forest ▶B8**	US-50
1.040/650	488/305		Sandflat Campground	US-50
1.107/692	555/347		**Lake Tahoe /South Lake Tahoe Recreation Area ▶B9**	US-50
1.117/698	565/353		**Nevada Beach Campground ▶B10**	US-50

B

Von Monterey Bay über San Francisco an den Lake Tahoe

👁 HIGHWAY NO. 1 NORD

*Wir nehmen uns Teil zwei des legendä-
ren No. 1 vor und dringen so langsam in
nördlichere Gefilde vor. Sobald man den
Stadtbereich von Monterey verlassen hat,
verläuft der Highway noch ein wenig eintönig – zumindest, solange man außer
Reichweite der Küste ist, was nicht lange
der Fall ist. Santa Cruz wird passiert, danach geht es schon wieder der Küste entgegen. Damit ist die „Durststrecke" schon
überwunden. Sobald die herrliche Pazifik-
küste wieder in Sichtweite kommt, wird es
schlagartig traumhaft. Der Highway wird
einspurig und führt rasant bergauf und
bergab. Linkerhand erscheint ein riesiger
Sandstrand mit Klippen dahinter – ein Anblick, der den Atem stocken lässt.*

*Mehrere dieser Traumstrände schlie-
ßen sich an, es wird gleichzeitig aber
auch extrem windig. Ob Baden eine gute
Idee ist? Der Wellengang ist beachtlich,
die Wassertemperaturen sind es nicht.
Aber allein auf diesen grell-hellen, fei-
nen Sandstränden zu spazieren, ist ein
Erlebnis. Dabei kann man fast überall
Kite-Surfer beobachten, die dank ihrer*

*Neoprenanzügen dem kalten Wasser
trotzen. Besonders demonstrieren diese
Sportler ihre Künste beim Big Basin Redwood State Park.*

*Linkerhand ragt aus dem Nebel ein
Leuchtturm auf einer Landzunge auf.
Danach, etwa 45 km/28 mi vor San
Francisco, wird es rechts und links des
Highways plötzlich überraschend städ-
tisch: Kleinstädte und kleine Ansiedlun-
gen durchbrechen kurzfristig das Bild der
Wildheit und unberührten, pittoresken
Landschaft.*

*Doch keine Sorge, nach dieser Ruhe-
pause gibt es noch einmal eine richtig
wilde und schroffe Landschaft als krö-
nender Abschluss vor dem Stadtgebiet
der Metropole San Francisco zum Genießen. Der Straßenverlauf nimmt abenteuerliche Dimensionen an, man ist bergig
auf Klippen hoch über dem Meer unterwegs. Dieser kleine Nervenkitzel, der
jeden Wohnmobilfahrer herausfordert,
endet in Pacifica, wo die Ausläufer der
Großstadt nicht länger auf sich warten
lassen – man nähert sich San Francisco,
ein unbestreitbares Highlight jeder USA-
Reise in diesen Gefilden.*

Der Auftakt für einige solcher Traumstrände Richtung San Francisco

In Pacifica gibt es für Wohnmobilreisende als Alternative zur einzigen Campingmöglichkeit in der Stadt das **San Francisco RV Resort**. Ein Park&Ride Parkplatz befindet sich ganz in der Nähe des Campgrounds. Ausführliche Beschreibung des Platzes siehe ▶ Seite 106.

🏛 SAN FRANCISCO

	Monterey	200 km/125 mi
	Sacramento	138 km/86 mi
	Stadt	805.000
	Metropolregion	4.340.000
	Winter	13 °C
	Sommer	16 °C
	Meereshöhe	16 m

Was genau zeichnet dieses weltberühmte San Francisco aus? Ist es charismatisch? Eine Hipple-Stadt? Die Stadt der Exzentriker und Aussteiger? Oder die europäischste Stadt Amerikas? Nicht leicht zu beantworten, denn San Francisco hat von all diesen Aspekten ein bisschen was. Aber San Francisco ist vor allem eins: eine der schönsten Städte der Welt. Woher sie diesen Charme nimmt, vor allem, wenn man ihre ungünstige Wetterlage bedenkt, ist schon fast mysteriös. Bemerkenswert jedenfalls ist, dass fast jeder, der einmal dort war, am liebsten immer wieder kommen würde. Kann man über die Attraktivität von Los Angeles noch streiten, hat wohl noch nie ein Reisender geurteilt: „San Francisco ist den Besuch nicht wert." Im Internet findet man wahre Fan-Gemeinden der Golden Gate City. Höchste Zeit also, dieses Juwel an der Westküste genauer unter die Lupe zu nehmen.

Eine reizvolle Landschaft, die originellsten Vertreter des Menschenschlags (wo sonst gehen Menschen ganz ungeniert mit Frettchen an der Leine Gassi?), kulturelle Sehenswürdigkeiten und internationaler Flair sind nur ein paar der vielen Facetten, für die San Francisco berühmt ist. Alle Sehenswürdigkeiten sind leicht zu Fuß erreichbar und so erhält man das Gefühl, dass alles überschaubar bleibt. Die für eine Großstadt ungewohnt hügelige Lage und die Außenbereiche mit den schmalen, viktorianischen Häusern (die sogenannten „Painted Ladies") empfangen den Besucher adäquat. Über allem thront als absoluter Publikumsmagnet natürlich die Golden Gate Bridge. Chinatown, die Cable Cars, Fisherman's Wharf, Downtown San Francisco, Lombard Street und Alcatraz sind ebenfalls Stichworte, die weltweit geläufig sind.

Es war ein Ereignis oder besser gesagt eine Katastrophe, die ebenfalls zur Publicity der Stadt weit über die Landesgrenzen hinaus beigetragen hat: Am 18. April 1906 löste ein schweres **Erdbeben** an der Küste Nordkaliforniens Feuer in der Stadt aus. 3.000 Menschen kamen

Markenzeichen der Stadt: Die orangerote Golden Gate Bridge

San Francisco – eine Stadt mit Charme

Nach der Katastrophe wurde die Stadt erstaunlich schnell wieder aufgebaut. Heute erinnert nichts mehr an die schlimme Zeit, außer die für diese Stadt charakteristischen Balkone mit Feuerleitern an den Hausfassaden.

Nach dem Wiederaufbau einiger historischer und wichtiger Gebäude wurden bereits 1920 erste Pläne zum Bau von Brücken zwischen San Francisco und der East Bay beziehungsweise Marin entworfen. 1936 wurde die Bay Bridge, ein Jahr später die Golden Gate Bridge in Betrieb genommen.

Ein weiteres naturgegebenes Phänomen ist bezeichnend für San Francisco: das Wetter. Mark Twain hat einmal gesagt: „The coldest winter I ever spent was a summer in San Francisco." Wer einmal im August in San Francisco war, weiß, wovon der Schriftsteller sprach. Zwar sind die Winter vergleichsweise mild und niederschlagsfrei, die Sommer haben es kältemäßig jedoch in sich. Das liegt an dem vom Norden kommenden **Kalifornienstrom**, eine kalte Meeresströmung im Pazifik. Diese Meeresströmung ist dafür verantwortlich, dass die Jah-

ums Leben, es gab zahlreiche Verletzte und tausende von Menschen wurden obdachlos. Die meisten Todesopfer gab es nicht durch das Erdbeben selbst, sondern infolge des Feuers innerhalb der Stadt. Etwa 500 Blocks wurden vollständig vernichtet, was hauptsächlich eine Folge des außer Kontrolle geratenen Feuers war, nicht des Bebens selber. Durch das Erdbeben waren Gasleitungen, Öfen und Kamine zerstört worden, Wasserleitungen waren wegen der großen Hitze zerborsten. Durch die zahlreichen Beschädigungen an verschiedenen Orten konnten sich die Brände gleichzeitig an vielen Stellen innerhalb der Stadt ausbreiten. Der **Brand von San Francisco** dauerte vier Tage lang und zerstörte am Ende das ganze Stadtzentrum bis hin zu den Docks in der Bucht. 12 Quadratkilometer der Innenstadt waren vernichtet.

Die berühmte Lombard Street ist abenteuerlich eng.

resdurchschnittstemperatur Nordkaliforniens deutlich geringer ausfällt, als beispielsweise in Süditalien auf demselben Breitengrad. Auch der typische **Nebel** im Sommer wird durch den Kalifornienstrom verursacht. Hier trifft der 15 °C kalte Strom auf das sommerlich erhitzte Festland und löst in der Küstenregion den teils starken Nebel aus. Zuweilen ist dies ein imposanter Anblick, vor allem rund um die Golden Gate Bridge – es kann aber zu einer ärgerlichen Angelegenheit werden, wenn man wieder aus der Stadt abreisen muss und sie kein einziges Mal gänzlich ohne Nebel gesehen hat. Einigermaßen wettersicher sind die Monate September und Oktober, wohingegen man im August oft den kompletten Vorrat an Jacken und Pullover anziehen muss. Es ist auffällig, dass viele Touristen in dicken Fleece-Jacken und mit Aufdruck oder Stickerei „San Francisco" unterwegs sind. Mir kam in der Stadt mehr als einmal der Verdacht, dass die meisten Leute diese Jacken nicht tragen, weil sie so schön sind oder ein gutes Souvenir abgeben – sondern weil sie einfach nicht auf eine solch durchdringende Kälte eingestellt waren und sich erst vor Ort mit dicken Pullovern ausgestattet haben. Und damit ergibt die Aussage Mark Twains durchaus einen Sinn ...

Nach diesen Vorbetrachtungen schauen wir uns die geografischen Details San Franciscos genauer an. Die Stadt mit dem Spitznamen „**Frisco**" (allerdings nennen nur die Touristen die Stadt so, nie die Einwohner!) bildet die nördlichste Spitze der San-Francisco-Halbinsel. Diese Spitze schließt die Bucht von San Francisco in südwestliche Richtung ab. Die Halbinsel wird im Westen vom Pazifik, im Norden von der Meerenge Golden Gate und im Osten von der Bucht begrenzt. Die Stadt San Francisco hat extrem viele, extrem steile Hügel, weshalb sie „die Stadt der 42 Hügel" genannt wird. Aus diesem Grund fahren hier auch die berühmten, seilbetriebenen Cable Cars, die die Hügel technisch problemlos bewältigen können. In der

Bucht von San Francisco liegt die berüchtigte **Gefängnisinsel Alcatraz** mit dem ehemaligen Hochsicherheitsgefängnis, das heute ein Museum ist. **Angel Island** und **Treasure Island** sind zwei weitere bekannte Inseln der Bucht. In San Francisco gibt es Chinatown, eines der berühmtesten Viertel nicht nur der Stadt, sondern der gesamten USA. Ein japanisches, ein russisches, ein italienisches und ein französisches Viertel sorgen ebenfalls für multikulturelles Flair. Diese Gebiete sind alle im Nordosten der Stadt in der Nähe des Union Square zu finden, der ein wenig das Herzstück der Stadt ist. Von hier aus sind alle bedeutenden Sehenswürdigkeiten bestens zu erreichen. Im Norden gehen die Viertel fast nahtlos über in den Bereich von Fisherman's Wharf. Im Osten begrenzt die Bay die Stadt. Es folgen im Uhrzeigersinn die Bay Bridge, im Süden **South of Market (SOMA)**, das **Civic Center**, im Westen der **Golden Gate Park**, bevor es Richtung Norden mit den **Twin Peaks**, **Presidio** und dem wohlhabenden Stadtviertel **Pacific Heights** wieder Richtung Meerenge und Golden Gate Bridge geht.

Der Stadtteil South of Market bietet nach seiner früheren Nutzung als Lagerhallen-, Hafen- und Industrieanlage heute Einkaufsmöglichkeiten und Museen. Mit Twin Peaks bezeichnet man die beiden 276 und 277 Meter hohen Zwillingshügel, von deren Aussichtspunkt „**Christmas Tree Point**" aus man einen tollen Blick über San Francisco genießen kann. Direkt am Golden Gate liegt Presidio, ein Militärstützpunkt mit historischen Gebäuden. Der Golden Gate Park schließlich ist einer der größten Parks innerhalb eines Stadtgebietes der Welt. Er befindet sich etwa 6 km/4 mi westlich des Stadtzentrums. Schöne, teils japanische Gartenanlagen, das **De Young Memorial Museum** und das **Conservatory of Flowers** befinden sich unter anderem in diesem über 4 Quadratkilometer großen Park.

So viele Sehenswürdigkeiten wollen strukturiert erlebt werden. Man kann sich vorsichtig herantasten und die Erforschung San Franciscos an seinem berühmtesten Bauwerk starten – der Golden Gate Bridge. Dann fährt man bei Ankunft in der Stadt an der Küste am westlichen Stadtrand entlang, bis man den ersten, ausgewiesenen Aussichtspunkt auf die orange-rote Brücke erreicht, den **Eagles Point** (✉ El Camino del Mar, San Francisco, CA 94121). Nun heißt es, Daumen drücken für einen klaren Blick bei blauem Himmel, oder, realistischer, einen pittoresken Blick mit der Brücke in Nebelschwaden. Nach dieser Begrüßung der Stadt stellt sich die Frage, entweder im Hotel oder auf dem Campground Quartier zu beziehen und die hügelige Stadt ab jetzt besser mit öffentlichen Verkehrsmitteln oder zu Fuß zu erkunden.

Wie auch schon für Los Angeles gilt für San Francisco: Im Folgenden kann es nur eine subjektive Auswahl an Attraktionen und Sehenswürdigkeiten geben. Wer die Stadt intensiver, länger oder ganz und gar abseits des Mainstream erleben will, sollte sich hierfür mit spezieller Reiseliteratur eindecken. Auch eine Straßenkarte kann nicht schaden, wenn auch der entscheidende Stadtkern von San Francisco einigermaßen übersichtlich ist.

👁 Sehenswürdigkeiten außerhalb San Franciscos

⚠ ANMERKUNG Wegen der Begrenzung der Stadt durch das Meer und der Lage auf der Halbinsel gibt es nicht wirklich viele Ziele, die „außerhalb" liegen.

👁 Alcatraz

Die Gefängnisinsel Alcatraz, „**The Rock**" genannt, gehört zu San Francisco wie die Golden Gate Bridge. Der Besuch der Insel ist ein Muss, zumal man vom Schiff aus und von der Insel selbst herrliche Blicke auf San Francisco ergattern kann. Aber vor allem das sorgsam als Museum aufbereitete Gefängnis ist ein Highlight. Ausgestattet mit einem preisgekrönten Audioguide, den es neben vielen anderen Sprachen auch in Deutsch gibt, begeben sich die Besucher in das Innere des einstmaligen Hochsicherheitsgefängnisses. Alcatraz ist Teil der **Golden Gate National Recreation Area**, einem der größten städtischen National Parks der Welt.

Das ehemalige Fort und Militärgefängnis auf der Insel vor San Francisco wurde 1934 als Staatsgefängnis in Betrieb genommen und entwickelte schon bald den Ruf des härtesten Hochsicherheitsgefängnisses der Vereinigten Staaten. Die erfahrensten Gefängniswärter wurden nach

ℹ Visitor Information

San Francisco Visitor Information Center
✉ 900 Market Street, San Francisco, CA 94102
☎ 1-415 391 2000
🕐 Mai-Okt. Mo-Fr 9-17 h, WE und Feiertage 9-15 h, Nov.-April Mo-Fr 9-17 h, Sa 9-15 h
📠 administration@sanfrancisco.travel
🖥 www.sanfrancisco.travel

California Welcome Center am Pier 39
✉ Pier 39, San Francisco, CA 94133
☎ 415-981-1280
🕐 tägl. 10-18 h
📠 cwcsanfrancisco@guestservicesolutions.com
🖥 www.pier39.com/Information/aboutus.cfm

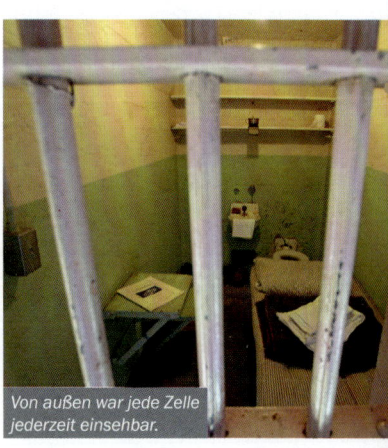
Von außen war jede Zelle jederzeit einsehbar.

Willkommen auf „The Rock"!

Alcatraz geschickt. Die Bedingungen für die Häftlinge waren hart: Winzige Zellen ohne jede Privatsphäre, Dunkelzellen als besonders harte Strafmaßnahmen, zugige Gänge, durch die der eisige Wind der Bucht fegte. Den begehrten Freigang im Gefängnishof mussten sich die Gefangenen durch gute Führung hart erarbeiten.

Es waren zu keiner Zeit mehr als 320 Gefangene auf Alcatraz inhaftiert, einer der berühmtesten war Al Capone. Nach 29 Jahren Gefängnisbetrieb wurde Alcatraz

Nur bei guter Führung durfte man auf den zugigen Gefängnishof.

1963 wegen der hohen Betriebskosten und dem desolaten Zustand des Gebäudes geschlossen. Insgesamt haben in dieser Zeit über 1.500 Gefangene ihre Strafe in einer ausweglosen Gefangenschaft verbüßt. Es gibt keine bekannten, geglückten Ausbruchversuche. Dennoch wagten insgesamt 36 verzweifelte Gefangene die Flucht aus der Rund-um-die-Uhr-Überwachung, trotz des eiskalten Wassers und der gefährlichen Strömung rund um die Insel. Es sind abenteuerliche Ausbruchversuche gewesen, über deren Art und Weise hier aber nicht zu viel verraten werden soll – das wird alles recht anschaulich auf Alcatraz dargestellt. Jedenfalls wurden bei 14 Ausbruchsversuchen sieben Gefangene getötet, zwei ertranken und zwei schafften es sogar an Land, wurden aber sofort wieder aufgegriffen. Fünf verschwanden spurlos, bis heute weiß man nicht genau, ob sie die Flucht überlebt haben.

Die Schiffe nach Alcatraz legen am Pier 33 ab. Es gibt nur eine Gesellschaft, die eine Fahrt mit Eintritt auf die Insel anbietet und das ist **Alcatraz Cruises**. Alle anderen Anbieter an den vorderen Piers am Fisherman's Wharf umfahren die Insel lediglich, bieten aber keinen Zutritt auf die Insel. Das erste Schiff am Morgen legt um

9 Uhr ab. Danach verkehren die Schiffe im halbstündigen Rhythmus (hin und zurück). Im Sommer schließt die Insel um 18.30 Uhr, ansonsten um 16.30 Uhr.

TIPP Parken ist im gesamten Gebiet von Fisherman's Wharf und dem Hafen gar nicht allzu schwierig, wenn man morgens zeitig dran ist (optimalerweise vor 8 Uhr). Auch für Wohnmobile gibt es einen ausgewiesenen Parkplatz zwischen Pier 27 und 29, was günstig zur Fähre nach Alcatraz liegt. Aber auch hier gilt: Je früher man ankommt, desto größer ist die Wahrscheinlichkeit, einen Parkplatz zu ergattern.

Auf Alcatraz gelandet, gibt ein Park-Ranger eine kurze Einweisung und macht auf das aktuelle Tagesprogramm aufmerksam. Gelegentlich erzählen beispielsweise im Speisesaal ehemalige Gefangene von Alcatraz ihre Geschichte und beantworten Fragen. Mit der 45-minütigen Audiotour nimmt man hautnah teil an den Erlebnissen ehemaliger Wärter, Gefangener und Gefängnisdirektoren von Alcatraz. Die Audiotour ist im Gesamtpreis inbegriffen. Wer es ganz gruselig mag, kann auch eine Nachttour nach Alcatraz unternehmen!

TIPP Wenn man sich schon vor der Abreise in die USA für den Besuch von Alcatraz entscheidet, sollte man zwei Dinge beachten: In der Hochsaison herrscht großer Andrang, weshalb es durchaus zu empfehlen ist, im Voraus online (über 🖥 www.alcatrazcruises.com) ein Ticket für die Überfahrt und den Eintritt (beides zusammen pauschal buchbar) zu erwerben. Man sollte außerdem eine frühe Schiff-Abfahrtszeit wählen, denn je mehr Schiffe am Tag auf der Insel anlegen, desto voller wird es innerhalb der ehemaligen Gefängnismauern. Da die Besuchsdauer nicht begrenzt ist, kann man sich auf der Insel aufhalten, solange man möchte. Um die Mittagszeit schieben sich dann aber bereits gewaltige Menschenmassen durch die Zellengänge!

HINWEIS Essen und Trinken darf nicht mit auf die Insel genommen werden, ausgenommen sind Wasserflaschen. Auf der Fähre werden Speisen und Getränke angeboten.

✉ *Pier 33, Hornblower Alcatraz Landing, San Francisco, CA 94111*
☎ *1-415 981 7625*
🕐 *ganzj.*
💰 *Erw. $ 26, Kinder (5-11 J.) $ 16, Sen. (über 62 J.) $ 24,50, Familientickets (2 Erw. und 2 Kinder bis 11 J.) $ 79*
✉ *info@alcatrazcruises.com*
🖥 *www.alcatrazcruises.com*

₩ Sausalito und Marin Headlands

Man muss ehrlich sein – Sausalito ist vor allem deshalb berühmt, weil es „die andere Seite" der Golden Gate Bridge ist. Da jeder gerne einmal die populärste Brücke der Welt überfahren möchte, landen die meisten dann eben automatisch in Sausalito beziehungsweise den Marin Headlands im **Marin County**. Sausalito ist eine hübsche und wohlhabende Siedlung und liegt an einem kleinen Hafen. Es gibt eine große Einkaufsstraße, den Bridgeway Boulevard. Hier kann man T-Shirts kaufen und sich in teuren Boutiquen umsehen. Sehr schön, vor allem bei gutem Wetter, ist die **Richardson Bay**, „Sausalitos best kept secret". Das mediterrane Klima, die schönen Panoramablicke und die Wassersportmöglichkeiten sind nur ein paar der Faktoren, die die Bucht zu einem „gut gehüteten Geheimnis" machen.

Ein absolutes Muss im Norden der Golden Gate ist es allerdings, einen Viewpoint in den Marin Headlands mit spektakulärem Blick auf die Brücke anzufahren. Dieser ultimative Viewpoint befindet sich – längst kein Geheimtipp mehr – in der **Conzelman Road**. Dafür fährt man ⇨ über die Brücke, danach nimmt man die erste Ausfahrt und fährt links unter der Brücke durch. Über die Conzelman Road fährt man so lange an den Klippen entlang, bis sich die Komplettansicht der Golden Gate mit San

Sausalito in der Dämmerung

Francisco im Hintergrund vor einem auftut. Eine Parkbucht, von der aus man dieses herrliche und hoffentlich nebelfreie Fotomotiv einfangen kann, heißt **Hendriks Point**. An dieser Stelle ist die Brücke so zum Greifen nah wie an kaum einer anderen Stelle.

TIPP Wenn man genug Zeit in San Francisco hat, um einen ausgedehnten Ausflug nach Sausalito zu unternehmen, kann man dies mit dem Fahrrad tun. Bei Fisherman's Wharf gibt es einen Fahrradverleih neben dem anderen. Radfahrer überqueren die Golden Gate Bridge auf der westlichen Seite und gelangen so nach Sausalito. Den Rückweg kann man wieder über die Brücke oder aber auch mittels einer Fähre bewältigen. Die Fähranlegestelle ist im Zentrum von Sausalito zu finden, einen Plan mit den Fährzeiten gibt es im Internet unter 🖳 http://goldengateferry.org/schedules. Auf 🖳 http://goldengatebridge.org/bikesbridge/bikes.php findet man Hinweise zum Überqueren der Brücke als Radfahrer oder Fußgänger. Ein Anbieter mit drei Anmietstationen für Fahrräder ist „Bay City Bike", der im Internet zu finden ist unter 🖳 www.baycitybike.com oder telefonisch unter ☎ 1-415-346-2453 (🕐 täglich ab 8 Uhr).

👁 Sehenswürdigkeiten innerhalb San Franciscos

🏛 Stadtteile

Um einen groben Überblick über das zentrale Geschehen (dessen Fokus hier vorwiegend auf den Norden San Franciscos gelegt wird) zu erhalten, sollen im Folgenden die wichtigsten Stadtteile beginnend bei Fisherman's Wharf im Uhrzeigersinn aufgeführt werden.

🏛 Fisherman's Wharf

Das Touristenviertel San Franciscos schlechthin befindet sich direkt an der Bucht im Norden der Halbinsel. Detaillierte Beschreibung siehe unten.

🏛 North Beach

North Beach schließt sich im Süden an den Stadtteil Fisherman's Wharf an. Es ist das italienische Viertel der Stadt und wird deshalb „Little Italy" genannt. Ob es ein Espresso im italienischen Straßencafé oder hausgemachte Cannelloni sein sollen – der Flair Italiens ist hier deutlich spürbar.

🏛 Chinatown

Wieder südlich von North Beach folgt das legendäre Stadtviertel Chinatown. Die ausführliche Beschreibung folgt unten.

🏛 Union Square

Zu Zeiten des Bürgerkrieges fanden hier Kundgebungen statt – die Namensgebung ist dem Platz geblieben. Allerdings nicht seine Funktion, denn heute ist der Union Square umgeben von Einzelhandelsketten, Juwelieren und Boutiquen. Detailliertere Beschreibung siehe unten.

🏛 Financial District

Highlight des Viertels südlich von Union Square ist die Transamerica Pyramid, ein pyramidenförmiges Gebäude, das mit 260 Metern Höhe das höchste Gebäude San Franciscos ist.

🏛 Russian Hill & Nob Hill

Russian Hill, im Westen von Fisherman's

B

Wharf und North Beach, ist vor allem be-rühmt für eine kleine, enge, aber umso bedeutendere Straße: Lombard Street. Charmante Restaurants und kleine Lä-den prägen das Viertel. Nob Hill befindet sich südlich von Union Square und ist ein Stadtteil, in dem vor allem wohlhabende Familien wohnen.

🏛 South of Market (SOMA)

Museen und Galerien, Lokale und Clubs findet man in South of Market, dem süd-lichsten Stadtteil, der hier im Innenstadt-bereich betrachtet werden soll.

🏛 Civic Center

Im Westen direkt an South of Market schließt sich Civic Center an. Man kann es als kommunales Zentrum San Franciscos bezeichnen mit der Market Street, der City Hall und dem Opernhaus als Kernstücke.

🏛 Japantown & Pacific Heights

Viktorianische Häuser und Parks sowie Nobel-Boutiquen prägen das Bild von Pacific Heights, während das benachbar-te Japantown teilweise schlimme Zeiten hinter sich hat. Heute jedoch ist Japan-town ein hübsches Stadtviertel. Verbun-den wird es mit Pacific Heights durch Cottage Row, wo an einer Fußgängerzone Pflaumenbäume und Bonsais wachsen.

🏛 The Presidio

Presidio schließlich ist der westlichste Bereich im Innenstadtgebiet in unmittel-barer Nähe zur Golden Gate Bridge. Es ist eine Parkanlage innerhalb der Golden

www.trans-amerika-reisen.de

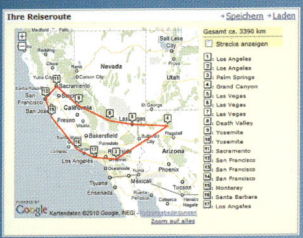

Autoreisen individuell planen

- über 10.000 Hotels
- mit allen Top-Specials
- dynamische Kartenanzeige
- inklusive Mietwagen & Navi
- Route und Entfernungen
- flexibel u. individuell anpassbar
- online buchen

Wohnmobil Preisvergleich

- echter Vergleich des Endpreises
- alle Rabatte automatisch
- übersichtliche Preisdarstellung
- alle Fahrzeuge
- alle Mietbedingungen
- online buchen

Übersicht

Anmietung: Los Angeles
am: 09.03.12 (Fr)
Rückgabe: Las Vegas
am: 26.03.12 (Di)

Modell: Motorhome C 19
Vermieter: Cruise America

Ihr Preis: **1.573,- Euro**

» in Reiseplan / Buchung «

eingeschlossene Leistungen:
- 1500 Meilen
- Gebühr für Einwegmiete
- Fahrzeug-Erstausstattung
- 2x Persönliches Ausstattungspaket
- VIP-Fahrzeugversicherung
- Zusatz-Haftpflichtversicherung

Maximalbelegung:
Fahrzeug-Spezifikationen anzeigen

Flüge online

- verfügbarkeitsgeprüft
- günstige Veranstalterpreise
- Reiseplaner-Funktion
- online buchen

und...

- alle Leistungen kombinierbar
- sicher online buchen
- kompetente Beratung
- individueller Service
- Käuferschutz

TRANS AMERIKA
Reisen

www.trans-amerika-reisen.de
info@trans-amerika-reisen.de
Hotline: 05821 / 542672-0

Nur selten erhebt sich die Golden Gate Bridge ohne Nebel über die Bucht.

Gate Recreation Area. Ursprünglich war Presidio der erste spanische Militärposten; er wurde 1776 erbaut.

🏛 Golden Gate Bridge

Die Golden Gate Bridge muss natürlich zuallererst genannt werden, schließlich rangiert sie auf der Weltrangliste der berühmtesten Bauwerke auf demselben Platz wie der Eiffelturm und die Chinesische Mauer: Das berühmteste Bauwerk San Franciscos ist Herzstück und Wahrzeichen San Franciscos und Touristenmagnet Nummer eins. Fast jeden Menschen überfällt wahlweise eine Gänsehaut oder wildes Herzklopfen beim Anblick der orangefarbenen Hängebrücke, die sich stolz über die gleichnamige Meerenge **Golden Gate** erhebt. Die Meerenge und später die Brücke erhielten den Namen „Goldenes Tor" zur Zeit des Goldrausches um 1848, als die Goldsucher mit ihren Schiffen durch die Meerenge kamen, um im Hafen von San Francisco anzulegen. Die Verheißung von Wohlstand und Reichtum führte zu der goldenen Namensgebung. Manche Besucher denken irrtümlicherweise, die Brücke hätte ihren Namen von der orange-roten Farbe erhalten. Dem ist nicht so. Sie ist aus dem einfachen Grund orange, weil das Rostschutzmittel diese Farbe hatte. Chefingenieur Joseph B. Strauss wollte die Brücke ursprünglich grau anstreichen, die Bewohner San Franciscos fanden allerdings, dass sich die orangene Farbe

gut in die umgebende Landschaftskulisse einpasse. Die Brücke wurde also einfach so gelassen, wie sie war – und auch heute noch zählt die Erneuerung des Farbtons zu den meist ausgeführten Erhaltungsmaßnahmen.

Seit 1937, nach vier Jahren Bauzeit, verbindet die Brücke mit sechs Fahrspuren und zwei Fußgänger- und Radwegen San Francisco mit dem Marin County. Auf der Seite von San Francisco treffen die beiden Highways 1 und 101 aufeinander, denen wir schon die ganze Westküste entlang gefolgt sind, und führen vereint über die Brücke. Täglich rollen über 100.000 Fahrzeuge über dieses Wunderwerk der Technik. Die Straße befindet sich je nach Wasserstand etwa 70 Meter über der Wasseroberfläche in der Meerenge. Die komplette Brückenlänge beträgt 2.737 Meter – mit dieser Länge war die Golden Gate Bridge viele Jahre die längste Brücke der Welt (heute rangiert sie auf Platz neun). Auch bei anderen technischen Daten brach die Brücke lange Zeit alle Rekorde: Ihre Pfeiler waren mit 227 Metern Höhe die höchsten, die Kabelstränge waren die längsten und dicksten und die Unterwasserfundamente die größten, die je für eine Brücke verwendet wurden. Ebenfalls beeindruckend: Die beiden Pfeiler befinden sich in einem Abstand von 1.288 Meter voneinander entfernt.

Die Zufahrt auf die Golden Gate Bridge erfolgt von San Francisco aus über

Nicht weniger imposant als die Golden Gate ist die Oakland Bay Bridge.

die Auffahrten „Presidio Park" und „Lincoln Boulevard". Die Fahrt nach Sausalito ist kostenlos, auf dem Rückweg wird allerdings eine Mautgebühr in Höhe von ෆ $ 6 pro Fahrzeug (zwei Achsen) fällig, jede weitere Achse kostet $ 2,50. Zu den Stoßzeiten fahren Fahrzeuge mit mehr als drei Insassen kostenfrei über die Brücke. Radfahrer und Fußgänger müssen grundsätzlich keine Maut bezahlen. Aktuelle Preise kann man auch einsehen unter 🖥 http://goldengatebridge.org/tolls_traffic/toll_rates.php.

❗TIPP Es fahren auch Busse der Verkehrsgesellschaft San Francisco MUNI über die Brücke bis zur Mautstation. Man könnte also einen Weg zu Fuß gehen und den Rückweg im Bus antreten.

Direkt unterhalb der Golden Gate Bridge gibt es den Aussichtspunkt **„Fort Point"**. Von hier aus schaut man praktisch senkrecht nach oben zur Brücke. Wenn dann noch ein paar obligatorische Nebelschwaden über die Brücke wabern, ist die gespenstische Stimmung perfekt.

🏛 Oakland Bay Bridge
Auch wenn es ein eingefleischter San-Francisco-Fan nie zugeben würde – aber die Nachbarbrücke zur Golden Gate Bridge ist eine echte Konkurrenz: die **Oakland Bay Bridge**, genannt **Bay Bridge**. Die Nachbarin befindet sich etwa 9 km/6 mi südöstlich der Golden Gate Bridge und

verbindet San Francisco mit Oakland. Sie wurde ein Jahr vor der Golden Gate Bridge in Betrieb genommen, also im Jahr 1936. Knapp 300.000 Fahrzeuge passieren täglich diese Brücke, das sind immerhin fast dreimal so viele, wie über die Golden Gate Bridge rollen. Die Bay Bridge besteht eigentlich aus mehreren Brücken, genauer gesagt aus zwei Brückenzügen, die von der Insel Buena Island unterteilt werden. Beide Hälften der Brücke sind auf dieser Insel durch einen Tunnel miteinander verbunden. Von San Francisco zu der Insel führt der westliche Abschnitt der Bay Bridge mit zwei einzelnen Hängebrücken mit je zwei Pfeilern. Von der Insel nach Oakland führt der zweite Brückenzug, bestehend aus einem Stahl-Fachwerkviadukt, fünf kleinen Stahl-Fachwerkbrücken und einer großen Fachwerkbrücke. Schon alleine wegen dieser Konstruktionsart ragt die Bay Bridge ebenso imposant aus der Bucht wie die rote Nachbarsbrücke. Die nördliche Brückenverbindung wird derzeit erneuert und durch zwei Einzelbrücken ersetzt, die erdbebensicherer werden sollen. Die Bauarbeiten werden voraussichtlich Ende 2013 abgeschlossen sein.

ෆ *Die aktuelle Mautgebühr – wird ausschließlich stadteinwärts erhoben – beträgt vor Fertigstellung der Erneuerungsarbeiten $ 6 während der Hauptverkehrszeiten, $ 5 am Wochenende und zu allen anderen Zeiten $ 4. Fahrgemeinschaften zahlen eine reduzierte Mautgebühr von $ 2,50.*

Befahren wird die Bay Bridge jetzt noch auf zwei „Etagen", auf der unteren fließt der Verkehr Richtung Oakland, auf der oberen nach San Francisco. Mit dem Neubau wird es zwei nebeneinander liegende Überbauten geben. Die Hauptbrücke wird dann eine Hängebrücke aus Stahl sein, die mit 614 Metern die längste der Welt sein wird.

👁 Cable Cars

Dieses Fortbewegungsmittel ist ein Unikat, das es nur und ausschließlich in San Francisco gibt. Und es ist auch mehr als nur ein Fortbewegungsmittel, es ist ein Wahrzeichen der Stadt. Die Bezeichnung „Cable Cars" kann man im Deutschen mit „Kabelstraßenbahnen" übersetzen, was einer besonderen Funktionsweise von Antriebstechnik nahekommt, nämlich der dezentralen Antriebstechnik: Diese funktioniert ausschließlich mit Bremse und manuellem Seilhaltesystem. Die spezielle Technik der seilgezogenen Bahnen wurde im hügeligen San Francisco eingesetzt, da Zahnradbahnen auf normalen Straßen nicht möglich sind und es elektrische Straßenbahnen erst ab Ende des 19. Jahrhunderts gab. Nach dem Erdbeben 1906 wurden die meisten Linien der Cable Cars durch elektrische Straßenbahnen ersetzt, nur auf die steilsten Hügel fuhren weiterhin die Cable Cars, da die elektrischen Bahnen die Steigungen nicht schafften. Nach einigen Kämpfen um die Erhaltung der Cable Cars und zeitweisen Einstellungen des Betriebs sind seit 1964 konstant noch drei Linien in Betrieb: Die **Powell-Hyde-Lane** (Linie 60), die **Powell-Mason-Lane** (Linie 59) und die **California Street-Lane** (Linie 61). Die Powell Hyde Lane und die Powell-Mason-Lane starten beide an der Ecke Market Street und Powell Street. Die Powell-Hyde endet am Aquatic Park nahe Fisherman's Wharf, die Powell-Mason endet an der Ecke Bay Street/ Mason Street. Die California Street-Lane startet an der Ecke Market Street und Drumm Street und bringt die Fahrgäste zur Van Ness Avenue. Die empfehlenswerteste der drei Linien ist die Powell-Hyde-Lane, die in der Mitte Downtowns startet, über den steilsten Hügel der Stadt (mit einem tollen Blick zur Golden Gate Bridge) bis zu Fisherman's Wharf fährt. Da dies allerdings nicht gerade ein Geheimtipp ist, gehört die Linie auch zu den überfülltesten. Und damit kommen wir zu einem weiteren Phänomen der berühmten Kabelstraßenbahn: Sind alle Sitzplätze besetzt und drängen sich die Menschen schon auf den Gängen, werden die Passagiere einfach auf den Trittbrettern mitgenommen. So „hängt" man außen am Wagen und lässt sich den Wind von San Francisco um die Nase wehen, während man ein Abenteuer erlebt, das ungewöhnlich für die sonst so sicherheitsbewussten Amerikaner ist …

Die Bahn wird im vorderen Teil von einem sogenannten „Gripman" geführt, der den Steuerhebel bedient. Das Manövrieren des Hebels durch die drei Positionen sieht ganz schön anstrengend aus – und ist es sicherlich auch. Trotzdem bleibt dem

Ist die Bahn voll, werden die Passagiere einfach außen „drangehängt".

Gripman beim Fahren Zeit für ein Späßchen mit seinen Passagieren, vor allem mit den außen „surfenden". Im hinteren Teil des Wagens arbeitet der „Bremser", der die Radbremse bedient. Gripman und Bremser verständigen sich mittels Glocken, mit denen sie sich gegenseitig Signale geben. Sollte Ihr Gripman verkünden, dass gerade die Bremsen versagen – keine Sorge. Jede Bahn hat eine Notbremse, die den Wagen auf der Stelle zum Stehen bringt, indem ein Stahlkeil in den Kabelschlitz der Straße gerammt wird.

Man kann San Francisco eigentlich nicht verlassen, ohne Cable Car gefahren zu sein. Dafür muss man allerdings gelegentlich lange Wartezeiten in Kauf nehmen. Manche Bahnen sind – vor allem zur Hauptsaison – schon so voll, dass sie an den Haltestellen gar nicht mehr anhalten. Die beiden Besatzungsmitglieder entscheiden, wie viele Passagiere noch an Bord dürfen und vor allem, wohin sie verfrachtet werden. Rucksäcke sind ein schwieriges Kapitel, denn die müssen gut verstaut ins Innere der Bahn. An der Drehscheibe am Fisherman's Wharf hat die Powell-Hyde-Lane Endstation. Wer bis hierher fährt, kann zuschauen, wie Gripman und Bremser die Bahn auf eine Drehscheibe schieben und dort mit eigener Körperkraft in die neue Fahrtrichtung wenden. Infos zu den Linien findet man unter 🖥 www.sfcablecar.com/routes.html. 🕐 Die Cable Cars verkehren täglich von 6-24 Uhr.

Per Cable Cars kann man auch das **Historic Barn & Powerhouse** erreichen, das sich in der ✉ 1201 Mason Street (Ecke MasonStreet und Washington Street) befindet. Es ist geöffnet vom 1. April bis 30. September täglich von 10 bis 18 Uhr und vom 1. Oktober bis 31. März täglich von 10-17 Uhr. Informationen gibt es unter 🖥 www.sfcablecar.com/barn.html. Neben technischen Informationen kann man jede Menge anschauliche Exponate zur Geschichte der Cable Cars bewundern. Auch die allererste Bahn ist hier ausgestellt.

TIPP An der Endstation der Powell-Hyde-Lane befindet sich ein Schalter der Verkehrsgesellschaft **MUNI (Municipal Transportation Agency)**, bei dem man auch die Mehrtagestickets kaufen kann. ∞ Eine einzelne Fahrt mit den Cable Cars kostet $ 6 (bezahlbar in der Bahn), ein Ein-Tages-Pass $ 14, ein 3-Tage-Pass $ 21 und ein 7-Tage-Pass $ 27. Mit den Tagespässen kann man auch die anderen öffentlichen Verkehrsmittel benutzen. Dazu gehören Busse, Metro-Bahnen, die historische Straßenbahn und Trolley Busse. Bei den vergleichsweise hohen Preisen der Einzelfahrten lohnt sich ein Tages-Ticket recht schnell.

👁 Fisherman's Wharf

Was in Las Vegas „Der Strip" ist, ist in San Francisco Fisherman's Wharf. Der ehemalige Fischmarkt von San Francisco erstreckt sich entlang der nördlichen Küstenlinie der Bucht von der Van Ness Avenue im Westen bis zur Kearny Street im Osten. Hier ist immer was los: Restaurants und Souvenirshops in Hülle und Fülle locken die Besucher ebenso wie Galerien und Museen, Straßenkünstler und die Märkte. Mit dem Namen Fisherman's Wharf ist auch immer unweigerlich der **Pier 39** verbunden, eine ehemalige Bootsanlegestelle, die fest in den Händen einer Seelöwenkolonie ist. Vom Kai aus an Dock K kann man die mächtigen, bis zu 390 Kilogramm schweren Tiere auf ihren Pontons beobachten. Es ist eine unterhaltsame Angelegenheit, denn immer mal wieder geht ein Seelöwe versehentlich über Bord oder zwei junge Exemplare der Gattung verkeilen sich im Spiel und lösen damit ein Massenärgernis aus.

Am Kai gibt es Informationstafeln, auf denen der Besucher lernt, dass es sich um die kalifornische Seelöwenart handelt, die sich nach dem Erdbeben von 1989 hier angesiedelt hat. Im Januar 1990 sei laut Informationstafel eine Herde von 10 bis 50 heftig bellenden Robben hier angekommen und habe sich in wenigen Monaten auf 300 Exemplare vermehrt.

Fishermans Wharf im Hafengebiet von San Francisco

wie dem Open Top Sightseeing Bus, bis extrem ausgefallen, z.B. Touren mit GPS-gesteuerten Go-Cars oder Amphibienfahrzeugen, mit denen man nach der Stadttour auch gleich eine Runde durch die Bucht schippern kann: 🖥 www.fishermanswharf.org – dort unter dem Menüpunkt „Plan a Visit" unter „Tours, Cruises & Passes" gehen. Auskünfte geben aber auch das Visitor Ticket Activity Center an der Ecke Jeffersons Street und Jones Street oder das California Welcome Center am Pier 39.

Jeden Winter werden es bis zu 600 Seelöwen, die hier in einem geschützten Umfeld leben. In den Sommermonaten zieht ein Großteil der Population zu den 560 km/350 mi südlich gelegenen Channel Islands, eine kleinere Gruppe bleibt das ganze Jahr über am Pier 39.

Der Pier 39 hat aber noch mehr zu bieten als die beeindruckenden Seelöwen. Ein Rummel bestehend aus Fahrgeschäften, Restaurants, dem Hardrock-Café und einem Meeresaquarium (🖥 www.aquariumofthebay.org, ☎ 1-415-623-5300) beherrscht die Szene und zieht große Mengen an Touristen an. ∞ Erwachsene $ 16,95, Kinder und Senioren $ 10, Familien $ 46.

An allen Straßenecken gibt es Angebote für Touren durch San Francisco. Sei es eine private Rundfahrt mit einer Stretch-Limousine oder mit einem Amphibienfahrzeug, sei es der Fahrradverleih oder die Hopp-on-hopp-off-Bustour – hier wird jeder fündig, der in irgendeiner Form durch die Stadt kutschiert werden möchte. Alle Anbieter und Optionen für Sightseeing-Touren hier vorzustellen, würde jeden Rahmen sprengen. Es gibt aber eine hervorragende Übersicht im Internet über alle Touren, von gängig,

Nicht verpassen sollte man die Spezialität San Franciscos, die es an Fisherman's Wharf überall gibt: Die Chowder Soup, eine Meereskrebssuppe, die in einem ausgehöhlten Sauerteigbrot serviert wird. Für alle, die kein Fisch mögen, gibt es auch Chili con Carne oder Gemüsesuppe in den originellen „Behältnissen". Wer den

Freiluftzoo am Pier 39!

B

Am Pier 39 herrscht wahre Volksfeststimmung.

Genuss der Spezialität mit dem Besuch einer Event-Bäckerei verknüpfen möchte, sollte sein Süppchen bei **„Boudin's"** zu sich nehmen. Dort kann man durch die Schaufensterscheibe nicht nur den Bäckern beim Zubereiten von allerhand lustigen Brotfiguren zuschauen und dabei Fragen zur Herstellung und zu den Produkten stellen, sondern auch an Führungen durch die Bäckerei teilnehmen. ⌨ www.boudinbakery.com/at-the-wharf.

Eine weitere Spezialität der Golden Gate City ist „Crab". Bei diesem Festmahl bekommt man eine komplette Krabbe vorgesetzt, der man mit entsprechendem „Werkzeug" zu Leibe rücken muss. Damit es beim Krabbe-Knacken keine allzu große Sauerei gibt, wird ein Lätzchen zum Schutz der Kleidung mit serviert. Am Pier 39 ist das Crab House eine Empfehlung, um diese Delikatesse zu sich zu nehmen. Appetit kann man sich im Vorfeld holen unter ⌨ www.crabhouse.com.

Direkt gegenüber Boudin's befindet sich das **Wax Museum**. 250 Berühmtheiten wurden hier in Wachs verewigt. Da es eines der größten Wachs-Wachs-Museen der Welt ist, beschränkt es sich nicht nur auf die Ausstellung von Personen, sondern es werden auch außergewöhnliche Momente in der Geschichte dargestellt.

Im „Chamber of Horrors" beispielsweise kann man sich wie in der Geisterbahn gruseln, in der Abteilung „Wissenschaftler" trifft man auf Darwin, Einstein und Newton und ein gestrenger Abraham Lincoln blickt bei den Darbietungen des Amerikanischen Bürgerkriegs auf den Betrachter. Das Wax-Museum befindet sich auf der ✉ 145 Jefferson Street, Informationen gibt es unter ⌨ www.waxmuseum.com. Geöffnet ist das Museum ⌚ täglich von 10-19 Uhr und kostet ⏾ für Erwachsene $ 14, Kinder (6-11 Jahre) $ 7 und Jugendliche (12-17 Jahre) sowie Senioren (ab 55 Jahre) $ 10.

Wer ein wenig urtümliche **Fischmarktluft** schnuppern möchte, sollte sich in den frühen Morgenstunden einfinden. Dann gibt es Fischhandel, Gemüse- und Flohmärkte, vor allem samstagmorgens am Pier 1. Samstags und sonntags ist Flohmarkt am Ferry Building. An den Wochenende ist der Rummel in San Francisco überhaupt und an Fisherman's Wharf im Speziellen natürlich noch viel größer, entsprechende Menschenmassen sind dann unterwegs.

▼ **TIPP** Wenn man von Süden über die Highways 101 und 280 zu Fisherman's Wharf kommt, muss man keine Hügel bewältigen und die Straßen sind im Gegensatz zu den engen Straßen in Downtown recht breit. Dann kann man eins der vielen „Public Parking"-Parkhäuser ansteuern und das Auto den ganzen Tag über stehen lassen. Auch für RVs sind einige Parkplätze und Parkhäuser nutzbar. Mit Straßenbahnen und Cable Cars ist es von hier aus auch recht einfach, in die inneren Stadtbereiche zu gelangen. Einzige Voraussetzung: Man sollte morgens zeitig auf die Parkplatzsuche gehen.

🖥 www.visitfishermanswharf.com

🏛 San Francisco Maritime National Historical Park

Gleich am westlichen Anfang von Fisherman's Wharf, an der Wendestelle der Cable Cars, befindet sich das Maritime Museum, das unbedingt einen Besuch wert ist. Hier wurde die seefahrende Vergangenheit der Stadt anschaulich und liebevoll wiederbelebt. Der Museumspark besteht aus dem Aquatic Park mit Spazierwegen und Gärten, einem Besucherzentrum mit Ausstellungsstücken und Kunsterzeugnissen aus Seefahrerzeiten und historischen Schiffen, die am Hyde Street Pier vertäut liegen. Interaktive Exponate bietet vor allem das Besucherzentrum. Zum Beispiel kann man selbst den Seeweg zwischen New York und San Francisco erkunden, ein wenig über die Navigationsgeschichte der Westküste mit Hilfe der Linse des Farallon-Leuchtturms erfahren oder anhand alter Urkunden, Schiffspläne und Fotografien Seemannsluft der alten Zeiten schnuppern. Die Seefahrerei ist mit der Geschichte San Franciscos eng verknüpft. Der Goldrausch trieb Kaufleute, Handwerker und Lohnarbeiter aus aller Welt in die Stadt, schon in frühen Jahren landeten ganze Segelschiff-Flotten

im Hafen. Später, um 1914 herum, waren es Dampfschiffe, die San Francisco ansteuerten, und zwischen dem Ersten und dem Zweiten Weltkrieg schließlich tummelte sich ein buntes Durcheinander von Segelschiffen, Passagierdampfern und Kampfschiffen der Marine im Hafen.

Der Hyde Street Pier, an dem heute die historischen Dampf- und Segelschiffe liegen, war 1922 als Anlegeplatz für die Fähren zwischen San Francisco und Sausalito gebaut worden. Bis zur Eröffnung der Golden Gate Bridge war dies die einzige Verbindung über die Bucht. Die fünf historischen Schiffe sind für Besucher geöffnet und können an Bord erkundet werden.

ℹ **Visitor Center des Maritime National Historical Park**

✉ Building E, Fort Mason Center, San Francisco, CA 94123
☎ 1-415-447-5000
🕐 tägl. 9.30-17 h, im Sommer länger
∞ Eintritt frei
🖥 www.nps.gov/safr

👁 Chinatown

Viele amerikanische Großstädte haben ihre eigene Chinatown. Aber es gibt nur eine wahre und das ist **Chinatown San Francisco**. Nicht umsonst wird diese chi-

Chinatown San Francisco: Rote Laternen, goldene Schriftzeichen, Pagoden und Drachen schmücken das Viertel.

nesische Gemeinde mit ihren 80.000 Bewohnern „die größte Chinatown außerhalb Asiens" genannt. Sie ist außerdem die älteste Chinatown ganz Nordamerikas (gegründet bereits in den 1850er Jahren), allein deshalb ist sie eine der ganz großen Attraktionen San Franciscos. Das aus 24 Häuserblöcken bestehende Viertel umfasst die Powell Street und Nob Hill im Westen, den Financial District an der Kearny Street im Osten, Union Square im Süden und North Beach mit dem italienischen Viertel im Norden. Das offizielle Eingangsportal am südlichen Ende von Chinatown ist das Dragon Gate an der Kreuzung Grant und Bush Street – von wo aus eine andere Welt betreten wird. Die Einwanderer haben es geschafft, ihre ursprüngliche Identität in einem fremden Land zu bewahren. Dächer im Pagodenstil,

Kitsch und Trödel, Antiquitäten und Exotisches gibt es in den chinesischen Läden.

Drachenlaternen, Tempelfassaden, meterhohe, chinesische Schriftzeichen und exotische Basare prägen das Bild in diesem quirligen und sympathischen Viertel.

Das war nicht immer so. Die ersten Einwanderer kamen hierher, um den unsicheren wirtschaftlichen Bedingungen Chinas zu entfliehen – und natürlich angezogen vom Goldrausch. Um 1882 entwickelte sich eine Fremdenfeindlichkeit, die zu einem Gesetz führte, das die Immigration aus China begrenzte. Es folgten weitere anti-chinesische Erlasse, die sich teilweise bis in die Mitte des 20. Jahrhunderts hielten.

Ein weiterer Schlag bedrohte das Viertel, als 1906 auch Chinatown vom großen Brand vollständig zerstört wurde. Danach sollten die chinesischen Bewohner vertrieben werden. Doch einige Geschäftsleute des Viertels retteten Chinatown mit der Idee, eine Touristenattraktion daraus zu machen – was gelungen ist, wie man heute unschwer erkennen kann. Ein Bummel durch die exotischen Gassen ist ein absolutes Muss bei einem Besuch von San Francisco. Chinesische Waren, Teestuben und Restaurants reihen sich aneinander, Lebensmittelläden und Shops mit chinesischem Trödel konkurrieren mit Antiquitätenläden, in denen kostbare Vasen und kunstvoller Jadeschmuck verkauft werden. Wer ganz tief in die chinesische Lebensweise inmitten Nordamerikas einsteigen will, sollte sich auf dem **Portsmouth Square** umschauen. Chinesen aller Altersklassen spielen hier Schach, praktizieren Tai Chi oder tauschen miteinander die wichtigsten Neuigkeiten aus, während die Kinder Fangen spielen. Diese sogenannte „Wohnstube" Chinatowns ist das wirkliche Chinatown innerhalb Chinatowns.

Schöne Stimmung kann man aber auch an allen anderen Ecken Chinatowns einfangen, zum Beispiel den Klängen einiger älterer chinesischer Männer lauschen, die in der Grant Street am Übergang zum italienischen Viertel wunderschön musizieren. Mit Mandoline, chinesischer Zither und anderen fremdländischen Instrumenten nehmen die Musiker die Zuhörer mit ins traditionelle China.

👁 Union Square

Man muss es ehrlich sagen: Das Gebiet rund um Union Square ist das Shopping-Viertel San Franciscos. Man tut gut daran, mit einem wohl gefüllten Geldbeutel zum Union Square zu gehen. Boutiquen von Dior, Gucci, Prada bis Armani tummeln sich hier auf einem so engen Raum wie selten in einer Stadt. Aber auch die großen Kaufhäuser wie Bloomingdales oder Macy's sind hier angesiedelt und erweitern den Shopping-Spaß beträchtlich. Wer also genug vom Sightseeing hat, kann sich am Union Square eine „Auszeit" nehmen. Aber keine Sorge: Es gibt nicht nur Läden und Boutiquen am Union Square, sondern auch Hotels, Restaurants, Galerien und Theater. Damit ist der Union Square auch ein kultureller Ort, an dem unter anderem öffentliche Konzerte veranstaltet werden.

Der Union Square ist aber auch ein wenig das Herzstück des Innenstadtbereichs und ein hervorragender Ausgangspunkt zu den meisten Sehenswürdigkeiten San Franciscos. Einige Linien der MUNI-Busse haben hier eine Haltestelle, ebenso die beiden Cable Car-Linien Powell-Hyde und Powell-Mason. Eigentlich bezeichnet „Union Square" einen großen Park, der sich zwischen den Straßen Geary, Powell, Post und Stockton befindet. Läden und kulturelle Einrichtungen befinden sich in den Blocks, die durch diese Straßen begrenzt werden.

TIPP Parken kann man recht praktisch im großen Parkhaus unter dem Square, wenn man sich mit seinem Fahrzeug in das Gewühl der Innenstadt traut. Allerdings schlägt dieses bequeme Parken mit ∞ $ 3 (bis 12 Uhr) bzw. $ 3,50 (ab 12 Uhr) pro Stunde bzw. $ 34 für 24 Stunden zu Buche. Das größte Parkhaus der Stadt ist die **Fifth and Mission Parking Garage** in der ✉ 833 Mission Street. Hier kostet das Parken ∞

$ 2,50 bzw. $ 3,50 und $ 32 für 24 Stunden. Zusammengefasst ist das Parken in der Innenstadt sowohl schwierig als auch teuer. An den Parkuhren am Straßenrand darf man oft nur maximal zwei Stunden parken. Es gibt Geheimtipps wie z.B. die **Kissling Garage** in der ✉ 255 12th Street, die nah an der City Hall liegt und akzeptable Preise hat: ∞ $ 7, wenn man vor 9 Uhr parkt, ansonsten $ 5 für die ersten beiden Stunden und $ 8 für den ganzen Tag.

Recht gute Übersichten über das Angebot an Parkplätzen und Parkhäusern findet man unter 🖥 http://en.parkopedia.com/parking/san_francisco oder http://san-francisco.bestparking.com (auf „San Francisco" und „Daily" klicken).

〰 Golden Gate Park

Er muss hier schon allein deshalb erwähnt werden, weil es einer der größten Stadtparks der Welt ist. Fünf Kilometer lang und 800 Meter breit ist der Park, der etwa 6 km/4 mi westlich vom Stadtzentrum zwischen Ocean Beach und der Stanyan Street liegt. Der Golden Gate Park ist weder ein reiner Naturpark noch ein Park für Sportler noch ein kultureller Ort – er ist von allem ein bisschen was. Künstliche Wasserläufe und Wasserfälle machen ihn zu einem Kleinod in der Großstadt, berühmte Museen wie das de Young Museum sorgen für kulturellen Input und Sportler können hier unbeschwert Frisbee spielen, wandern, radeln, Boot fahren und reiten.

1870 wurde der Park in weiser Voraussicht an die Bewohner San Franciscos übergeben, da absehbar war, dass die Stadt eines Tages überlaufen sein könnte. Heute besuchen 13 Millionen Menschen jährlich den Park – es ist fraglich, inwieweit sich die Voraussicht als treffend erwiesen hat. Der Schöpfer des Parks war William Hammond Hall, der das originale Erscheinungsbild des Parks entwarf. Hinzu kamen im Rahmen einer Messe im Jahr 1894 ein Kunstmuseum, der Bau von Pferdeställen und riesengro-

B

Asiatische Elemente im Golden Gate Park

B

liforniens, dessen Konterfei wir auf der kalifornischen Flagge finden.

Die Akademie wurde bereits 1853 gegründet und ist seitdem an vielen Orten beheimatet gewesen. Die Neu-Eröffnung im Golden Gate Park hat gleichzeitig ein Zeichen in Sachen modernes Wissenschaftsmuseum gesetzt.

⇨ *Die MUNI-Linien 44, 5 und N-Judah fahren zu verschiedenen Eingängen des Parks. Mit dem Auto aus Richtung North Bay/Golden Gate Bridge kommen Sie über die 8th Ave in den Golden Gate Park. Im Park die erste rechts abbiegen und danach gleich links. Hier kommt die Akademie auf der linken Seite. Aus Richtung South Bay/I-280 North in den Park hineinfahren, rechts auf den Martin Luther King Junior Blvd einbiegen und am zweiten Stoppschild links auf den Music Concourse Dr abbiegen.*

✉ *55 Music Concourse Dr, San Francisco, CA 94118*

☎ *1-415-379-8000*

🕐 *Mo-Sa 9.30-17 h, Mi 9-17 h, So 11-17*

💲 *Erw. $ 29,95, Kinder (4-11 J.) $ 19,95, Jugendl. (12-17 J.) und Sen. (über 65 J.) $ 24,95*

✉ *info@calacademy.org*

💻 *www.calacademy.org*

🏛 **M. H. de Young Memorial Museum**

Das Gebäude übertrifft die Wissenschaftsakademie rein äußerlich noch einmal. Die beiden Architekten Herzog und de Meuron haben für den futuristischen Bau, der 2005 neu eröffnet wurde, einen Preis gewonnen. Das Museum ist ein Kunstmuseum mit Gemälden und Skulpturen. Internationale Kunst zum Beispiel aus Afrika, Werke früherer amerikanischer Bevölkerungen oder Textilien und Kostüme der ganzen Welt werden ebenfalls ausgestellt. Das Museum ist zweigeteilt – ein Teil zeigt eine Dauerausstellung, ein zweiter Teil ist für wechselnde, spezielle Ausstellungen reserviert.

⇨ *MUNI-Busse zum Park (siehe oben). Mit dem Auto aus Richtung North Bay/Golden Gate Bridge: Von der 8th Ave über die Fulton Street zum JFK Dr. Aus Richtung South Bay/I-280 North: Nach 8 km/5 mi im Golden Gate Park rechts auf die Fulton St einbiegen, dann rechts auf die 10th Ave.*

ße Grünflächen. Mit diesen Maßnahmen sollte ein Besucherstrom ausgelöst werden – mit Erfolg. Um die exotische Atmosphäre der Stadt aufzunehmen, wurden Themengebiete innerhalb des Parks eingerichtet – beispielsweise das japanische Dorf und eine Eskimo-Siedlung.

Heute tragen die Academy of Sciences und das de Young Museum ihren Teil dazu bei, dem Park etwas Modernes mitzugeben.

🏛 **California Academy of Sciences**

Das Gebäude der Academy ist regelrecht schillernd. Es wurde von dem renommierten Architekten Renzo Piano entworfen und öffnete 2008 seine Pforten. Die Akademie der Wissenschaften beinhaltet das Kimball Natural History Museum (ein Museum für Naturgeschichte), ein Planetarium, ein Aquarium und eine vierstöckige Kuppel mit künstlichem Regenwald. Außerdem leben Tiere der verschiedensten Arten in dieser Akademie. Zu den ehemals lebendigen Tieren, die man heute ausgestopft bewundern kann, gehört der letzte, gefangene Grizzlybär Ka-

✉ *50 Hagiwara Tea Garden Drive, San Francisco, CA 94118*
☎ *1-415-750-3600*
🕐 *Di-So 9.30-17.15 h, Fr bis 20.45 h*
💲 *Erw. $ 11, Jugendl. (13-17 J.) $ 7, Sen. (über 65 J.) $ 8*
🖥 *http://deyoung.famsf.org*

❗ **TIPP** Für den Besuch beider Museen kann man im Music Concourse Parkhaus parken. Auf vier Stunden begrenzt kann man am JFK Drive oder am Martin Luther King Drive parken.

👁 Haight Street

Auch bekannt als "The Haight" oder "Haight-Ashbury" ist dieses Viertel unterteilt in Lower und Upper Haight. Viktorianische Gebäude prägen beide Teile. Nachdem es gute und schlechte Zeiten für The Haight gegeben hat, ist es heute am ehesten eine Mischung aus florierendem Einzelhandel und bizarr. Letzteres greift auf, wofür das Viertel früher bekannt war: Es war sowohl das legendäre Hippieviertel, als auch die Anlaufstelle für Rockbands. Als George Harrison hier im berühmten Summer of Love von 1967 mit seiner Gitarre entlangflanierte, war er umringt vom Flower Power Publikum. Ein pulsierendes Nachtleben, exotische Läden und bunte Charaktere prägen heute die Szene in Haights Street.

⇨ *Das Viertel um die Haight Street befindet sich zwischen der Oak Street im Norden und der 17th Street im Süden östlich des Golden Gate Parks.*

👁 Twin Peaks

Panoramablicke sind in San Francisco selten zu bekommen. Entweder das Motiv liegt im Nebel oder man hat nur einen Teil der Sehenswürdigkeiten im Visier. Nicht so bei Twin Peaks. Hinter der bekannten und ein wenig rätselhaften Bezeichnung verbergen sich schlichtweg zwei Hügel, die sogenannten Zwillingsgipfel. Früher wurden sie von den Ureinwohnern "Los Pechos de la Choca" genannt, was übersetzt "die Brüste des Indianermädchens" heißt. Sie sind 276 und 277 Meter hoch und liegen direkt nebeneinander. Der Pazifik, die Bay, die Skyline San Franciscos und sowohl die Golden Gate Bridge als auch die Oakland Bay Bridge sind von den beiden Erhebungen aus auf einen Blick zu sehen – vorausgesetzt natürlich, dass nicht der Nebel das Vergnügen der freien Sicht trübt.

Auf die Gipfel gelangt man über den Twin Peaks Boulevard. An dieser Straße liegt auch der Aussichtspunkt „**Christmas Tree Point**". Beeindruckend ist der Ausblick von Twin Peaks nicht nur tagsüber – selten kann man nachts einen eindrucksvolleren Blick auf eine Metropole werfen.

⇨ *Die Market St Richtung Südwesten stadtauswärts befahren, bis rechts der Twin Peaks Blvd abzweigt. Die MUNI-Buslinie 37 fährt zum Crestline Dr Nr. 47. Dort führt gegenüber der Haltestelle ein schmaler Pfad bergauf zum Aussichtspunkt (Gehzeit ca. 10-15 Minuten).*

Blick von Twin Peaks auf Downtown – oft im typischen Nebel

🏠 Unterkünfte San Francisco

🏕 Campgrounds San Francisco

Es gibt im Bereich von San Francisco nur zwei Campgrounds, wovon nur einer wirklich innerhalb der Stadt (aber dennoch nicht zentral) liegt und das ist der Candlestick RV Park. Der zweite RV Parks befindet sich außerhalb und südlich von San Francisco auf der Anfahrt in die Golden Gate Stadt.

🏕 Candlestick RV Park

Er hat unbestreitbar den Charme eines Wal Mart Parkplatzes (böse Zungen könnten behaupten, Wal Mart hätte schönere Parkplätze ...). Zudem ist er ausgesprochen teuer, da lässt sich der Betreiber den guten Ausgangspunkt (im Südosten der Stadt an der Bay) für Stadtbesichtigungen mit bezahlen. Tische und Stühle fehlen ebenso am Stellplatz wie Schatten spendende Bäume und Privatsphäre. Aber der RV-Park hat abgesehen von seinem Alleinstellungsmerkmal weitere unbestreitbare Vorteile: Es gibt einen Shuttle-Service in die Innenstadt mitten nach Downtown (kostenpflichtig), die Sanitäranlagen sind vorzüglich und es ist erstaunlich ruhig auf dem ganzen Platz. Da der Campground jedoch direkt gegenüber dem **Candlestick Park** liegt, dem Stadion der „San Francisco 49ers", ist diese Ruhe vor Verkehrslärm und anderen Geräuschbelästigungen bei Heimspielen des Football-Teams natürlich nicht gewährleistet. Der Campground liegt außerdem mehr oder weniger direkt an der Bay, aber ohne schönen Blick auf die Bucht. Es gibt einen Waschsalon, einen recht großen Laden mit Souvenirs und Artikeln für den täglichen Bedarf. Der Shuttle Service ist mit $ 12 pro Person recht teuer, aber sehr bequem. Man muss auf der Hinfahrt die Abholzeit angeben (Shuttle verkehrt im Sommer von 9-13 und von 17.30-21.30 Uhr jeweils stündlich), kann dies aber telefonisch im Laufe des Tages bis zwei Stunden vor der vereinbarten Abholzeit ändern. Die Fahrt endet in der Nähe des Union Square, wo es für die Fahrgäste eine kurze Einweisung und Tipps für die Stadtbesichtigung sowie bei Bedarf den MUNI-Tagespass zu kaufen gibt.

⇒ *Vom Hwy 101 die Ausfahrt 429A nehmen und rechts auf den Harney Way einbiegen. Dann rechts über den Hunters Point Expy und die Jamestown Ave um das Football-Stadion fahren, bis rechterhand der Campground kommt.*

✉ *650 Gilman Avenue, San Francisco, CA 94124*
☎ *1-415-822-2299*
📠 *1-415-822-7638*
🕐 *ganzj.*
⬜ *ja*
🛏 *165*   ⚡ *nein*
📶 *ja (mit Schlüssel für $ 5 Pfand)* ⚲ *****
♿ *nein*
✉ *reservations@sanfranciscorvpark.com*
💻 *www.sanfranciscorvpark.com*

🏕 San Francisco RV Resort

Auf der Zielgeraden nach San Francisco sind wir durch Pacifica gekommen – und hier liegt auch dieser RV Park. Auch von hier aus gibt es Möglichkeiten, ohne das eigene Fahrzeug in die Stadt zu gelangen. In der Nähe des RV-Resorts gibt es einen Park&Ride Parkplatz, auf dem man recht günstig parken und mit der Schnellbahn in die City fahren kann. Ansonsten dauert die Fahrt mit einem Pkw in die Innenstadt, je nachdem, wo man hin möchte, zwischen 20 und 30 Minuten (Union Square). Der Campground liegt nahe des Highway 1, aber dennoch ruhig, an einer Steilküste mit zum Teil schönen Plätzen mit Ozean-Blick. Aber dennoch bricht auch auf diesem Campground trotz der bestechenden Lage und der Aussicht das Parkplatz-Feeling durch. Preislich liegt er sogar noch über dem Candlestick RV Park, bietet dafür aber auch Full-Hookup. Es gibt ebenfalls einen Waschsalon und einen Laden.

⇒ *Auf dem Hwy 1 aus Richtung Monterey die Ausfahrt 507 Manor Dr/Monterey Rd nehmen. Am Ende der Ausfahrt links und an der nächsten großen Kreuzung wieder links abbiegen. An der nächsten Kreuzung (bei Walgreens) wieder links abbiegen. Der Campground kommt nach eineinhalb Blocks rechterhand.*

⊠ *700 Palmetto Avenue, Pacifica, CA 94044*
☎ *1-650-355-7093*
🖨 *1-650-355-7102*
🕐 *ganzj.*
🚻 *ja*
🛏 *182*   🍴 *ja*   📶 *ja*   ⊘ *****
♿ *nein*
📧 *info@sanfranciscorvresort.com*
🖥 *www.sanfranciscorvresort.com*

HINWEIS Die im Folgenden angegebenen Parkmöglichkeiten und -gebühren beziehen sich lediglich auf die Anreise mit einem Pkw. Wenn man mit dem Wohnmobil nach San Francisco kommt, aber trotzdem in einem Hotel/Motel übernachten möchte, sollte man das Wohnmobil in einem der beschriebenen Parkhäuser oder auf einem der Parkplätze abstellen, die es speziell für RVs und vor allem im Bereich Fisherman's Wharf gibt (siehe Beschreibung oben).

🏨 Hotels bei Fisherman's Wharf

🏨 Argonaut Hotel

Hervorragend direkt am Fisherman's Wharf liegt das maritime Stadthotel im Boutique-Stil neben dem Besucherzentrum des Maritime National Historic Park. Um die Ecke befindet sich die Haltestelle der Cable Car Linie Powell-Hyde. Somit sind alle Attraktionen an Fisherman's Wharf sowie in der Innenstadt gut erreichbar, man kann das Auto getrost stehenlassen – wofür man $ 40 pro Nacht Parkgebühr bezahlt, was in diesem Stadtteil normal ist. Die modernen, geräumigen Zimmer sind geschmackvoll eingerichtet. Preislich liegt das Hotel allerdings im Luxus-Bereich. Das Frühstück ist Geschmackssache, muss aber nicht mitgebucht werden. Alternativ kann man morgens bei der nahen Bäckerei Boudin's frühstücken.

⇨ *Vom Hwy 101 Richtung Norden die Ausfahrt Duboce Ave/Mission St nehmen und in die Mission St einbiegen. Dann links in die South Van Ness Ave und über die Van Ness Ave durch die Stadt bis North Point St fahren. Hier*
rechts einbiegen und links auf die Polk St abbiegen. Dann rechts auf die Beach St und links auf die Leavensworth St abbiegen, bis es links ab auf die Jefferson St geht. Das Hotel liegt an der Ecke Jefferson St/Hyde St.

⊠ *495 Jefferson Street at Hyde, San Francisco, CA 94109*
☎ *1-415-563-0800*
🖨 *1-415-563-2800*
🕐 *ganzj.*
⊘ *****
🖥 *www.argonauthotel.com*

🏨 Sheraton Fisherman's Wharf Hotel

Nicht ganz an vorderster Front an der Jefferson Street, aber trotzdem nur wenige Schritte von Fisherman's Wharf entfernt liegt das Sheraton Hotel. Geparkt wird mit $ 51 pro Tag am Hotel. Hier kann man aber auch auf das nahe öffentliche Parkhaus Northpoint Centre Garage, ⊠ 350 Bay Street ausweichen, wo das Parken $ 30 pro Tag kostet. Wer nicht im Sheraton frühstücken möchte, kann dies gegenüber bei IHOP tun, einem recht günstigen Frühstücksrestaurant. Die Zimmer sind teilweise klein, aber nicht beengt. Hinweis: Die Zimmer zum Innenhof haben zwar keine tolle Aussicht, sind dafür aber ruhiger gelegen. Das Hotel ist nicht ganz so teuer wie das Argonaut.

⇨ *Von der Van Ness Ave (siehe Anfahrtsbeschreibung Argonaut Hotel) rechts in die California St einbiegen, danach die dritte links in die Hyde St. Danach rechts in die Northpoint St und von dieser links in die Mason St einbiegen.*

⊠ *2500 Mason Street, San Francisco, CA 94133*
☎ *1-415-362-5500*
🖨 *1-415-956-5275*
🕐 *ganzj.*
⊘ *****
🖥 *www.sheratonatthewharf.com*

🏨 The Wharf Inn

Weitaus günstiger als die beiden Wharf-Hotels ist das kleine Motel Wharf Inn. Das Parken ist hier kostenlos, alle Ziele der Umgebung sind durch die Lage mittendrin und nahe Pier 39 fußläufig gut erreichbar. Ein Frühstück wird nicht angeboten, das ist aber mit den diversen Alternativen am Fisherman's Wharf kein Problem. Die nach hinten gelegenen Zimmer sind ruhiger, man sollte dies bei der Reservierung angeben. Die Zimmer sind geräumig, es stehen auch Suiten zur Verfügung.

⇨ *Siehe Wegbeschreibung Sheraton Hotel*
✉ *2601 Mason Street, San Francisco, CA 94133*
☎ *1-415-673-7411*
🖷 *1-415-776-2181*
🕐 *ganzj.*
☍ ****
✉ *info@wharfinn.com*
🖳 *www.wharfinn.com*

TIPP Weitere kleine Motels direkt an Fisherman's Wharf findet man unter: ■ 🖳 http://www.visitfishermanswharf.com/ fishermans-wharf/fishermans-wharf-area-hotels.

🏛 Hotels Downtown San Francisco

🏛 Hilton San Francisco Union Square

Wie der Name schon sagt – das Hotel liegt einfach mittendrin, direkt am Union Square. Umgeben von Nob Hill, Chinatown, Civic Center und SOMA sind alle attraktiven Ziele einfach und schnell erreichbar. Das Hotel ist außerdem eines der größten und höchsten der ganzen Westküste. Die Zimmer und Suiten sind in drei Türmen untergebracht, von denen aus man nebenbei noch einen exklusiven Blick auf San Francisco hat. Das Hotel bietet einen beheizten Pool für alle diejenigen, die nach dem Sightseeing Entspannung brauchen. Parken kostet knapp $ 60 pro Tag und ist damit im oberen Bereich, was Parkgebühren bei Hotels anbelangt.

⇨ *Vom Hwy 101 die Ausfahrt 7th St nehmen, von dieser rechts auf die Folsom St abbiegen. Dann links in die 5th St fahren. Nach der Market St links die Ellis St bis zur Mason St fahren. Die Einfahrt des Parkhauses befindet sich auf der Ellis St zwischen Mason St und Taylor St.*
✉ *333 O'Farrell Street, San Francisco, CA 94102*
☎ *1-415-771-1400*

☎ *1-415-771-6807*
🕐 *ganzj.*
☍ *****
🖳 *www1.hilton.com*

🏛 SW Hotel

Das Hotel liegt mitten in Chinatown an der Grenze zu North Beach (Little Italy) mit vielen Restaurants in der Nähe und 10 Minuten Fußweg zum Union Square. Auch Fisherman's Wharf ist nicht weit entfernt. Im Stil der Einrichtung des Boutique-Hotels sind die Einflüsse der beiden umgebenden Stadtteile Chinatown und Little Italy aufgenommen. Das Hotel bietet kostenpflichtige Parkplätze in der Tiefgarage an ($ 28,50 pro Tag, basierend auf first-come, first-served).

⇨ *Vom Hwy 101 die Ausfahrt 4th St nehmen, dann links in die 3rd St einbiegen, die zur Kearny St wird. Links auf die Sutter St und rechts in die Stockton St einbiegen. Dann kommt rechts Broadway, das Hotel ist rechts.*
✉ *615 Broadway, San Francisco, CA 94133*
☎ *1-415-362-2999*
🖷 *1-415-362-1808*
🕐 *ganzj.*
☍ ****
✉ *swhotel@swhotel.com*
🖳 *www.swhotel.com*

🏛 Grant Plaza Hotel

Top Lage und bezahlbar dazu – das Grant Plaza liegt etwa drei Blocks vom Union Square, am Beginn von Chinatown und nahe dem chinesischen Eingangstor sehr zentral in Downtown San Francisco. Das charmante Hotel befindet sich in unmittelbarer Nähe der Cable Car Linie California Line, Einkaufszentren, Restaurants und Theatern. Die Zimmer sind recht klein, in einer solchen Stadt hält man sich dort aber sowieso nicht übermäßig oft und lange auf. Zwei Blocks entfernt gibt es ein öffentliches Parkhaus mit Sonderpreisen für die Hotelgäste.

⇨ *Vom Hwy 101 rechts in die Van Ness Ave abbiegen und ihr folgen, bis links die Pine St abzweigt. Dieser folgen, bis die Grant Ave kreuzt – links auf sie einbiegen.*

✉ 465 Grant Avenue, San Francisco, CA 94108
☎ 1-415-434-3883
🖨 1-415-434-3886
🕐 ganzj.
✆ *
✉ info@grantplaza.com
🖥 www.grantplaza.com

🏛 **Hotels außerhalb San Franciscos**

🏛 **Hotels in Sausalito**

🏛 **Cavallo Point Lodge & Spa**

Die Lodge ist zwar auf der südlichen Seite der Golden Gate Bridge und damit auf der anderen Seite von San Francisco, aber dort nur einen Steinwurf von der Brücke entfernt. Das heißt, mit Bus oder Fähre beispielsweise ist man trotzdem schnell in der Stadt und hat dabei noch den Vorteil, das Fahrzeug nicht parken zu müssen. Downtown San Francisco ist etwa 20 Minuten entfernt. Das Cavallo Point ist eine Lodge innerhalb der Golden Gate National Recreation Area und liegt im historischen Umfeld eines ehemaligen Forts im Marin County, 1 km/0,6 mi von Sausalito entfernt. Und – das ist das eigentlich Umwerfende an dieser Unterkunft - von einigen der zum Teil riesigen Zimmer aus hat man einen fantastischen Blick auf die Golden Gate Bridge. Es wird ein Spa-Bereich mit Pool angeboten (beides ab 18 Jahre!). Insgesamt eine nette und vor allem luxuriöse Oase vor den Toren der Großstadt.

⇒ Die Golden Gate Bridge in nördliche Richtung überqueren. Die zweite Ausfahrt nach der Brücke Richtung Alexander Ave nehmen und danach sofort rechts in die Sausalito Lateral Rd abbiegen. Die erste wieder links auf die Bunker Rd abzweigen (Achtung, auf der Bunker Rd nicht durch den Tunnel fahren, rechts halten). Am Stoppschild schließlich rechts auf den Murry Circle abbiegen.

✉ 601 Murray Circle, Fort Baker, Sausalito, CA 94965
☎ 1-415-339-4700
🖨 1-415-339-4792
🕐 ganzj.

✆ ***
✉ info@cavallopoint.com
🖥 www.cavallopoint.com

🏛 **San Anselmo Inn**

Nicht ganz so direkt vor den Toren San Franciscos gelegen, dafür aber auch günstiger ist die kleine, familiäre Pension im Stil des europäischen Bed & Breakfast. 15 gemütlich eingerichtete Zimmer erwarten die Gäste, man kann sich auf der Homepage im Internet das Zimmer seiner Wahl mit Foto aussuchen. Fußläufig erreichbar sind einige Restaurants und Cafés, man kann allerdings in der Pension sehr gut frühstücken. Bis zur Südseite der Golden Gate Bridge sind es knapp 30 km/19 mi.

⇒ Nach Überqueren der Golden Gate Bridge aus Richtung San Francisco 18 km/11 mi lang auf dem Hwy 101 bleiben. Dann Ausfahrt San Anselmo nehmen und links auf den Sir Francis Drake Blvd abbiegen. Etwa 5 km/3 mi auf dieser Straße bleiben und durch Greenbrae, Kentfield und Ross fahren. Dann links in die Ross Ave abbiegen und sofort wieder rechts in die San Anselmo Ave.

✉ 339 San Anselmo Ave, San Anselmo, CA 94960
☎ 1-415-455-5366
🖨 1-415-455-5380
🕐 ganzj.
✆ *-**
✉ innkeepers@sananselmoinn.com
🖥 www.sanamselmoinn.com

Wir verabschieden uns von der Großstadtluft. Und ich verspreche Ihnen: Sie werden es genießen, dass es nun endlich hinaus in die Natur geht! San Francisco ist eine wirklich bezaubernde Stadt – aber zwei Großstädte dieses Kalibers in so kurzer Zeit hintereinander und mit dem Angebot an Sehenswürdigkeiten, wie es in Los Angeles und San Francisco zu bewältigen ist, kann einen schon schaffen. Und Sie können sich wahrhaft freuen auf die Natur und die liebliche Landschaft, die nun vor Ihnen liegt – vom voraussichtlich besseren Wetter ganz zu schweigen.

B

Man verlässt San Francisco über die Bay Bridge und muss darauf achten, dass man dies nicht mitten im Feierabendverkehr tut. In diese Richtung wird keine Mautgebühr erhoben, das Befahren der Brücke ist stadtauswärts kostenlos.

TIPP *Aufgrund der hohen Übernachtungskosten in San Francisco, sei es im Hotel oder auf einem Campground, empfiehlt es sich, die letzte Nacht bereits außerhalb auf der Weiterreise Richtung Nordosten zu verbringen. Den Tag kann man dennoch unbeschwert in San Francisco genießen, aber die Nacht schon günstiger – und im Falle der Campgrounds auch schöner – auf dem Weg, den man sowieso vor sich hat. Zumal die anstehende Fahrstrecke, wenn man den Abstecher ins Napa Valley außen vor lässt, recht lang wird und so am Folgetag verkürzt werden kann.*

Mit oder ohne den folgenden Abstecher ins Napa Valley führt die Reise nach Überqueren der Bay Bridge auf die Interstate 80, vorbei an Berkeley und 64 km/40 mi weit bis zur Abzweigung des Highway 37.

. . . .

Nebenstrecke nach Napa und ins Napa Valley

NAPA UND NAPA VALLEY

Wenn man sich für den Besuch des Napa Valley entschieden hat, folgt man an der Abzweigung des Highway 37 von der Interstate 80 diesem ein kurzes Stück in westliche Richtung, bis Richtung Norden der Highway 29 abzweigt. Diesem folgt man bis zu einer Gabelkreuzung. Hier rechts halten und auf den Highway 221 fahren. Es geht dabei weiter in nördliche Richtung. Der Highway 221 geht unbemerkt über in den Highway 121, über den schließlich der Ort Napa erreicht wird. Das ist der Ausgangspunkt für die diversen Unternehmungen innerhalb des Napa Valley.

Nicht nur für Weinkenner ist das berühmte Tal, auch **Vine Country** genannt, ein Begriff – es gehört irgendwie zu San Francisco dazu. Aber was kann man sich eigentlich konkret darunter vorstellen? Tatsächlich handelt es sich bei diesem Tal um ein Weinanbaugebiet, das wegen seiner Winzer, der Weingüter und vor allem der Weinsorte Cabernet Sauvignon berühmt ist. Also doch Wein, es bleibt dabei ... Napa Valley zählt mit Disneyland zu den populärsten Touristenzielen Kaliforniens, weshalb es trotz der thematischen Beschränkung auf den Weinanbau nicht einfach außer Acht gelassen werden kann. Die Weine gedeihen wegen des mediterranen Klimas besonders gut im Napa Valley. Der berühmteste Rebsaft, der hier erzeugt wird, ist der Cabernet-Sauvignon. Aber auch für Naturfreunde ist das Tal ein schönes Ziel. Es ist eng und von vulkanischem Gebirge umgeben. Obstplantagen, Rebenfelder und kleine Orte sind die Merkmale des Napa Valley. Wunderschöne Blicke nach jeder Kurve, malerische, sanft geschwungene Hügel, übersät mit Weinbergen, dominieren das liebliche Landschaftsbild.

Anlaufstelle unseres Abstechers ist Napa, das Zentrum des Tals. Neben Kunst und Restaurants findet man hier „Copia", das amerikanische Wein-Zentrum. Hinter dieser Bezeichnung verbirgt sich ein Kulturzentrum mit dem Schwerpunkt Wein: Interaktive Ausstellungen, Weinproben und Installationen zum Thema Essen werden ebenso geboten wie Grillfeste, Konzerte und Filme unter freiem Himmel.

Napa Valley erstreckt sich auf einer Fläche von knapp 50 Kilometern Länge und ist zwischen 1,6 und 8 Kilometer breit. Will man das Tal erkunden, gibt es hierfür zwei Möglichkeiten: Entweder über den Highway 29 („**St. Helena Highway**") oder den östlich parallel verlaufenden Highway 121 („**Silverado Trail**"):

Diese beiden Highways erschließen das Tal jeweils von Süden nach Norden und zurück. Die namhaften Weingüter tummeln sich dazwischen und daneben, das heißt, man kann das Tal über den einen Highway Richtung Norden erkunden und auf dem anderen Richtung Süden wieder zurück. Dies sollte man nach Möglichkeit aber nicht an Wochenenden tun, denn da herrscht viel Verkehr im Tal. Die quer zu den beiden Hauptachsen verlaufenden Straßen sind allerdings weniger befahren und noch dazu schöner. Hier tun sich die besten landschaftlichen Ausblicke auf, die Straßen sind eng und kurvenreich, das Erlebnis intensiv.

Die einzelnen, zumeist kleinen Weingüter zu benennen, würde den Rahmen sprengen. Sie reichen von kleinen Bauernhöfen über extravagante Villen bis hin zu Schlössern. Eine erste Übersicht über namhafte Hersteller und Möglichkeiten, die Güter zu besuchen (zum Beispiel über geführte Touren), findet man im Internet unter 🖳 http://napavalley.com/wineries

Zwei vor allem in Bezug auf ihr Ambiente ausgefallene Betriebe sollen jedoch erwähnt werden, das sind die Weingüter **Casa Nuestra** in St. Helena und **Castello di Amoroso** in Calistoga. Casa Nuestra (🖳 www.casanuestra.com) ist eine eher idyllisch-altmodische Ausgabe eines Weingutes präsentiert mit einer Art Tante Emma Laden als Probierstube. Das Castello di Amoroso ist das genaue Gegenteil davon (🖳 www.castellodiamoroso.com): Im Stile eines mittelalterlichen Schlosses gehalten, kann man hier ohne Voranmeldung italienische Weinsorten probieren.

❚ **HINWEIS** Alkohol am Steuer ist in Kalifornien ein schweres Delikt und die kalifornischen Gesetze sowie die Gesetzeshüter sind diesbezüglich streng. Man sollte also im Falle einer ausgiebigen Weinprobe das Auto oder den Camper bei der Unterkunft beziehungsweise am Campground stehen lassen und auf eine organisierte Tour oder öffentliche Verkehrsmittel zurückgreifen!

🏛 Unterkünfte Napa Valley

🛏 Campgrounds Napa Valley

🛏 Napa Valley Expo RV Park

In Napa liegt dieser reine Wohnmobil-Park, von dem aus man Downtown Napa mit den Restaurants, Bars und Weinproben-Winzer zu Fuß erreichen kann. Auch das Netz an öffentlichen Verkehrsmitteln ist in Napa recht ausgeprägt, sodass man vom Campground aus alles Wichtige per Bus oder Bahn erreichen kann. Gute Tipps für Unternehmungen aller Art vom Campground Host sind inklusive. Die Stellplätze sind groß mit viel Grün drumherum, die Sanitäranlagen sauber und die Duschen angenehm warm.

⇒ *Aus südlicher Richtung über den Silverado Trail (Hwy 121) kommend an der Kreuzung Fairview Dr und dem Eingang zum Napa Valley Expo RV Park links in die „Fairgrounds" abbiegen*

✉ *575 3ʳᵈ Street, Napa, CA 94559*
☎ *1-707-253-4900*
🕐 *ganzj.*
🚻 *ja*
🚐 *19*   🍴 *ja*   🔥 *ja*   ∞ *****
🅿 *nein*
🖳 *www.napavalleyexpo.com*

🛏 Bothe-Napa Valley SP Campground

Mitten in Napa Valley gelegen bietet der Park neben dem guten Zugang zu den Weingütern einen Pool und ein großes Wanderwege-Netz rund um den Platz.

⇒ *Der Campground liegt 8 km/5 mi nördlich von St. Helena und 6,5 km/4 mi südlich von Calistoga am Hwy 29/128.*

✉ *3801 St. Helena Highway North, St. Helena, CA 94574*
☎ *1-707-942-4575*
🕐 *ganzj., ab Okt. nur Fr-So*
🚻 *ja*
🚐 *50*   🍴 *ja*   🔥 *ja*   ∞ *$ 35*
🅿 *50*   ∞ *$ 35*
🖳 *www.reserveamerica.com*

B

▼B4

🏛 Hotels Napa Valley

🏛 La Residence Country Inn

Im Napa Valley, nahe Yountville, wartet diese malerische Oase auf Gäste. Das mit einer idyllischen Gartenanlage umgebene Landgut bietet 26 geräumige Zimmer und Suiten, alle mit Balkon. Ein beheizter Außen-Pool und Spa-Angebote verschönern den Aufenthalt. Der Ausgangspunkt zu den Weingütern ist sehr gut.

⇒ *Über die Hwys 121 und 29 North fahren.*
   Nach etwa 10 km/6 mi auf dem Hwy 29 zweigt
   rechts die Howard Ln ab.

✉ *4066 Howard Lane, Napa, CA 94558*

☎ *1-707-253-0337*

🖨 *1-707-253-0382*

🕐 *ganzj.*

♋ *****

🖥 *www.laresidence.com*

🏛 El Bonita Motel

In St. Helena liegt das zweckmäßige, aber charmante Motel in einer ruhigen und guten Lage, um Ausflüge ins Napa Valley zu unternehmen. Das Motel hat einen Pool und einen Whirlpool. Die Zimmer sind anheimelnd eingerichtet und man kann wählen zwischen Zimmern zur Garten- oder zur Poolseite oder zur Straße, was natürlich gegebenenfalls mit Straßenlärm verbunden sein kann.

⇒ *Aus südlicher Richtung nach etwa 29 km/18 mi*
   auf dem Hwy 29 liegt linkerhand direkt am Hwy
   bzw. der Main St das Motel.

✉ *195 Main Street, St. Helena, CA 94574*

☎ *1-707-963-3216*

🖨 *1-707-963-8838*

🕐 *ganzj.*

♋ ***

✉ *brochures@elbonita.com*

🖥 *www.elbonita.com*

Ende der Nebenstrecke

. . . .

Mit oder ohne Abstecher ins Wein-Paradies geht es nun Richtung Hinterland Kaliforniens, zunächst mit Kurs

auf **Sacramento**, *der Hauptstadt des Bundesstaates. Wenn Sie dem Tipp dieses Reiseführers folgend abends aus San Francisco abgereist sind, können Sie die Ausläufer Sacramentos für eine Übernachtung nutzen. Aus Richtung San Francisco kommend gibt es hier genügend Auswahl an Übernachtungsmöglichkeiten im südwestlichen Außenbereich der Stadt, sodass man nicht sofort schon wieder mit dem Fahrzeug in die Großstadt hineinfahren muss.*

Die Landschaft während der Fahrt ab der Bay Bridge über die beiden Autobahnen 580 und 80 Richtung Sacramento verliert erst nach und nach das großstädtische Flair. Dann wird die Gegend zunehmend hügelig mit wunderschönen landschaftlichen Impressionen. Aber ebenso abrupt wird die Umgebung auch wieder flach und eher eintönig, während wir uns über die IS-80 Sacramento nähern.

Nach den gewaltigen Eindrücken, die es noch von den beiden Metropolstädten Los Angeles und San Francisco zu verarbeiten gilt, erhält Sacramento keine explizite Empfehlung in diesem Routenreiseführer. Wer jedoch einmal einen Blick in die Hauptstadt Kaliforniens werfen möchte, bevor es hinaus in die Natur geht, findet im Folgenden die wichtigsten Daten und Anlaufstellen Sacramentos.

🏛 SACRAMENTO

	San Francisco	138 km/86 mi
◆	South Lake Tahoe	161 km/101 mi
👪	Stadt	466.500
	Metropolregion	2.500.000
❄❄	Winter	8 °C
☀	Sommer	24 °C
〰	Meereshöhe	16 m

Die Hauptstadt des Bundesstaates Kalifornien liegt am Zusammenfluss der beiden Flüsse Sacramento River und

American River. Man gelangt über die Interstate 80 nach Sacramento und könnte, auf dieser Autobahn bleibend, das Zentrum über den nördlichen Stadtrand umfahren. Um in den Innenstadtbereich zu gelangen, wechselt man an der Kreuzung Capital City Freeway und West Side Freeway auf den Highway 50, über den man in den Bereich Downtown gelangt.

Die Stadt entstand in der Zeit vor dem Goldfund. Der Grundstein wurde durch einen ehemaligen Handels- und Viehzuchtposten gelegt. Später, zu Zeiten des Goldrausches, mutierte Sacramento zu einem Versorgungs- und Handelszentrum für die Goldgräber. Der Handel konnte dank der Wasserstraße, die Sacramento mit San Francisco verbindet, blühen. Dies führte schließlich 1854 zur Ernennung Sacramentos zur Hauptstadt. Auch nach dem Goldrausch blieb die Stadt als günstiger Verkehrsknotenpunkt bedeutsam. Den Charme aus Pionierzeiten findet man heute noch im Stadtteil Old Sacramento. Dort sind die Gebäude restauriert und nach historischem Vorbild wieder aufgebaut. Museen geben Zeugnisse aus vergangenen Tagen, besonders erwähnenswert ist das California State Railroad Museum (🖳 www.csrmf.org). Alles in allem ist Old Sacramento allerdings sehr touristisch ausgerichtet.

In Downtown dagegen ist mit einem Open-Air-Einkaufszentrum und einer Art Fußgängerzone, die „K Street Mall", eher Shoppen angesagt. Allerdings befindet sich hier auch das Highlight der Stadt, das „State Capitol" (Beschreibung siehe unten). Schließlich hat Sacramento noch ein Midtown, wo man Restaurants, Cafés und nette, viktorianische Häuser findet. Einkaufstechnisch kann man in der Hauptstadt natürlich auch noch einmal aufrüsten. In West Sacramento beispielsweise gibt es einen Safeway in der ✉ 1814 19th Street, ☎ 1-916-492-9967. In Downtown selbst findet man ebenfalls einen Laden dieser Kette auf dem ✉ 1025 Alhambra Boulevard, ☎ 1-916-456-0852.

Unter 🖳 discovergold.chambermaster.com/list/QL/attractions.htm sind recht gut und umfangreich all die Dinge aufgelistet, die man ansonsten noch in Sacramento unternehmen kann.

Als Ausgangslage für Ausflüge in die Stadt kann man in der Nähe des Kapitols ein Parkhaus in der ✉ 555 L Street nutzen.

🅱 Visitor Information

Convention & Visitors Bureau

✉ 1608 I Street, Sacramento, CA 95814
☎ 1-916-808-7777
🕙 Mo-Fr 8-17 h
🖳 www.discovergold.org

Old Sacramento Visitor Center

✉ 1002 2nd Street, Old Sacramento, CA 95814
☎ 1-916-442-7644
🕙 tägl. 10-17 h

👁 Sehenswürdigkeiten Sacramento

🏛 California State Capitol

Das Kapitol erinnert unweigerlich an das Weiße Haus. Das majestätische Gebäude mit der Kuppel wurde im 19. Jahrhundert errichtet und vor 40 Jahren umfassend renoviert. In authentisch eingerichteten Räumen werden wichtige Ereignisse der Geschichte Kaliforniens dargestellt (beispielsweise das Erdbeben von 1906).

✉ Ecke 10th und L St, Sacramento, CA 95814
☎ 1-916-324-0333
🕙 tägl. 9-17 h
∞ frei

🏛 Sutter's Fort State Historic Park

1839 kam ein Schweizer Einwanderer namens John Sutter ins Sacramento Valley. Er erhielt von der mexikanischen Regierung Land zugeteilt, worauf er einen Handelsstützpunkt errichtete, den er „New Helvetia" nannte. Dieser Stützpunkt stellte die erste Besiedlung des heutigen Sacramento dar und die erste nicht-indianische im ganzen Central Valley.

Heute kann man in diesem State Park in Midtown vor allem das ursprünglich von Sutter erbaute Fort besuchen. Im Gebäude sieht man zum Beispiel Einrichtungsgegenstände aus der früheren Siedlungszeit.

⊠ *2701 L Street, Sacramento, CA 95822*
☎ *1-916-323-7626*
◷ *ab 1. März Die - So 10-17 h*
⊗ *Erw. $ 5, Kinder (6-17 Jahre) $ 3*

🏛 Unterkünfte Sacramento

🚐 Campgrounds Sacramento

🚐 Sacramento West/Old Town KOA

Im Westen, noch außerhalb von Sacramento, befindet sich fast direkt neben der IS-80 der KOA Campground. Damit ist er sehr günstig für den Weg Richtung Lake Tahoe gelegen. Die Entfernung nach San Francisco ist optimal, um den Tag noch in der Golden Gate City zu verbringen und abends schon auf der Weiterreise zu sein. Wer hier länger bleiben möchte, kann sich an Freizeitaktivitäten wie einem Pool und einem Teich zum Bootfahren und Angeln freuen (die Zeltplätze liegen direkt am See). In diesem Fall ist der Campground auch ein guter Ausgangspunkt, um Sacramento zu erkunden, eine Bushaltestelle ist in der Nähe.

Der Platz ist trotz der Nähe zur Ausfallstraße der Großstadt recht ruhig. Es gibt Stellplätze mit Full-Hookup und Plätze mit Wasser und elektrischem Anschluss.

⇨ *Von der IS-80 vor Sacramento die Ausfahrt „Enterprise Blvd" nehmen und danach kurz vor Sacramento der Beschilderung folgen.*
⊠ *3951 Lake Road, West Sacramento, CA 95691-3487*
☎ *1-916-371-6771*
◷ *ganzj.*
🚽 *ja*
🐕 *ja*   ⊗ ***
⚡ *ja*   ⊗ ****
✉ *sacwestkoa@yahoo.com*
🖥 *http://koa.com/campgrounds/sacramento*

🚐 Capitol West RV and MH Park

Dieser Platz ist definitiv nicht zum Verweilen gedacht, sondern eine reine Übernachtungsoption. Der Platz ist ordentlich, sauber und die Stellplätze geräumig, aber die Lage inmitten eines Wohngebietes wenig attraktiv. Es gibt keine Duschen und Toiletten, aber Full-Hookup an den Stellplätzen. Für die bloße Durchreise ist er mit $ 35 pro Nacht unschlagbar günstig. Es gibt einen Waschsalon.

⇨ *Die Ausfahrt Harbor Blvd der Business IS-80 nehmen, dann rechts in nördliche Richtung fahren. Kurz darauf in die West Capitol Ave einbiegen und gleich darauf links in die Glide Ave.*
⊠ *715 Glide Ave, West Sacramento, CA 95691*
☎ *1-916-371-6671*
◷ *ganzj.*
🚽 *ja*
🚐 *121* 🐕 *ja* 🔥 *nein* ⊗ ***
⚡ *nein*
🖥 *www.capitolwestrv.com*

🏛 Hotels bei Sacramento

🏛 Rodeway Inn West Sacramento

Einfaches Motel mit eher kleinen Zimmern in guter Ausgangslage sowohl für die Durchreise als auch für eine Stadtbesichtigung (der Fußmarsch in die Altstadt von Sacramento dauert etwa 15 Minuten). Das Motel liegt zwar an einer größeren Straße, aber es ist dennoch ruhig.

⇨ *Die Ausfahrt Jefferson Blvd der Business IS-80 nehmen. Von dieser rechts auf die West Capitol Ave abbiegen.*
⊠ *817 West Capitol Avenue, West Sacramento, CA 95691*
☎ *1-916-371-6983*
🖨 *1-916-371-1173*
◷ *ganzj.*
⊗ ***
✉ *info@rodewaysacramento.com*
🖥 *www.rodewaysacramento.com*

Mit oder ohne Zwischenübernachtung geht es östlich der Hauptstadt Kaliforniens über den Freeway 50 weiter gen Ziel Lake Tahoe. Achtung: Es geht nicht weiter über die Interstate 80, die aus Sacra-

Kontrastprogramm zur Stadt: Sanfte Hügel prägen nun das Landschaftsbild.

mento in nordöstliche Richtung hinausführen würde. Zum Einen käme man so am „falschen", nämlich am Nordufer des Lake Tahoe heraus, und zum Anderen würde man eine schöne Fahrt durch den **Eldorado National Forest** verpassen.

! TIPP *In oder um Sacramento sollte man unbedingt noch einmal volltanken. Sprit wird ab sofort kontinuierlich teurer – und so bleibt es auch für eine weite Strecke.*

Der Freeway 50, auf den die IS-80 direkt zuleitet, führt zunächst mitten durch Sacramento hindurch, was aber sehr schnell und ohne größeres Verkehrschaos vonstattengeht. Man verlässt bei East Sacramento schon die Stadt und landet ziemlich abrupt mitten in der Natur. Es wird immer schöner rechts und links neben der Straße, allmählich wird man empfangen von der Natur, die den zweiten Teil der Kalifornienreise begleiten wird. Zunächst ist es nur sanft hügelig, aber bald geht es stetig bergauf. Der Lake Tahoe liegt auf knapp 2.000 Metern, entsprechende Höhenunterschiede sind zu überwinden – immerhin nähert man sich von der Küste her kommend praktisch vom Meeresspiegel aus. Das Allerschönste an dem nun folgenden Streckenabschnitt der Reise ist, dass es nach einer Woche kühler Küstenluft nun endlich richtig warm wird. Zumindest in den Sommer-

monaten wird es mit dem Abbiegen gen Osten und ins Hinterland so abrupt sommerlich, dass es schon fast unheimlich ist. T-Shirts und kurze Hosen können also endlich herausgeholt und die wärmenden Sonnenstrahlen genossen werden.

🌿 ELDORADO NATIONAL FOREST

Die Route führt nun mitten in den Eldorado National Forest, rechts und links der Straße wird es grün und schlagartig waldig. In diesem Gebiet gibt es jede Menge Freizeitaktivitäten. Wenn man also Zeit hat, sollte man gleich bei der ersten Ranger-Station im Placerville Ranger District haltmachen und sich über die Möglichkeiten informieren. Hilfreich dort ist auch eine große Tafel mit allen zur Verfügung stehenden Campgrounds innerhalb des National Forest und ihrer aktuellen Verfügbarkeit. Auch Permits für das unerschlossene Hinterland sind hier zu bekommen.

ℹ️ Placerville Ranger District

⇨ Ausfahrt Cedar Grove Nr. 54 South von der US-50
✉ 4260 Eight Mile Road, Camino, CA 95709
☎ 1-530-644-2324
🖨 1-530-647-5311
🕐 Mo – Fr 8-16.30 h
🖥 www.fs.fed.us/r5/eldorado

Unweigerlich nähert man sich nun auch dem „**Bear County**", dem Bereich der Reise, bei dem man auf die Begegnung mit Braunbären gefasst sein sollte. Die Hinweisschilder an der Ranger Station sensibilisieren hierfür erstmals.

▮**TIPP** *Prinzipiell kann man bis zum Lake* ■ *Tahoe immer auf der US-50 bleiben. Sie hat aber auch eher unspektakuläre Abschnitte, beispielsweise nach der Ranger Station in Camino. Hier gibt es eine kleine Variationsmöglichkeit, die kaum Zeit kostet, aber sehenswert ist: Einfach bei einer beliebigen Ausfahrt rausfahren und links neben dem Freeway und parallel zu ihm fahren. Mitten in den Wald sind kleine Ansiedlungen eingebettet, die mit jeglicher Infrastruktur ausgestattet sind. Die Einfamilienhäuser umgeben riesige, bewaldete Abschnitte, sodass jedes Haus erscheint, als wäre es das einzige im gan-* zen Wald. Das ist der Inbegriff des amerikanischen Wohnens und Lebens, wie man es sich gemeinhin als Europäer vorstellt, auch deshalb ist die Szenerie ausgesprochen sehenswert. Von dem kleinen Trip kann man an jeder beliebigen Auffahrt wieder auf den Freeway zurückkehren.

Der Freeway US-50 wird zum Highway und je höher man kommt, desto schöner wird es. Besonders dann, wenn die Straße einspurig wird, nimmt die Strecke malerische Züge an, zum Beispiel wenn der Fluss „**South Fork of the American River**" direkt an die Straße herankommt. Dann ist es definitiv Zeit, an einer der Parkbuchten zu halten und ein erfrischendes Bad in dem herrlichen Fluss zu nehmen. Man muss vielleicht ein wenig die Böschung hinuntersteigen, aber es lohnt sich auf jeden Fall. An Wochenenden stößt man dabei sicherlich – so wie wir – auf amerikanische Familien, die ihr Barbecue genießen.

Nach dem Badestopp tun sich erneut wunderschöne Impressionen auf und die Fahrt ist ein großer Genuss. Die Gegend lädt durchaus zu einer Übernachtung ein. mitten in der Idylle befindet sich ein Campground, bei dem der Flussverlauf direkt neben der Straße dann auch endet.

Der Fluss bereichert unsere Fahrstrecke nun eine ganze Weile.

🏛 Unterkunft im Eldorado National Forest

🚐 Sandflat Campground
Einziger Nachteil des beschaulichen und urtümlichen Platzes: Er liegt ziemlich direkt an der US-50 (die allerdings wenig befahren ist).

⇨ *Etwa 45 km/28 mi östlich von Placerville auf der Südseite des Fwy 50.*

✉ *Placerville Ranger District, Eldorado National Forest, 4260 Eight Mile Road, Camino, CA 95709*

☎ *1-530-644-2324*

🕐 *Mitte Mai – Anfang Okt.*

🚻 *nein*

🛏 *20*   🍽 *nein*   🛍 *nein*   ∞ *★*

⛺ *9*   ∞ *★*

💻 *www.fs.fed.us/r5/eldorado/documents/rogs/ rog_pvl_sand.pdf*

Die Straße steigt stetig weiter und man fragt sich unweigerlich, auf welcher Höhe man wohl letztlich landen wird. Der Highway bleibt einspurig, es wird bergig. Im Winter ist diese Strecke ohne Schneeketten nicht befahrbar. Man passiert Twin Bridges, wobei man nicht nach einer Zwillingsbrücke Ausschau halten muss. Twin Bridges bezeichnet einen Mini-Ort mit sage und schreibe zehn Einwohnern. Am Ortsschild gibt es ein braunes Hinweisschild für einen Parkplatz. Wenn man diesem folgt, gelangt man an den Ausgangspunkt einer Wanderung zu einem Wasserfall, den man von der Straße aus schon sehen kann, wenn man mit Adleraugen danach Ausschau hält. Die Wanderung ist ebenfalls ausgeschildert mit „Pyramid Creek Trailhead".

Der Pyramid Creek Trail

🚶 Pyramid Creek Loop

Der Ausgangspunkt der Wanderung befindet sich in Fahrtrichtung Lake Tahoe links von der Straße in einer langgezogenen Rechtskurve, kurz vor der Passhöhe. Zum Parken muss man eine Gebühr von $ 5 entrichten, die man in einem Umschlag an der Fee Station einwirft. Am Parkplatz befinden sich Toiletten und eine „Visitor Message Post". Mit diesem Medium kann man anderen Wanderern Tipps hinterlassen oder – wie wir es erlebt haben – ein verloren gegangenes Mobiltelefon suchen ...

Vom Trailhead aus geht es zunächst in östliche, dann an einer Abzweigung links in nördliche Richtung bis zum Pyramid Creek. An einem Hinweisschild geht es nach rechts, man folgt fortan dem Flusslauf auf der linken Seite. Die Wanderung ermöglicht herrliche Ausblicke auf die Schlucht des American River und die **Horsetail Falls**. Der Aussichtspunkt auf die Wasserfälle ist vom Parkplatz nur knapp 1 km/0,6 mi Fußweg entfernt, bis zu den Wasserfällen selbst sind es 2,5 km/1,6 mi (der Pyramid Creek Trail beinhaltet die Wasserfälle aber nicht! Hierfür ist eine Selbstregis-

trierungs-Permit notwendig, die man an der Bereichsgrenze zur Desolation Wilderness einwerfen muss).

Nach dem Aussichtspunkt geht es auf dem Pyramid Creek Loop nun wieder in südliche Richtung zurück, bis man schließlich wieder auf den Weg durch Granit-Felsplatten gelangt, der zum Parkplatz führt.

⇨ *Parkplatz nördlich der US-50*
🕐 *2,5 Std*
↗ *einfach*
⇔ *5 km/3,1 mi*
↤ *250 m*

Direkt nach Twin Bridges und der Möglichkeit, sich auf dem Pyramid Creek Loop die Beine zu vertreten, eröffnen sich herrliche Ausblicke auf die felsige, bewaldete Hochebene, die vor den Augen des Betrachters liegt. Man erreicht

117

nun auch erstmals eine Höhe von über 2.000 Metern. Alles rechts und links der Straße ist als Skigebiet ausgewiesen. Man überquert merklich eine Kuppe, bevor man überrumpelt nach Luft schnappt: Ein atemberaubender Blick bis zum Lake Tahoe mit der dahinter liegenden Bergkette inmitten der **Sierra Nevada** tut sich auf.

Der See wird oft als blauer Saphir bezeichnet. Von diesem aktuellen Betrachtungspunkt aus eine absolut nachvollziehbare Bezeichnung. Unser Ziel naht, man kann es nun kaum erwarten, an dieses herrliche Gewässer zu gelangen. Es geht wieder ein wenig bergab, die 2.000 Höhenmeter sind bis auf weiteres der Höhenrekord gewesen. Der Highway macht kurz vor dem See einen starken Schwenk nach Süden, sodass man genau aus südlicher Richtung und bis zum Schluss auf dem Highway 50 folgend das Erholungsgebiet Lake Tahoe erreicht. Jetzt darf man sich auf Badevergnügen in alpinem Umfeld freuen – sofern im Sommer unterwegs ist. Andernfalls sorgt

B

Die Horsetail Falls oberhalb von Twin Bridges

ein umfangreiches Wintersport-Angebot in einem dank der Höhenlage schneesicheren Gebiet für jede Menge Action.

LAKE TAHOE

B9 ◄

Lake Tahoe ist vor allem eins: kein Mainstream! In der Reiseziele-Planung der meisten europäischen Kalifornien-Urlauber fehlt der Lake Tahoe komplett. Viele kennen den See nicht einmal. Das ist unverständlich, vor allem, weil manche Reisenden lieber noch den langen Weg nach Las Vegas in Kauf nehmen, als diesen verhältnismäßig harmlosen Abstecher zwischen San Francisco und den National Parks einzuschieben. Das ist schade, denn der fast 500 Quadratmeter große Gebirgssee ist ein wahres Erholungsparadies und offe-

Erster überwältigender Blick auf den Lake Tahoe (ganz hinten) mit der umgebenden Sierra Nevada

Willkommen in South Lake Tahoe!

riert unendlich viele Sport-, Wander- und Freizeitmöglichkeiten. Eigentlich wäre er alleine schon fast ein vollwertiges Urlaubsziel für sich. Wer ihn auf der Reise „mitgenommen" hat, schwärmt in den höchsten Tönen davon. Ich selbst muss sagen, dass der Lake Tahoe mein persönliches Highlight der ganzen Reise war. Er hat etwas Verzauberndes und gleichzeitig Geruhsames an sich, ungeachtet all der Möglichkeiten, die er im Freizeitbereich bietet. Dass er den europäischen Touristen eher unbekannt ist, führt dazu, dass man hauptsächlich auf amerikanische Gäste trifft, die hier ihren Urlaub oder ihre Wochenenden verbringen. Wer also eine Pause von den europäischen Touristen braucht, ist hier ebenfalls gut aufgehoben.

Man muss auch gar nicht in die entfernte Spieler-Stadt Las Vegas reisen, um Kasino-Atmosphäre zu erleben. Dank dem Kuriosum, dass mitten durch den See die Grenze zwischen den beiden Bundesstaaten Kalifornien und Nevada verläuft, kann man am östlichen Seebereich eine Stippvisite in die Welt von

Spielkasinos, Neonreklame und Hotelklötzen unternehmen. Denn während auf kalifornischer Seite noch Blockhäuser im Stil der Schweizer Alpen vorherrschen, dominiert unmittelbar nach Überschreiten der Staatsgrenze das Angebot für Glücksspiele. Vor allem der Ort Stateline lockt die Besucher an Roulette-Tische und Spiel-Automaten. Diesen Uferbereich, der schon sehr früh ein beliebtes Urlaubsziel der Amerikaner war, entdeckten nach dem Zweiten Weltkrieg Kasino-Betreiber für ihre Zwecke und errichteten schillernde Spielhallen. So wurden Gäste aus dem benachbarten Kalifornien angelockt, wo Glücksspiel im Gegensatz zu Nevada verboten ist.

Aber dieser kleine Ausflug in die Welt von Glitzer, Spiel und Neonreklame tut dem Reiz des Lake Tahoe nicht den geringsten Abbruch. Mark Twain war es, der auch dieses Naturwunder wieder in treffende Worte fasste: Er beschrieb den See als das herrlichste Bild, das die Welt zu bieten hat. (Originalzitat: „As it lay there with the shadows of the mountains brilliantly photographed upon its still surface I thought it must surely be the fairest picture the whole earth affords." Was übersetzt bedeutet: „Wie er da liegt in den Schatten des Berges, die sich in der stillen Oberfläche spiegeln, dachte ich, es ist der wunderschönste Anblick, den die Welt zu bieten hat."

Der kristallklare See befindet sich im östlichen Teil der Sierra Nevada auf einer Höhe von knapp 1.900 Metern. Umgeben von 115 Kilometern Küstenlinie liegt er inmitten von Kiefernwäldern in einer Gebirgslandschaft, die sich rund um den See auftut. Damit sind auch schon die Aktionsmöglichkeiten klar, den See zu erkunden: Schwimmen, Boot- und Kajakfahren, Segeln und Angeln im See, Wandern, Radfahren und River-Raften dahinter – und nicht zu vergessen das Befahren der unzähligen Skipisten im Winter.

Im Folgenden wird der Lake Tahoe einmal umrundet. Beginnend beim nördlichen Bereich, über die Ostseite in

Mark Twains Zitat bedarf keiner weiteren Erläuterung!

B

Nevada, South Lake Tahoe bis hin zum Westufer werden die einzelnen Sehenswürdigkeiten, Unternehmungen und Übernachtungsmöglichkeiten vorgestellt.

Das beschauliche und ruhigere Nordufer wird dominiert von den Bergen. Die etwas abseits vom See gelegene historische Stadt **Truckee** besticht vor allem durch die Wild-West-Atmosphäre. An dieser Seeseite befindet sich auch **Squaw Valley**, Austragungsort der Olympischen Winterspiele von 1960. Linienbusse im Stil von Cable Cars sind die beste Möglichkeit, schöne Sightseeing-Fahrten zu unternehmen. Es folgen in östliche Richtung einige Städte am See, die Restaurants, Läden und alle möglichen Freizeitaktivitäten bieten. Der **Lake Tahoe-Nevada State Park** schließt sich an und mit ihm weitere kleine Seen, Strände und Wandermöglichkeiten (http://parks.nv.gov/lt.htm).

Übertritt man die Grenze nach Nevada, spielen Nachtleben und Spielkasinos eine zusätzliche Rolle zu der Schönheit des Ostufers mit all den herrlichen Stränden. Weiter geht es im Uhrzeigersinn zur Südküste. Eindrucksvoller Höhepunkt dieser Seeseite ist innerhalb des **Emerald Bay State Park** (www.parks.ca.gov) die **Emerald Bay,** eine im wahrsten Sinne des Wortes smaragdfarbene Bucht. Und mit ihr geht ein weiterer Superlativ an den Lake Tahoe: Die Bucht ist eines der meist fotografierten Motive der Welt. Mitten in der Bucht liegt **Fanette Island**, die einzige Insel im Lake Tahoe. Umtriebige Stadt im Süden ist **South Lake Tahoe**. Am Westufer schließlich trifft man auf weitgehend unverbaute und dicht bewaldete Landschaft. State Parks und Badestrände wechseln sich hier ab. Markenzeichen des Westufers sind Wanderwege in die raue Desolation Wilderness. Aber auch einfache, reizvolle Wanderungen befinden sich an dieser Seeseite. Der State Park geht relativ nahtlos über in den **D.L. Bliss State Park** (www.parks.ca.gov/?page_id=505) mit wunderschönen Stränden. Am Westufer schließt zuletzt der **Ed Z'berg-Sugar Pine Point State Park** (www.parks. ca.gov/?page_id=510) auf einer Landzunge mit Strand, Wanderwegen und Langlaufloipen die Reihe der State Parks ab.

Nach Auskunft eines Rangers würde man je nach Verkehr und Fahrzeuggröße vier bis sechs Stunden benötigen, um über die 120 Kilometer lange Autostrecke einmal um den See zu fahren. Das kann schon einmal zur Herausforderung werden, denn gerade die Straße oberhalb von Emerald Bay ist eng, kurvenreich und bergig – aber dennoch eine wunderschöne Panoramastraße. Wer die Fahrt ohne Stress hinterm Steuer genießen will, kann auf die sogenannten „**Blue Go's Nifty 50 Tolleys**" zurückgreifen. Das sind auf antik getrimmte Busse, die den Nord- und den Südteil über das Westufer des Sees miteinander verbinden. Es gibt einige Haltestellen an der Straße, sodass man auf diesem Verkehrsweg auch die schönen Aussichtsstellen und Wanderungen nicht verpasst. Die Busse verkehren von South Lake Tahoe nach **Tahoma** (das liegt ungefähr in der Mitte des Westufers). Ein Tagespass kostet ⊘ $ 5. Infos und Abfahrzeiten: 🖳 www.tahoesbest.com/Transportation/nifty_fifty_trolley.htm

Wer sich auf den Drahtesel schwingen möchte, kann sich beispielsweise am **Camp Richardson** bei South Lake Tahoe Fahrräder mieten. Auch für die Fahrradfahrt sei die Westseite empfohlen, denn hier verläuft der **South Lake Tahoe Bike Path** größtenteils nicht direkt an der Straße. Bei den Visitor Centers sind gute Karten mit diesem Radweg erhältlich.

Auf unserer Rundreise ist der Lake Tahoe – leider – kein alleiniges Urlaubsziel. Der See ist riesengroß, das Freizeitangebot ist es ebenfalls. Deshalb ist es wichtig und notwendig, sich einzuschränken. Das fällt zunächst schwer, denn alle Seeseiten haben ihren Charme. Der Norden ist vergleichsweise einsam und naturbelassen. An den Berghängen steigt allerdings im Winter der Ski-Zirkus. Der Süden ist mit South Lake Tahoe und seinen Motels, Supermärkten, Waschsalons und Cafés das quirligere Touristenzentrum. West- und Ostufer bestechen durch ihre herrlichen Strände und Wandermöglichkeiten. Man sollte sich nicht den ganzen Tahoe-See vorknöpfen. Weniger ist in diesem Falle wieder einmal mehr, also sollte man sich für die Nord- oder Südseite entscheiden. In diesem Routenreiseführer wird der südliche Bereich des Sees empfohlen, Ausgangspunkt ist die Stadt South Lake Tahoe. Zum Einen führt uns die Strecke durch den Eldorado National Forest direkten Weges zu der Südseite mit den beginnenden Ost- und Westufern. Zum Anderen wird von einer Reise außerhalb der Wintersaison ausgegangen, demnach gibt es im Süden mehr Möglichkeiten für Aktivitäten.

▌**ANMERKUNG** Wir treffen erstmals auf „Bärenboxen" und bärensichere Müllcontainer, die uns darauf hinweisen, dass wir nun im Gebiet von Meister Petz & Co. unterwegs sind. Sie sollten die Verhaltensempfehlungen aus dem Faktenteil spätestens jetzt einmal mit Ihren Mitreisenden gründlich durchgehen (▶ „Bären" auf Seite 255). Ab sofort wird man aber auch an allen erdenklichen Stellen auf eine potenzielle Begegnung mit einem Braunbären vorbereitet. Wichtig zu wissen ist: Es droht prinzipiell, auch bei einem Zusammentreffen in allernächster Nähe, keine Gefahr, solange man die vorgegebenen Regeln und Verhaltensweisen einhält.

Das Strandleben dominiert auf der Ostseite des Lake Tahoe.

ℹ️ Visitor Information für den südlichen Lake Tahoe

Lake Tahoe Basin Management Unit
- ✉️ 35 College Dr, South Lake Tahoe, CA 96150
- ☎ 1-530-543-2600
- 🕐 Mo-Fr. 8-16.30 h

ℹ️ Visitor Information für den Norden des Lake Tahoe

Incline Village/Crystal Bay Visitor Center
- ✉️ 969 Tahoe Blvd, Incline Village, NV 89451
- ☎ 1-775-832-1606
- 🖨 1-775-832-1605
- 🕐 Mo_Fr. 8-16.30 h
- ✉️ info@gotahoenorth.com
- 🖥 www.gotahoenorth.com

🏛 South Lake Tahoe

〰️	Sacramento	160 km/100 mi
	Yosemite Valley	328 km/205 mi
👥	Stadt	23.600
❄️❄️	Winter	-1,2 °C
☀️	Sommer	16,2 °C
〰️	Meereshöhe	1.901 m

Der Ort South Lake Tahoe soll im Folgenden nur als Orientierungspunkt dienen, von dem aus alle folgenden Sehenswürdigkeiten erreichbar sind.

Ansonsten gibt South Lake Tahoe nicht allzu viel her. Neben einer guten Infrastruktur für alle Bereiche des täglichen Lebens versucht der Ort, den Charme eines Alpen-Skiortes zu bieten – was an der einen Ecke mehr, an der anderen weniger gelingt.

🌲 Freizeitmöglichkeiten Ostseite Lake Tahoe

Diesen kleinen Ausflug in einen anderen Bundesstaat sollte man sich unbedingt gönnen. Man darf sich nicht abschrecken lassen von den Hotelklötzen und Kasinos vor allem im Ort Stateline. Ein Blick hinter die Kulissen lohnt sich, denn das Seeufer ist auf dieser Seite herrlich. Es steht mehr das Bade- als das Wandervergnügen im Vordergrund, aber es ist auch trotz Überschreiten der Bundesstaatengrenze kein langer Weg zum südlichen und auch nicht zum südwestlichen Küstenbereich mit seinem riesigen Angebot an Wanderwegen. Hier lässt sich auf einem der schönsten Campgrounds am See, dem **Nevada Beach Campground**, ein wunderbarer Ruhetag einschieben, der vom Sonnenbaden am See bis zum Wassersport alles beinhalten kann.

Wenn im Folgenden von „Ostseite" die Rede ist, ist zumeist nur der Teil des Sees östlich von South Lake Tahoe gemeint. Nicht das komplette Ostufer, sondern vielmehr das Gebiet bis Zephyr Cove soll dabei unter die Lupe genommen werden.

Hinter Kasinos und Neonreklame verstecken sich die herrlichsten Strände.

🛈 Visitor Information – Lake Tahoe Visitors Authority

Visitor Center Nevada

✉ 169 Highway 50,
　 Stateline, NV 89449

☎ 1-775-588-5900

📠 info@ltva.org

🖥 www.tahoesouth.com

Der Strand „Nevada Beach" ist für die Gäste des Campground frei zugänglich.

🏖 Strände

Im Osten des Lake Tahoe, vor allem im Gebiet des Ortes **Zephyr Cove**, dominieren die Traumstrände – wir sollten also einmal einen ausführlichen Blick auf die einzelnen Strandabschnitte werfen.

Das Strandleben startet mit dem **Nevada Beach** nördlich von Stateline. Es ist ein heller, langer Sandstrand mit herrlichem Blick auf die Bergwelt rings um den See. Ein asphaltierter Zugang führt zum Strand. Es stehen zahlreiche Picknicktische zur Verfügung. Direkt am Strand liegt der gleichnamige, oben bereits erwähnte, schöne Nevada Beach Campground. Der Parkplatz ist für die Strandgäste gebührenpflichtig.

⇨ Von der US-50 über die Elks Point Rd, etwa 3 km/2 mi nördlich von Stateline.

✉ Elk Point Road, Zephyr Cove, NV 89448

Nächster Strandbereich im Bunde ist **Round Hill Pines Beach & Marina** ebenfalls in Zephyr Grove. Hier steht mehr der Wassersport als die Strandidylle im Vordergrund: Kajak- und Jetski-Verleih, Parasailing, Yacht-Touren, ein beheiztes Freibad und ein Tennisplatz sorgen für körperliche Fitness und Zeitvertreib. „H2O Sports" als Anbieter der verschiedenen Aktivitäten hat eine eigene Internetseite: 🖥 www.rhpbeach.com

⇨ 3 km/2 mi nördlich von Stateline am Hwy 50

✉ Hwy 50 bei Round Hill, Zephyr Cove, NV 89448

In Zephyr Cove gibt es eine dritte Anlaufstelle für das Wasservergnügen am See: **Zephyr Cove Beach**. Neben dem Strandleben mit sportlichem Angebot wie Beach Volleyball am pinienumsäumten Sandstrand werden auch hier einige Wassersportmöglichkeiten angeboten. Außerdem kann man Powerboote mieten oder an einer Schifffahrt über den Lake Tahoe teilnehmen. Auch für dieses Resort gibt es einen eigenen Anbieter für die Freizeitgestaltung: 🖥 www.zephyrcove.com.

⇨ Das Resort liegt direkt am Hwy 50.

✉ 760 Highway 50, Zephyr Cove Resort, NV 89448

🏇 Reiten – Zephyr Cove Stables

Hier werden geführte Ausritte in Verbindung mit einem Frühstück, Lunch oder Dinner angeboten. Nach dem reiterlichen Sport geht es zum Picknickplatz mit dem Planwagen. Die Ausritte sind einstündig und führen in die High Sierra Wilderness mit all ihren schönen Pfaden und herrlichen Ausblicken auf den See (Foto-Stopps inklusive). Wahlweise gibt es ein- oder zweistündige Ausritte ohne Verpflegung. Für die Ausritte mit Verpflegung muss eine Gruppe von mindestens zehn Personen ab sieben Jahren zusammenkommen. Das Gewicht des Reiters darf maximal 102 Kilogramm betragen. Es spielt keine Rolle, ob ein Reiter Anfänger oder erfahren ist – alle dürfen zusammen in einer Gruppe ausreiten. Da die Pferde gut ausgebildet sind, sollte der enge, sandige und felsige Reitweg mit zum Teil niedrig hängenden Ästen kein Problem sein. Es geht bergauf und bergab, die freundlichen Begleiter geben Hinweise zum richtigen Sitz auf dem Pferd.

⇨ *6,5 km/4 mi von den Kasinos in Stateline entfernt am Hwy 50*

✉ *825 Highway 50, Zephyr Cove, NV 89448*

☎ *1-775-588-5664*

∞ *1 Std. $ 40, 2 Std. $ 70, Frühstück- und Lunch-Ausritte $ 50, Dinner-Ausritt $ 60*

🖥 *www.zephyrcovestable.com*

👥 Bootsfahrten und Wassersport

👥 Woodwind Sailing Cruises

Das Abenteuer der besonderen Art erwartet Sie, wenn Sie an Bord einer Segelyacht den Lake Tahoe erkunden. Fünfmal täglich starten die Segel-Touren vom Zephyr Cove Resort, die vierte Tagesfahrt ist eine Happy Hour Tour (mit ermäßigten Preisen für die Getränke an Bord) und die letzte eine Sonnenuntergangstour mit Champagner. Zu allen Fahrten muss man eine halbe Stunde vor Abfahrt vor Ort sein.

Tagesfahrten

🕐 *tgl. 11.30 h, 13.20 h und 15.30 h*

∞ *Erw. $ 38, Kinder (2-12 J.) $ 15, Senioren (ab 60 J.) $ 34*

Happy Hour Cruises

🕐 *täg. 17.30 h*

∞ *Erw. $ 34, Kinder (2-12 J.) $ 15, Senioren (ab 60 J.) $ 30*

Sunset Champagne Cruises

🕐 *tägl. 19 h bzw. je nach Sonnenuntergang – Abfahrtszeit telefonisch erfragen*

∞ *Erw. $ 49, Kinder (2-12 J.) $ 15, Senioren (ab 60 J.) $ 45*

Für alle Touren ist es wichtig, dem Wetter entsprechend gekleidet zu sein. In Zweifelsfällen vorher beim Anbieter anrufen.

☎ *1-775-588-3000*

🖥 *www.sailwoodwind.com*

👥 Zephyr Cove Marina

Hier stehen eher die sportlichen Aktivitäten auf dem Programm, um den Lake Tahoe auf dem Wasser zu erleben. Als originellste Freizeitbeschäftigung sei hier das Parasailing empfohlen: Es geht quasi im freien „Flug" über den Lake Tahoe. Aus der Luft ergeben sich spektakuläre Blicke auf den saphirblauen See. Es gibt Einzel- oder Tandemflüge.

∞ *Einzel: $ 59 vor 11 h, $ 69 ab 11 h, Tandem: $109 vor 11 h, $ 129 ab 11 h*

Wasserfreunden, die nicht schwindelfrei sind, aber trotzdem Action auf dem See haben wollen, stehen an der Marina vielfältige Möglichkeiten zur Verfügung. Sei es mit einem Powerboot (∞ ab $ 149 pro Stunde), einem Jetski (∞ ab $ 109 pro Stunde) oder per Wasserski (∞ ab $ 25 pro Anmietung) – hier kann man hohe Wellen schlagen. Der Treibstoff

Wie die Indianer kann man den Lake Tahoe erkunden.

wird jeweils separat berechnet. Die eher geruhsame Variante wäre eine Tour mit einem Kajak (о ab $ 20 pro Stunde) oder einem Paddelboot, Tretboot oder Kanu (о jeweils ab $ 20). Ein besonderes Erlebnis ist auch eine Fahrt mit dem Schaufelraddampfer „M.S. Dixie II" (о für eine zweistündige Fahrt Erw. $ 39, Kinder von 3 bis 11 Jahren $ 15; www.zephyrcove.com/play/cruises/ms-dixie-ii.aspx)

🕐 tägl. 9-17 h
☎ 1-775-589-4901
🖥 www.zephyrcove.com

🏛 Unterkünfte Ost Lake Tahoe

⛺ Campgrounds Ost Lake Tahoe

B10 ⛺ **Nevada Beach Campground**

Dieser National Forest Campground hat das gewisse Etwas. Er ist von der Ausstattung her kein Luxusplatz, aber ein sehr naturnaher, wunderschön direkt am Nevada Beach gelegener, beschaulicher Campground. Die Stellplätze für die Wohnmobile sind riesig, teilweise sieht man weit und breit keinen Nachbarn. Die waldigen Abschnitte mit Pinien sorgen für Schatten auch in den heißen Sommermonaten. Am begehrtesten sind die Plätze am Strand, die man ein halbes Jahr im Voraus reservieren muss. Sie kosten $ 4 mehr pro Nacht, was man unbedingt investieren sollte. Für den Sommer ist eine frühe Reservierung aber sowieso unabdingbar, auf gut Glück hat man keine Chance, einen Platz zu ergattern.

Selbst wenn man das Ostufer des Lake Tahoe gar nicht in seine Aktivitäten einbeziehen möchte, sollte man über die Übernachtung auf diesem Platz in Nevada nachdenken. Nach South Lake Tahoe und zur westlichen Küs-

te ist es nur eine kurze Autofahrt, aber die Übernachtung am Nevada Beach Campground ist ein einzigartiges Erlebnis, schon allein wegen des herrlichen Strandes. Bärenboxen zum Verstauen der Lebensmittel gibt es an jedem Stell- und Zeltplatz des Campgrounds. Für den Campground sind bis Ende 2012 Renovierungsmaßnahmen geplant, das heißt, einzelne Stellplätze werden vorübergehend nicht nutzbar sein. In diesem Fall ist eine rechtzeitige Reservierung zusätzlich wichtig.

⇨ 3 km/2 mi östlich der Grenze zwischen Kalifornien und Nevada den Hwy 50 verlassen und links auf die Elks Point Rd abbiegen. Die Einfahrt zum Campground erfolgt nach etwa 500 Metern.
✉ Lake Tahoe Basin, Zephyr Cove, NV 89448
☎ 1-775-588-5562
🕐 Mitte Mai bis Mitte Okt.
🚻 ja
🚐 54   🍴 nein   🏠 nein   о $ 28/$ 32
⛺ 54   о $ 28/$ 32
🖥 www.recreation.gov

⛺ Zephyr Cove RV Park & Campground

Der Campground wurde für seine schöne Lage am See inmitten von schattigen Waldabschnitten ausgezeichnet. Auf der anderen Straßenseite befinden sich alle

In schattigen Waldabschnitten mit viel Privatsphäre und direkt am Strand befinden sich die besten Stellplätze.

Einrichtungen des Zephyr Cove Resort, sodass man an diesem Campground bestens versorgt ist. Manche der neu gestalteten Stellplätze haben Seeblick.

⇒ *6,5 km/4 mi nordöstlich von Stateline am Hwy 50 gelegen*

⊠ *760 Highway 50, Zephyr Cove, NV 89448*

☏ *1-775-589-4907*

🖷 *1-775-588-5021*

◎ *ganzj.*

🛏 *190*   🍴 *ja*   ⚓ *ja*   ⚭ *****

⚴ *57*   ⚭ ***-****

🖳 *www.zephyrcove.com/accommodations/ zephyr-rv-campground.aspx*

🏨 Hotel Ost Lake Tahoe – Zephyr Cove Resort

Das Zephyr Cove ist ein ruhig gelegenes Resort mit einem Restaurant, einer Bar und einer Lounge, einem kleinen Laden, einer eigenen Marina und einem Waschsalon. Eine besondere Attraktion sind die 28 gemütlichen Blockhütten (Cabins), die man zum Übernachten mieten kann und die mit Mikrowelle, Kühlschrank, Kaffeemaschine und einer Veranda ausgestattet sind. Manche haben Seeblick. Das Resort bietet jedoch auch eine Lodge mit Hotelzimmern an.

⇒ *6,5 km/4 mi nordöstlich von Stateline am Hwy 50 gelegen*

⊠ *760 Highway 50, Zephyr Cove, NV 89448*

☏ *1-775-589-4948*

🖷 *1-775-588-5021*

◎ *ganzj.*

⚭ *****

🖳 *www.zephyrcove.com/accommodations/ zephyr-cove-cabins.aspx*

👫 Freizeitmöglichkeiten Südseite Lake Tahoe

Während die Aktivitäten und Übernachtungsmöglichkeiten östlich von South Lake Tahoe noch überschaubar waren, sind sie es im Süden rund um den Ort South Lake Tahoe absolut nicht mehr! Unendlich viele sportliche Aktivitäten, Wandern und Wassersport stehen hier auf dem Programm, ein Campground neben dem anderen, Hotels, Restaurants, Bars ... Hier pulsiert das Leben deutlich mehr als im Bereich von Stateline und Zephyr Cove auf Nevada-Seite. Wer am Lake Tahoe einen oder mehrere Ruhetage einlegen möchte, sollte sich an der südlichen Ost- oder Westküste orientieren, wer Action möchte, ist hier richtig.

🛈 Visitor Information – Lake Tahoe Visitors Authority

Visitor Center California

⊠ *3066 Lake Tahoe Boulevard*

☏ *1-530-544-5050*

✉ *info@ltva.org*

🖳 *www.tahoesouth.com*

🏊 Strände

Es werden nicht alle Strände im Süden aufgelistet, weil es so viele sind. Im Folgenden gibt es eine Auswahl der schönsten beziehungsweise besonderen: Erster Strand im Bunde ist der **Lakeside Beach**. Es ist ein Privatstrand der Lakeside Park Association und gilt als einer der feinsandigsten Strände der ganzen Süd-Ost-Küste des Lake Tahoe. Im Sommer ist der Strand bewacht, ein Schwimmerbereich ist abgesteckt. Zum Strandangebot gehört auch ein Verleih von Paddelbooten und Kajaks. Für die Kinder gibt es einen kleinen Spielplatz. Die öffentlichen Busse und Trolleys fahren den Strand und die Marina an.

⇒ *Direkt an der Staatengrenze geht die Stateline Ave Richtung Seeufer ab. Dieser knapp 1 km/0,6 mi bis zum Strand folgen.*

⊠ *4081 Lakeshore Boulevard, South Lake Tahoe, CA 96150*

Westlich vom Lakeside Beach folgt als einer der ältesten Strände in South Lake Tahoe der **Regan Beach**. Er ist gut ausgestattet mit Toiletten, Picknicktischen, einer Snackbar, einem Volleyballfeld, einem Spielplatz und vor allem Rasen-Liegewiesen. Hier geht es eher ruhig zu, man hat fantastische Blicke auf den See. Parken ist kostenlos.

⇨ *Wenn der Hwy 50 direkt ans Seeufer trifft und sich gabelt, geht es links ein kurzes Stück die Lakeview Ave entlang und dann rechts zum Regan Beach.*

✉ *Lakeview Avenue, South Lake Tahoe, CA 96150*

Ein wenig trubeliger geht es am Nachbarstrand zu, dem **El Dorado Beach**. Hier gibt es eine Bootsrampe, an der man sein eigenes Bötchen zu Wasser lassen kann – vorausgesetzt natürlich, der Wasserstand lässt es zu. Picknicktische und Grillbereiche stehen zur Verfügung. Der Strand ist der größte in South Lake Tahoe. Der Wasserspaß steht im Vordergrund, entsprechendes „Zubehör" kann gemietet werden.

⇨ *Vom Hwy 50 Richtung See in die Los Angeles Ave abbiegen und wieder links in die Nevada Ave, bis die El Dorado Ave kreuzt. Hier rechts Richtung See fahren.*

✉ *800 El Dorado Ave, South Lake Tahoe, CA 96150*

Wieder etwas gemächlicher geht es am **Pope Beach** zu. Der Strand ist in einen Pinienwald eingebettet. Es gibt Toiletten, Picknicktische und Feuerstellen beziehungsweise Grills.

⇨ *Knapp 5 km/3 mi nördlich der Kreuzung Hwys 50 und 89 in South Lake Tahoe befindet sich der Strand.*

✉ *Pope Beach Rd, South Lake Tahoe, CA 96150*

🏃 Outdoor-Anbieter

🏃 Heavenly Lake Tahoe

Der Name deutet es an: „Heavenly" bringt uns dem Himmel ein wenig näher- und zwar mittels einer Seilbahn. Sommers wie winters ist der Berg, auf den die Gondeln die Besucher befördern, ein Erlebnis. Der herrliche Blick auf den saphirblauen See, der bis in die Unendlichkeit zu reichen scheint, und die umgebende High Sierra ist atemberaubend. Wer noch höher hinaus auf den Berggipfel will, kann eine Fahrt mit dem Tamarck Express Sessellift anhängen. Auf halber Höhe stoppt die Gondel bei der Zwischenstation „The Deck", wo man bereits herrliche Aussichten genießen

kann. Ganz oben dann sorgen eine Kletterwand für Anfänger und Fortgeschrittene und zahlreiche Wanderwege für sportliche Unternehmungen. Die Wanderwege starten auf einer Höhe von 2.785 Metern und man findet alles von einfachen Wanderungen ab 1,5 km/1 mi Gehstrecke bis zu längeren Herausforderungen. An der Talstation gibt es einen Plan mit den eingezeichneten Wanderungen und deren Länge und Schwierigkeitsgrad.

Im Winter ist der Betrieb natürlich ganz auf Schneesport ausgerichtet. Skifahrer und Snowboarder haben mannigfaltige Möglichkeiten, in diesem großen Gebiet Skipisten mit den passenden Bedingungen zu finden. Die Ausrüstung kann geliehen werden (sogar online und im Voraus).

⇨ *An der Kreuzung der Hwys 50 und 89 N. dem Hwy 50 folgen. Nach einem Rechtsknick geht es etwa 8 km/5 mi bis zum Ski Run Blvd. Hier rechts abbiegen und der Beschilderung „Heavenly" folgen. Die Station befindet sich nahe der Staatengrenze Kalifornien-Nevada.*

✉ *4080 Lake Tahoe Boulevard, South Lake Tahoe, CA 96150*

☎ *1-775-586-7000*

🕐 *außerhalb der Saison wochenweise geschlossen*

💰 *Sommer: Gondelfahrt Erw. $ 32, Kinder (5-12 J.) $ 20, Jugendl. (13-18 J.) & Sen. (über 65 J.) $ 26. Kombination mit Sessellift: Erw. $ 38, Kinder $ 24, Jugendl. & Sen. $ 32. Winter: Preise für Tagespässe gestaffelt je nach Monat innerhalb der Saison $ 61-88 für Erw., $ 35-50 für Kinder und $ 79 für Jugendl. & Sen.*

🖥 *www.skiheavenly.com*

🏃 Camp Richardson

Wer an der Südseite des Lake Tahoe ist, wird nicht an der Erwähnung dieses Namens vorbeikommen. Camp Richardson ist nicht nur ein Resort mit Übernachtungsmöglichkeiten (Lodge und Campground), sondern auch Anbieter für diverse sportliche Aktivitäten wie Wassersport, Reiten und Fahrradfahren. Während man im Sommer Fahrräder nebst Zubehör mieten und sich mit Informationen und Kartenmaterial auf den Weg machen kann, gibt es im Win-

B

ter einen Verleih von Schneeschuhen und Skiern. Um einen Überblick über das Angebot des Camps zu bekommen, sollte man sich auf dessen Internetseiten umschauen. Bei den folgenden Freizeitmöglichkeiten wird das Camp Richardson dann nicht mehr in den einzelnen Rubriken (außer beim Reiten) mit aufgeführt.

🖳 www.camprichardson.com

🏃 Wanderwege

🏃 Taylor Creek und Tallac Historic Site

Taylor Creek und die Tallac Historic Site bieten viel Abwechslung und Spaß in der Natur. Hier gibt es verschiedene Wanderwege, die meisten davon sind eben und einfach zu bewältigen. Innerhalb dieses Gebietes befinden sich ein Visitor Center und ein historischer Ort mit Ausstellungen und Lehrpfaden. Man kann beispielsweise vom Taylor Creek am Lake Tahoe entlang bis zur Tallac Historic Site in nur 15 Minuten wandern. Auch ein asphaltierter Radweg verbindet die beiden beliebten Gebiete miteinander.

Dreh- und Angelpunkt der Wanderwege ist das Taylor Creek Visitor Center. Hier gibt es sowohl Kartenmaterial, als auch Tipps und Infos zu den Wanderungen. Das Visitor Center selbst präsentiert Ausstellungen und bietet organsierte Aktivitäten an. Ein kurzes Stück entlang des **Rainbow Trail** gelangt man vom Visitor Center zum **Stream Profile Chamber**, wo die Unterwasserwelt des Taylor Creek erforscht werden kann. Weitere Naturpfade in der Umgebung des Visitor Centers sind der **Lake of the Sky Trail** und **Smokey's Trail**.

🅗 Taylor Creek Visitor Center

⇨ Ca. 5 km/3 mi nördlich von South Lake Tahoe liegt das Visitor Center an der Seeseite am Hwy 89.

✉ Visitor Center Rd, South Lake Tahoe, CA 96150

☎ 1-530-543-2674

🕐 Mai-Juni & Okt. tägl. 8-16.30 h, Juni-Sept. tägl. 8-17.30 h

---

🏃 Mount Tallac Trail

Die populärste, aber auch recht anstrengende Wanderung im Süden ist sicherlich der Mount Tallac Trail. Vom Gipfel des knapp 3.000 Meter hohen Berges präsentiert sich ein spektakulärer Blick sowohl auf den Lake Tahoe und die Emerald Bay, als auch auf den östlich davon gelegenen **Fallen Leaf Lake**. Auch die **Desolation Wilderness** im Hinterland mit dem Gilmore Lake bietet aus der Vogelperspektive einen atemberaubenden Panoramablick. Die Anstrengung hier hoch lohnt also die Mühe des Weges. Zunächst geht es zu den beiden kleinen Waldseen Floating Island Lake und Cathedral Lake. Der um einiges größere Fallen Leaf Lake liegt links unter uns. Hier ist der Weg noch gemäßigt und auch für weniger konditionierte Wanderer gut zu bewältigen. Nach dem Cathedral Lake wird es allerdings anstrengend, wenn es steil den Bergrücken des Mt. Tallac hinaufgeht. Viel Wasser und eine Jacke mitnehmen!

▌HINWEIS Für diese Wanderung ist eine Desolation Wilderness Tagesgenehmigung notwendig, die am Trailhead erhältlich ist.

⇾ Der Trailhead befindet sich am Hwy 89, ca. 6,3 km/3,9 mi nach der großen Kreuzung in Tahoe Valley. Direkt gegenüber der Baldwin Beach Rd ist er mit „Mt. Tallac Trailhead" ausgeschildert.

🕐 8 Std

⤳ anstrengend, steil

⇔ 16 km/10 mi

⇌ 992 m

🏃 Reiten – Camp Richardson Corral

Geführte Ausritte mit wunderschönen Ausblicken auf den Lake Tahoe, die saftig grüne Bergwelt und den nahen Fallen Leaf Lake bietet das Camp Richardson Corral. Teilweise sind die Reitwege eng, hügelig und steil, dennoch können auch Reitanfänger mit ausreiten, da die Pferde den Weg gut kennen und gut ausgebildet sind. Mindestalter der Teilnehmer ist sechs Jahre, maximal erlaubtes Gewicht des Reiters ist

Mit einem Jetski über den Lake Tahoe brettern!

101 Kilogramm. Die Begleiter sind freundlich und hilfsbereit. Die Ausritte dauern knapp eine beziehungsweise zwei Stunden. Reservierungen sind unbedingt nötig.

⇨ *Auf dem Hwy 50 in westliche Richtung fahren, dann rechts in die Emerald Bay Rd abbiegen (Hwy 89). Am Camp Richardson Resort vorbei und links abbiegen am Schild "Camp Richardson Corral".*

⊠ *4 Emerald Bay Rd, South Lake Tahoe, CA 96158*
☎ *1-530-541-3113*
⏱ *1 Std. $ 40, 2 Std. $ 78*
✉ *kelly@camprichardsoncorral.com*
💻 *www.camprichardsoncorral.com*

👣 Bootsfahrten und Wassersport

👣 Lake Tahoe Boat Rides

Wassersport oder Sightseeing – das ist hier die Frage. Soll es eine geführte Bootsfahrt sein, bei der man die schönsten Plätze am Lake Tahoe passiert? Dann geht es vorbei an der Emerald Bay, an den Stränden entlang und zu den weniger besuchten Ecken. Der Kapitän erzählt unterwegs einiges über die Geschichte des Sees. An manchen Stellen kann man von Bord gehen und auf eigene Faust losziehen, um zu wandern, klettern, Schlösser zu besichtigen oder Wasserfälle zu bestaunen.

Oder soll es doch lieber Action sein?

Dann ist Wassersport angesagt. Ob ein Wakeboard oder ein Paar Wasserskier unter den Füßen, ob mit einem Tube über die Wellen brettern oder Schnorcheln gehen – alles lässt sich hier arrangieren. Ein Sportlehrer ist immer mit dabei und gibt Einweisungen und Tipps. Der Anbieter ist an der Tahoe Keys Marina zu finden.

⇨ *Von South Lake Tahoe aus über den Hwy 50 in südwestliche Richtung fahren, rechts in den Tahoe Keys Blvd einbiegen und diesem folgen, bis rechts der Venice Dr abzweigt.*

⊠ *2435 Venice Dr E., South Lake Tahoe, CA 96150*
☎ *1-530-545-1223*
🕐 *tägl. Mai-Okt.*
⏱ *je nach Aktivität ab $ 195 pro Std für die Bootsfahrt oder ab $ 300 für Sport-Aktivitäten im Privatunterricht*
💻 *www.tahoeboatrides.com*

👣 Action Watersports

Nomen est Omen: An der Timber Cove Marina kann man mit dem Anbieter Action Watersports alle denkbaren Abenteuer auf dem Wasser erleben. Von Jetskis (⏱ ab $ 99 pro Stunde) über Segelboote (⏱ ab $ 60 pro Stunde) und Wasserski bis zum Powerboot (⏱ ab $ 125 pro Stunde) kann man alles mieten, was Spaß macht. Auch Parasailing (⏱ ab $ 55 pro Person) ist hier möglich. Wer es ruhiger und mit

129

etwas weniger Speed angehen will, kann sich mit dem Tretboot (∞ ab $ 20 pro Stunde) auf hohe See begeben.

⇒ *2,5 km/1,5 mi westlich von Stateline gelegen*

✉ *3411 Lake Tahoe Boulevard, South Lake Tahoe, CA 96158*

☎ *1-530-544-5387*

✉ *sales@action-watersports.com*

🖥 *www.action-watersports.com*

🏛 Unterkünfte Süd Lake Tahoe

🏕 Campgrounds Süd Lake Tahoe

🏕 Camp Richardson

Das ganze See-Südufer scheint dominiert zu sein vom Namen dieses Resorts. Der Campground von Camp Richardson ist ansprechend und gut ausgestattet, aber riesig mit nahezu unüberschaubarem Angebot drumherum. Auf dem Platz kann es schon einmal laut zugehen und wer Pech hat, erwischt einen Stellplatz nahe dem Highway. Weiter weg von der durchaus viel befahrenen Straße gibt es allerdings auch ruhige und schattige Plätze. Wem also der Trubel eines großen Platzes nichts ausmacht, hat mit dem Campground sicher einen guten Ausgangspunkt zu allen Aktivitäten am Südufer des Lake Tahoe. Die Einrichtungen des Resorts sind auf beide Seiten des Hwy 89 verteilt, sodass man immer wieder über diese Straße hinüber muss. Der Campground ist unterteilt in drei Bereiche: RV Village ist Wohnmobilen vorbehalten, die beiden Plätze Badger's Den Campground und Eagle's Nest sind reine Zeltplätze.

⇒ *Das Resort verteilt sich mit seinen Einrichtungen nördlich und südlich direkt am Hwy 89 (auf der rechten Straßenseite ausgeschildert).*

✉ *1900 Jameson Beach Road, South Lake Tahoe, CA 96158*

☎ *1-530-541-1801*

🖨 *1-530-541-1802*

🕐 *ganzj.*

🚻 *ja*

🚐 *80*   🍽 *ja*   🛁 *ja*   ∞ ****

⛺ *200*   ∞ ****

🖥 *www.camprichardson.com*

🏕 Fallen Leaf Campground

Nicht direkt am Lake Tahoe, aber auch nur ein wenig mehr als 1 km/0,6 mi vom Seeufer entfernt befindet sich der Fallen Leaf Campground am Nordufer des Fallen Leaf Lake. Pope und Baldwin Beach sind jeweils 3 km/2 mi entfernt, man kann die beiden Strände über Radwege, einen Shuttle oder mit dem Auto über den Hwy 89 erreichen. Aber auch im Fallen Leaf Lake selbst kann man in einem abgegrenzten Schwimmbereich das kühle Nass genießen. Eingebettet zwischen Kiefern und Espen sind die Stellplätze geräumig und naturnah.

⇒ *Von der Kreuzung der Hwys 50 und 89 sind es knapp 5 km/3 mi bis zur Fallen Leaf Rd und dann in westliche Richtung noch knapp 1 km/0,6 mi bis zum Campground.*

✉ *2165 Fallen Leaf Rd, South Lake Tahoe, CA 96151*

☎ *1-530-544-0426*

🕐 *Mitte Mai-Mitte Okt.*

🚻 *ja*

🚐 *206*   🍽 *nein*   🛁 *ja*   ∞ *$ 28-30*

⛺ *206*   ∞ *$ 28-30*

🖥 *www.recreation.gov*

🏕 Campground by the Lake

Der von der Stadt betriebene Campground liegt recht zentral in South Lake Tahoe. Der Platz ist gepflegt, gut organisiert, und die Stellplätze sind sehr groß und schattig. Wegen der guten Lage ist eine frühzeitige Reservierung angeraten. Sowohl die Bergwelt als auch der Lake Tahoe sind schnell erreichbar, sodass man beides von hier aus auch herrlich im Blick hat. Manche Stellplätze befinden sich allerdings nahe am Highway (vor allem die Full-Hookup-Plätze).

⇒ *Vom Hwy 50 in Richtung Stateline rechts in die Lyons Ave abbiegen (kurz nach den Schulen auf der rechten Straßenseite). Diese Straße wird nach einem Linksknick zum Rufus Allen Blvd.*

✉ *1150 Rufus Allen Boulevard, CA 96150*

☎ *1-530-542-6096*

🕐 *April-Okt.*

🚻 *ja*

🚐 *174*   🍽 *ja*   🛁 *ja*   ∞ ****

🖥 *www.cityofslt.us*

🏨 Hotels Südseite Lake Tahoe

🏨 Camp Richardson

Das Camp hat alles: Sportangebote, einen Campground, einen Laden und ein Restaurant und natürlich auch Unterkünfte mit festem Dach über dem Kopf. Das wird in Form von Blockhütten angeboten oder als Motel, Hotel oder Gästehaus. Alle diese Unterkünfte sind im Gegensatz zu den Campgrounds (▶ Seite 130) mehr oder weniger nah am Seeufer gelegen (außer das Hotel). Mit den diversen Übernachtungsoptionen ist für den Einzelreisenden bis hin zur Familie für jeden eine Unterkunft im Angebot, die Infrastruktur des Camps ermöglicht einen längeren Aufenthalt.

⇨ *Das Resort verteilt sich mit seinen Einrichtungen nördlich und südlich direkt am Hwy 89 (auf der rechten Straßenseite ausgeschildert).*

✉ *1900 Jameson Beach Road, South Lake Tahoe, CA 96158*

☎ *1-530-541-1801*

🖨 *1-530-541-1802*

🕐 *ganzj.*

💲 *Hotel und Motel: Sommer ** , Frühling und Winter * - **. Blockhütten: Sommer **, Winter ***

🖥 *www.camprichardson.com*

🏨 Fireside Lodge

Eine gemütliche und authentische Unterkunft im Stil von Bed & Breakfast ist die Fireside Lodge. Die Zimmer, Suiten und Blockhäuschen sind liebevoll eingerichtet mit Elementen eines Farmhauses aus der Wild-West-Zeit. Als wäre die Unterkunft mit ihrer stilvollen Einrichtung nicht schon etwas Besonderes, gibt es sogar kostenlos Fahrräder und Kajaks zu mieten, das Frühstück ist ebenfalls im Preis inbegriffen, es gibt eine Feuerstelle im Freien und einen Whirlpool. Die Gastgeber sind ausgesprochen freundlich und helfen auch gerne mit Tipps zur Planung von Ausflügen. Sehr gutes Preis-Leistungs-Verhältnis.

⇨ *Kurz nach dem Areal von Camp Richardson folgt auf der rechten Seite die Fireside Lodge.*

✉ *515 Emerald Bay Road, South Lake Tahoe, CA 96150-6505*

☎ *1-530-544-5515*

🕐 *ganzj.*

💲 *** - ****

✉ *info@tahoefiresidelodge.com*

🖥 *www.tahoefiresidelodge.com*

🏨 Best Western Plus Timber Cove Lodge Marina Resort

Die Lodge mit dem endlos langen Namen ist zentral inmitten des Südufers des Lake Tahoe gelegen. Da nahe am Seeufer, gibt es in den entsprechenden Zimmern (Lakeside) den Blick aufs Wasser mit dazu. Behaglich im Winter sind die Kamine in den Zimmern, im Sommer sind Balkon oder Veranda zum Entspannen vorhanden. Wem der Lake Tahoe zu kalt ist, der kann auf den beheizten Pool dieses Motels ausweichen.

⇨ *1,6 km/1 mi westlich von Stateline am Hwy 50 (gegenüber von Safeway)*

✉ *3411 Lake Tahoe Boulevard, South Lake Tahoe, CA 96150-7919*

☎ *1-530-541-6722*

🖨 *1-530-541-7959*

🕐 *ganzj.*

💲 ***

✉ *reservations@timbercovetahoe.com*

🖥 *www.timbercovetahoe.com*

🏨 Paradice Motel

So unscheinbar es von außen wirkt, so überraschend geschmackvoll und mit Liebe zum Detail sind das Motel und seine Zimmer eingerichtet. Es gibt Suiten mit zwei Schlafzimmern, was sehr bequem für Familien nicht nur mit kleinen Kindern ist. Das Motel im Boutique-Stil ist schön und zentral gelegen, alle Sehenswürdigkeiten sind von hier aus prima zu erreichen, das Seeufer ist quasi vor der Haustür.

⇨ *Vom Hwy 50 links auf die Park Ave abbiegen (aus Richtung Stateline nach Block nach der Gondel-Station rechts abbiegen).*

✉ *953 Park Ave, South Lake Tahoe, CA 96150*

☎ *1-530-544-6800*

🖨 *1-530-544-9145*

🕐 *ganzj.*

💲 ***

✉ *info@paradicemoteltahoe.com*

🖥 *www.paradicemoteltahoe.com*

B

B

Stairway to Heaven – Smaragdblau trifft auf Himmelblau!

👁 Freizeitmöglichkeiten Westseite Lake Tahoe

Am südlichen Westufer des Lake Tahoe, auf dem hier der Fokus liegen wird, stehen eindeutig zwei Dinge im Vordergrund: Die wunderschöne Emerald Bay und ein paar ganz besondere Wanderungen. Während man sich am Südufer (wasser-)sportlich austoben kann, steht hier der Genuss der Natur im Vordergrund. Es wäre schade, hier die Zeit mit etwas anderem zu vertun.

🌲 Emerald Bay

Die fjordartige Bucht, die ihren Namen „smaragdfarben" absolut zu Recht trägt, geht über eine schmale Öffnung im Nordosten in den Lake Tahoe über. Gesäumt ist das Naturspektakel von Granitfelsen und einer zerklüfteten Küste. Emerald Bay ist wegen ihrer unvergleichlichen Schönheit ohne Frage eines der Highlights des Lake Tahoe. Inmitten der Bucht liegt eine kleine Insel, **Fanette Island**. Dieses kleine, vergessen wirkende Eiland ist eines der berühmtesten Fotomotive Kaliforniens. Auf der Insel befindet sich heute die eingestürzte Ruine eines ehemaligen Teehauses. Bucht und Insel gehören zum **Emerald Bay State Park**, der über den am Westufer des Lake Tahoe entlangführenden Highway 89 erreichbar ist.

Am Highway findet man auch die besten Aussichtspunkte, beispielsweis den „**Inspiration Point**". Der Viewpoint ist ausgeschildert und hat eine große Parkbucht – hier ist ein Stopp unbedingt zu empfehlen. Zum Einen gibt es jede

Fanette Island inmitten der Emerald Bay

Menge Infotafeln, von denen man Interessantes über die Bucht und ihre Geschichte erfährt. Zum Anderen hat man südlich des Viewpoints einen einzigartigen Blick auf zwei herrliche Gewässer auf einmal: die Emerald Bay auf der einen und den **Cascade Lake** auf der anderen Seite der Straße.

Ein Schloss wie aus dem Märchen: Vikingsholm Castle

Wie kam die Bucht zu ihrer heutigen Popularität? Schon die Washoe Indianer unterhielten ihre Sommerhäuser in Emerald Bay, sie fischten im See und jagten und sammelten Nahrungsmittel in den nahen Wäldern. 1849 lockte der Goldrausch Bergarbeiter in die Gegend, zehn Jahre später wurde Silber in Nevada entdeckt. In den 1880ern kamen wohlhabende Urlauber aus San Francisco und Sacramento an den Lake Tahoe. Emerald Bay wurde eine bevorzugte Anlaufstelle für alle, die mit Dampfschiffen auf dem See unterwegs waren. Ein Resort mit Hotel, Gästehäusern und einem Campground entstand in der Bucht.

1969 wurde die Emerald Bay zu einem National Natural Landmark ernannt, einer nationalen Natur-Sehenswürdigkeit. Vor allem das atemberaubende Panorama rund um die Bucht trug zu dieser Auszeichnung bei. Zum State Park gehört Vikingsholm, ein Schloss am Seeufer in skandinavischem Stil.

Emerald Bay State Park
☎ 1-530-541-3030
🖥 www.parks.ca.gov/?page_id=506

🏛 Vikingsholm Castle
Eine englischstämmige Dame namens **Lora Josephine Knight** assoziierte mit Emerald Bay einen norwegischen Fjord, was sie zum Kauf eines großen Stück Landes in der Bucht veranlasste. Ihr Neffe war Architekt, ihm gab sie den Auftrag, ein Sommerhaus zu entwerfen, das aus architektonischen Merkmalen skandinavischer Schlösser und Kirchen bestehen sollte. So entstand 1929 **Vikingsholm**. Für die Inneneinrichtung reiste sie eigens nach Skandinavien, um stilgerechte Möbel aus dem 18. und 19. Jahrhundert zu erwerben. Zum Besitztum Lora Knights gehörte auch das Teehaus auf der dem Anwesen gegenüberliegenden Fanette Island, wohin sie mit ihren Gästen per Motorboot Ausflüge unternommen haben soll, um dort gediegen Tee zu trinken.

Heute kann man an geführten Touren durch das Anwesen Vikingsholm teilnehmen. Dabei kann man die ungewöhnliche Kombination aus Ruhe und Gelassenheit mit Eleganz hautnah erleben, die dieses Bauwerk und seine Umgebung ausstrahlen. Informationen über den Bau des Schlosses und die Herkunft der Möbel stehen im Vordergrund der Führungen, die etwa eine halbe Stunde dauern. Eine der Fremdenführerinnen und Historikerin im Schloss ist die Tochter eines Paares, das früher in den Sommermonaten bei Lora Knight zu Gast gewesen war. Sie hat die ersten 14 Sommer ihres Lebens auf dem Anwesen verbracht. Sicher kennt niemand das Haus und dessen Geschichte besser als sie – von der früheren Eigentümerin einmal abgesehen, die 1945 gestorben ist.

Ein schöner, 1,6 km/1 mi langer Weg führt vom Parkplatz am Highway 89 hinab zum Seeufer, das an dieser Seeseite von der Straße aus wegen der zerklüfteten Küste und dem Höhenunterschied zwischen Uferstraße und See nicht so gut erreichbar ist wie im Süden des Lake Tahoe. Der bequeme und breite Weg geht steil bergab, an den wenigen Abzweigungen ist Vikingsholm ausgeschildert. Das romantisch-verwunschene Gebäude liegt direkt am Seeufer inmitten einer wilden Blumenwiese und hat eine märchenhafte Ausstrahlung. Im Gebäude ist unter anderem ein Visitor Center untergebracht.

Es gibt keinen offiziellen Bootsverkehr hierher, aber mit einem privat gemieteten Boot darf man an der nahen Anlegestelle vor Anker gehen. Die Ausflugsboote vom Süd- und Norduufer halten hier auch, man kann aber nicht an Land gehen, sondern Vikingsholm nur vom Wasser aus bewundern.

Wer genug skandinavische Luft geschnuppert hat, kann noch ein erfrischendes Bad hier unten in der smaragdfarbenen Bucht nehmen – das ist allerdings nichts für kälte-empfindliche Menschen. Das Wasser ist bitterkalt, ein Schild warnt sogar vor: „Extremly cold water". Aber es ist trotzdem herrlich.

TIPP Schöne Fotomotive von Fanette Island ergeben sich auf dem Weg hinab nach Vikingsholm.

⇒ *Vom Inspiration Point aus knapp 2 km/1 mi Richtung Norden fahren bis zum Vikingsholm Parkplatz (ausgeschildert).*
✉ *Highway 89, West Shore Lake Tahoe*
☎ *1-530-525-7277*
🕐 *Memorial Day bis Mitte Juni an den WE & Mitte Juni bis Labour Day tägl. 10.30-16.30 h*
💰 *Erw. $ 8, Kinder (6-12 Jahre)$ 5*
🖥 *www.vikingsholm.org*

HINWEIS Der Parkplatz ist gebührenpflichtig. Man zahlt per Self-Registration $ 7, unabhängig davon, wie lange man parkt.

🚶🚶🚶 **Wanderwege**

🚶🚶🚶 **Bayview Trail zu den Cascade Falls**

Diese Wanderung gilt als eine der schönsten Kurzwanderungen der Süd- und Westküste des Lake Tahoe. Das Gefühl der Erhabenheit einer einzigartigen Natur stellt sich hier gleich nach dem Start der Wanderung ein und steigert sich an den Wasserfällen noch einmal. Unterwegs ergeben sich herrliche Ausblicke sowohl auf den Lake Tahoe und die faszinierende Emerald Bay, als auch in die erhabene Bergwelt und deren unberührte Wildheit. Leider ist dies kein Geheimnis, sodass der schmale, steinige und felsige Pfad oft richtiggehend überlaufen ist – was auch wieder Vorteile hat, denn damit sinken die Chancen, unterwegs auf Bären zu treffen.

TIPP Vor allem an den Wochenenden im Sommer sollte man die Wanderung am Morgen unternehmen, dann ist noch nicht so viel los.

Der schmale, felsige Pfad ist am Morgen noch nicht so überlaufen.

An manchen Stellen muss man sich den Weg über das herab rauschende Gewässer suchen.

steigen. Dabei muss man auch die Flüsschen durchqueren, die die Wasserfälle gebildet haben. Das haben schon einige Wanderer zuvor getan, sodass an besonders schwierigen Stellen bereits hilfreiche Holzstege verlegt sind.

Man kann aber auch den Aufenthalt auf diesem Hochplateau mit seinen herrlichen Panoramablicken einfach nur genießen und sich ein Plätzchen zum Picknicken suchen, bevor man sich auf den Rückweg macht. Derselbe Weg, den man gekommen ist, führt auch wieder zurück zum Ausgangspunkt der Wanderung.

⇨ Bayview Campground
🕐 1 ½ Std
⬈ einfach bis mittel
⇔ 3,2 km/2 mi
⌐ 34 m
⌂ Bayview Campground

HINWEIS Im Frühling können die Felsen nass und rutschig sein, dann ist besondere Vorsicht geboten.

🚶 Granite Lake & Maggies Peaks

Wie bei der Wanderung zu den Cascade Falls liegt auch der Ausgangspunkt dieser Wanderung am Ende des Bayview Campgrounds. Aber im Gegensatz zu dem Weg zu den Cascade Falls folgt man dem Weg nach rechts (gekennzeichnet mit Holzpfeil und der Aufschrift „Desolation"). Der erste Kilometer führt steil durch Bäume den Bergrücken hinauf dem Bereich der Desolation Wilderness entgegen. Nach einigen schmalen Serpentinen zweigt der Weg nach rechts ab und entfernt sich von den Bäumen. Man erreicht eine Ansammlung von Felsblöcken, von denen aus sich ein grandioser Blick auf Emerald Bay und den Lake Tahoe bietet. Es lohnt sich, einfach innezuhalten und das Panorama in sich aufzunehmen. Weiter geht es einen weiteren Kilometer in südwestliche Richtung, bis man den **Granite Lake** erreicht. Bis hierher ist die Wanderung einfach und auch für weniger konditionierte Wanderer geeignet. Manche kehren hier um und haben da-

Der Weg startet am Ende des Bayview Campground, der genau gegenüber dem Inspiration Point liegt. An der Informationstafel, an der es auch die Permits für die Wanderungen in die Desolation Wilderness gibt, wendet man sich nach links (der Ausschilderung auf dem Holzpfeil folgend). Von hier an kann man eigentlich fast nichts falsch machen. Anfangs geht es noch ein Stückchen eben durch waldiges Gebiet. Der Weg wird jedoch schnell schmaler und führt als enger Pfad am Hang entlang zunächst bergab. Der idyllische See, auf den man jetzt herab blickt, ist der Cascade Lake. Weiter geht es bergauf, schließlich gilt es, Richtung Wasserfälle noch ein wenig an Höhe zu gewinnen. Man erreicht nach etwa 1,6 km/1 mi ein Hochplateau, an dem schon einige Ausläufer der Wasserfälle ankommen. Besonders fotogen an dieser Szenerie ist das Aufeinandertreffen der dunklen Felsen mit dem azurblauen Wasser. Es gibt jetzt die Möglichkeit, sich über die Geröllplatten einen Weg zu suchen und noch ein wenig höher zu

mit einen lohnenswerten Weg genossen. Aber auch der Weitermarsch lohnt sich: Einer der schönsten Ausblicke auf die Tahoe-Region erwartet den Wanderer auf dem Gipfel von **Maggies Peak**, der noch ca. 305 Meter höher liegt. Bereit für den Aufstieg? Dann führt der Weg auf den Sattel zwischen den beiden Zwillingsgipfeln hindurch. Über dem Sattel geht es in südwestliche Richtung weiter, hier verlässt man den Weg nach links Richtung Gipfel (Süden). Nun heißt es klettern, bis der südliche der beiden Gipfel erreicht ist, und anschließend: Atem anhalten, schauen, staunen! Neben dem Lake Tahoe hat man von hier oben nicht nur mehrere Seen im Blick, sondern auch den Mt. Tallac im Süden.

↦ *Bayview Campground*
◉ *1 ½ - 4 Std*
⇗ *einfach bis Granite Lake,
  schwierig bis Maggies Peaks*
⇔ *3,2 bzw. 6,4 km/2 bzw. 4 mi*
⇱ *Granite Lake 268 m, Maggies Peaks 579 m*

𝗌𝗌𝗌 Rubicon Point Trail

Eine Wanderung direkt am Wasser muss einfach sein. Der Rubicon Point Trail vereinigt einen ebenen Wanderweg mit der Nähe der smaragdfarbenen Bucht und ruhigen Waldabschnitten. Der erste Teil der Wanderung, der am Parkplatz von Vikingsholm startet, führt hinunter zu dem skandinavischen Anwesen (▶ Seite 133). Ab hier folgt der Weg dem Nordufer der Emerald Bay entlang, wobei sich ständig neue Blickwinkel auf Fanette Island ergeben. Man passiert Boats Camp mit ein paar Zeltplätzen und einem kleinen Pier. Der Weg richtet sich nach Norden und führt über den Landzipfel Emerald Point (ausgeschildert) weg von der Bucht – aber nur für kurze Zeit. An dieser Stelle geht die Emerald Bay in den Lake Tahoe über, man wandert nun also weiter am Ufer des Lake Tahoe. Es wird vorübergehend ein wenig steil. Ein schöner Blick auf den glasklaren See folgt dem anderen. Während man sich bereits dem Ende

der Wanderung nähert, geht es durch ein Gebiet mit überhängenden Felsen auf der einen und einem steilen Abgrund zum See hin auf der anderen Seite. Das ist der abenteuerliche Teil dieser ansonsten einfachen Wanderung. Aber keine Sorge – wir wären nicht in Amerika, wenn diese Stellen nicht entsprechend gesichert wären.

Die Wanderung endet am Parkplatz nahe Rubicon Point, wo auch ein schicker Strand auf die Wanderer wartet. Hier kann man schwimmen, picknicken und sich entspannen, bevor es denselben Weg zurück zum Parkplatz von Vikingsholm geht.

↦ *Vikingsholm Parkplatz am Hwy 89*
◉ *4 Std*
⇗ *einfach, aber lang*
⇔ *9,6 km/6 mi (einfache Länge)*
⇱ *61 m*

▌**HINWEIS** Auch dieser Weg kann im Sommer, vor allem an den Wochenenden, extrem überfüllt sein.

𝗌𝗌𝗌 Bootsfahrten

𝗌𝗌𝗌 Woodwind Sailing Cruises

Man kann das Westufer auch komplett vom Wasser aus erkunden. Hierfür gibt es vom Anbieter die spezielle Vier-Stunden-Fahrt auf der Yacht „Safari Rose" mit Lunch an Bord. Der Abfahrtsort ist die Tahoe Keys Marina, wo die Schiffe täglich um 11 Uhr auslaufen. Es geht am Westufer entlang in nördliche Richtung, der Kapitän versorgt seine Passagiere mit interessanten Informationen. Der erste Stopp ist Fleur-du-Lac, den manche als Filmkulisse von „Godfather II" kennen. Weiter Richtung Süden passiert die Yacht die McKinney Bay und den Sugar Pine Point State Park. Nach dem Bliss State Park tauchen die Rubicon Klippen auf, bevor schließlich der Höhepunkt der Schifffahrt, die Emerald Bay, erreicht wird. Vom Wasser aus lassen sich Fanette Island, die Wasserfälle oberhalb der Bucht und natürlich das skandinavische

Herrenhaus noch eindrucksvoller erleben als von Land aus.

🗓 *tgl. 11 Uhr (Check-in ab 10 Uhr)*
⚭ *Erw. $ 105, Sen. (ab 60 J.) $ 100*
☏ *1-775-588-3000*
🖳 *www.sailwoodwind.com*

🏛 Unterkünfte West Lake Tahoe

🏛 Campgrounds West Lake Tahoe

🏛 Bayview Campground

Über der Emerald Bay, aber dem Namen zum Trotz ohne direkten Blick darauf (da auf der anderen Seite des Highway 89 gelegen) befindet sich dieser kleine, einfache Campground. Er ist lediglich mit Toiletten und ansonsten keinen weiteren Einrichtungen ausgestattet, hat aber dafür etwas absolut Naturbelassenes. Manche Plätze liegen recht eng beieinander, deshalb sind auch nur kleine Wohnmobile zugelassen. Wer eine Abenteuer-Übernachtung im Wald sucht, wird sich hier wohl fühlen. Für alle Aktivitäten rund um die Emerald Bay ist der Campground ein ausgezeichneter Ausgangspunkt, ebenso für zwei der oben beschriebenen Wanderungen. Nicht nur am Wochenende ist der Platz schnell überfüllt.

⇨ *Der Campground liegt am Hwy 89, direkt gegenüber vom Inspiration Point.*
✉ *Highway 89, South Lake Tahoe, CA 96150*
☏ *1-530-543-2600*
🗓 *Ende Mai-Ende Sept.*
🚻 *nein*
🏕 *14* ⛺ *nein* 🔥 *nein* ⚭ *$ 15*
🚐 *14* ⚭ *$ 11*
🖳 *www.fs.usda.gov*

🏛 Eagle Point Campground

Der Campground liegt grandios auf einer Halbinsel, die sowohl vom Lake Tahoe, als auch von der Emerald Bay umgeben ist. Dennoch gibt es nur wenige und dafür hoch begehrte Plätze mit schönen Ausblicken auf die herrlichen Gewässer. Wer also keine Reservierung hat, sollte bei Ankunft den Platz selbst aussuchen, statt sich am Eingang einen zuweisen

zu lassen, beziehungsweise nach einem Platz mit gutem Blick fragen. Allerdings ist das schwierig, denn der Campground ist wegen seiner Lage beliebt und oft überfüllt – Reservierungen sind deshalb sehr zu empfehlen. Die Plätze selbst sind allerdings recht beengt.

▌**ACHTUNG** Während des Sommers 2012 bleibt der Campground wegen ▌ Reparaturarbeiten geschlossen.

✉ *Emerald Bay State Park, Hwy 89, CA 96150*
☏ *1-530-525-7277*
🗓 *Mitte Juni-Anfang Sept.*
🚻 *ja*
🏕 *100* ⛺ *nein* 🔥 *ja ($ 1 für 10 Min.)*
⚭ *$ 35*
🚐 *100* ⚭ *$ 35*
🖳 *www.reserveamerica.com*

🏛 D.L. Bliss State Park Campground

Im Norden der Emerald Bay liegt der Campground des State Parks mit einem der schönsten, feinsandigen Strände in dieser Region des Lake Tahoe. Schöne Wanderwege innerhalb des State Parks und der Zugang zum Strand machen den Platz populär. Natürlich sind die Plätze in Strandnähe besonders begehrt, aber auch besonders rar. Allerdings sind sie viel kleiner als die anderen Plätze, die dafür recht weit entfernt vom Zugang zum Strand sind. Der Campground wird nachts gerne von Bären „besucht" – das Essen sollte also unbedingt bärensicher in den vorgesehenen Boxen eingeschlossen werden.

⇨ *Wenige km nördlich der Emerald Bay am Hwy 89*
✉ *D.L. Bliss State Park, Highway 89, South Lake Tahoe, CA 96150*
☏ *1-530-525-7277*
🗓 *Ende Mai bis Labour Day*
🚻 *ja*
🏕 *146* ⛺ *ja* 🔥 *ja* ⚭ *$ 45*
🚐 *146* ⚭ *$35*
🖳 *www.reserveamerica.com*

B

VOM **LAKE TAHOE** ÜBER DEN **MONO LAKE** ZUM **YOSEMITE NATIONAL PARK**

Lahontan Reservoir

Truckee

Crystal Bay

267

89

Squaw Valley

28

28

395

50

Dayton

95

Carson City

Tahoe City

Lake Tahoe

95A

Nevada Beach CG

89

50

395

Yerington

95A

D.L. Bliss SP

Zephyr Cove

Kingsbury

Emerald Bay

South Lake Tahoe

Stateline

207

Gardnerville

95

Eldorado National Forest

88

Smith

50

89

395

Kirkwood

88

208

Walker Lake

Sandflat Campground

88

Marklee-ville

89

Topaz Lake

338

Walker Lake

4

395

Walker

Lombardi

Hawthorne

Stanislaus National Forest

108

395

182

Bridgeport Reservoir

35

c

Avery

Strawberry

Bridgeport

C1

4

270

Bodie State Historic Park

Sonora

108

395

167

C2

Big Oak Flat

Tuolumne Meadows Visitor Center / Campground

Mono Lake

Paoha Island

120

C7

TIOGA PASS

Lee Vining

120

Olmsted Point

Tenaya Lake

120

Big Oak Flat Road

Porcupine Flat CG

C6

C5

Grant Lake

C9

Big Oak Flat Entrance

120

Yosemite Village

Silver Lake

C3

June Lake Junction

Coulterville

Hodgdon Meadows CG

140

C10

Glacier Point

C13

Yosemite National Park

C4

Gull Lake

Mammoth Lakes

49

La Grange

C8

140

El Portal

41

Glacier Point Rd

June Lake

Lake Crow

Briceburg

Bridalveil Fall / Tunnel View

C11

C12

395

C14

Wawona

Mariposa Grove

C15

Mariposa

South Entrance

49

Fish Camp

Arch Rock Entrance

140

Oakhurst

0   50   100   150

Kilometer

99

Meilen

41

Chowchilla

20   40   60   80

Hauptstrecke km/mi	Teilstrecke km/mi	Nebenstrecke km/mi	Stationen auf dem Highway	Highway
1.117/698	0		Nevada Beach Campground	US-50
1.120/700	3/2		Stateline, Kreuzung US-50/SR-207	SR-207
1.140/713	23/14		Kreuzung SR-207/SR-88	SR-88
1.146/716	29/18		Gardnerville, Kreuzung SR-88/US-395	SR-88
1.180/738	63/39		Staatengrenze NV/CA	US-395
1.279/799	162/101	0	Nebenstrecke Abzweig CA-270	US-395
		21/13	**Bodie State Historic Parc ▶ C1**	CA-270
1.279/799	162/101	42/26	Zurück zur US-395	CA-270
1.302/814	185/116		**Mono Lake ▶ C2**	US-395
1.309/818	192/120		Lee Vining	US-395
		0	Nebenstrecke: am Abzweig CA-120 weiter auf US-395	US-395
		17/11	June Lake Junction ▶ **C3**	US-395
		21/13	**Pine Cliff Resort**	SR-158/ North-shore Dr
		25/16	**June Lake** (Ort)	North-shore Dr/ SR-158
		31/19	**Silver Lake Resort RV Park**	SR-158
		48/30	**June Lake Loop ▶ C3**	SR-158
1.309/818	192/120	55/34	Zurück zum Abzweig CA-120 in Lee Vining	US-395
1.328/830	211/132		**Yosemite National Park ▶ C4** Eingang Ost – Tioga Pass Entrance	SR-120
1.341/838	224/140		**Tuolumne Meadows Visitor Center und Campground ▶ C5**	SR-120
1.353/846	236/148		**Tenaya Lake ▶ C6**	SR-120
1.358/849	241/151		**Olmsted Point ▶ C7**	SR-120
1.367/854	250/156		Porcupine Flat Campground	SR-120
1.382/864	265/166		Abzweig zum White Wolf Campground & Lodge	SR-120
1.405/878	288/180		Kreuzung SR-120/Big Oak Flat Road	SR-120

C

Hauptstrecke km/mi	Teilstrecke km/mi	Nebenstrecke km/mi	Stationen auf dem Highway	Highway
1.405/878	288/180		Crane Flat Campground	SR-120/ Big Oak Flat Road
		0	Nebenstrecke Tuolumne Grove/ Big Oak Flat Entrance	SR-120
		1/0,6	Tuolumne Grove	SR-120
		14/9	Abzweig **Hodgdon Meadow Campground** ▶**C8**	SR-120
		14/9	Big Oak Flat Entrance ▶**C9**	SR-120
1.405/878	288/180	28/18	Zurück zur Kreuzung SR-120/Big Oak Flat Road	SR-120
1.420/888	303/189		Kreuzung Big Oak Flat Road/CA-140	Big Oak Flat Road
1.420/888	303/189		Abzweig CA-140 (El Portal Road)	Big Oak Flat Road
		0	Nebenstrecke zum Arch Rock Entrance	CA-140
		13/8	Arch Rock Entrance	CA-140
		26/16	Zurück zur Abzweigung El Portal Road	CA-140
1.428/893	311/194		**Yosemite Village** ▶**C10**	CA-140
1.437/898	318/199		Kreuzung CA-140/CA-41 (Wawona Road)	CA-140
1.437/898	318/199		**Bridalveil Fall** ▶**C11**	CA-41
1.440/900	321/201		**Tunnel View** ▶**C12**	CA-41
1.450/906	331/207		Chinquapin Jct., Abzweig Glacier Point Road	CA-41
		0	Nebenstrecke zum Glacier Point	Glacier Point Road
		24/15	**Glacier Point** ▶**C13**	Glacier Point Road
1.450/906	331/207	48/30	Zurück zur Chinquapin Jct.	Glacier Point Road
1.469/918	350/219		Abzweig **Wawona** und Campground ▶**C14**	C-41
1.477/923	358/224		Abzweig **Mariposa Grove** ▶**C15**	C-41
1.480/925	361/226		Yosemite NP South Entrance	C-41

Vom Lake Tahoe über den Mono Lake zum Yosemite National Park

Eine Traumstrecke durchs Mono Basin erwartet uns.

Man könnte jetzt zu Recht traurig sein über die Abreise von diesem wunderschönen Fleckchen Erde rund um den Lake Tahoe – muss man aber nicht, da einer der schönsten und abwechslungsreichsten Streckenabschnitte der Reise folgt. Wenn man den Highway No. 1 passiert hat, glaubt man, dessen Eindrücke und Reize seien nicht zu übertreffen. Die Fahrt vom Lake Tahoe über das **Mono Lake Basin** bis zum Gateway des Yosemite National Park ist jedoch eine starke Konkurrenz. Und dabei landschaftlich komplett anders, als es die Fahrt an der Westküste war. Man darf also gespannt sein ...

Im Folgenden wird der Lake Tahoe am südlichen Ostufer verlassen. Ein Übernachtungsstandort in Nevada wird empfohlen, da dies günstig für die Weiterfahrt auf der Passstraße „**Kingsbury Grade**" (State Road 207) ist, die

uns geradewegs Richtung Osten vom Lake Tahoe Basin wegbegleitet. Aber unabhängig davon, welchen Standort man am Lake Tahoe gewählt hat, sollte man auf jeden Fall für die Weiterfahrt diese schöne Strecke wählen, auf der man noch ein Weilchen im Bundesstaat Nevada verweilt. Routenplaner und Navigationsgeräte geben oft den längeren und weniger schönen Weg über den Freeway 50 und den Highway 395 über Carson City an. Die empfohlene Fahrt via SR-207 über den Pass ist allerdings auch mit dem Wohnmobil sehr gut zu fahren und landschaftlich reizvoller – und zudem kürzer.

Die State Road 207 beginnt in Stateline, wo sie vom Highway 50 ca. 1,5 km/1 mi nördlich der Staatengrenze Kalifornien-Nevada abzweigt. Die Passhöhe (2.238 Meter) hat man recht schnell

C

Die malerische Passstraße Kingsbury Grade ist ein Geheimtipp.

143

erreicht, und direkt danach ergeben sich atemberaubende Ausblicke auf die Ebene Carson Valley. Man durchfährt ein Gebiet des **Toiyabe National Forest** und folgt der Straße in Serpentinen an Klippen entlang bergab. Im Süden sorgen die Ausläufer des Yosemite National Park für Vorfreude auf dieses Naturparadies. Die Gipfel der fernen Bergwelt sind schneebedeckt – im Sommer ein bizarres Bild. Unendliche Weite und Erhabenheit sind die Stichworte, die einem durch den Kopf gehen, während man sich dieser Weite scheinbar nähert, aber sie doch nie wirklich erreicht. Kurz vor **Gardnerville** trifft man zunächst für einen kurzen Moment auf die State Road 88, danach auf den Highway 395. Dieser ist lange vorher ausgeschildert, man folgt der Süd-Richtung und kommt dabei automatisch durch Gardnerville.

❗TIPP Gardnerville ist weder eine Großstadt, noch hat sie etwas Besonderes. Aber eins sollte man hier unbedingt erledigen: Tanken und Großeinkauf. Tankstellen werden auf der Weiterfahrt rar, die Einkaufsmöglichkeiten beschränken sich fortan auf kleinste Lebensmittelläden, in denen es nur das Nötigste und wenig Frisches gibt. In Gardnerville ist das Angebot an großen Supermärkten und Tankstellen für lange Zeit ein letztes Mal richtig üppig.

Nach Verlassen von Gardnerville wird die Straße einspurig und die Gegend fantastisch. Man nähert sich dem **Topaz Lake**, der sich plötzlich und als großartiger Anblick auftut. Mit Erreichen des Seeufers passiert man wieder die Staatengrenze. An der Station wird man gefragt, woher man aktuell kommt – dann geht es zurück nach Kalifornien, wo man auch den Rest der Reise bleiben wird. Auch beim Topaz Lake verläuft im Übrigen, wie beim Lake Tahoe auch, die Staatengrenze mitten durch den See.

Das Gebiet zwischen Nevada und dem Yosemite National Park, durch das man jetzt fährt, heißt **Mono County**. Man bleibt die ganze Zeit auf dem Highway 395, der sich mit spektakulären Blicken auf eine abwechslungsreiche Landschaft am Rande einer Gebirgskette entlangschlängelt. Hinter jeder Kurve eröffnet sich eine neue Perspektive. Einsame Landstriche und kleine Siedlungen wechseln sich ab, man fühlt sich in der Zeit um mindestens 50 Jahre zurückversetzt. Dann geht es wieder mitten hinein in die Berge mit ihrer unberührten Wildnis. Hier wird der Highway zur Scenic Route, offiziell „**Eastern Sierra Scenic Byway**" benannt.

Es geht weiter durch den Toiyabe National Forest, durch Kiefernwaldabschnitte im Wechsel mit grünen Wiesen und

Die Grenze zwischen Nevada und Kalifornien verläuft mitten durch den Topaz Lake.

Das Mono Basin mit den schneebedeckten Ausläufern der Sierra Nevada

fernen Bergseen – kurz: Die Fahrt ist ein Genuss ohnegleichen. Gekrönt wird das Ganze durch den **Walker River**, der sich wildromantisch am linken Straßenrand einfindet und die Weiterfahrt begleitet. Währenddessen gewinnt man erneut an Höhenmetern, bis man wieder so hoch ist wie am Lake Tahoe. Am Wegesrand passiert man den naturbelassenen **Chris Flat Campground** (kleiner Platz direkt neben dem Fluss, aber auch nahe an der Straße; ☎ von Mitte April bis Mitte November, ⏣ $20, ♨ nein).

Die Gegend wird einsamer, auch Mitreisende auf diesem Streckenabschnitt sind selten. Man sollte die harmonische Schönheit ringsherum in vollen Zügen genießen und sich noch einmal den Kontrast zur Westküste mit ihrem rauen Klima und ihren quirligen Städten vor Augen halten. Man erreicht schließlich eine Ebene, die Besiedlung wird wieder dichter. **Bridgeport** fühlt sich als Sitz des County mit seinen knapp 1.000 Einwohnern schon fast wie eine Großstadt an. Historische Ladenfronten säumen die Straße und verströmen Western-Atmosphäre – wieder als Kontrast zur sanften Natur, die man gerade durchfahren hat. Aber hauptsächlich die nahende Attraktion, die nun folgende Nebenroute, machen Bridgeport als Ausgangspunkt ein wenig berühmt: Die Geisterstadt Bodie

im Bodie State Historic Park. Knapp 11 km/7 mi nach Bridgeport zweigt der Highway 270 nach links zum Bodie State Park ab.

ACHTUNG Noch in Bridgeport zweigt der Highway 182 ab, dem man auch nach Bodie folgen könnte. Die zunächst asphaltierte Straße endet aber bald in einer mit Schlaglöchern übersäten Piste. Unbedingt den Highway 270

Wenn der Walker River am Wegesrand erscheint, wird es sagenhaft schön.

145

nehmen (der State Park ist an der entsprechenden Abfahrt ebenfalls ausgeschildert).

....

Nebenstrecke nach Bodie

BODIE HISTORIC STATE PARK

Man biegt von der schönen Scenic Route in östliche Richtung auf den Highway 270 ab und folgt der Beschilderung zum „Bodie Historic State Park". Die Straße ist zunächst asphaltiert, es geht immer geradeaus, mitten hinein in die Berge. Die Landschaft ist geprägt von einer bemerkenswerten Western-Einöde, man begegnet kaum anderen Fahrzeugen. Die Straße steigt derweil auf stolze 2.500 Meter Höhe – die Kargheit von oben betrachtet steigert das Gefühl zusätzlich, mitten in einer Wild-West-Kulisse zu stecken. Leider endet die asphaltierte Straße zwar abrupt, aber nicht ohne vorherige Ankündigungen durch zahlreiche Schilder. Was nun folgt, ist eine Schotterpiste für die restlichen 5 km/3 mi nach Bodie, die den Weg mehr als nur ein bisschen vermiest. Vor allem unterwegs im Wohnmobil ist es

ein veritables Gerumple, zudem kommt man nur im Schneckentempo voran. Aber eines ist sicher: Das Ziel lohnt diese Unannehmlichkeit und man sollte die Geisterstadt auf gar keinen Fall wegen dieser Zufahrtsstraße auslassen.

Für Bodie sollte man mehrere Stunden einplanen. Die zu Zeiten des Goldrauschs blühende Stadt gilt als eine der besterhaltenen Geisterstädte im Westen der USA. Park Ranger tragen dazu bei, aus dem Besuch ein Erlebnis zu machen. Man sollte auf keinen Fall einen der History Talks verpassen, in deren Rahmen ein Ranger die spannende Geschichte der Stadt erzählt und diese mit allerhand interessanten und lustigen Anekdoten anreichert. Ob diese nun wahr sind oder nicht – glaubwürdig ist auf jeden Fall, dass Bodie mit seiner wachsenden Bevölkerung zunehmend unter dem Verfall der Sitten zu leiden hatte. So stellt der Ranger beispielsweise dar, wie Bodie in zwei Lager geteilt war: Die guten, anständigen Bürger lebten im Süden der Stadt, die Bösewichte im Norden, wo es ständig Schießereien gab und wohin sich selbst die Sheriffs nicht wagten. Das war zu Zeiten, als Bodie mit 10.000 Einwohnern eine für damalige Verhältnisse große Stadt war. Im gesetz-

Die Fahrt zur Geisterstadt ist unbequem, aber ein Erlebnis!

Schon von weitem ein beeindruckender Anblick: Die Reste der Geisterstadt Bodie.

losen Norden befanden sich die Spielhallen, Saloons und Bordelle, wo die Arbeiter sich am Abend betranken und verprügelten. Mord war an der Tagesordnung. Ein kleines Mädchen, dessen Familie in das berüchtigte Bodie ziehen wollte, soll den Erzählungen des Rangers zufolge in sein Tagebuch geschrieben haben: „Goodbye, God, I'm going to Bodie." Dieser Satz wurde im ganzen Westen bekannt. Das Treiben hatte seinen Höhepunkt um das Jahr 1879, als die Stadt aus allen Nähten zu platzen drohte. Danach ist die Bevölkerungszahl kontinuierlich gesunken. Der Hauptgrund war, dass nach der Boomzeit die Mine kaum noch Profit abwarf und es ansonsten im entlegenen Bodie nichts gab, womit die Menschen ihr Geld verdienen konnten.

Bodie wurde nach William S. Body benannt, der 1859 hier als Erster Gold fand. Richtig prominent wurde Bodie, als Goldschürfer einen reichen Fund in Virginia City verzeichneten. Dieser Fund löste den aufsehenerregenden Goldrausch in der umgebenden Wüstenregion aus, auch Bodie war betroffen. William S. Body selbst ist noch 1859 auf einer Reise, auf der er Materialien und Nachschub besorgte, in einem Schneesturm ums Leben gekommen. Seine Familie gründete an seiner Stelle die Stadt, und eine Mi-

nen-Company betrieb die Goldmine und beschäftigte die ständig neuen Bewohner Bodies als Bergarbeiter. Heute kann man sich trotz der gut erhaltenen Häuser die einstigen Ausmaße der Stadt kaum mehr vorstellen. Das liegt vor allem daran, dass ein Großbrand im Jahr 1932 die Stadt bis auf das, was heute so gut konserviert übriggeblieben ist, in Schutt und Asche gelegt hat. Der Ranger hat auch hierzu eine Geschichte parat: Ein dreijähriges Kind soll die Stadt beim Spiel mit

Die Kirche ist eines der gut erhaltenen Gebäude.

Alte Goldförderanlagen geben ein authentisches Bild der Vergangenheit.

beherbergt. Hier kann man die Zeiten für die History Talks erfragen. Aber auch draußen auf den Straßen kann man jederzeit einen der Park Ranger ansprechen. Diese wohnen ganzjährig hier draußen in den alten, restaurierten Gebäuden. Im Winter ist die Zufahrtsstraße bei viel Schnee nicht passierbar. Dann müssen sich die Ranger für ihre Verpflegung mit einem Schneemobil auf den weiten Weg machen. Man kann es fast nicht glauben, dass inmitten dieser verwaisten Wüste Menschen wohnen, doch wie eine Rangerin glaubhaft versicherte, ist es ein großes Abenteuer für die 15 Park Ranger, die hier dauerhaft leben.

Streichhölzern in Brand gesteckt haben. Ungeachtet der Tatsache, dass es ein Kind war, sollte er dafür gehängt werden. Doch die Eltern hatten vorgebaut: Bevor das Urteil gefällt werden konnte, hatten sie mit dem kleinen Kind die Stadt bereits verlassen und sich in San Francisco in Sicherheit gebracht.

Heute sind von der ursprünglichen Stadt nur noch etwa 200 Gebäude übrig, unter anderem die Schule, die Kirche, ein Bankgebäude und eine Bar. Alles in allem stehen nur noch fünf Prozent der ursprünglichen Gebäude aus der Blütezeit. Manche ehemaligen Wohngebäude kann man besichtigen und sich wie in der Zeit eingefroren fühlen: Die Betten sehen aus, wie gerade erst verlassen, auf dem Küchentisch stehen noch die Utensilien vom letzten Frühstück, und der kleine Tante Emma-Laden sieht aus und ist noch so bestückt wie Olesons Laden aus „Unsere kleine Farm". Man kann durch die verlassenen Straßen flanieren, rechts und links zeichnen Utensilien wie ein vergessener Dodge Graham, alte Pferdefuhrwerke und Teile von Gold-Förderanlagen ein authentisches Bild von der Vergangenheit. Für zusätzliche Gruseleffekte sorgt der etwas abseits gelegene Friedhof.

In der ehemaligen Minors Union Hall in der Main Street ist heute ein Museum

Bodie State Historic Park

✉ *Bridgeport, CA 93517*
☎ *1-760-647-6445*
🕐 *ganzj., tägl. 8-19 h im Sommer, 8-16 h in den restlichen Monaten. Vorsicht: Beeinträchtigungen des Zufahrtsweges bei Schnee!*
***Tipp:** Den Park vorher kontaktieren und nach den Straßenbedingungen fragen.*
💰 *Erw. $7, Kinder (6-16 J.) $5*
🖥 *www.parks.ca.gov*

Ende der Nebenstrecke

....

Für den Umweg nach Bodie ist man nur kurz vom Highway 395 abgebogen. An genau dieser Abzweigung führt die reguläre Route in Richtung Südosten weiter auf den Mono Lake zu.

▌**TIPP** *100 Meter nach dem Abzweig nach Bodie befindet sich westlich der Hauptverkehrsstraße ein kleiner Auenwald, wohin man gut mit dem Auto gelangen kann. Ein Fluss fließt durch* mehrere Bachbetten. Hier ist es schön schattig und man kann abseits der Straße schwimmen oder die Füße ins Wasser strecken.

Die malerische Straße wird breiter und zweispurig, während die Berge des Yosemite National Parks immer näher kommen – man vermutet sie schon zum Greifen nah. Unvermittelt ergibt sich ein atemberaubender Blick auf den Mono Lake. Um ihn auf ein Foto zu bannen, sollte man am ausgeschilderten Vista Point rausfahren. Der Panoramablick von hier aus ist überwältigend. Auch merkt man immer noch die Höhe von 2.000 Metern – das macht den Rundumblick noch um ein Vielfaches reizvoller. Unterhaltsam ist der Aussichtspunkt obendrein: Eine mit Aufklebern aus aller Welt bunt beklebte Leitblanke animiert dazu, genauer hinzuschauen. Auch deutsche Fußballvereine sind mit ihren Wappen vertreten, und man fragt sich, welche Touristen wohl gerade rein zufällig auf ihrer Reise durch Kalifornien einen Bayern-München-Aufkleber im Gepäck hatten?

Bei der Zielanfahrt auf den Mono Lake verliert man allmählich an Höhe und erreicht schließlich die **Mono Basin Scenic Area**. Die Straße kann sich derweil nicht zwischen ein- und zweispurig entscheiden. Knapp vor **Lee Vining**, dem Gateway zum Yosemite National Park, erreicht man endlich den Mono Lake. Von diesem See hört man vorwiegend Rätselhaftes: Sein Ökosystem ist durch schwierige Bedingungen wie hoher Salzgehalt und hoher ph-Wert auf ein Minimum reduziert. Dadurch gilt der See als nahezu tot. Gleichsam kann man sich beim Anblick der bizarren Tuffstein-Türme, für die die Umgebung des Mono Lake bekannt ist, eines gewissen geheimnisvollen Eindrucks nicht erwehren. Vorerst muss das Geheimnis jedoch ungelüftet bleiben, denn das Ufer des geheimnisvollen Sees sieht man zunächst gar nicht richtig, während man auf dem Highway 395 an seiner Westflanke entlangfährt. Erst in Lee Vining hat man einen guten, direkten Zugang zum Mono Lake. Dort sollte man auch zunächst das Visitor Center aufsuchen, um sich einen Überblick zu verschaffen.

Blick vom Aussichtspunkt auf den Mono Lake

🐟 MONO LAKE

Der Mono Lake ist mindestens 760.000 Jahre alt und damit einer der ältesten Seen der USA. Der Forscher John Muir verbrachte im Jahr 1864 den Sommer in der Sierra Nevada und beschrieb das Gebiet des Mono Basin als eine Region voller wunderschöner Kontraste: Heiße Wüsten sind umsäumt von schneebedeckten Bergen, Schlacke und Asche verstreuen sich über abgeschliffene Gletscher – kurz: Frost und Feuer arbeiten gemeinsam an der Entstehung dieser Schönheit. Dem See selbst hat wieder einmal Mark Twain eine Bezeichnung verliehen, er nannte den Mono Lake „Das Tote Meer Kaliforniens". Dieser Ausdruck rührt daher, dass der See sehr alkalisch und gleichzeitig sehr salzhaltig ist. Da der See keinen natürlichen Abfluss hat, konzentrierte sich der Frischwasserzufluss über die Jahrhunderte und als Ergebnis davon kam der See zu einem Salzgehalt, der zwei- bis dreimal so hoch wie der des Pazifischen Ozeans ist. Das bedeutet auch, dass nur wenige Tiere und Pflanzen darin leben können, weil sie an den hohen ph-Wert und Salzgehalt angepasst sein müssen. So bevölkern beispielsweise die tieferen Wasserbereichen Krebse, sogenannte Brine Shrimps, die als Nahrung für den Schwarzhalstaucher und eine kalifornische Möwenart dienen.

Ihre Zahl ist im Bereich von Billionen Exemplaren angesiedelt. An den flachen Ufern des Mono Lake kommt am häufigsten die Salzfliege vor, die im Englischen Alcali Fly heißt. Regelrechte Matten aus den Puppen der Salzfliegen breiten sich im Sommer im Uferbereich und unter Wasser aus. Erwachsene Bestände sind vor allem auf den Uferebenen zu finden und gleichen dichten Wolken, die – nun oberhalb der Wasseroberfläche – um die Füße der Besucher schwirren. Die gute Nachricht ist, dass sich die Salzfliegen nicht um den Menschen kümmern, da sie kein Blut saugen.

Eine Besonderheit des Sees ist, dass in ihm überhaupt keine Fische leben. Das freut die Vogelwelt, die auf diese Weise nicht mit den Fischen um die wenige Nahrung im Mono Lake kämpfen muss. Die ornithologische Vielfalt ist entsprechend ungewöhnlich groß – etwa 80 Vogelarten leben im Bereich des Mono Lake und Mono Lake Basin.

Im geologischen Bereich ist das Phänomen der Kalktuff-Formationen besonders charakteristisch für den Mono Lake. Kalziumhaltiges Wasser sprudelt aus unterirdischen Quellen hervor und verbindet sich mit dem kohlenstoffreichen Seewasser. Das Ergebnis sind wie Sandburgen aus dem Wasser ragende Kalkformationen. Sie sehen aus wie Türme oder Pilze. Um die unterirdische Quelle herum

Phänomen des Mono Lake sind die Kalktuff-Formationen.

bildet diese Kalkverbindung Röhren, die über Wasser wie Tufftürme aussehen. Sie ragen deshalb aus dem See heraus, weil vom See eine Trinkwasserleitung abgeführt wird, die im Jahr 1941 bis nach Los Angeles verlängert wurde. Dadurch sank der Wasserspiegel im Mono Lake, der Salzgehalt stieg und Teile des Sees fielen trocken. Kalktuff-Formationen, die zuvor unter Wasser entstanden waren, wurden so plötzlich sichtbar. Sobald die Gebilde allerdings aus dem Wasser herausragen, wachsen sie nicht mehr weiter.

Der Mono Lake hat auch zwei Inseln, die das Ergebnis relativ neuer, vulkanischer Aktivitäten sind. Die dunkelfarbige **Negit Island** ist ein Vulkanasche-Kegel und gleichzeitig Nistplatz für die Kalifornienmöwe. Die flache, weiße **Paoha Island** hat ihren Namen von den vulkanischen Ausbruchkanälen – die Ureinwohner nannten diese heißen Quellen „Pa-o-ha".

Der See hat etwas ungemein Mysteriöses an sich. Das Wasser ist tiefblau und verlockt eigentlich zum Baden. Im Kontrast dazu spiegeln sich die nahen Vulkankegel auf der glatten Oberfläche. Zusammen mit den Tufftürmen wirkt das Ganze surreal. Wenn das Wasser einmal gerade nicht tiefblau ist, denn dann hat es am ehesten die Farbe von Erbsensuppe. Das ist im Winter und bis ins Frühjahr hinein der Fall, wenn große Mengen von Algen die Farbe des Sees verändern. Von diesen

Algen ernähren sich übrigens die Salzfliegen. Kristallklar wird das Wasser dann wieder im späten Frühjahr und so bleibt es auch bis in den frühen Herbst hinein.

Die ursprünglichen Bewohner am Mono Lake waren die **Kutzadika-Indianer**, die sogenannten „Fliegen-Esser". Den Namen haben sie wegen ihrer Sommer-Diät erhalten, die aus der kalorienreichen Puppe der Salzfliege bestand. Während der Sommermonate lebten die Kutzadika an Flüsschen südwestlich des Mono Lake. Im Herbst zogen sie auf die nördliche Seite des Mono Basin, wo sie Pinienkerne sammelten, bevor sie zu ihrem Winterlager zu den wärmeren Ostufern wanderten. Dort waren sie vor Stürmen geschützt. In den 1850er Jahren vertrieben europäische Siedler, die auf Goldsuche waren, die Kutzadika und nur ein Teil der früheren Bevölkerung lebt heute noch im Mono Basin.

In diesem fast außerirdisch wirkenden Umfeld kann man sich recht gut die Zeit vertreiben. Attraktiv ist vor allem ein Besuch des **South Tufa Reserve** mit dem Naturlehrpfad. Hier findet man 13.000 Jahre alte Tuffsteinformationen, die man über den Lehrpfad erreicht ∞ $ 3, Kinder unter 16 Jahre sind kostenlos). In den Sommermonaten werden von Naturforschern geführte, einstündige Touren angeboten (täglich 10, 13 und 18 Uhr). ⇨ Man fährt von Lee Vining aus ca. 8 km/5 mi weiter

auf der US-395 in südliche Richtung und biegt dann Richtung Osten auf die CA-120 ab, wo man noch einmal 8 km/5 mi bis zum South Tufa Reserve unterwegs ist (die letzten 1,5 km/1 mi sind Schotterpiste bis zum Parkplatz). Badenixen sei der Navy Beach östlich des South Tufa Reserve empfohlen. Da der Parkplatz des Strandes sehr klein ist, kann man bei Überfüllung auf den des Reserve ausweichen.

Ein vergleichsweise „junger" Vulkan ist der **Panum Crater** südwestlich des Tufa Reserve. Wenn man davon ausgeht, dass ein Vulkan zwischen 600 und 40.000 Jahre alt sein kann, zählt der Panum Krater mit gerade einmal 640 Jahren zu den Jungspunden unter den Vulkanen. Und wirkt dabei, als ob er jede Minute ausbrechen wollte. Panum Crater ist so gut zugänglich wie kaum ein anderer Vulkankrater, man kann bis auf den Kraterrand steigen. Über mehrere abenteuerliche Wege mit eindrucksvollen Panoramablicken und bei geführten Touren (im Sommer, Dauer 1 ½ Stunden) kann man den Vulkan erforschen, der sich ⇒ etwa 6,5 km/4 mi östlich des US-395 am CA-120 befindet (Schotterpiste).

Eindrucksvoll ist auch eine Kanutour über den See. Der Betreiber „**Canoe Mono Lake**" bietet beispielsweise geführte Touren an (☎ 1-760-647-6595, 🕐 an den Wochenenden von Ende Juni bis Anfang September um 8, 9.30 und 11 Uhr, ♾ $25 pro Person, ☷ erforderlich, 🖥 www.monolake.org/canoe).

Tufas, Vulkane und Ökosystem sind die Hauptthemen im **Mono Basin Scenic Area Visitor Center** knapp einen Kilometer nördlich von Lee Vining. Ausgesprochen kurzweilig und lehrreich sind die meist interaktiven Ausstellungen. Man kann sich über Aktivitäten und von Rangern geleitete Programme informieren und in einem 20-minütigen Film alles Wesentliche über diesen außergewöhnlichen See und dessen Tier- und Pflanzenwelt erfahren. Ein Stopp an diesem liebevoll und aufwändig betriebenen Visitor Center ist ein absolutes Muss.

🅱 Visitor Information

Mono Basin Scenic Area Visitor Center

⇨ An der US-395 etwa 800 m/0,5 mi nördlich von Lee Vining

✉ Highway 395, Lee Vining, CA 93541

☎ 1-760-873-2408

🕐 Anfang April -Ende Nov.

🖥 www.fs.fed.us/r5/inyo

🏛 Unterkünfte Mono Lake

⛺ Campgrounds Mono Lake

⛺ Mono Vista RV Park

Gut ausgestatteter Campground mit eigenem kleinen Souvenir-Laden und einem Waschsalon, heißen Duschen, schattigen, aber zum Teil eng beieinander liegenden Plätzen mit schönen Ausblicken. Der Campground liegt mitten in Lee Vining, aber weit genug vom Highway 395 entfernt, sodass die Verkehrsgeräusche nicht stören.

▌**HINWEIS** Auch mit Reservierung muss man bis 17 Uhr da sein, ansonsten wird der Platz anderweitig vergeben.

✉ 57 Beaver Lane, Lee Vining, CA 93541

☎ 1-760-647-6401

☷ ja

🛏 51   ⚡ ja   🔥 ja ($ 1 für 5 Min.)

♾ *

🚿 10   ♾ *

✉ monovista@qnet.com

🖥 www.leevining.com

🏛 Hotels Mono Lake

🏛 Tioga Lodge

Zwischen Mono Lake und dem Highway 395 gelegene Lodge mit kleinen Hütten, die in altmodisch-antikem Stil eingerichtet sind. Jedes Hüttchen hat eine eigene Terrasse, von der aus man den Sonnenuntergang bestaunen kann. Der Blick auf den Mono Lake ist sehr schön, die vorbeifahrenden Autos auf dem Highway hört

Eine Kulisse wie aus dem Bilderbuch: der June Lake

man aber schon. Die Lodge liegt etwas außerhalb des Ortes Lee Vining.

✉ *54411 Highway 395, Lee Vining, CA 93541*
☎ *1-619-923-3282*
☎ *1-760-647-6423*
🕙 *Mitte Juni-Mitte Okt.*
⚭ ****
✉ *tiogalodge@gmail.com*
🖥 *www.tiogalodgeatmonolake.com*

Die Fahrt vom Lake Tahoe über Bodie bis zum Mono Lake sollte man nicht unterschätzen. Das bedeutet, es ist unrealistisch, an einem Tag noch bis ins Innere des Yosemite National Park vorzudringen und dort sein Quartier aufzuschlagen. Es gibt zwei Möglichkeiten, diesen (Fahr-) Tag stressfrei zu gestalten: Eine Übernachtung am Mono Lake beziehungsweise in Lee Vining oder auf der – sehr zu empfehlenden – Nebenstrecke zum June Lake. So kann man am Folgetag früh aufbrechen, um die sensationell schöne Fahrt über den Tioga Pass zum Yosemite National Park in aller Ruhe zu genießen.

Nebenstrecke zum June Lake

👁 JUNE LAKE LOOP

Der June Lake liegt am östlichen Berghang der Sierra Nevada. Die **California**

State Route 158 definiert den June Lake Loop, der an zwei Stellen auf den Highway 395 trifft. Um zu dieser Schleife mit dem herrlichen June Lake und weiteren bezaubernden Bergseen zu gelangen, folgt man ab Lee Vining weiter dem Highway 395 in südliche Richtung. Den ersten Abzweig auf die SR-158 lässt man links liegen, die Schleife im Uhrzeigersinn zu befahren ist reizvoller. Die nächste Abfahrt folgt etwa 9,5 km/6 mi später, ab dieser geht es über die SR-158.

Wenn man davon ausgeht, dass es am Tag der Ankunft am June Lake schon spät ist, da man vom Lake Tahoe kommt und den Abstecher nach Bodie gemacht hat, ist der erste Campground am June Lake Loop gleich eine gute Empfehlung: der Pine Cliff Campground. Auf der Schleife reiht sich aber ein Campground an den anderen, es wird sich in dieser malerischen Landschaft also auf jeden Fall eine Bleibe für die Nacht finden.

Zu Recht ist die State Route, die die Seen umrundet, ein Scenic State Highway. Die zauberhafte Landschaft, die herrlichen Seen June Lake, Gull Lake, Silver Lake und Grant Lake und die nahen Berge sind ein faszinierender Anblick. Vor allem am südwestlichen Ende des Loop ist man der atemberaubenden Bergwelt ganz nahe. Wasserfälle stürzen sich auf der einen Seite in die

Baden im azurblauen Wasser der Bergseen ist ein Traum!

Tiefe, während auf der anderen Seite Flüsse den Weg begleiten und sich verschiedene Seen azurblau in die sanfte Landschaft einschmiegen. Der **June Lake** ist der landschaftlich reizvollste dieser Seen. Hier lohnt es sich, einfach anzuhalten und einen Blick über das glitzernde Wasser mit dem Bergkamm der Sierra im Hintergrund schweifen zu lassen. Am Ende des Sees befindet sich auch der gleichnamige Ort June Lake, in dem man sich in einem Laden mit den nötigsten Lebensmitteln für die Weiterfahrt eindecken kann (die Auswahl an Waren ist hier sogar größer als in Lee Vining!). Der 629-Seelen-Ort ist mit über 2.300 Metern Höhe ein richtiges Bergdorf, sodass man nachvollziehen kann, dass hier im Winter alles auf Skibetrieb eingestellt ist.

Der **Gull Lake** ist vor allem ein Paradies für Angler, da große Bestände prächtiger Forellen in ihm leben. Ansonsten ist er der kleinste der vier Bergseen im June Lake Loop.

Am **Silver Lake** befindet sich ein großer Parkplatz als Ausgangspunkt für verschiedene Aktivitäten und beim Silver Lake Resort gibt es einen Bootsverleih. Nichts steht also einer beschaulichen Bootsfahrt in dieser schönen Bergwelt entgegen! (Preise und Informationen unter 🖥 http://silverlakeresort.net/boats.htm).

An bedeckten Tagen erkennt man übrigens dann auch, woher der See seinen Namen hat – dann nämlich hat er eine regelrecht silbrige Wasseroberfläche.

Der letzte See im Bunde ist der **Grant Lake**, im Gegensatz zu den drei anderen ein Stausee. Er wirkt etwas künstlich und ist auch nicht mehr ganz so idyllisch wie seine Vorgänger.

Das Tal des June Lake Loop wird oft als eine in Hufeisenform gestaltete Schlucht beschrieben, die in der Eiszeit entstanden ist. Durch Gletscherbewegungen wurde ein Becken geschaffen, das sich mit Quellwasser füllte – so entstanden die beiden Seen June und Gull Lake. Der Abfluss aus diesen beiden Seen floss zurück in die Ausläufer der Berge und bildete den Fluss Reverse Creek. Dieser wiederum mündet in den Rush Creek und fließt durch den Silver und den Grant Lake, womit die Runde vervollständigt ist.

Die Schleife hat schon im 19. Jahrhundert Angler, Jäger und Wanderer angezogen, blieb aber weitgehend von Goldgräbern verschont. So blieb das Gebiet lange Zeit ohne Straße und wurde ausschließlich wegen seiner landschaftlichen Reize und des Erholungswertes geschätzt. Zumindest war dies bis zum Bau eines Wasserkraftwerks 1917 der Fall.

Auf dem Silver Lake kann man romantisch Boot fahren.

Dennoch hat die Gegend auch heute noch etwas ungemein Entspannendes. Man muss hier nicht loswandern oder sich gewaltsam eine Aktivität suchen. Der June Lake Loop soll einfach eine kleine Genussfahrt sein, angereichert mit ein paar Stopps und geruhsamen Momenten inmitten einer herrlichen Kulisse.

Im Winter ist der June Lake fest in den Händen des Wintersports. Die **June Mountain Ski Area** ist ein schneesicheres Gebiet mit einem großen Angebot an Lifts und Skipisten (ausführliche Infos unter ⌨ www.junemountain.com). Die Wintersportsaison startet spätestens im Dezember und dauert bis in den April hinein.

HINWEIS Die SR-158 ist normalerweise zwischen Mitte Dezember und Mitte April ab knapp 6 km/4 mi nördlich von June Lake bis zur nördlichen Verbindung mit dem Highway 395 geschlossen.

Rund 4 km/2,6 mi, nachdem der Highway sich vom Grant Lake abgewendet hat, verlässt man den Loop und stößt etwa 6,5 km/4 mi südlich von Lee Vining wieder auf den Highway 395. Nach kurzer Fahrt gen Norden erreicht man wieder den Ausgangspunkt dieser Nebenstrecke, von dort geht die Route auf dem Highway 120 Richtung Westen weiter.

🏨 Unterkünfte am June Lake Loop

🏕 Campgrounds am June Lake Loop

🏨 Pine Cliff Resort

Der Campground ist, wenn man den June Lake Loop im Uhrzeigersinn befährt, der erste Campground auf der Schleife. Er liegt direkt oberhalb des June Lake, über einen Pfad erreicht man das Nordufer des Sees mit herrlichen Badestellen und tollen Ausblicken. Der Campground wirkt unscheinbar, ist aber nicht nur herrlich gelegen, sondern auch bestens ausgestattet mit einem kleinen Laden, einem Waschsalon, einem Kleinkindspielplatz und einem Volleyballfeld. Der Platz bietet dank der zahlreichen Pinien viel Schatten. Das Preis-Leistungs-Verhältnis ist sehr gut. Dass wir immer mehr in die Nähe von Bären gelangen, erfahren wir von der Campground-Betreiberin: Jede Nacht hört man hier einen Bären bei seinen Bemühungen, die Bärenboxen zu knacken! Bislang war er erfolglos, also ist man gut beraten, Lebensmittel bärensicher zu verstauen. Bezahlung nur bar!

⇨ *Etwa 1,6 km/1 mi nach Abbiegen auf die SR-158 rechts auf den Northshore Dr einbiegen (Achtung, Hinweisschild liegt bereits deutlich eingewuchert am Boden). Nach 800 m/0,5 mi links in die Pine Cliff Road fahren.*

Ein schattiger, gut gelegener privater Platz ist das Pine Cliff Resort.

⌧ Pine Cliff Road, June Lake, CA 93529

☎ 1-760-648-7558

🕐 Mitte April-Okt.

🛏 ja (telefonisch!)

⛺ 100   ja   ja ($ 1 für 5 Min.)

♿ *

🚐 110   ♿ *

🖥 www.pinecliffresort.net

Silver Lake Resort RV Park

Mit Blick auf die fantastische Bergwelt der östlichen Sierra lässt es sich hier am Silver Lake campieren. Die Stellplätze liegen teilweise recht eng beieinander, aber die Umgebung macht dies absolut wett. Zum Resort gehören ein Café (hier kann man frühstücken), ein Waschsalon und ein Lebensmittel- und Souvenirladen. Es gibt nur wenige schattige Plätze; manche haben Seeblick.

⇨ Direkt an der SR-158 gelegen

⌧ 6957 Highway 158, June Lake, CA 93529

☎ 1-760-648-7525

🕐 Ende April-Mitte Okt.

🛏 ja

⛺ 80   ja   ja   ♿ **

🚐 nein

📧 staff@silverlakeresort.net

🖥 http://silverlakeresort.net/rv-park.htm

🏨 Hotels am June Lake Loop

🏨 Heidelberg Inn

Das Motel liegt zwar nicht direkt am See, aber im Ort June Lake. Restaurants, Cafés und ein Lebensmittelladen sind gut erreichbar. Der Stil soll der eines Hotels in den bayrischen Alpen sein – darüber kann man streiten. Aber die Zimmer sind groß, sauber und alle mit einer kleinen Küchenzeile ausgestattet. Zwei Außen-Whirlpools und eine Sauna verleihen dem Aufenthalt ein wenig Wellness. Mindestaufenthalt sind zwei Nächte!

⇨ Im Ort June Lake geht es links ab in den Lakeview Dr.

⌧ 85 Boulder-Lake View; June Lake, CA 93529

☎ 1-760-648-7781

🕐 ganzj.

♿ **

📧 info@extraholidays.com

🖥 www.extraholidays.com

🏨 Silver Lake Resort

Das Sommer-Resort beinhaltet einen RV-Park, einen altmodischen Laden mit Lebensmitteln und Souvenirs, ein Café, einen Bootsverleih und Blockhüttchen zum Mieten. Die 17 Hütten sind alle gemütlich eingerichtet und haben Küchenausstattung.

⇨ Direkt an der SR-158 gelegen

⌧ 6957 Highway 158, June Lake, CA 93529

☎ 1-760-648-7525

🕐 Ende April-Mitte Okt.

🛏 ja

♿ **-***

📧 staff@silverlakeresort.net

🖥 http://silverlakeresort.net/rv-park.htm

Ende der Nebenstrecke

....

Nach diesen herrlichen Landschafts-Impressionen sind wir nun bestens eingestimmt auf das nächste große Highlight, das uns erwartet: den berühmten Yosemite National Park. Ausgangspunkt ist Lee Vining. Wir wenden uns in westliche

Richtung und steuern über den Highway 120, die sogenannte **Tioga-Road**, den berühmten National Park an. Die südlichste Passstraße über die Sierra Nevada führt einmal quer von Ost nach West durch den Yosemite National Park. Sie ist der höchstgelegene Highway-Pass Kaliforniens und schon allein deshalb eine Attraktion für sich – man sollte ihm so viel Zeit wie möglich widmen!

Die Passstraße war früher eine Fuhrwerkstraße und wurde in den Jahren 1882/83 von einer Minengesellschaft erbaut – damals „Big Oak Flat Road" genannt. 1961 wurde sie ausgebaut und für den Verkehr freigegeben. Sie ist auch heute noch die einzige Straße, die durch den Yosemite und die **Tuolumne Meadows** hindurchführt.

Schon wenige Kilometer nach Lee Vining wird die Passstraße traumhaft. Vom Mono Lake aus kommend bietet sie auf den ersten Kilometern einen für jedes Fahrzeug spürbaren, steilen Anstieg und klettert in kurzer Zeit um 900 Höhenmeter bergauf. Man kommt insgesamt auf 3.310 Meter Höhe – kein Wunder also, dass sich Ausblicke auftun, die einem schlichtweg die Sprache verschlagen. Man kommt gleichsam nur sehr schleppend vorwärts, da man ständig anhalten und die atemberaubende Landschaft bestaunen muss. Nach etwas mehr als 19 km/12 mi passiert man den **Tioga Pass Entrance**, den Eingangsbereich zum Yosemite National Park.

▌**HINWEIS** Die Tioga Road ist je nach ▌ Schneelage zwischen November und ▌ Mai gesperrt. Die aktuellen Straßenbedingungen und Informationen über die Sperrungen kann man telefonisch unter ☎ 1-800-427-7623 erfragen oder im Internet unter 🖥 www.nps.gov/yose/planyourvisit/tiogaopen.htm recherchieren.

❀ YOSEMITE NATIONAL PARK

▶ C4

▶ Karte S. 288

(Parkgebühren: $ 20 für 7 Tage pro Familie/Fahrzeug, $ 80 für den Annual Pass)

Der Yosemite National Park ist ein Natur-Paradies ohnegleichen und deshalb nicht ohne Grund UNESCO-Weltnaturerbe. Er liegt an den westlichen Hängen des Hochgebirges **Sierra Nevada**. Vier geografische Regionen sind für die zauberhafte Schönheit verantwortlich und prägen das besondere Landschaftsbild:

Da ist vor allem die **High Sierra** mit ihren glatt geschliffenen Granitkuppen, den schroffen Bergspitzen und den weitläufigen Bergwiesen. Auf hunderten von Kilometern Wanderstrecken bietet die High Sierra Abenteuer und zugleich Einsamkeit – es ist ein Vergnügen, diese von der Eiszeit geschaffene Landschaft zu erkunden. Gletscher gestalteten die Landschaft, indem sie Canyons erschufen. Mit ihrer Naturgewalt formten sie die sogenannten „Domes", ehemalige Felsen und Berge, die über die Oberfläche der Gletscher hinausragten. Nachdem die Gletscher durch die Klima-Erwärmung geschmolzen waren, hinterließen sie riesige, ungleichmäßige Felsbrocken, die teilweise regelrecht bedrohlich in die Landschaft platziert sind.

Die zweite geografische Region machen die **Granite Cliffs** aus, die massiven Felsgebilde im Yosemite Valley. In einem Reiseführer von 1868 stand geschrieben, dass niemals ein menschlicher Fuß den Gipfel des Half Dome betreten würde – es sollte als Herausforderung gelten. Es war ein Mann namens George Anderson, der den Gipfel sieben Jahre später, im Jahr 1875, erreichte – unzählige weitere Bezwinger folgten. Abenteuerlustige wagten sich auch an andere dünne Granitwände im Yosemite National Park. Das Klettern bekam eine neue Dimension und zieht noch heute Alpinisten aus der ganzen Welt an – die Namen „**Half Dome**" und „**El Capitan**" sind nicht nur für Profis ein

Wiese im Vordergrund, der Upper Yosemite Fall im Hintergrund

eine! Während der Eiszeit hat das vorbeiströmende Schmelzwasser von Gletschern einfach nur die Seiten des Felsens steil ausgebildet. Steinschläge haben zusätzlich im Laufe der Zeit die nordwestliche Seite des Felsens abgetragen. Die Entstehung der Felsformationen wissenschaftlich zu begründen, hat Geologen über 100 Jahre lang herausgefordert. Das Ergebnis ist: Flüssiges Magma hat sich etwa 8 Kilometer unter der Erdoberfläche zu Granit erhärtet. Erosion wusch an vielen Stellen im Laufe der Zeit das über dem Granit angelagerte Sedimentgestein fort, legte damit den Granit frei und hinterließ die Granitfelsen in ihrer heutigen, exponierten Stellung. Man kann aber davon ausgehen, dass die dynamischen Kräfte der Natur diese Dome auch weiterhin formen werden.

Begriff. Im Visitor Center des Yosemite Valley wird eine Legende zur Entstehung des mythischen „halben" Felsbrocken dargestellt: Ein Ehepaar soll einmal nach einem langen Marsch sehr durstig an einem See im Yosemite angekommen sein. Die Frau habe in einem Zug den ganzen See leergetrunken. Daraufhin sei der Mann sehr ärgerlich geworden und habe Sachen nach der Frau geworfen. Diese wiederum soll ihm zornig ihren Korb ins Gesicht geschleudert haben. Während ihres Streits sollen beide voreinander stehend, aber entzweit, in Stein verwandelt worden sein, woraus der Half Dome entstand. Die schwarzen Linien sollen die Tränenspuren der Frau sein. Fragt sich nur, wo die andere Hälfte abgeblieben ist? Auch hierzu liefert das Visitor Center eine Antwort: Es gab nie

Ein weiteres Phänomen der Region sind die sogenannten **Sequoia Groves**, kleine Haine der Baumart, für die der benachbarte Sequoia National Park berühmt ist. Giant Sequoias stellen selbst die größten Pinien und Tannen im wahrsten Sinne des Wortes in den Schatten, die zwischen ihnen wachsen. Ihre Baumstämme können eine Dicke von fast 80 Metern erreichen! Die Giant Sequoias sind Symbol für den Yosemite National Park. Nach jahrelangem Bekämpfen von Feuer zum Erhalt der geschätzten Bäume hat man nun festgestellt, dass durch Brände die Reproduktion der Giants begünstigt wird, da die Zedern und Tannen als Konkurrenten um den mineralhaltigen Boden entfallen. Die kleinen Samen der Sequoias können besser und schneller Wurzeln schlagen, weil sie zur

Keimung entblößten, mineralhaltigen Boden brauchen und vor allem Sonnenlicht, das sich durch die „Ausdünnung" der anderen Bäume ergibt. An den Stämmen mancher großer Sequoias sind Brandspuren – die Bäume sind jedoch gesund, ein Zeichen dafür, dass sie Brände vollständig unbeschadet überlebt haben.

Das **Yosemite Valley** selbst als vierte geografische Besonderheit ist der Kern des National Parks. Das Tal ist von West nach Ost 13 km/8 mi lang und 1,6 km/1 mi breit und wird von 1.000 Meter hohen Granitwänden flankiert. Neun Wasserfälle stürzen sich rundherum tosend herab. Der **Merced River** fließt durch das Tal, gesäumt von Büschen und Laubbäumen. Feuchtwiesen führen zu immergrünen Steineichen, die Lieferanten von nahrhaften Eicheln für Rehe, Schwarzbären und die häufig anzutreffenden Spechte sind. Dieses idyllische Szenarium herrscht allerdings nur, wenn der Merced River friedvoll durchs Tal fließt. Hat er Hochwasser, kann er mit Leichtigkeit das Werk von Mensch und Natur umgestalten. Von einem Tag auf den anderen ändert seine „Macht" den Lauf von Flüssen oder sorgt dafür, dass sich Wasserfälle auf neuen Wegen in die Tiefe stürzen. Wasser hat überhaupt schon immer eine große Rolle im geologischen Prozess des Tals gespielt, weswegen Yosemite Valley heute hauptsächlich das Tal der Wasserfälle ist. Die attraktivsten Wanderungen beinhalten die diversen Fälle.

Diese vier geologischen Regionen machen die Vielfalt des National Park aus. Das 18 Quadratmeter große Yosemite Valley mit der Mariposa Grove, den Felsen, den Wasserfällen und den wild lebenden Tieren machen den Park zu einem einzigartigen Erlebnis. Worte, um die Stimmung des Parks zu beschreiben, sind nur schwer zu finden, eine Aussage John Muirs beweist, wie überwältigt man von diesem Paradies ist: „It is by far the grandest of all the special temples of Nature I was ever permitted to enter." – „Es ist mit Abstand der größte Naturtempel, den ich jemals betreten durfte."

Der Yosemite National Park wurde 1984 zum UNESCO-Weltnaturerbe erklärt. 3,5 Millionen Menschen besuchen jährlich den Park, viele davon konzentrieren sich dabei ausschließlich auf das Yosemite Valley, von wo aus die bekanntesten Wanderungen starten. Zahlreiche Ausgangspunkte für Wanderungen und vor allem herrliche Aussichtspunkte reihen sich an der Tioga Road aneinander. Einen Rundumblick über all die Schönheit des National Parks erhält man am **Glacier Point**, südlich des Valley gelegen und durch eine eigene Zufahrtsstraße erreichbar. Neben dem Zugang am Tioga Entrance gibt es drei weitere Park-Eingänge, den **Big Oak Flat Entrance** nordwestlich des Valley, den **Arch Rock Entrance** südwestlich davon sowie den **South Entrance** als Zugang im Süden. Über ein 315 Kilometer langes Straßennetz und kostenlose Pendelbusse sind die einzelnen Bereiche des Parks erreichbar. Mit dieser Infrastruktur ist der erschlossene Teil des Parks auch schon genannt. Der Großteil des Yosemite National Parks besteht aus geschützter Wildnis ohne Straßen, für die man eine Genehmigung braucht, wenn man darin wandern und übernachten möchte. Die Genehmigungen bekommt man kostenlos bei den Rangerstationen, im Wilderness Center oder in den Visitor Centern. Die Yosemite Wilderness stellt mit 2.742 Quadratkilometern 91 Prozent der Gesamtfläche des ganzen Parks. Insgesamt ist der Park über 3.000 Quadratkilometer groß und hat eine Höhenlage zwischen 600 und knapp 4.000 Metern. Wegen dieser Höhenunterschiede finden einige Pflanzen- und Tierarten hervorragende Lebensbedingungen. Rotwild, Schwarzbären, Kojoten, Rotluchse und Streifenhörnchen sind hier beheimatet.

In fünf verschiedene Bereiche kann man den Park geografisch eindeutig einteilen: Das Yosemite Valley, das historische Wawona und Mariposa Grove, Glacier Point, die Tioga Road mit den Tuolumne Meadows und das Valley Hetch

C

Hetchy – der Fokus soll in diesem Reiseführer auf den eher zentralen Gebieten liegen und Hetch Hetchy (in der Wilderness gelegen im Norden des Parks) außen vor lassen und Wawona und Mariposa (beides südlich des Valley) nur kurz streifen. Der ganze Park wäre einen eigenen, mehrwöchigen Urlaub wert. Es ist ausgeschlossen, alle Gebiete des Parks in kurzer Zeit intensiv erleben zu können. Deshalb wollen wir uns auf einen überschaubaren Bereich konzentrieren. Wer sich allerdings dem Besucherandrang der Hauptattraktionen entziehen möchte und an einsamen Wildniswanderungen mit entsprechender Ausrüstung interessiert ist, findet weitere Informationen zum Valley Hetch Hetchy unter: ⌨ www.hetchhetchy.org.

Die besten Besuchszeiten des Yosemite National Park sind Frühling und Herbst. Nach der Schneeschmelze führen die Wasserfälle im Frühjahr extrem viel Wasser und bieten ein beeindruckendes Naturspektakel. Im Herbst sind die Wasserfälle zwar fast ausgetrocknet, dafür bietet die Laubfärbung einen berauschenden Anblick. Im Sommer ist der Besucherandrang riesengroß. Bei den leichter zugänglichen Wasserfällen kann man schon mal Schlange stehen und auch die Kletterpartie auf die Domes ist alles andere als ein einsames Vergnügen. Dafür ist das Wetter zuverlässig gut mit wenigen Niederschlägen und angenehm warmen, aber wegen der Höhenlage nicht zu heißen Temperaturen. Sommergewitter am Nachmittag, vor allem in höheren Lagen, sind häufig. Im Winter wird ein Großteil des Parks wegen heftiger Schneefälle geschlossen, einzelne Skigebiete sowie das Yosemite Valley sind jedoch geöffnet.

🅱 Visitor Information

Yosemite National Park
✉ *9039 Village Drive, Yosemite, CA 95389*
☎ *1-209-372-0200*
⌨ *www.nps.gov/yose*

Yosemite Valley Visitor Center
Neben einigen kleineren und größeren Besucherzentren ist das Visitor Center im Yosemite Valley das umfassendste und gibt eine umfangreiche Orientierung über den Park. Jede Menge Informationen, auskunftsfreudige Park Ranger, Karten- und Buchmaterial helfen, den Aufenthalt im Park zu strukturieren. Besonders eindrucksvoll sind die interaktiven Ausstellungen und liebevoll gestalteten Exponate, die viel zu der Entstehung der einzigartigen Landschaft erklären. Eine Empfehlung ist auch der durchgehend gezeigte Film „Spirit of Yosemite", in dem die ganze Pracht des Parks zum Ausdruck kommt. Dem Visitor Center ist ein Buchladen angeschlossen. Das Visitor Center ist auch Knotenpunkt des kostenlosen Shuttle-Bus-Services. Die grüne Route bedient das Yosemite Valley und wird ganzjährig angeboten. In den Sommermonaten gibt es zusätzlich die bordeauxfarbene El Capitan-Route, die nordwestlich von der Lodge einen Bogen rund um die El Capitan Picnic Area beschreibt, und den orangefarbenen Express-Shuttle, der im Kernbereich der Yosemite Village verkehrt. Als Unterstützung kann man sich vorab im Internet einen Plan ausdrucken unter ⌨ www.nps.gov/yose/planyourvisit/upload/valleyshuttle.pdf. Mit allen drei Linien des Shuttle-Services erreicht man das Visitor Center über die Haltestellen 5 und 9.
✉ *Yosemite Lodge Dr, Yosemite Valley, CA 95389*
☎ *1-209-372-0200*
⌚ *tägl. 9-19.30 h*

🅱 Weitere Visitor Center

Tuolumne Meadows Visitor Center
✉ *An der Tioga Road im Osten des Parks bei den Tuolumne Meadows gelegen. Ausstellungen, Bücher und Karten. Nur im Sommer geöffnet.*

Big Oak Flat Information Station

✉ Am Big Oak Flat Entrance, Kartenmaterial
und Wilderness Permits
⇨ direkt vor der Eingangsstation ist links die
Information Station mit großem Parkplatz

Wawona Information Station

✉ Nahe dem Wawona Hotel, Informationen
über Parkaktivitäten, Wilderness Permits
⇨ Das Visitor Center befindet sich innerhalb
des Wawona Hotels im Gebäudeteil „Hill's
Studio"

👁 Tioga Road

Vom Mono Lake kommend hat man die
Tioga Road vor sich, eine Straße, die uns
wegen der landschaftlichen Schönheit
rechts und links viel Zeit „kosten" wird.
Die Passstraße befindet sich zwar schon
innerhalb des Parks, aber in den meisten
Fällen dient sie als Durchfahrtsstraße
Richtung Yosemite Valley. Die meisten
Campgrounds und Übernachtungsmöglichkeiten liegen im Valley beziehungsweise an den beiden Eingangsbereichen
im Westen des Parks. Die Tioga Road ist

aber auch schon angefüllt mit Sehenswürdigkeiten, die man auf dem Weg zur
Unterkunft „abarbeiten" sollte. Die Wahrscheinlichkeit, vom endgültigen Standort
aus noch einmal hierher zurückzufahren,
ist gering. Deshalb steht dieser Tag mit
der Fahrt über den knapp 100 Kilometer
langen Tioga-Pass auch ganz unter dem
Zeichen des Genießens. Die Straße ist
bergig, anfangs extrem steil, einspurig
und sowieso nicht im Schnelldurchlauf
zu fahren (würde man dies ohne Zwi-
schenstopps tun, würde man etwa 2 ½
Stunden brauchen). Man sollte anhalten, so oft es die Zeit erlaubt, und zwischendurch auch eine Wanderung machen oder in einem der glasklaren aber
kalten Bergseen ein Bad nehmen. Der
spektakulärste Teil ist der bis zum Aussichtspunkt Olmsted Point. Wenn die Zeit
drängt, dann Priorität auf diesen ersten
Wegabschnitt legen. Die wichtigsten Haltepunkte werden unter Sehenswürdigkeiten aufgeführt. Entlang der Tioga Road
gibt es auch Übernachtungsmöglichkeiten vor allem auf Campgrounds, die an
den entsprechenden Stellen ebenfalls
genannt werden. Auf diese sollte man

C

Der Wechsel zwischen Wiesen,
Bergseen und Felsen auf dem
Tioga Pass ist ein Traum!

Der Lembert Dome bei den Tuolumne Meadows

gebildes sollten wir uns die Entstehungsgeschichte dieser Steinformationen noch einmal vor Augen führen und die Natur für ihre Kräfte bewundern.

Der Namensgeber des Stopps ist eine riesige, offene, sub-alpine Wiesenlandschaft, durch die sich der Tuolumne River hindurchschlängelt und von Berggipfeln und Felsgebilden umsäumt ist. Zwischen dem Lembert Dome und dem ebenfalls nördlich der Tioga Road gelegenen Nachbarn Pothole Dome erstreckt sich die Hauptwiese mit stolzen 4 km/2,5 mi Länge. Es ist die höchstgelegene Wiese in der Sierra. Im Sommer ist die Wiese übersät mit Wildblumen und bietet einen atemberaubenden Anblick. Die Wiese lädt förmlich zum Wandern ein – oder sollte man hier besser sagen, zum Wandeln? Man spaziert einfach in der gewünschten Länge durch die herrliche Wiesenlandschaft und lässt dabei die Seele baumeln.

zurückgreifen, wenn man ohne Reservierung in den Yosemite National Park gekommen ist. Die Wahrscheinlichkeit, ohne Reservierung ein freies Plätzchen in oder nahe dem Valley zu ergattern, ist nicht nur in der Hauptsaison gering.

👁 Sehenswürdigkeiten an der Tioga Road

ᗯᗯ Tuolumne Meadows

Erster richtig großer Stopp sind die Tuolumne Meadows 13 km/8 mi nach dem Eingangsbereich Tioga Pass Entrance. Hier, auf 2.600 Metern Höhe, gibt es gleich mehrere Anlaufpunkte: Zunächst stoßen wir zum ersten Mal hautnah auf einen Dome, den unmittelbar am Straßenrand und neben dem Tuolumne River liegenden **Lembert Dome**. Im direkten Angesicht dieses 240 Meter hohen Fels-

Auf der gegenüberliegenden Straßenseite befindet sich das Visitor Center. Hilfreich ist hier vor allem eine Tafel, auf der immer aktuell vermerkt ist, welche Campgrounds im ganzen Park gerade geöffnet sind und welche davon noch freie Kapazitäten haben. Im Visitor Center bekommt man kostenlose Wilderness Permits, 🕐 geöffnet ist es im Sommer von 8.30 bis 17 Uhr. Sowohl am Visitor Center als auch am Lembert Dome hält der kostenlose **Tuolumne Meadows Shuttlebus**. Dieser Pendelbus verkehrt von Mitte Juni bis Anfang September zwischen der Tuolumne Lodge und dem Olmsted Point.

Für längere Zeit zum letzten Mal kann man an diesem Stopp noch einmal

Die Bergwiese Tuolumne Meadows am gleichnamigen Haltepunkt

die Zivilisation nutzen und sich mit dem Nötigsten eindecken. Es gibt einen Campingplatz, eine Lodge, einen Laden mit Imbiss und eine Tankstelle.

🏕 Tuolumne Meadows Campground

Hier ist längst nicht so viel los wie auf den überfüllten Plätzen im Yosemite Valley, es kann aber auch voll werden. Die Stellplätze sind groß und der nächste Nachbar ist weit entfernt. Die Landschaftskulisse ist einzigartig.

✉ *Tioga Road Highway 120, Yosemite National Park, CA 95389*
☎ *1-209-372-0200*
🕐 *Juli-Ende Sept.*
♿ *teilweise*
🛏 *304*   🍴 *ja*   🐾 *nein*   💲 *$ 20*
🏕 *304*   💲 *$ 20*
🖥 *www.nps.gov/yose/planyourvisit/tmcamp.htm*

Rund um die Tuolumne Meadows gibt es, wie entlang der gesamten Tioga Road, zahlreiche wunderschöne und auch bekannte Wanderungen. Was allerdings das Wandern betrifft, soll es in diesem Reiseführer entlang der Pass-Straße thematisch auf einige Hinweise beschränkt bleiben. Die Hauptwanderungen beziehen sich vielmehr auf den Kernbereich des Parks rund um Yosemite Valley. Eine gute Übersicht über die Wanderungen im Bereich von Tuolumne Meadows findet man unter 🖥 www.nps.gov/yose/plan-yourvisit/tmhikes.htm. So setzen wir also unseren Weg fort und kommen abermals nicht weit, der nächste Stopp erwartet uns schon nach wenigen Kilometern.

🦆 Tenaya Lake

Er gilt als einer der schönsten Seen des Yosemite National Park und tatsächlich verschlägt es einem erst einmal die Sprache, wenn man zu seinem Ufer vorgedrungen ist. Die Landschaft präsentiert sich auf dermaßen unberührte Weise, dass sie schon fast unecht wirkt. Der klare Bergsee, von Wald und Graslandschaft umgeben und mit Granitfelsen im Hintergrund, hat etwas Paradiesisches. Am besten sollte man sich das Westende des Sees vornehmen, von hier aus hat man den besten Blick über den ganzen See mit den Felsskulpturen im Hintergrund – ein Traum. Geschaffen wurde dieses Naturwunder von einem Ableger des Tuolumne Gletschers, als dieser sich durch den Tenaya Canyon arbeitete. Sein ursprünglicher Name war „Lake oft the shining rocks".

Der Besucherstrom verteilt sich gut um den See herum. Da man ihn von der Straße nicht richtig einsehen kann, fahren viele achtlos daran vorbei, womit diese Besucher ein absolutes Highlight des Parks verpassen. Es war die „Herausforderung unseres Lebens", aber wir haben uns in die kühlen Fluten gestürzt und den See auf diese Weise genossen. Vie-

▼ C6

C

Spektakulär wird es am Tenaya Lake.

le Urlauber liegen hier an den sandigen Abschnitten und erleben Strand-Feeling in hoher Höhe und mit ungewöhnlicher Kulisse. Auch eine Runde um den See zu spazieren ist eine schöne Möglichkeit, die beschauliche Atmosphäre in sich aufzunehmen. Was immer Sie hier gerne tun möchten – lassen Sie sich den Zauber dieses Ortes auf keinen Fall entgehen.

Kaum ist man wieder gestartet, folgt der nächste Höhepunkt. Man hat auf dieser fantastischen Strecke kaum Zeit, zu Atem zu kommen.

◉ Olmsted Point

Diesmal tut sich die Sehenswürdigkeit direkt neben der Straße auf, man hat gar keine Chance, sie zu verpassen. Schon der große Parkplatz am Straßenrand weist auf etwas Besonderes hin. Olmsted Point hat ganz entschieden etwas Außerirdisches. Granitgestein, soweit das Auge reicht, darüber gibt es nur noch den Himmel. Aus schwindelerregender Höhe hat man einen Panoramablick wie selten. Im Osten sieht man den eben besuchten Tenaya Lake, im Westen linst bereits die Nordseite

des Half Dome hervor. Man klettert einen Felsen zum Aussichtspunkt hinauf, damit der Rundumblick noch freier ist und umso überwältigender wirkt. Von hier aus kann man außerdem das ganze im Westen des Viewpoints gelegene Yosemite Valley aus der Vogelperspektive betrachten.

Nach Olmsted Point wird man feststellen: Die Faszination der Strecke lässt ein wenig nach. Zudem führt die Straße durch Waldgebiete, spektakuläre Ausblicke bieten sich erst einmal keine mehr. Dafür kann man sich sorgenfrei ein bisschen entspannen, das bislang Gesehene verdauen und mal ein paar Kilometer schaffen. Es folgt der Porcupine Flat Campground auf der rechten Straßen-

Die gleißend helle Marsland-schaft des Aussichtspunktes

seite (🖳 www.nps.gov/yose/planyourvisit/porcupinecamp.htm). *Die Straße geht nun deutlich bergab, man überquert den Fluss Yosemite Creek. Die Nadelbäume erinnern ein wenig an den Schwarzwald, der Szenenwechsel gegenüber den eben erlebten, freien Blicken über Granitgestein könnte abrupter nicht sein. Man passiert* **White Wolf**, *was im Wesentlichen aus einem Campground (🖳 www.nps.gov/yose/planyourvisit/wwcamp.htm) und einer Lodge (🖳 www.yosemitepark.com/Accommodations_WhiteWolfLodge.aspx) besteht.*

Das letzte große Ziel auf der State Route 120 zeichnet sich ab, man wechselt von der Tioga Road auf die **Big Oak Flat Road**, *auf der man Richtung Nordwesten und Südosten abbiegen kann, und erreicht unmittelbar an der Kreuzung gelegen Tuolumne Grove.*

. . . .

Nebenstrecke Tuolumne Grove

🚏 **Crane Flat Campground**
Auf der anderen Seite der SR-120 befindet sich der Crane Flat Campground. Dieser Platz ist eine sehr gute Alternative zu den meist überfüllten, großen Plätzen im Yosemite Valley. Er bietet sich als zentraler Ausgangspunkt für viele Wanderungen an, ist idyllisch gelegen mit geräumigen Stellplätzen und hat in der direkten Nachbarschaft einen kleinen Laden und eine Tankstelle.

✉ *Big Oak Flat Rd, Yosemite National Park, CA 95389*
☎ *1-209-379-2123*
🗓 *Juli-Sept.*
🚻 *ja*
🏕 *166* 🔌 *nein* 🚿 *nein* ♾ *$ 20*
⛺ *166* ♾ *$ 20*
🖳 *www.nps.gov/yose/planyourvisit/cranecamp.htm*

🌲 **Tuolumne Grove**
Im Yosemite National Park gibt es drei Haine von Sequoias. Die größte Ansammlung ist **Mariposa Grove**, 56 km/35 mi südlich von Yosemite Valley gelegen. Tuolumne Grove und **Merced Grove** liegen beide an der SR-120 in Richtung Big Oak

Flat Entrance. Alle drei Groves sind mit dem Auto gut erreichbar, von den Parkplätzen führen jeweils kurze Wanderwege zu den Baumgruppen.

Das Besondere an Tuolumne Grove ist, dass es zwischen den 25 Sequoias ein Exemplar gibt, durch das man durchgehen kann. Eine Wanderung führt zu dem Hain, die am Parkplatz startet. Hin und zurück ist sie ca. 4 km/2,5 mi lang und geht auf dem Hinweg stetig 120 Höhenmeter bergab – die man auf dem Rückweg aber wieder hochmarschieren muss.

🚏 **Hodgdon Meadow Campground**
Fast direkt am Parkzugang **Big Oak Flat Entrance** liegt dieser Campingplatz im Nordwesten des Parks zwar ein wenig abseits, dafür aber viel ruhiger und weniger überlaufen als die zentraleren Plätze. Bis zum Yosemite Valley sind es insgesamt 40 km/25 mi, das ist schon eine ordentliche Entfernung. Auf dem Campground gibt es eher wenig und teilweise recht unebene RV-Stellplätze, auch sind sie nicht so geräumig und bieten nicht so viel Privatsphäre, wie man es von den National Park Plätzen gewohnt ist. Aber da man hier nur übernachtet, sollte dies keine zu große Rolle spielen. Party-Stimmung kann allerdings auf den Gruppen-Zeltplätzen herrschen, was auch mal richtig laut werden kann – aber auch das ist nichts im Vergleich zu den Plätzen im Valley.

Mariposa Grove beinhaltet die größte Ansammlung von Sequoias im Yosemite National Park.

*Beeindruckender Blick vom „Tunnel View"
aus: links der El Capitan, hinten der Half
Dome und rechts der Bridalveil Fall.*

Der Vorteil des Hodgdon Meadow Campground im Vergleich zu den anderen Plätzen außerhalb des Valley ist, dass er ganzjährig geöffnet ist. Schön zu beobachten sind auf diesem Campground die häufig vorkommenden blauen Eicheldiademhäher, die recht vorwitzig auch mal auf dem Tisch landen und betteln.

✉ *Big Oak Flat Rd, Yosemite National Park, CA 95389*
☎ *1-209-379-2123*
🕐 *ganzj.*
🚻 *ja (Mitte April-Mitte Okt.)*
🛏 *105* 🐕 *nein* 📶 *nein* ⊗ *$ 20 (Mitte Okt.-Mitte April $ 14)*
⛺ *66 und 4 Gruppen-Zeltplätze* ⊗ *$ 20*
🖥 *www.nps.gov/yose/planyourvisit/hodgdoncamp.htm*

Ende der Nebenstrecke

· ·

Nun wird es definitiv Zeit, dass wir uns ins Zentrum des National Parks begeben. Es steht das Yosemite Valley mit seinen zahlreichen Wander,- Freizeit- und Übernachtungsmöglichkeiten auf dem Programm. Wenn man dem Tal Hetch Hetchy einen Besuch abgestattet oder auf dem Hodgdon Meadow Campground übernachtet hat, kommt man aus Richtung des Big Oak Flat Entrance an die Kreuzung Tioga Road / Big Oak Flat Road, ohne diesen Abstecher vom Tioga Pass her. An dieser Kreuzung, an der sich auch die Tuolumne Grove und eine Tankstelle befinden, biegt man in südwestliche Richtung ab. Es bieten sich einige letzte, atemberaubende Blicke von der Big Oak Flat Road aus, vor allem auf den **Merced River**, der sich neben die Fahrstraße gesellt und die weitere Reise begleiten wird.

Eine herrliche Strecke mit dem Fluss zur Rechten begleitet den Weg ins Valley. Man verlässt schließlich die malerische Big Oak Flat Road und biegt ein auf die State Road 140, der wir ins Tal folgen. Den ersten Viewpoint auf dieser Zufahrtsstraße kennt der eine oder andere vielleicht bereits als berühmtes Postkartenmotiv: Vom Aussichtspunkt „**Valley View**" aus hat man beide Highlights des Parks im Blick, links El Capitan und in der Mitte weiter hinten den Half Dome – und als wäre das nicht umwerfend genug, stürzt sich rechts im Bild der Bridalveil Fall in die Tiefe und im Vordergrund, zur Vervollständigung des postkartenwürdigen Motivs, fließt der Merced River. Ein gleichwertig eindrucksvolles Motiv kann man vom Aussichtspunkt „**Tunnel View**" erhaschen, für den man auf den Highway 41 fahren muss, als würde man den Park gen Süden verlassen wollen. Der Viewpoint ist mit einer Hinweistafel ausgeschildert.

Vom Glacier Point aus sieht man sehr schön die Struktur des Tals.

👁 Yosemite Valley

Das Yosemite Valley ist ein Gletschertal. Markenzeichen des Tals sind die tosenden Wasserfälle, die steilen Granitwände, die Felskuppen und die Monolithe. Der Naturforscher John Muir war nur der erste einer langen Reihe von Dichtern, Malern, Fotografen, Naturforschern und Touristen, die sich vom Reiz dieser einzigartigen Natur haben verzaubern lassen. Auch wenn das Tal nur ein Prozent der Gesamtfläche des ganzen National Parks ausmacht, tummeln sich hier die meisten Besucher, was sich ganz besonders in den Sommermonaten bemerkbar macht. Dann geht zwar einiges von der Beschaulichkeit verloren, das Tal bleibt dennoch einzigartig schön.

Es waren wiederum Gletscher, die hier in der Eiszeit am Werk waren und sich ihren Weg durch den Canyon des Merced River bahnten. Weicherer Granit wurde abgeschabt, härtere Brocken trotzten den Kräften der Gletscher. Übrig blieben Felsblöcke wie der berühmte El Capitan. Von den Steilwänden stürzen sich Wasserfälle hinab – hierfür ist das Tal weltweit bekannt. Die fünfhöchsten Wasserfälle der Welt plätschern im Yosemite Valley in die Tiefe, die 739 Meter hohen **Yosemite Falls**, die sich aus dem

Upper Yosemite Fall, den **Middle Cascades** und dem **Lower Yosemite Fall** zusammensetzen.

Auch alle anderen Wasserfälle, der Bridalveil Fall, sowie die Vernal und Nevada Falls, bieten faszinierende Naturschauspiele. Das langgezogene Tal wirkt wie aus den Bergen herausgemeißelt – was es letztlich ja auch ist. Es misst 11 km/7 mi Länge und ist nur 1,5 km/1 mi breit. Die Einfahrt ins Tal ist nicht immer ganz einfach, es bilden sich öfter Verkehrsstaus. Das ist auch kein Wunder, wenn sich plötzlich mitten im Blickfeld Berühmtheiten wie der El Capitan in den Weg stellen. Da bleibt auch mal ein Fahrer einfach mitten auf der Straße stehen, umsichtiges Fahren ist angeraten.

Charakteristisch für das Valley ist der flache Talboden, der sich auf einen prähistorischen See an dieser Stelle zurückführen lässt. Diesen Talboden durchfließt der Merced River, umgeben von gelegentlichen Wiesenlandschaften mit Wildblumen, Sträuchern, Eichen- und Nadelwäldern. Maultierhirsche und Kojoten sind oft gesehene Gesellen und nach Einbruch der Dunkelheit wagen sich auch die Schwarzbären heraus.

C

▶ Karte S. 288

Yosemite Village

	South Lake Tahoe	328 km/205 mi
	Fresno	149 km/93 mi
	Yosemite Valley	1.035
	Winter	12,2 °C
	Sommer	27 °C
	Meereshöhe	1.219 m

Yosemite Village ist das Kernstück des Yosemite Valley mit allen Einrichtungen des täglichen Bedarfs: Ein großes Visitor Center, Übernachtungsmöglichkeiten, eine Medical Clinic, eine Post, zwei kleine Lebensmittelläden, ein Buchladen und Restaurants. Kostenlose Shuttle-Busse (► Seite 160) verkehren innerhalb des Valley und der Village und bringen Wanderer zu den verschiedenen Ausgangspunkten der Wanderungen, sodass man sein Gefährt auf dem großen Parkplatz beim Visitor Center zurücklassen kann. Beliebt ist aber auch eine Erkundung per Fahrrad, ein ausgeprägtes Netz an Radwegen macht diese Art der Fortbewegung möglich. Es gibt einen Fahrradverleih am östlichen Ende des Yosemite Valley, in **Curry Village**. Curry Village ist der Bereich des Valley, in dem man vor allem übernachtet. Hier reihen sich die großen Campgrounds des Parks aneinander und es gibt jede Menge weitere Unterkunftsarten wie Lodges, Motels und Blockhäuschen. In der Nähe der heutigen Yosemite Village lebten die Ureinwohner des Parks, die **Ahwahnechee-Indianer**, in einer indianischen Siedlung namens **Ahwahnee**.

Nahe dem Yosemite Valley Visitor Center gibt es in der Village auch das **Yosemite Wilderness Center**. Alle Genehmigungen für den Wilderness-Bereich sind in der Hauptsaison hier erhältlich, von November bis April im Visitor Center. Das Wilderness Center hat 🕐 von Mai bis Oktober tägl. von 8-17 Uhr, im Juli und August von 7.30-17 Uhr geöffnet. Telefonische Auskunft erhält man unter ☎ 1-209-372-0740.

Sehenswürdigkeiten im Yosemite Valley

El Capitan

Der hohe Granitfelsen erhebt sich über dem Tal. Er erscheint wie aus dem Nichts, wenn man ins Yosemite Valley hineinfährt und ist nicht nur der höchste Felsen innerhalb des Tals (über 900 Me-

Der El Capitan als Willkommensgruß im Yosemite Valley

ter hoch), sondern überhaupt der größte freistehende Monolith der Welt. Damit ist er so etwas wie das Wahrzeichen des National Park und zieht Kletterer aus aller Welt an. Mehrere verschiedene Klettersteige führen hinauf, vom Anfänger bis zum Profi kann ihn jeder Bergsteiger bewältigen. Besonders beliebt ist die lange und ausgesetzte „Nase" an der Südwand, die über den Talgrund hinausragt. Übernachtet wird am Felsen, denn die Bezwingung des El Capitan dauert zwei bis drei Tage. Als Fotomotiv ist er untrennbar mit dem Park verbunden. Die Kletterer, die sich am Felsen abmühen, kann man gut beobachten, alleine das macht ihn schon zur Attraktion. Popularität hat der Monolith auch durch den Film „Star Trek V: The final Frontier" gewonnen, denn die Einstiegsszene zeigt Captain Kirk kletternd am El Capitan.

Auch für alle Besucher, die keine Sportkletterer sind, zählt eine Wanderung auf den Gipfel des El Capitan unbestreitbar zu den Highlights eines Yosemite-Besuchs.

♦ Bridalveil Fall

Da der Wasserfall an einen Brautschleier erinnert, liegt die Namensgebung nahe. Einer der berühmtesten Wasserfälle des Yosemite National Park liegt am Eingang und an der Südseite des Yosemite Valley, seine Wassermassen rasen zwischen den Cathedral Rocks im Osten und dem Leaning Tower in die Tiefe. Er ist 188 Meter hoch. Gespeist wird der Bridalveil vom Ostrander Lake 16 km/10 mi südöstlich des Wasserfalls. Besonders berauschend ist das Naturschauspiel nach der Schneeschmelze im April, wenn außergewöhnlich große Wassermengen die Steilwand hinunterstürzen. Der Bridalveil Fall ist bereits vom Parkplatz am Highway 41 aus gut zu sehen. Leider ist er kein Geheimtipp, weswegen der Parkplatz immer recht voll ist. Im Rahmen einer einfachen, 20-minütigen Rundwanderung von insgesamt 0,8 km/0,5 mi Länge (einfacher Weg) kann man den Bridalveil

Fall von der Bridal Fall Parking Area aus erwandern.

Die Ahwahnechee-Indianer glaubten, dass der Bridalveil Fall die Heimat eines rachsüchtigen Geistes namens Pohono ist, der den Eingang ins Tal bewachte. Deshalb darf man – nach Glauben der Ureinwohner – nicht direkt auf den Wasserfall schauen, wenn man das Tal verlässt, weil man sonst einen Fluch auf sich zieht. Die Ureinwohner waren auch der Ansicht, dass es die Chancen, einen Ehepartner zu finden, verbessert, wenn man den Dunst des Wasserfalls tief einatmet.

Der Name des Wasserfalls stammt vom Vergleich mit einem Brautschleier.

🐟 Happy Isles

W.E. Dennison, der von 1884 bis 1887 Naturschützer im Yosemite Valley war, nannte die beiden kleinen Inseln im Merced River „Happy Isles", weil seiner Meinung nach jeder, der sie besucht, für einen Moment die mühsamen Strapazen der Welt vergessen und glücklich sein kann. Am östlichen Ende des Yosemite Valley gelegen, kann man hier hervorragend die Naturprozesse beobachten: Vom schillernden Sprühnebel der Stromschnellen des Merced River im Frühling bis zum gemütlichen Plätschern durch Sumpflandschaft sind alle Varianten von Naturschauspiel geboten. Die Happy Isles sind gut erreichbar über den Stopp Nr. 16 des Shuttle-Busses. Man kann über die Stege der Inseln flanieren oder sich die Exponate über die geologische Geschichte des Yosemite im **Nature Center at Happy Isles** anschauen, 🕙 Anfang Mai bis Labor Day tägl. 10-16 Uhr.

🏛 Yosemite Museum

Das Yosemite Museum im „National Park Service Rustic Style" war das erste Gebäude im National Park System, das gezielt als Museum gebaut wurde. Der erzieherisch-lehrreiche Aspekt des Museums diente als Vorbild für alle Parks der Nation. Es wurde 1925 fertiggestellt. Die Exponate zeigen die Kulturgeschichte der Miwok- und Paiute-Indianer von 1850 bis heute. Gewebte Körbe, Perlenstickerei und traditionelle Spiele werden vorgestellt. Hinter dem Museum gibt es ein nachgebildetes indianisches Dorf der Ahwahnechee, das immer zugänglich ist. An das Museum angeschlossen ist auch eine Kunstgalerie. Das Museum ist direkt neben dem Visitor Center. Dahinter befindet sich ein anschaulicher Natur-Lehrpfad.

✉ *9039 Village Dr, Yosemite National Park, CA 95389*

☎ *1-209-372-0200*

🕙 *tägl. 9-16.30 h*

♿ *frei*

🖳 *www.nps.gov/yose/historyculture/yosemite-museum.htm*

🚶 Wanderwege

Es gibt viele herrliche Wanderungen im Yosemite Valley mit den unterschiedlichsten Längen und Schwierigkeitsgraden. Im Rahmen dieses Routenreiseführers wird eine Auswahl angeboten, die für jeden Bedarf etwas bietet. Eine Übersicht über weitere Wanderungen findet man unter 🖳 www.nps.gov/yose/planyourvisit/valleyhikes.htm.

🚶 Mirror Lake/Meadow

Vom Shuttle-Bus-Stopp aus geht es über einen befestigten Wanderweg auf direktem Wege zum Mirror Lake. Die Wanderung könnte zur Rarität werden, denn der See verlandet langsam aufgrund von Sedimentablagerungen. Bis zum Seeufer selbst sind es 1,6 km/1 mi, was etwa eine halbe Stunde dauert. Reizvoll ist aber vor allem, den See einmal zu umrunden. Dann führt der Weg zunächst auf die Westseite des **Tenaya Creek**, verläuft dann im Uhrzeigersinn und über eine Brücke, bevor es an der Ostseite des Mirror Lake wieder Richtung Ausgangspunkt geht (nach einem Felssturz 2009 ist derzeit und bis auf weiteres der südliche Teil des Weges geschlossen). Auf Informationstafeln lernt der Wanderer etwas über die Metamorphose des Sees hin zu einer Wiese. Alternativ kann man die Strecke auch von Curry Village aus bewältigen, wenn man dort übernachtet und sein Fahrzeug stehen lassen will. Dann kommen zu dem Weg noch 2,4 km/1,5 mi zusätzliche Wegstrecke hinzu.

Mirror Lake an sich ist eigentlich eher ein großes Badebecken innerhalb des Tenaya Creek. Von nirgendwo aus gelangt man so nahe an den Grund des Half Dome wie hier. Sein Gipfel spiegelt sich herrlich im Wasser des Sees. Als Schwimmbecken ist der Mirror Lake sehr beliebt, was sich aufgrund der Menschenmengen unschwer feststellen lässt. Wenn man also nicht unbedingt darauf aus ist, im größten Schwimmbecken des Yosemite Valley ein Bad zu nehmen, ist der Winter die bessere weil ruhigere Besuchszeit.

⇨ *Mirror Lake Trailhead am Shuttle-Bus-Stopp Nr. 17*

◖ *zum See ½ Std., mit Umrundung 1 Std.*

⤳ *einfach*

⇔ *3,2 km/2 mi bzw. 7,4 km/4,6 mi*

⌐ *30 m*

TIPP Den Weg zum See könnte man auch mit dem Fahrrad fahren, da er asphaltiert ist.

⩫ Valley Floor Loop

Da das Tal an sich sehr sehenswert ist, bietet sich auch eine Wanderung am Grund des Valley an, ohne in die Höhe streben zu müssen. Einige der ursprünglichen Fuhrwerks-Wege von Ost nach West sind in diese Wanderung integriert. Das Schöne an dieser nicht so beschwerlichen Tour ist, dass man sie in zwei Längen wandern kann: Entweder als halbe Strecke, dann quert man das Tal nahe der El Capitan Crossover Road. Wenn man die komplette Strecke gehen möchte, läuft man weiter bis zum Bridalveil Fall. Halb oder ganz – der Weg führt durch Wiesen, Wälder und am Fluss Merced River entlang. Unterwegs ergeben sich immer wieder herrliche Ausblicke, zum Beispiel auf den Bridalveil Fall, El Capitan oder die Yosemite Falls.

⇨ *Ausgangspunkt des Wanderweges Lower Yosemite Fall, Shuttle-Bus-Stopp Nr. 6*

◖ *halbe Strecke 2 ½-3 ½ Std., ganze Strecke 5-7 Std.*

⤳ *mäßig*

⇔ *10,5 km/6,5 mi bzw. 20,9 km/13 mi*

⌐ *50 m*

⩫ Four Mile Trail

Auf dieser eindrucksvollen Wanderung werden zwei der berühmtesten Orte des Yosemite National Park miteinander verbunden: Yosemite Valley und Glacier Point. Das bedeutet im Klartext, dass man vom Talgrund aus bis hinauf zur südlichen Kante des 2.199 Meter hohen Aussichtspunktes wandert! Unterwegs ergeben sich nach nahezu jeder Kurve neue und immer atemberaubendere Ausblicke auf die berühmtesten Ansichten des National Park.

Die Wanderung startet am Southside Drive bei der Swinging Bridge. Nach etwa 1,6 km/10 mi bauen sich die Yosemite Falls in all ihrer Pracht vor dem Wanderer auf. Dies ist eine der wenigen Stelle, von der aus man die Wasserfälle frei und ohne Bäume oder Felsen im Blick hat. Weiter geht es fast direkt unterhalb des Sentinel Rock entlang. Sobald man nach etwa 4,5 km/2,8 mi Wanderweg ein Gatter erreicht (das übrigens im Winter geschlossen ist!), kommen neue fantastische Aussichten auf Yosemite-Highlights hinzu, am bemerkenswertesten der Blick vom Tenaya Canyon bis zum Half Dome. Derweil bleiben uns die Ausblicke auf die Wasserfälle erhalten, ändern sich aber ständig und machen die Wanderung so maximal abwechslungsreich. Die Krönung ist der Blick von oben auf die Yosemite Falls hinunter am Ende der Tour.

TIPP Sowohl zum Start- als auch zum Endpunkt der Wanderung gibt es einen direkten Straßenzugang. Deshalb ist der Four Mile Trail einer der wenigen im Yosemite Valley, den man in eine Richtung wandern und den Rückweg fahren kann. Da man gewöhnlich keine zwei Fahrzeuge zur Verfügung hat, kann man eine Strecke laufen und auf dem Rückweg den kostenpflichtigen **Glacier Point Tour Bus** benutzen. Der Bus fährt dreimal täglich von der Yosemite Lodge zum Glacier Point und zurück. Das Vergnügen ist allerdings nicht ganz billig. ⚭ Erwachsene zahlen für den einfachen Weg $ 25, Kinder über 5 Jahre $ 15 und Senioren $ 23. Für die Fahrt zum Glacier Point hinauf sollte man die Bustickets im Voraus kaufen – für den Rückweg ist das nicht möglich und man muss auf einen Platz hoffen (▶ Seite 177).

⇨ *Southside Drive westlich der Swinging Bridge*

◖ *2-3 ½ Std. einfacher Weg*

⤳ *anstrengend (steil, lang)*

⇔ *7,5 km/4,7 mi (einfacher Weg)*

⌐ *1.000 m*

👣 Vernal Fall

Man kann den Yosemite National Park nicht verlassen, ohne einem der Markenzeichen in Form von Wasserfällen einen Besuch abzustatten. Die Ranger im Visitor Center empfehlen den Vernal Fall, weil er unterwegs die schöneren Ansichten liefert. Prinzipiell kann man, je nach Zeitkontingent, aber auch den Vernal Fall mit dem Nevada Fall verbinden. Ausgangspunkt für beide Varianten ist das Naturzentrum Happy Isles, bei dem es auch einen (teuren) Kiosk gibt mit letzter Gelegenheit, sich mit Wasser oder Proviant einzudecken.

Vom Trailhead am Nature Center der Happy Isles aus geht es in östliche Richtung über eine Brücke, danach rechts ins Tal, wobei der Merced River den Wanderer zu seiner Rechten begleitet. Es geht talaufwärts bis zur Vernal

Schon der Beginn der Wanderung ohne den Wasserfall ist ein Erlebnis.

Fall Brücke. Sie ist 1,3 km/0,8 mi vom Ausgangspunkt entfernt und bietet einen ersten und zugleich herrlichen Blick auf den Wasserfall, den man gleich erwandern wird (hier gibt es frisches, aber gechlortes Leitungswasser). Nach der Brücke erreicht man einen Wald und hat den Fluss nun zur Linken (es gibt hier nur diesen einen Weg). Nach 0,5 km/0,3 mi teilt sich der Weg: Rechts zweigt der **John Muir Trail** ab, links geht es zum **Mist Trail**. Während man sich nach links wendet, immer weiter am Fluss entlang, ist man schon auf dem Anstieg zum Wasserfall. Nach 200 Metern bergauf liegt 20 Meter links neben dem Weg ein Steinplateau direkt am Fluss. Dies ist definitiv die schönste Stelle zum Fotografieren des Wasserfalls! Kaum verlässt man den Wald, trifft man auf Treppen – genau genommen sind es 600 Stufen, die es zu bewältigen gilt, um zum Gipfel des Wasserfalls zu gelangen. Dort stürzt er sich tosend über eine Felskante in die Tiefe.

Auf diesen steilen Treppen erahnt man, warum dieser Weg „Mist Trail" heißt: Es sind so viele Tröpfchen des tosenden Wasserfalls in der Luft, dass man ihn mit fünf Sinnen wahrnehmen kann. Aber auch wenn es rundherum immer feuchter wird, ist es glücklicherweise nicht rutschig. Gesichert sind die Stufen aber dennoch an manchen Passagen durch ein Geländer.

Der letzte Wegabschnitt über die Treppen bis zur oberen Kante des Wasserfalls ist anstrengend, gleichzeitig aber sehr überlaufen und eng. In der Hochsaison hat man leicht den Eindruck, auf einer Ameisenstraße unterwegs zu sein! Oben angekommen, befindet man sich auf einem Plateau, auf dem sich der Merced River zum sogenannten Emerald Pool aufstaut. Hier steht man staunend neben der oberen Felskante des Wasserfalls, der sich hier ganz leise und gemächlich über die Felskante ergießt, 40 Meter weiter unten aber eine tosende Naturgewalt verkörpert.

HINWEIS Schwimmen oder auch nur Plantschen oder Abkühlen ist in dem Becken Emerald Pool verboten.

Zurück gibt es nun drei Möglichkeiten: Man steigt über denselben Weg ab, den man heraufgekommen ist. Oder man nimmt auf dem Rückweg den Nevada Fall noch mit. Hierzu folgt man nach Verlassen des Mist Trails in östliche Richtung noch etwa 2,4 km/1,5 mi dem Weg Richtung Half Dome (ausgeschildert), bevor man den Nevada Fall zu seiner Rechten hat. Man kann den Vernal Fall aber auch zu einem Rundweg machen, indem man oberhalb des Vernal Fall (Emerald Pool) zuerst am Fluss entlang ostwärts in den Wald geht und nach etwa 400 Metern rechts abbiegt und sich vom Fluss entfernt. Danach geht der Weg etwa 1,2 km/0,8 mi bergauf und schon wieder zurück in Richtung Naturzentrum. Der Weg beinhaltet dann zusätzliche 140 Höhenmeter, hat aber ein geringeres „Verkehrsaufkommen". 200 Meter oberhalb der Brücke, von der aus man die Vernal Falls zum ersten Mal erblickt hat, kommt man wieder auf den Ursprungsweg.

Hier sieht man sehr schön die Felskante des Vernal Fall, über die sich der Wasserfall stürzt.

⇨ Nature Center at Happy Isles, Shuttle-Bus-Stopp Nr. 16

▣ 3 Std.

↗ anstrengend

⇔ Vernal Fall über Mist Trail hin und zurück 3,9 km/2,5 mi

⬓ 366 m

🚶 Upper Yosemite Fall

Eine Wanderung auf den Upper Yosemite Fall ist eines der Highlights des Parks, gleichwohl aber eine Wanderung für Helden. Der Weg ist steil und anstrengend, fast 1.000 Höhenmeter wollen überwunden werden. Hat man es aber geschafft, wird man von einem Panoramablick belohnt, der seinesgleichen sucht. Nirgendwo sonst im Yosemite Valley hat man sowohl das Tal selbst, als auch alle Wasserfälle auf einmal aus der Vogelperspektive im Blick.

Der Weg startet steil und anstrengend und mit zahlreichen Serpentinen versehen. Für diesen eineinhalb Kilometer langen Anstieg bis zu Columbia Rock sollte man eine gute Stunde Zeit einkalkulieren. Den steilen, aber glücklicherweise schattigen Anstieg begleiten Blicke auf den Half Dome. Zwar außer Atem aber reich belohnt wird man am Columbia Rock ankommen mit einer spektakulären Aussicht aufs zurückliegende Yosemite Valley. Nach einer Verschnaufpause geht es weiter über sandige Wege, was rutschig werden kann. Nach weiteren zehn Minuten Gehzeit geht es plötzlich wieder bergab, bevor man auf ein Gatter trifft, das zum Upper Yosemite Fall führt.

Danach verläuft der Weg kurz eben, aber bald darauf wieder steil ansteigend. An dieser Stelle ist ein guter Punkt, Fotos vom imposanten Wasserfall zu machen, der bereits als Ziel deutlich im Blickfeld ist. Der Sprühnebel des Wasserfalls erfrischt den Wanderer, was man genießen sollte in Anbetracht der kommenden Höhenmeter, die wieder über Serpentinen zurückgelegt werden. Auch die Sonne brennt unbarmherzig auf den schattenlosen Weg. Wenn schließlich das obere Gatter erreicht ist, ist der Anstieg beendet. Nach dem Gatter überquert man einen kleinen Bach, bei dem man seine Wasserreserven auffüllen kann. Ab hier ist auch der Yosemite Fall Overlook ausgeschildert. Der Beschilderung folgend erreicht man schließlich Treppenstufen, die zu einer Aussichtsplattform hinabführen. Nur ein Geländer bewahrt den Wanderer davor, ungeschützt am Abgrund zum tief unten liegenden Talboden zu stehen. Am Aussichtspunkt kann man den atemberaubenden Blick auf die Oberkante des Wasserfalls genießen.

Zurück geht es wieder auf den Wanderweg und diesem folgend genauso hinunter ins Yosemite Valley, wie man auch heraufgekommen ist.

TIPP Wenn man einen fantastischen Blick auf das Yosemite Valley, den Half Dome und die Wasserfälle auf der südöstlichen Seite des Tals auf einmal erleben möchte, geht man von der Plattform aus etwa 350 Meter zurück bis zur letzten Abzweigung am Hauptweg. Hier wendet man sich nach rechts Richtung Osten. Es geht leicht bergab, nach 100 Metern erreicht man eine Brücke. Nach etwa eineinhalb Kilometern vergleichsweise einfachen Weges gelangt man zum Aussichtspunkt **Yosemite Point** mit dem spektakulären Panorama.

⇨ *Yosemite Falls Trailhead, Camp 4,*
   Shuttle-Bus-Stop Nr. 7

◪ *6-8 Std*

⬈ *steil, schwierig*

⇔ *11,6 km/7,2 mi*

⌐ *1.000 m*

⚮ **Half Dome**

Die Tour hat es in sich, ist aber eine der spektakulärsten des Yosemite National Parks. Sie ist an einem Tag zu schaffen, allerdings sollte man früh losmarschieren und absolut konditioniert, trittsicher und schwindelfrei sein. Ansonsten wird man an der Wanderung wenig Freude haben. Zu beachten ist auch, dass das Wetter beständig sein sollte, denn Feuchtigkeit macht den Granitfelsen rutschig und damit gefährlich. Die Stahlseile im oberen Bereich sollten bereitstehen, das ist normalerweise von Ende Mai bis Anfang Oktober der Fall, über Winter werden sie entfernt. Und außerdem ist eine Genehmigung für die Bezwingung des berühmten Granitfelsens nötig, die man in allen Wilderness Center des Yosemite National Park erhält (im Voraus reservierbar unter 🖥 www.recreation.gov oder ☎ 1-877-444-6777, ⊗ $1,50). So gerüstet kann das Abenteuer starten.

Zunächst geht es über den Mist Trail (► Seite 172) bis zu den Wasserfällen. Selber Weg, selber Ausgangspunkt. Von hier aus verlängert man es bis zum Nevada Fall. Das Erlebnis, den Wasserfall so hautnah in die Tiefe stürzen zu sehen, sollte man genießen. 600 Höhenmeter sind an dieser Stelle bereits geschafft, Zeit für eine erfrischende Rast am tosenden Wasserfall. Danach geht es ausgeschildert weiter in einem Viertelkreis auf den Half Dome zu. Zunächst verläuft der Weg relativ eben durch ein Hochtal. In diesem Hochtal umwandert man den Half Dome auf dessen Rückseite – und vor allem sieht man ihn zum ersten Mal überhaupt von nahem. Der Weg zweigt nach Norden ab und das ebene Gehen hat ein Ende – von hier an geht es nur noch bergauf. Es wird anstrengend. Nach einem Felsplateau an der Ostseite des Half Dome geht die Wanderung in eine Kraxelei über. Zunächst will eine steile Felswand bezwungen werden, nur teilweise gibt es als Hilfsmittel Stufen im Felsen. Die letzten 120 Höhenmeter verlaufen dann über den blanken Granitfelsen, die eingangs erwähnten Stahlseile rechts und links sowie in den Boden eingelassene Holzleisten sichern den Aufstieg.

TIPP Radhandschuhe mitnehmen, um die Hände an den scharfen Seilen, an denen man sich hochhangelt und auch teilweise hochzieht, zu schützen.

Hier kann es einen ordentlichen Menschenauflauf und sogar Wartezeiten geben. Man hat vorher gar nicht geahnt, dass man so viele Mitwanderer zu dem berühmten Granitfelsen hatte. Der seilgesicherte Endspurt bedarf absoluter Schwindelfreiheit, denn seitlich geht es bis zu 1.000 Meter in die Tiefe. Diese Passage ist auch der Grund dafür, dass man eine Genehmigung für die Bezwingung des Half Dome braucht. Oben angelangt, kann man die letzten Kräfte investieren, um den Wahnsinns-Panoramablick zu genießen. Wenn auch Knie und Gelenke ächzen – dafür haben sich die Strapazen gelohnt. Man genießt den Blick von einer ebenen Hochfläche aus.

Zurück gibt es nur den einen Weg zurück, den man auch gekommen ist – zumindest bis zum Nevada Fall. Danach kann man sich überlegen, ob man über den Vernal Fall und den Mist Trail wieder zurück wandert oder alternativ über den südlicheren John Muir Trail geht. Letzterer ist zwar etwa 2 km/1,2 mi länger und hat 150 mehr Höhenmeter im Pro-

Große Entfernungen sind zum Half Dome zurückzulegen.

gramm, hätte aber den Vorteil, dass nicht der gesamte Rückweg dem Hinweg entspricht. Wenn man sich hierfür entscheidet, ist man auf der anderen Seite des Canyons des Merced River unterwegs. Schöne Blicke auf den Nevada Fall und den Half Dome bereichern diese Variante des Rückwegs. Statt des steilen Abstiegs über die Wasserfälle geht es nun in Serpentinen abwärts. Man erreicht den Ausgangspunkt am Happy Isles Nature Center.

▷ *Nature Center at Happy Isles,*
  Shuttle-Bus-Stopp Nr. 16
🕐 *10-12 Std.*
↗ *anstrengend, steil, schwierig*
⇔ *24,4 km/15,3 mi*
⌷ *1.463 m*

🏠 Unterkünfte Yosemite Valley

⛺ Campgrounds Yosemite Valley

Die drei nachfolgenden Campgrounds, Upper, Lower und North Pines Campground, befinden sich alle ziemlich auf einem Fleck im östlichen Yosemite Valley. Die drei Plätze werden vom National Park Service betrieben und sind nahezu identisch ausgestattet. Obwohl sie reservierbar sind, ist es eine Kunst, hier für die Hochsaison im Voraus einen Platz zu ergattern. Es gibt ein Reservierungsfenster von fünf Monaten immer zum 15. jeden Monats vor dem Ankunftsdatum – vorher kann man keinen Platz reservieren. Die genaue Startzeit der Reservierungsfreigabe ist 7 Uhr Ortszeit Pacific Time. Versucht man jedoch, an genau den Tag fünf Monate vor Ankunft einen Platz zu reservieren, kann es passieren, dass es keinen mehr gibt. Oft sind die Plätze innerhalb von Minuten nach dem Startschuss vergeben, was ein Mitarbeiter des National Park Service bestätigte. Dann hilft nur noch, auf einen der Plätze außerhalb des Valley auszuweichen, die weniger überfüllt sind als die Campgrounds mitten im Geschehen des Valley.

Upper Pines Campground

✉ *Southside Dr, Yosemite National Park, CA 95389*

🕐 *ganzj.*

🚻 *ja (Mitte März-Mitte Nov.)*

🛏 *238* 🍴 *ja* 🐕 *nein* ⚷ *$ 20*

⛺ *29* ⚷ *$ 20*

💻 *www.nps.gov/yose/planyourvisit/upperpines.htm*

Lower Pines Campground

✉ *Southside Dr, Yosemite National Park, CA 95389*

🕐 *Anfang April-Anfang Nov.*

🚻 *ja*

🛏 *60* 🍴 *ja* 🐕 *nein* ⚷ *$ 20*

⛺ *32* ⚷ *$ 20*

💻 *www.nps.gov/yose/planyourvisit/lowerpines.htm*

North Pines Campground

✉ *Southside Dr, Yosemite National Park, CA 95389*

🕐 *Mitte April-Anfang Okt.*

🚻 *ja$*

🛏 *81* 🍴 *ja* 🐕 *nein* ⚷ *$ 20*

⛺ *17* ⚷ *$ 20*

💻 *www.nps.gov/yose/planyourvisit/northpines.htm*

Camp 4

Der Platz ist im Norden des Valley nahe den Yosemite Falls gelegen und ein reiner Zeltplatz. Traditionell übernachten hier die Kletterer, die in den Park kommen. Da man den Platz nicht reservieren kann, muss man morgens früh zur Stelle sein, wenn ein Ranger um 8.30 Uhr kommt und die Plätze vergibt. Da um diese Zeit aber schon viele Zelter warten, kann es passieren, dass der Platz schon voll wird, während man noch in der Schlange steht.

✉ *Yosemite Lodge Drive and Northside Drive, Yosemite National Park, CA 95389*

🕐 *ganzj.*

🚻 *nein*

🛏 *nein* 🍴 *nein* 🐕 *nein*

⛺ *35* ⚷ *$ 5 pro Person*

💻 *www.nps.gov/yose/planyourvisit/camp4.htm*

Hotels Yosemite Valley

Yosemite Lodge at the Falls

Die Lodge liegt idyllisch und nahe bei den berühmten Yosemite Falls zentral im Yosemite Valley und am Beginn der Yosemite Village mit all ihrer Infrastruktur. Diese gute Ausgangslage für alle Aktivitäten im Valley kostet aber auch ihren Preis. Manche finden diesen überteuert, denn die Einrichtung ist etwas veraltet und teilweise stark „verwohnt". Es gibt einen Pool, einige Familienzimmer, ein kleines Schwimmbad und ein Restaurant. Das Hotel ist auf mehrere Gebäudeteile verteilt. Einige Zimmer haben einen gigantischen Blick auf die Wasserfälle. Vor der Lodge hält der kostenlose Shuttle-Bus des National Park.

✉ *9006 Yosemite Lodge Drive, Yosemite National Park, CA 95389*

☎ *1-406-862-8190*

🕐 *ganzj.*

⚷ *****

💻 *www.nationalparkreservations.com/ yosemite_lodge.php*

Curry Village

1899 eröffnete das Ehepaar Curry ein Zeltcamp, damit die Besucher des Yosemite zu einem moderaten Preis übernachten konnten. Heute ist das Curry Village – das auch als **Camp Curry** bekannt ist – immer noch eine originale Möglichkeit, die Nacht im Valley zu verbringen. In Sichtweite zu Half Dome und Glacier Point gelegen, befindet sich Curry Village nahe den oben beschriebenen Campgrounds des Yosemite Valley. Man kann wählen zwischen Zelthütten oder den etwas komfortableren Blockhäuschen. Wer doch lieber bodenständig in einem klassischen Motel übernachten will, kann auf das Stoneman House ausweichen. Dort gibt es auch große Suiten. Insgesamt bietet Curry Village das größte Übernachtungsangebot innerhalb von Yosemite Valley.

✉ *9010 Curry Village Drive, Yosemite National Park, CA 95389*

☎ *1-406-862-8190*

🕐 *Anf. Jan.-Mitte März nur an Wochenenden, Mitte März-Mitte Nov. und Mitte Dez.-Anf. Jan. durchgehend*

🚻 *ja*

⚷ *Zelthütte und Blockhütten **, Motel-Zimmer ****

💻 *www.nationalparkreservations.com/ yosemite_curry_village.php*

🏛 The Ahwahnee

Es ist das Ritz-Carlton des Yosemite National Park und für sich ganz allein genommen eine Attraktion. Vermutlich ist es auch das einzige Wunderwerk im Park, das von Menschenhand geschaffen wurde. Die prachtvolle, perfekt ins Landschaftsbild eingepasste Granit-Fassade, die außergewöhnliche Architektur und das indianische Kunstwerk, das das Innere schmückt, sind Gründe dafür, dass das Ahwahnee als eines der außergewöhnlichsten Resort-Hotels Nordamerikas gilt. Das Hotel im Art Deco Stil vereinigt historische Gastfreundschaft mit Eleganz. Es steht unter Denkmalschutz. Wer bei den horrenden Übernachtungspreisen lieber passt, sollte sich das Hotel aber allein wegen des Ambientes bei einer Stippvisite anschauen.

Man kann zwischen drei Unterkunftsarten wählen: Standard-Zimmer, Cottages oder Suiten. Letztere kann man als Normalsterblicher oder einfacher Tourist schwerlich bezahlen: eine der vier Suiten kostet $ 930 aufwärts pro Nacht ...

✉ *1 Ahwahnee Road, Yosemite National Park, CA 95389*

☎ *1-209-372-1407*

🕐 *ganzj.*

♾ *****

🖥 *www.nationalparkreservations.com/yosemite_ahwahnee.php*

▼ C13

👁 Sehenswürdigkeiten südlich des Yosemite Valley

👁 Glacier Point

Es gibt Menschen, die behaupten, dies sei der spektakulärste Aussichtspunkt der Welt. Auch wenn das sicher sehr dick aufgetragen ist, zeigt es doch, dass dieser Viewpoint etwas ganz besonders Faszinierendes hat. Aus der Vogelperspektive die unermesslich weite Sierra Nevada, die atemberaubenden Blicke auf Yosemite Valley mit dem Half Dome und den Wasserfällen und die Granitlandschaft im 270-Grad-Panorama zu betrachten, kann einem schon Ehrfurcht einflößen. Auf dem

Der erhabene Aussichtspunkt Glacier Point von unten

Talboden erblickt man die wie ein Spielzeugdorf anmutende Yosemite Village mit dem Merced River. Von der Spitze der 975 Meter über das Tal ragenden Felsklippe geht es steil und kerzengerade nach unten (die Gesamthöhe, auf der man sich am Aussichtspunkt befindet, beträgt 2.199 Meter). Mit einem guten Fernglas bewaffnet, kann man von hier aus sogar die ankommenden Wanderer auf dem sogenannten „Diving Board" (Sprungbrett) zum Half Dome beobachten. Wer vom Glacier Point Richtung Half Dome blickt und den Überhang sieht, weiß, warum dieser westliche Teil des Gipfels so genannt wird. Besonders imposant ist der Anblick von den Zelten ganz oben auf dem Half Dome, in denen die Alpinisten ihre Nachtquartiere aufschlagen.

Eines ist ganz sicher: Man hat Yosemite Valley nicht erlebt, wenn man es

Ein Schwarzbär-Baby beim Spielen

nicht aus dieser Schwindel erregenden Höhe gesehen hat. Von Yosemite Village aus dauert die 52 km/33 mi lange Fahrt zum Glacier Point über die **Wawona Road** (Highway 41) und die kurvenreiche Glacier Point Road ungefähr eine Stunde. Die **Glacier Point Road** selbst ist 26 km/16 mi lang und normalerweise von Ende Mai oder Anfang Juni bis November geöffnet (im Winter ist die Straße bis zum Skigebiet am Badger Pass befahrbar). Man folgt der Wawona Road zunächst in südliche Richtung, bevor es an der Chinquapin Junction links abgeht auf die Glacier Point Road (Sackgasse!). Auf dieser Straße zahlt es sich aus, die Augen gut offenzuhalten. Viele Waldabschnitte wechseln hier mit offenen Wiesenflächen – solche Lichtungen sind optimal zum Sichten von Hirschen und vor allem Bären.

Wir hatten das Glück, auf dieser Zufahrtsstraße zwei junge Schwarzbären beim Spielen beobachten zu können. Allerdings mussten wir hierfür nicht die Augen offenhalten – 20 Autos haben einfach mitten auf der Straße angehalten, sodass uns gar nichts anderes übriggeblieben ist, als dem Grund des Massenstopps nachzugehen. Die beiden Bären haben in einer Entfernung von etwa 25 Metern von der Straße und den Zuschauern munter miteinander getollt. Die Bärenmutter war zwar nicht zu sehen, doch weit kann sie nicht gewesen sein.

Unterwegs zum Glacier Points gibt es rechts und links der Straße einige Wan-

dermöglichkeiten. Einige davon haben ebenfalls wunderschöne Aussichtspunkte als Ziel. Zu erkennen sind sie daran, dass sie in ihrem Namen das Wort „Point" führen. Wenn man genug Zeit für die Zusatzstrecke eingeplant hat, steht einer Spontan-Wanderung nichts im Wege (Vorschläge findet man unter 🖥 www.nps. gov/yose/planyourvisit/upload/glacierhikes.pdf). Am Glacier Point selbst erwartet den Besucher neben dem grandiosen Blick eine kleine geologische Ausstellung bestehend aus Bronze-Reliefs und Schautafeln. Auch ein Ranger ist vor Ort und beantwortet Fragen. Es gibt einen Sunset Talk und Vorträge über den Sternenhimmel. In einem Open Air Auditorium kann man den Präsentationen lauschen und dabei die Unendlichkeit des Ortes genießen – ein Erlebnis mit Gänsehaut-Garantie, vor allem an Vollmond-Abenden! Der Sonnenuntergang macht den Glacier Point zu einem nahezu heiligen Ort, wenn die untergehende Sonne die Granitlandschaft in ein märchenhaftes Licht taucht.

ⓗ Shuttle-Bus zum Glacier Point

Man kann den Glacier Point auch mit dem **Glacier Point Tour Bus** erreichen. Der Bus startet dreimal täglich an der Yosemite Lodge und bringt Besucher zum Glacier Point und wieder zurück. Dieser Shuttle-Service ist sehr gefragt, man sollte für den Weg vom Tal nach oben auf jeden Fall mindestens einen Tag im Voraus Karten kaufen. Erhältlich sind diese entweder bei der Yosemite Lodge, im „Tours"-Gebäude neben dem Laden in Yosemite Village oder am Hauptschalter von Curry Village. Bei der Yosemite Lodge kann man sich auch erkundigen, ob die Busse gerade planmäßig fahren.

☎ *1-209-372-1240 (Yosemite Lodge Tour-Schalter)*
🕐 *tägl. 8.30, 10 & 13.30 h Abfahrt vom Valley; 10.30, 12 & 15.30 h Abfahrt vom Glacier Point*
💰 *einfache Fahrt: Erw. $ 25, Kinder (über 5 J.) $ 15, Sen. $ 23, Hin-und Rückfahrt: Erw. $ 41, Kinder $ 23, Sen. $ 35*
🖥 *www.yosemitepark.com/Activities_GuidedBus-Tours_GlacierPointTour.aspx*

Sensationeller Ausblick vom Glacier Point aus über das Yosemite Valley

Wawona

In Wawona, 45 km/28 mi von Yosemite Valley entfernt, schlägt das kulturelle Herz des Yosemite National Park. Ursprünglich war Wawona ein Indianerlager. Ein Mann namens Galen Clark errichtete 1856 das erste Hotel auf dem heutigen National Park Gebiet, das Clark Station hieß. Hier konnte man übernachten, wenn man die zu damaligen Verhältnissen noch weite Strecke zwischen Yosemite Valley und Mariposa zurücklegte. 1864 wurden Yosemite Valley und Mariposa Grove unter Naturschutz gestellt und Clark wurde zum ersten Parkaufseher ernannt. 1875 wurde die Wawona Road (Highway 41) eröffnet. Die Brüder Washburn übernahmen das Gelände von Clark und bauten das Wawona Hotel, das bis heute in Betrieb ist.

Im **Pioneer Yosemite History Center** kann man Siedlerhäuser mit historischer Einrichtung besichtigen. Zwar waren die Gebäude ursprünglich in verschiedenen Gegenden des Yosemite erbaut worden, aber in den 50er und 60er Jahren des 20. Jahrhunderts wurden sie gesammelt hierher verlegt. Deshalb soll mit den einzelnen Gebäuden auch keine Siedlung nachgebildet werden, die einzelnen Häuser repräsentieren einfach einzelne Kapitel der Yosemite-Geschichte. Zeugnis dieser einzelnen Geschichtsabschnitte geben beispielsweise das Cavalery Office, das Wells Fargo Office oder der Blacksmith Shop. Mithilfe von Informationstafeln und Broschüren kann man eine kleine Geschichtstour unternehmen. Authentisch wird's auch auf einer Zeitreise mit der Postkutsche. Die zehnminütige Ausfahrt kostet ∞ $ 4 für Erwachsene und $ 3 für Kinder von 3 bis 12 Jahren. Tickets gibt es im Pioneer Yosemite History Center.

Wawona Campground

1,6 km/1 mi nördlich von Wawona liegt der Campground direkt am Merced River

179

(aber leider ohne richtigen Zugang zum Fluss). Das historische Wawona Hotel und ein kleiner Lebensmittelladen sind ganz in der Nähe. In den Sommermonaten ist der Campground genauso überfüllt wie die Plätze im Yosemite Valley.

✉ *PO BOX 577, Yosemite National Park, CA 95389*

☎ *1-209-375-9535*

🕐 *ganzj.*

🏕 *ja (April-Sept.)*

🚗 *94*   🚌 *in der Nähe (nur im Sommer!)*

🚿 *nein*   ꝏ *$ 20*

⚓ *94*   ꝏ *$ 20*

💻 *www.nps.gov/yose/planyourvisit/ wawonacamp.htm*

🏛 Wawona Hotel

Das historische Hotel hat 104 Zimmer, die meisten davon mit Terrasse. Die Hälfte der Zimmer verfügt über Gemeinschaftsbäder. Das Hotel ist eine klassisch-viktorianische Unterkunft und wurde 1987 als National Historic Landmark ausgewiesen. Sogar die stilvolle Inneneinrichtung der Zimmer ist gespickt mit viktorianischen Elementen. Das Hotel besteht aus mehreren Gebäudeteilen im Neu-England-Stil. Die Ruhe und der Charme des Ortes versetzen die Gäste zurück in vergangene Zeiten. Wer also eine ruhigere Alternative zu den trubeligen Unterkünften in Yosemite Valley sucht, wird sich hier wohl fühlen. Einige Freizeitaktivitäten vor Ort (Schwimmen, Reiten, Golf) lassen auch einen Kurzurlaub zu.

Vom Hotel aus startet im Sommer der kostenlose Shuttle-Bus-Verkehr zu Mariposa Grove.

✉ *8308 Wawona Road, Yosemite National Park, CA 95389*

☎ *1-406-862-8190*

🕐 *Mitte März-Nov.*

ꝏ *** - ****

💻 *www.yosemitepark.com/ accommodations_wawonahotel.aspx*

▸C15 🚶 Mariposa Grove

56 km/35 mi vom Yosemite Valley und 3 km/2 mi vom südlichen Parkeingang (South Entrance) entfernt liegt Mariposa Grove am Highway 41 (gut ausgeschildert). Es ist der größte Mammutbaum-Hain im Yosemite National Park mit insgesamt etwa 500 ausgewachsenen Riesenmammutbäumen. Der älteste Vertreter dieses Hains ist der 2.700 Jahre alte „Grizzly Giant". Er misst 9 Meter im Durchmesser, ist 64 Meter hoch und hat einen Umfang von 27 Metern. Von Mai bis Oktober bringt ein kostenloser Shuttle-Bus die Besucher von Wawona aus zur Mariposa Grove. Man kann den Hain aber auch auf einer einstündigen Rundfahrt in einer Bimmelbahn mit mehrsprachiger Audiotour besuchen, der **Big Trees Tram Tour**. 🕐 Sie fährt von Mai bis Oktober täglich von 9 bis 17 Uhr alle 30 Minuten. Die Tickets hierfür gibt es im Ahwanee, der Yosemite Lodge oder in der Yosemite Village. ꝏ Erwachsene $ 26,50, Kinder ab 5 Jahre $ 19, Senioren $ 25.

Die Erkundung zu Fuß ist in diesem friedvollen und ehrfurchtgebietenden Waldabschnitt allerdings eindeutig das schönere Erlebnis. Es gibt zwei Rundwanderwege, auf denen man die beiden Haine Lower Grove und Upper Grove erreichen kann. Der Lower Loop ist der kürzere und populärere, aber damit auch der überfülltere (die offenen Busse fahren beide Groves an). Eines der Highlights dieses Hains ist „The Fallen Monarch". Wie der Name schon sagt, liegt dieser Baum umgestürzt am Boden und ist zwar tot, seine überdimensional riesige Wurzel reckt er aber immer noch demonstrativ in die Höhe. Ein regelrechter Fotostar ist außerdem der „Wawona Tunnel Tree". 1881 wurde sein Stamm durchtunnelt und die reguläre Fahrstraße hindurchgeführt. Unzählige alte Fotomotive zeigen ihn mit wahlweise einem VW Käfer oder einem Oldtimer, die den Tunnel gerade passieren. Seit 1969 kann man ihn nicht mehr durchfahren, ihn aber seitdem durchlaufen – ein ebenso schönes Fotomotiv. Die Rundtour durch den Lower Loop ist 3,5 km/2,2 mi lang und dauert etwa eine Stunde. Für beide Groves (8-10 km/5-6,3 mi) muss man mit bis zu vier Stunden rechnen.

VOM **YOSEMITE** ZU DEN NATIONAL PARKS **KINGS** **CANYON** UND **SEQUOIA**

Benton

Silver Lake

June Lake Junction

Glacier Point

140

Yosemite National Park
Glacier Point Rd

Gull Lake

June Lake

Mammoth Lakes

395

Lake Crowley

6

El Portal

41

Bridalveil Fall / nnel View

Wawona

Mariposa Grove

South Entrance

Fish Camp

Bishop

49

395

Oakhurst

41

Big Pine

41

Hume Lake D4

D3

Kings Canyon Scenic Byway

180

Kings Canyon National Park D2

Cedar Grove

Kanawyers

39

D1

99

Fresno

180

180

Grant Grove

D5

Redwood Mountain Overlook D6

63

Big Stump Entrance

198

Selma

D9

Crystal Cave

D8

210

Ash Mountain Entrance

Moro Rock

Sequoia National Park D7

41

43

99

63

65

Lake Kaweah

Three Rivers

Hanford

Visalia

198

Sequoia RV Ranch

198

198

Lemoore

198

Sequoia National Forest

43

65

Stratford

137

Tulare

99

Corcoran

Tipton

190

Porterville

43

0   Kilometer   50   100

I 5

Meilen

99

Delano

0   20   40   60

Hauptstrecke km/mi 	Teilstrecke km/mi	Nebenstrecke km/mi	Stationen auf dem Highway	Highway
1.480/925	0		Yosemite NP South Entrance	CA-41
1.578/986	98/61		**Fresno**, Kreuzung CA-41/SR-180 ▶**D1**	SR-180
1.664/1.040	184/115		**Kings Canyon National Park, Big Stump Entrance ▶D2**	SR-180
1.669/1.043	189/118		Grant Grove Village	SR-180
1.669/1.043	189/118	0	Kings Canyon Scenic Byway ▶**D3**	SR-180
		4/3	**Panoramic Point**	SR-180
		13/8	Hume Lake Ranger Station, Start Scenic Byway	SR-180
		16/10	**Hume Lake ▶D4**	SR-180
		32/20	Boyden Cavern	SR-180
		55/34	**Cedar Grove**, Roads End Permit Station ▶**D5**	SR-180
1.669/1.043	189/118	110/69	Zurück nach Grant Grove Village	SR-180
1.679/1.049	199/124		**Redwood Mountain Overlook ▶D6**	SR-180
1.679/1.049	199/124		Kreuzung SR-180/198	SR-180
1.692/1.058	212/133		**Sequoia National Park ▶D7**	SR-198
1.695/1.059	215/134		**Dorst Creek Campground**	SR-198
1.710/1.069	230/144		**Lodgepole Village**	SR-198
1.713/1.071	233/146		**General Sherman Tree/Congress Trail**	SR-198
1.718/1.074	238/149		**Giant Forest Museum**	SR-198
		0	Nebenstrecke durch den Giant Forest	SR-198
		3/2	**Moro Rock ▶D8**	Crescent Meadow Rd
		4/3	**Tunnel Log**	Crescent Meadow Rd
		6/4	**Crescent Meadow**	Crescent Meadow Rd
1.718/1.074	228/149	12/8	Zurück zum Giant Forest Museum	Crescent Meadow Rd
1.721/1.076	231/151		Abzweig Straße zur Crystal Cave	SR-198
		0	Nebenroute zur Crystal Cave	SR-198
		11/7	**Crystal Cave ▶D9**	Nebenstraße
1.721/1.076	231/151	22/14	Zurück zur SR-198	Nebenstraße
1.739/1.087	249/152		Ash Mountain Entrance	SR-198

D

Vom Yosemite zu den National Parks Kings Canyon und Sequoia

Wir verlassen die Idylle des Yosemite National Park nur ungern, dürfen uns aber auf gleichwertige Erlebnisse in den folgenden beiden National Parks freuen. Die wunderbare Natur wird uns auch im Kings Canyon und im Sequoia National Park erhalten bleiben. Ähnliche Kulissen, aber neue und andere Highlights.

Das sollte den Abschied vom Yosemite leichter machen, der für viele Reisende der traumhaftaste aller nordamerikanischen Parks ist. Ein großflächiger Waldbrand direkt neben der Straße Richtung Merced erwartet die Reisenden zum Abschluss. Ehrfürchtig steht man vor den lodernden Flammen und kann es kaum glauben, dass man solcher Feuersbrunst Herr werden kann. Den Rest des Tages wird man den Rauchgeruch an den Kleidern kaum los – eine eher denkwürdige Erinnerung an das Erlebnis mit diesem Element.

Ausgleichend wirken die herrlichsten Abschieds-Impressionen, während man den Yosemite in südliche Richtung über den Highway 41 ein letztes Mal durchfährt und er sich von seiner besten Seite zeigt. Es bleibt bergig und schön, die Kulisse aus Granitfelsen und die atemberaubenden Blicke ins Tal und auf den

*Merced River bleiben noch eine ganze Weile erhalten. Je näher allerdings die Großstadt **Fresno** rückt, desto nüchterner präsentiert sich die Landschaft, die Ausläufer der knapp 500.000 Einwohner großen Stadt beenden die naturgewaltigen Eindrücke dann doch recht jäh. Das unerwartet städtische Umfeld hat aber auch sein Gutes: Entweder in einer der vielen Kleinstädte, die sich bereits vor Fresno rechts und links der Straße tummeln oder in der Peripherie von Fresno selbst sollte man noch einmal kräftig aufrüsten. Sprich: Großeinkauf und vor allem tanken. In den beiden nun folgenden National Parks gibt es nur begrenzt Tankmöglichkeiten (die dann sehr teuer sind), dem gegenüber stehen jedoch einige Kilometer Fahrleistung an – darauf sollte man sich ebenso vorbereiten wie auf die fortan kleineren Läden mit weniger Angebot an Lebensmitteln.*

🏛 FRESNO

◆	Yosemite Village	150 km/94 mi
	Grant Grove Village	90 km/56 mi
🚶🚶🚶🚶	Stadt	510.400
❄ ❄	Winter	10 °C
☀	Sommer	22 °C
〰〰〰	Meereshöhe	90 m

Wie im Falle von Sacramento soll auf Fresno, obwohl es sich um eine Großstadt handelt, ebenfalls kein Fokus liegen. Fresno ist als fünftgrößte Stadt Kaliforniens nach dem Naturerlebnis Yosemite National Park und vor den beiden kommenden National Parks Kings Canyon und Sequoia vor allem ein Ort mit allen erdenklichen Infrastrukturen für die Reise – sozusagen

Nicht selten: ein Waldbrand bei der Ausfahrt aus dem Yosemite.

zwischen dem Abtauchen in diesbezüglich unerschlossene Gefilde.

Zur Grundversorgung mit Lebensmitteln und Sprit ist Fresno bestens geeignet. Während man den Highway 41 (der im Stadtgebiet von Fresno Yosemite Freeway heißt) aus Richtung Yosemite an den Ausläufern Fresnos entlangfährt, kann man rechts am Wegesrand schon ein großes Einkaufszentrum nach dem anderen entdecken. Eine Empfehlung ist das riesige Manchester Shopping Center mit allen Läden und Shops, die man sich vorstellen kann. Das Center befindet sich direkt neben dem Highway 41 in der ✉ 1901 E. Shields Avenue # 203, ☏ www.manchester-center.com. Einen großen Vons findet man nach der Abbiegung Richtung Osten und Kings Canyon National Park in der ✉ 5638 E. Kings Canyon Road.

Wer neben dem Einkauf auch einen Blick in die Innenstadt von Fresno werfen möchte, bleibt bei der Abzweigung zum Kings Canyon National Park zunächst in südliche Richtung auf dem Highway 41 und hat dann das Innenstadtzentrum zu seiner Linken, eingebettet zwischen Divisadero Street und den Highways 41 und 99. Nördlich dieses Zentrums befindet sich der Tower District mit einer aktiven Kulturszene, schönen Restaurants und dem Art-déco-Kino Tower Theatre (☏ www.towertheatrefresno.com).

🛈 Fresno Convention & Visitors Bureau

✉ 848 M Street # 3, Fresno, CA 93721
☏ 1-559-445-8300
🕐 tägl. 8-17 h
🖥 http://playfresno.org

Gut versorgt erreichen wir die Kreuzung, an der wir den Highway 41 verlassen und in östliche Richtung auf die State Route 180 abbiegen. Jetzt geht es geradewegs auf den Kings Canyon National Park zu. Es ist erstaunlich, wie nah hier drei berühmte National Parks aneinander liegen – man hat kaum Gelegenheit, einen zu verarbeiten und muss sich bereits dem nächsten stellen.

Die direkte Anfahrt zum Kings Canyon lässt hinsichtlich der landschaftlichen Reize noch etwas zu wünschen übrig. Flächenweise verbrannte Landschaft verleiht der Gegend eine gewisse Einöde. Hinzu kommt, dass wir kaum auf andere Fahrzeuge treffen – man kann sich schon fragen, ob man auf dem richtigen Weg ist. Einzelstehende Farmen sind der einzige Hinweis auf Zivilisation.

Nachdem man rund um Fresno wieder im Flachland war (auf gerade mal 90 Metern über dem Meeresspiegel) steigt die Straße bald wieder an und führt erneut in die Bergwelt hinein. In der Ferne tauchen wieder die bereits vertrauten Gipfel der Sierra Nevada auf. Wir passieren Dunlap, danach geht es richtig steil bergauf. Wenn man den Parkeingang passiert, ist man schon wieder auf 1.800 Metern Höhe – es ist fast, wie nach Hause zu kommen!

Sobald man den **Big Stump Entrance** passiert hat, hält man sich, auf dem Highway 180 bleibend, in nördlicher Richtung. Mit Grant Grove Village und dem Kings Canyon Visitor Center hat man eine ausgezeichnete Anlaufstelle, um einen ersten Überblick über den Park zu bekommen. Der direkte Weg sollte zu den Campgrounds rund um das Village führen, wo man sich ein Übernachtungsplätzchen sichern sollten, da alle Plätze in diesem Parkbereich auf der Basis „first come, first served" vergeben werden. Eine Rangerin im Visitor Center versichert zwar, dass man immer fündig wird. Doch sicher ist sicher, gerade da man eine recht lange Fahrt hinter sich hat und es vermutlich schon etwas später am Tag ist.

HINWEIS Die Straße bleibt auch nach der Abbiegung Richtung Grant Grove der Highway 180. Grant Grove ist die erste Anlaufstelle auf der Hauptroute innerhalb des National Parks. Wer nicht

D

nach Grant Grove möchte, aber im späteren Verlauf den Scenic Byway durch den Kings Canyon fahren möchte, muss sich hier ebenfalls Richtung Norden wenden und Grant Grove passieren, wo die Nebenstrecke startet. Der Highway 180 wird ab der Hume Lake Ranger Station zum Scenic Byway.

Abgesehen von der Strecke über den Highway 180 nach Grant Grove und der anschließenden Nebenroute bis Cedar Grove definiert der Highway 198 in südöstliche Richtung die Hauptroute durch den Kings Canyon und später den Sequoia National Park.

ﯦ KINGS CANYON NATIONAL PARK

▸ D2

▸ Karte S. 286

(Parkgebühren: $ 20 für 7 Tage pro Familie/Fahrzeug, $ 80 für den Annual Pass)

Da der Kings Canyon oft in der Bezeichnung "Sequoia & Kings Canyon National Park" untergeht, ist man versucht zu denken, dass beide Parks ein- und derselbe sind. Unterstützt wird diese Annahme dadurch, dass für beide Parks dieselbe Eintrittskarte gilt, das heißt, beide Parkgebiete gehen unmerklich und nahtlos ineinander über. Verwaltet werden sie vom National Park Service ebenfalls als Einheit. Dennoch handelt es sich um zwei unabhängige National Parks. Der Sequoia wurde 1890 als General Grant National Park gegründet, etwa zeitgleich wurde das Gebiet um Grant Grove (heutiger Kernbereich des Kings Canyon) zum Grant Grove National Park erklärt. Der Schwerpunkt der beiden ist gleich: er liegt auf den Riesenmammutbaum-Hainen. Aber beide Parks sind landschaftlich unterschiedlich und vielfältig, sodass die Trennung in zwei autarke National Parks allein deshalb ihre Berechtigung hat.

Eingefleischte Fans sagen, der Kings Canyon National Park könne dem Yosemite durchaus das Wasser reichen. Dabei ist er erfreulicherweise nicht so überlaufen,

Kaum auf ein einziges Foto zu bannen sind die Riesenmammutbäume, die Giant Sequoias.

wie der populäre Nachbarpark im Norden oder der Sequoia im Süden. John Muir war, wie könnte es anders sein, auch im Kings Canyon tätig. 1873 besuchte er den Park und war beeindruckt über die Ähnlichkeit mit dem Yosemite Valley. Diese Ähnlichkeit verwundert nicht, denn beide Täler, Yosemite Valley und Kings Canyon, wurden während derselben Eiszeit, nämlich der letzten, von mächtigen Gletschern geformt. Das veranlasste Muir zu der Aussage, der Park sei „A Rival to Yosemite". Das ist durchaus eine berechtigte Aussage.

In den Kings Canyon, eine der tiefsten Schluchten der USA und sogar tiefer als der Grand Canyon, hat sich der **Kings River** eingefräst. Außenherum prangt die faszinierende Granitlandschaft. Es ist ein Bild reiner Schönheit, wie das schäumende Wasser des wilden Flusses an die Granitfelsen der Schlucht peitscht. Dieses Naturspektakel kann man vor allem auf dem Scenic Byway Richtung Cedar Grove bestaunen; auf dieser Strecke trifft man auch auf atemberaubende Wasserfall-Darbietungen, wie wir sie aus dem Yosemite kennen. Auch die Granit-Dome sind im Kings Canyon präsent. Tropfsteinhöhlen mit wahrhaft märchenhaften Stalaktiten-Formationen, indianische Piktogramme und eine sagenhafte Flora und Fauna vervollständigen das Natur- und Kulturerlebnis – nicht zu vergessen natürlich die Hauptattraktion, die gigantischen Mammutbäume allüberall. Zwar nicht in Sichtweite, aber ganz in der Nähe thront der 4.418 Meter hohe Mount Whitney über der Szene, Teil der Sierra Nevada und höchster Berg der zusammenhängenden 48 Bundesstaaten. Man kann diese Naturwunder nur als eine Ansammlung der Superlative zusammenfassen: Die größten Bäume, der höchste Gipfel und der tiefste Canyon präsentieren sich in atemberaubender Kulisse.

Der Kings Canyon National Park wurde 1940 eingerichtet und umfasst eine Fläche von 187 Hektar. Er besteht aus zwei verschiedenen Bereichen: In der kleinen Region von General Grant Grove

D

stehen einige Haine von Giant Sequoias unter Schutz. Ihr berühmtester Vertreter ist der **General Grant Tree**, größter Baum innerhalb der General Grant Grove und zweitgrößter Baum der Welt. Die General Grant Grove ist nur ein fünfminütiges Fahrstück von Grant Grove Village entfernt und liegt nordwestlich von ihr. Der größte Hain der Welt ist die **Redwood Mountain Grove** mit einem Bestand von 15.800 Sequoias südöstlich von Grant Grove am Übergang zum Sequoia National Park. Der nördliche Bereich des Kings Canyon National Park gehört zum Sequoia National Forest. Zum Parkbereich im Norden gibt es nur einen Eingang, das ist der **Big Stump Entrance**. Warum dieser Eingang so benannt wurde, demonstriert ein Baumstumpf vor dem Eingang, der den Besucher gleich auf das einstimmt, was ihn erwartet: überdimensional große Bäume. Einen zweiten Parkzugang gibt es im Süden beim **Ash Mountain Entrance**, durch den man den Kings Canyon National Park über den Sequoia National Park im Normalfall, also ohne Sperrungen und sonstige Widrigkeiten (siehe unten), auch wieder verlässt.

🚶 Wanderweg – Big Stump Trail

Der Weg ist nicht so sehr überlaufen wie viele andere im Kings Canyon National Park. Statt riesenhafter Bäume sind es hier mehr die beeindruckenden Baumstümpfe, die das Interesse des Wanderers erwecken. Es sind Relikte aus den 80er Jahren des 19. Jahrhunderts, als Holzfäller die Riesenmammutbäume gefällt haben.

Zwei spezielle Attraktionen auf dem Weg sind einmal der „**Mark Twain Tree**", ein Baumstumpf, auf den man über eine kleine Leiter hinaufsteigen kann. Der „**Sawed Tree**" ist ein noch „kompletter" Baum, der von dem Versuch, ihn teilweise zu durchsägen, zwar eine beachtliche Narbe davongetragen hat, aber ansonsten gesund dasteht.

⇨ *Neben der Eingangsstation Big Stump Entrance*
🕐 *1 Std.*
⚲ *einfach*
⇔ *3,2 km/2 mi*
⌐ *61 m*

Unfassbare Dimensionen hat ein Baumstamm, hier demonstriert am Big Stump Entrance

Den Kings Canyon National Park erreicht man über die State Route 180, die innerhalb des Parks in nördliche Richtung und später als Scenic Byway nach Osten bis Cedar Grove führt. Richtung Süden wird die Straße an der Kreuzung nach dem Parkeingang zur State Route 198. Es gibt abgesehen von Highway 180 sowohl im Kings Canyon als auch im Sequoia National Park wenig Straßen, die die Parks von Ost nach West durchqueren. Die Hauptverkehrsachse verläuft von Nord nach Süd.

Bis zu John Muirs Besuch des Parks im Jahr 1873 war er eher unbekannt. Die ersten Bewohner des Kings Canyon waren die Monache oder Western Mono Indianer, ein Paiute-Stamm, der über die Sierra Nevada vom Mono Lake hierher übersiedelte. Sie bauten halbwegs dauerhafte Häuser, die aus kegelförmigen Gehäusen aus Weidelatten bestanden und mit Streifen von Zedernrinde bedeckt waren. Ihre Winterquartiere hatten die Monache in den niedriger liegenden Gebieten. 1806 betraten die ersten Europäer mit dem Spanier Gabriel Moraga auf der Suche nach einem Ort für eine Mission das Gebiet am Kings River. An einem 6. Januar, dem Dreikönigstag, entdeckten sie einen Fluss, den sie – dem Tag gewidmet – „The River of the holy Kings", also den Fluss der heiligen Könige nannten. Später wurde dieser Name abgekürzt zu Kings River.

Ab 1827 tröpfelten Pelzjäger und Forscher nach und nach über die Bergpässe in den Kings Canyon herein. Es war jedoch der Goldrausch, der 1849 tausende Menschen von überall her nach Kalifornien lockte. Die „Neulinge" brachten Pocken und Masern mit, worauf das Immunsystem der Ureinwohner, die hier lebten, nicht vorbereitet war. In der Folge wurden die Urbewohner durch die Krankheiten regelrecht vernichtet, die meisten starben während einer Epidemie 1862. Viele flüchteten damals aus dem Gebiet, manche ließen sich im San Joaquin Valley (im Central Valley,

südlich von Sacramento und westlich des Kings Canyon National Park) nieder, wo ihre Nachkommen noch heute leben.

Da das Holz der Sequoia porös ist und auseinanderbricht, wenn der Baum fällt, war ihre Funktion als Nutzholz eingeschränkt. Trotzdem ließen sich die früheren Holzfäller davon nicht abhalten, die Bäume zu fällen und ein Drittel des alten Baumbestandes auszurotten. Heute kann man nur sehr schwer nachvollziehen, dass aus den wertvollen Riesenmammutbäumen Bleistifte hergestellt wurden. Der Bestand der Bäume wäre weiter gesunken, wäre nicht John Muir gewesen, der erste Maßnahmen zum Schutz der Bäume ergriff. Seine entrüstete Reaktion auf das Abholzen der Riesenmammutbäume war: „Dann könntet ihr ebenso gut die Wolken, den Schnee und die Flüsse zum Zerschneiden und Abtransport verkaufen, wenn das möglich wäre."

ℹ Visitor Information

Sequoia & Kings Canyon National Park
✉ *47050 Generals Highway, Three Rivers, CA 93271-9651*
☎ *1-559-565-3341*
🖳 *www.nps.gov/seki*

Kings Canyon Visitor Center
Das Visitor Center befindet sich in Grant Grove, 5 km/3 mi nordöstlich des Parkeingangs Big Stump. Hier kann man erste Informationen über die Sehenswürdigkeiten, die Straßenverhältnisse, die Kapazitäten der nicht-reservierbaren Campgrounds und die Riesenmammutbäume einholen. Es gibt Ausstellungen, aber auch einen sehr guten Film als Einstimmung.
✉ *Grant Grove Drive, Kings Canyon National Park, CA 93633*
☎ *1-559-565-3768*
🕐 *Mitte Juni-Sept. 8-20 h, Okt.-Mitte Juni 9-16.30 h*

D

ℹ Exkurs Sequoias

Man kann weder den Kings Canyon noch den Sequoia National Park besuchen, ohne zumindest ein Grundwissen darüber zu haben, was es mit den Riesenmammutbäumen auf sich hat: Sequoias (Sequoiadendron giganteum) sind immergrüne Nadelbäume, die an den Westhängen der Sierra Nevada beheimatet sind. Charakteristisch sind die Gruppen, in denen die Bäume innerhalb isolierter Talschichten wachsen. Sequoias können fast 100 Meter hoch werden und einen Stammdurchmesser von bis zu 12 Meter erreichen (im Vergleich hat beispielsweise die europäische Erle maximal einen Durchmesser von bis zu 6 Metern). Die Krone der Riesenmammutbäume ist hoch, schmal und kegelförmig, wie man sie von der Zypresse her kennt – zu deren Unterfamilie der Riesenmammutbaum zählt. Die Stämme haben die Form von Säulen und können bis auf 50 Meter Höhe astfrei sein. Aufgrund mangelnden Sonnenlichts sterben die tiefer liegenden Äste ab und fallen herunter. Der in Augenhöhe kahle Stamm lässt die Giganten noch mächtiger wirken. Die ältesten Vertreter der Riesenmammutbäume sind zwischen 2.000 und 3.000 Jahre alt. Statistisch gesehen haben sie in dieser Zeit im Schnitt mehr als 100 Waldbrände überlebt. Sie sind deshalb so hitzebeständig, weil ihre Rinde teilweise dicker als 50 Zentimeter ist. Das wirkt sowohl bei Hitze als auch bei Kälte isolierend. Außerdem ist die Rinde mit einer Säure namens „Tanic" gefüllt – die im Übrigen auch für die rötlich-braune Farbe verantwortlich ist – und diese Säure schützt den Baum sowohl vor dem Übergreifen des Feuers auf den Stamm, als auch vor Schädlingen und Pilzbefall. Wenn man jedoch genau hinschaut, kann man Feuernarben an den Stämmen entdecken, komplett unbeschadet überleben die Bäume ein Feuer also nicht.

Feuer ist aber sogar förderlich für das Wachstum der Sequoias. Das gegen Feuer empfindlichere Unterholz wird verbrannt und gibt seine Nährstoffe in den Boden ab, die wiederum über die Wurzeln von den Sequoias aufgenommen werden. Außerdem werden durch die Hitzeentwicklung die Samen der reifen Zapfen freigesetzt – was ansonsten durch gründliche Trocknung der Zapfen geschieht.

Sequoias haben sich also einerseits mit der sehr unwirtlichen Situationen von Waldbränden gut arrangiert, sind im Gegenzug bezüglich der Standortwahl allerdings sehr anspruchsvoll. Es muss eine Höhenlage sein, die zwischen 1.350 und 1.500 Metern liegt. Die Riesenmammutbäume haben kein Problem mit schneereichen Wintern, brauchen aber in trockenen Sommermonaten genug Wasser. Deshalb wachsen sie nur da, wo es genug Licht und Wasser gibt, beispielsweise an früheren Bächen und Feuchtwiesen. Sequoias nutzen sich gegenseitig

Ganz unten am Stamm sieht man deutlich die verkohlten Stellen, die ein Feuer hinterlassen hat.

zur Befruchtung. Das ist der Hauptgrund für die Entstehung der gruppierten „Familien". Denn selbst wenn die Samenkörner ganz woanders landen würden, würden sich die Bäume dort nicht mehr fortpflanzen können. Innerhalb der Haine gilt das Prinzip des Stärkeren. Natürliche Prozesse eliminieren die Schwächeren, sodass diejenigen mit weniger Zugang zu Wasserquellen oder weniger Sonnenlicht nicht richtig wachsen. Bäume, die in demselben Jahr ausgetrieben sind, können sich nach wenigen Jahren in ihrer Größe extrem unterscheiden. Nur die Bäume an bevorzugten Stellen wachsen schnell. Von den 70 bekannten Orten der Sierra Nevada, an denen Sequoia-Haine wachsen, befinden sich 36 in den National Parks Sequoia und Kings Canyon und drei im Yosemite. Von den 37 größten Sequoias der ganzen Welt findet man 20 im Kings Canyon und Sequoia.

Fossilienfunde zeigen, dass die Vorfahren der Riesenmammutbäume vor

mindestens 175 Millionen Jahren gewachsen sind. Die Eiszeit jedoch löschte die meisten der seltenen Exemplare aus. Kalifornien hatte das Glück, sich diese besondere Baumart erhalten zu können. Dennoch sind die Riesenmammutbäume heute vom Aussterben bedroht. Ihre Bestände stehen unter Natur- und Artenschutz. Da es eine schnell an Masse zunehmende Baumart ist (der Höhenwuchs kann verhalten sein, dafür entwickeln sich die Stämme gerade der jungen Sequoias prächtig), gibt es derzeit Bemühungen, im Rahmen von Versuchen Mammutbäume gezielt für die Holzgewinnung anzubauen.

In den beiden National Parks begegnet uns auch des Öfteren der Begriff „Redwood". Man könnte fälschlicherweise denken, das sei eine andere Bezeichnung für die Riesenmammutbäume, da auch diese Bäume das typische rötliche Holz vorweisen. Redwoods aber sind eibennadlige Mammutbäume und unterscheiden sich von den Sequoias dadurch, dass sie höher (bis zu 112 Meter) und schlanker sind und an der Küste wachsen. Das Profil ähnelt eher dem eines Nadelbaums. Der Stamm des Sequoia dagegen ist eher säulenartig, seine Zweige sind groß und dick. Dafür wird der eibennadlige Mammutbaum nicht so alt, sondern „nur" bis zu 2.000 Jahre, der Riesenmammutbaum kann bis zu 3.200 Jahre alt werden.

Die Riesenmammutbäume haben etwas Friedvolles an sich. Man kann nicht durch die Haine wandern, ohne Ehrfurcht vor diesen ganz besonderen Exemplaren der Gattung Baum zu bekommen. Und das liegt nicht einfach nur an der unbeschreiblichen Größe der Bäume, sondern an der Würde, die sie ausstrahlen. Fotografen werden auf eine harte Probe gestellt: Mit einem gängigen Objektiv ist es kaum möglich, einen Riesenmammutbaum auf ein Foto zu bannen – zumindest nicht aus der Nähe. Nur mit einem Weitwinkelobjektiv hat man eine Chance – den Zauber, der von diesen Bäumen ausgeht, kann jedoch kein Objektiv der Welt erfassen.

👁 Sehenswürdigkeiten im Kings Canyon National Park

🌲 Grant Grove

Nur einen Steinwurf vom Kings Canyon Visitor Center entfernt befindet sich die Grant Grove mit dem **General Grant Tree** als Herzstück und Stolz des National Parks. Der Baum wird seit 1926 als „The Nation's Christmas Tree" jährlich für spezielle Weihnachtsfeiern genutzt, die unter seinen schneebeladenen Ästen abgehalten werden. Obwohl dieser Sequoia mit seinen 1.700 Jahren noch ein regelrechter Jungspund ist, besticht der prominente Baum durch seine Größe und vor allem durch seinen Umfang: Er ist 82 Meter hoch, wiegt über 1,3 Tonnen und hat einen Umfang von 33

Der nationale Weihnachtsbaum: der General Grant Tree

Metern. 12 Meter misst sein Stamm im Durchmesser, der größte Ast bringt es immerhin auf 1,4 Meter. Der erste Spross am Stamm befindet sich in 39 Metern Höhe. Das Volumen des Baumes beträgt 1.320 Kubikmeter. Mit diesen Werten ist der General Grant Tree der Baum mit dem größten bekannten Umfang, in der Gesamtrangliste der Baum mit dem zweitgrößten Volumen und der drittgrößte Baum der Welt überhaupt. Die Stelle, an der der Gigant wächst, muss also eine sehr gute Mischung aus Feuchtigkeit, Licht und Nährstoffen geboten haben, damit der „Weihnachtsbaum" so prächtig gedeihen konnte. An der Informationstafel beim General Grant Tree wird recht anschaulich dargestellt, was diese Werte und Maße eigentlich bedeuten. So wären beispielsweise 37 Millionen Tischtennisbälle nötig, um den Baumstamm komplett zu füllen!

Benannt wurde der General Grant Tree nach dem Befehlshaber der Unionsarmee während des Bürgerkrieges, Ulysses S. Grant (späterer Präsident der USA von 1869 bis 1877). 1956 wurde der Baum sogar zu einer nationalen Gedenkstätte für Kriegsopfer ernannt.

🚶 General Grant Tree Trail

Den General Grant Tree und einige andere interessante Riesenmammutbäume kann man im Rahmen eines sehr schön angelegten, kurzen Rundgangs besuchen. Der „General Grant Tree Trail" beginnt an einem großen Parkplatz mit Infotafel und kostenpflichtigen Broschüren (∞ $1,50, sehr empfehlenswert). Ein asphaltierter Weg führt an den „Sehenswürdigkeiten" vorbei, die sich hinter einer Einzäunung befinden. Bemerkenswert ist gleich das erste Exemplar auf der Runde gegen den Uhrzeigersinn, der **Fallen Monarch**. Der Baum ist umgefallen und man kann aufrecht durch ihn hindurchlaufen. Seit über 100 Jahren liegt der Baum hier so und sieht dabei noch ganz frisch aus. Das liegt an der oben beschriebenen Säure, die den Stamm unverdaulich für Bakterien, Insek-

Der General Grant Tree Trail ist sehr schön angelegt.

zeitlich die unteren Bereiche der Hütte mit dem widerstandsfähigeren Holz der Riesenmammutbäume ersetzt.

Der gesamte Rundweg ist etwa 800 Meter lang. Man sollte sich die Zeit nehmen und die Informationstafeln an den einzelnen Stationen lesen, die sehr viel Interessantes über den jeweiligen Baum und darüber hinaus über die Besonderheiten der Gegend erzählen. 1890 wurde der General Grant National Park gegründet, um die Grant Grove zu schützen. Dieser Bereich wurde 1940 in den neu geschaffenen Kings Canyon National Park eingegliedert.

𐃰 North Grove Loop Trail

Der Spaziergang durch diesen Grove ist ein historisches Erlebnis. Auf Schildern lernt der Wanderer einiges über die besonderen Vertreter der Sequoias innerhalb dieses Hains, beispielsweise über den Pioneer Cabin Tree, den Abraham Lincoln Tree oder den Siamese Twins. Bäume mit speziellen Eigenheiten wie Spiraldrehung des Stammes oder andere Formen können hier entdeckt werden. Der „Big Stump" erzählt ebenfalls seine eigene Geschichte: Ein Mann namens Augustus T. Dowd hat einmal einen verwundeten Grizzly-Bären gejagt und kam

ten und Pilze macht. So geht der Prozess des Zerfalls recht langsam vonstatten, obwohl der Baum bereits seit langer Zeit tot ist. Der Fallen Monarch hat liegend den Menschen bereits einige Dienste als Unterkunft und Obdach erwiesen: Zu Zeiten General Grants diente der Fallen Monarch als Camp für Bedienstete, später wurde er gar als Saloon genutzt. Die U.S.-Kavallerie stellte Ende des 19. Jahrhunderts ihre Pferde im ausgehöhlten Baum unter.

Der bequeme und schattige Weg führt nicht nur zu weiteren Bäumen dieser großen Grove, sondern unter anderem auch zur **Gamlin Cabin**, einer ursprünglich aus Kiefern erbauten Blockhütte. Da Kiefernholz aber nicht so resistent gegen Termiten wie Sequoia-Holz ist und verfault, wenn es mit dem Erdreich in Berührung kommt, wurden zwischen-

Kaum zu glauben, für was der Fallen Monarch schon alles hergehalten hat!

193

dabei in dieses ihm unbekannte Waldgebiet. Plötzlich versperrte ihm etwas ganz und gar Ungewöhnliches die Sicht: Ein Baum monströsen Ausmaßes, der sicher dreimal so groß war wie der größte Baum, den er bis dahin je gesehen hatte.

⇨ *Unteres Ende des Grant Tree Parkplatzes*

◨ *1,5 Std.*

⇗ *mäßig*

⇔ *2,4 km/1,5 mi*

⊏ *122 m*

👁 Panoramic Point

Nordöstlich von Grant Village schlängelt sich eine enge, sehr steile und knapp 4 km/2,5 mi lange Straße zu dem Aussichtspunkt, der seinem Namen alle Ehre macht. Wer sich und seinem Fahrzeug die Strecke nicht zumuten möchte (für Wohnmobile und Wohnwagen nicht zu empfehlen), kann den Weg auch zu Fuß gehen. Am Ende der **Panoramic Point Road** ist ein Parkplatz, von dem aus es zu den 2.292 Meter hohen Berggrat geht (⇔ Wegstrecke einfach ca. 0,5 km). Oben belohnt ein atemberaubender Blick über die Ausdehnung der High Sierra die Mühen des Weges. Im Sequoia National Forest kann man bei guter Sicht den Hume Lake ausmachen und dahinter den Kings Canyon.

🏇 Reiten – Grant Grove Stables

Eine ganz andere Perspektive auf die Besonderheiten des Kings Canyon National Park ergibt sich vom Pferderücken aus. Der Betreiber bietet Reitausflüge innerhalb der Grant Grove Area an. Dabei werden die Plätze angeritten, die die Besucher am meisten interessieren, unter anderem die Gruppe rund um den General Grant Tree und andere Sequoia Groves in der Nähe. Ausritte von einer Zeitspanne ab einer Stunde über Halbtages- bis Tagesritte sind möglich. Nach Möglichkeit sollte man auf jeden Fall die Zwei-Stunden-Version wählen, diese führt zum einen tiefer in den Wald hinein und

zum anderen auf einen Berg mit Blick auf Sequoias. Man sollte lange Hosen tragen, Wasser und natürlich eine Kamera mitnehmen. Wenn die Gruppe hauptsächlich aus Anfängern besteht, wird nicht getrabt und galoppiert. Da die Pferde ihren Weg sehr gut kennen, kann jeder ungeachtet seines reiterlichen Kenntnisstandes an einem Ausritt teilnehmen. Eine rechtzeitige Reservierung wird empfohlen.

✉ *87004 Highway 180, Kings Canyon National Park, CA 93633*

☎ *1-559-335-9292 (außerhalb der Saison: 1-559-799-7242)*

🕐 *Im Sommer tägl. 8-18 h, außerhalb der Saison nach Anfrage*

∞ *1 Std. $ 40, 2 Std. $ 60*

🏛 Unterkünfte Grant Grove/ Kings Canyon National Park

🏕 Campgrounds Grant Grove

Keinen der drei nachfolgenden Plätze innerhalb des Bereichs Grant Grove kann man reservieren. Deshalb sollte man früh da sein, um sich einen Platz zu sichern. Alle werden vom National Park Service verwaltetet, keiner davon hat die Möglichkeit zum Hookup.

🏕 Azalea Campground

Dieser Campground ist knapp 6 km/4 mi vom Big Stump Entrance entfernt. In fußläufiger Entfernung befinden sich die Einrichtungen von Grant Grove Village: das Visitor Center, ein Laden, ein Restaurant und ein Souvenirshop. Dieser Platz wird oft als der schönste der drei innerhalb Grant Grove bezeichnet.

🕐 *ganzj.*

🚻 *nein*

🏕 *110*   🔌 *nein*   🔥 *nur im Sommer*

∞ *$ 18 im Sommer, $ 10 im Winter*

⛺ *110*   ∞ *$ 18 im Sommer, $ 10 im Winter*

🖥 *www.nps.gov/seki/planyourvisit/azalea.htm*

🏕 Crystal Springs Campground

Im Wesentlichen ausgestattet wie der Azalea Campground, nur etwas kleiner. Auch die Entfernungen zu den Einrichtungen von Grant Grove Village sind ähnlich. Ein recht friedvoller Campground mit gelegentlichen Besuchen von Hirschen.

🕐 Ende Mai-Mitte Sept.
📶 nein
🛏 36　🐾 nein
🍴 nur im Sommer
💰 $ 18
⛺ 36 & 14 Gruppenzeltplätze
💰 $ 18, $ 35 für Gruppenplatz
💻 www.nps.gov/seki/planyour
visit/crystal_springs.htm

🛏 Sunset Camp-ground

Die Hirsche im Park sind sehr neugierig!

Der Platz öffnet nach der Schneeschmelze im Frühjahr und schließt Mitte September. Er liegt, wie die beiden anderen Plätze, in direkter Nähe zu Grant Grove Village. Manche Stellplätze bieten herrliche Blicke auf die Gebirgsausläufer im Westen, wo man die Sonne wunderschön untergehen sehen kann – nomen est omen!

🕐 Frühling-Mitte Sept.
📶 nein
🛏 157　🐾 nein　🍴 nur im Sommer
💰 $ 18
⛺ 157　💰 $ 18
💻 www.nps.gov/seki/planyourvisit/camp_region.htm

🏛 Hotels Grant Grove

🏛 John Muir Lodge

In Grant Grove Village liegt diese recht neue, rustikale Lodge mit 36 Zimmern in einer bewaldeten Umgebung und nahe dem General Grant Tree. Im Stil einer großen Berghütte gehalten, fügt sich die Lodge schön in das Landschaftsbild des Kings Canyon National Park ein. In der Lobby lodert behaglich ein Feuer im offenen Kamin und lädt zum Verweilen gerade im Winter bei kalten Außentemperaturen ein. Im Sommer kann man die privaten Balkone genießen, die die meisten Zimmer haben. Die Lodge ist, wie der Name schon sagt, dem Naturfor-

scher John Muir gewidmet. So ist es nicht verwunderlich, dass ein großes Gemälde des vor allem um diesen National Park verdienten Mannes in der Lobby hängt.

☎ 1-559-335-5500
🕐 ganzj.
💰 ** - *** (Hochsaison & Feiertage),
* - ** (Frühling & Winter)
💻 www.nps.gov/seki/planyourvisit/lodging.htm

🏛 Grant Grove Cabins

Einen knappen Kilometer von den Einrichtungen von Grant Grove Village entfernt liegt dieses Motel mit einzelnen Blockhäuschen. Sechs verschiedene Typen von Häuschen stehen zur Verfügung, aus denen der Gast wählen kann: Es gibt Zelthäuser, die gemeinsame Badezimmer haben, und Blockhäuschen mit eigenem Bad. Alle Typen sind rustikal eingerichtet und passen sich optimal an ihr natürliches Umfeld an. Manche Häuschen sind das ganze Jahr über zu mieten, manche sind sehr populär – zum Beispiel der Typ „Bath Cabin 9", den es nur einmal gibt. Das ist ein freistehendes Häuschen, sehr idyllisch ...

📠 1-559-335-5507
☎ 1-866-522-6966
🕐 teilw. ganzj.
💰 ** (Zelthäuschen *)
💻 www.nps.gov/seki/planyourvisit/lodging.htm

Auftakt zur einer herrlichen Fahrt in die Tiefen des Kings Canyon

**Nebenstrecke von Grant Grove Village
nach Cedar Grove**

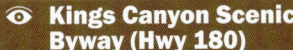

⊙ Kings Canyon Scenic Byway (Hwy 180)

! TIPP Es gibt auf der ganzen Strecke keine Tankmöglichkeit, auch nicht in Cedar Grove. Also mit genügend Sprit auf den Weg machen!

Die Panoramastraße ist kurvenreich, steil, lang, schmal und zeitaufwändig – aber jeden einzelnen Kilometer wert. Einen halben Tag sollte man für die reine Fahr- und Genussstrecke mindestens einkalkulieren, falls man nicht noch zusätzlich wandern, die Höhle Boyden Cavern (siehe unten) besichtigen oder sogar übernachten möchte. Die Panoramastraße dürfte wohl ihresgleichen suchen, selbst in Kalifornien. Man merkt förmlich, wie man sich im Laufe der Fahrt immer tiefer in den Kings Canyon hineinschraubt. Atemberaubende Blicke auf die glatten Canyonwände, unvermittelt in die Tiefe stürzende Wasserfälle, ein reißender Fluss und Sichtweiten bis in die Unendlichkeit sind garantiert auf dieser Zusatzfahrt, für die man mindestens einen halben, besser einen ganzen Tag einplanen sollte.

Insgesamt ist der Highway 180 inklusive der Passage des Scenic Byway 55 km/34 mi lang ab dem Big Stump Entrance beziehungsweise 50 km/31 mi ab Grant Grove Village. Die Nebenstrecke startet nach der Village, von dort geht es auf dem Highway 180 in nördliche Richtung. Man passiert den **Converse Basin Grove**, einen einstmals stolzen Hain mit den größten Sequoias – bis die Holzfäller kamen. Trotzdem bleiben die Sequoias als Hauptattraktion der Szenerie erhalten. Es gibt verschiedene, kurze Wanderweg zu besonders populären Bäumen wie zum Beispiel zum **Chicago Stump**. Hier wurde ein großer Baum namens General Noble Tree gefällt und in Scheiben geschnitten, wenig später aber für eine Ausstellung in Chicago wieder zusammengesetzt. Da der Verdacht bestand, dass dieses Stückwerk aus mehreren unterschiedlichen Bäume bestünde, nannte man diesen Baum den „kalifornischen Scherz". Nordöstlich davon führt eine Wanderung zum **Boole Tree**. Hier, aus westlicher Richtung, gibt es erste herrliche Ausblicke in die Schlucht des Kings River und der umgebenden Bergwelt.

Tief unten in der Schlucht schäumt der Kings River.

❧ Hume Lake

Der 35 Hektar große See wurde im Jahr 1908 als Stausee angelegt. Der mehrbogige Staudamm an sich ist bereits eine Sehenswürdigkeit. Zu Holzfäller-Zeiten wurden im See Baumstämme für eine angrenzende Mühle angehäuft, außerdem lieferte er Wasser für eine Rinne, die für den Transport der gefällten Bäume 108 km/67,5 mi weit nach Sanger benutzt wurde.

Heute ist der Hume Lake ein Kleinod in Sachen Freizeitgestaltung. Schwimmen, Bootfahren (nicht-motorisierte Boote) und Wandern zählen zu den Hauptaktivitäten. Ein einfacher, 4 km/2,5 mi langer Wanderweg führt einmal um den See. Ein Camp namens Hume Lake Christians Camps mit Restaurant, Snackbar und zwei Cafés, einer Post, einem Sou-

venirladen, einem Pool und vor allem Ruderboot- und Kajak-Verleih befindet sich am westlichen Ende des Hume Lake. Hier findet man auch eine der wenigen Tankstellen des Kings Canyon National Park. Übernachtungsmöglichkeiten gibt es in Lodges und auf einem Campground des United States Forest Service. Man erreicht den Hume Lake knapp 13 km/8 mi nördlich von Grant Grove über den Highway 180.

Nach dem Hume Lake wendet sich die Straße allmählich Richtung Osten – auch wenn man wegen der nicht zählbar vielen Kurven nicht immer genau eine Himmelsrichtung festlegen kann, der die Straße folgt. Noch richtet sich der Blick von oben, vom Rand der Granitwände, auf die weiße Gischt des Kings River. Man sieht, wo sich die Straße entlangwindet und wann der Fluss auf sie treffen wird – alles spektakulär aus der Vogelperspektive. Noch schweift der Blick in die endlose Weite, die man vor allem vom Aussichtspunkt **Junction View** aus genießen muss. Das Gefühl, als ob die steilen Canyon-Wände sich um den Betrachter herum schließen würden, ist einfach unbeschreiblich. Tief unten in diesem Szenario die Stromschnellen des Kings River – Natur in all ihrer Macht.

Der Szenenwechsel von den Riesenmammutbäumen zu den Naturspektakeln hat fast unmerklich stattgefunden.

Viele Kurven hat der Scenic Byway, nach jeder wird es noch schöner.

Wir sind auf Flussniveau angekommen!

Nun fühlt man sich fast schon wieder wie auf dem Tioga-Pass im Yosemite National Park. Die Schönheit beider Strecken ist vergleichbar, aber dennoch sind beide landschaftlich ganz unterschiedlich. Nun geht es auf den krönenden Teil der Fahrt zwischen Yucca Point und Roads End. Nach jeder Kurve – und sie nehmen immer noch kein Ende! - ergeben sich neue, immer traumhaftere Blicke. Man erreicht den Boden der Schlucht und trifft endlich auf den Kings Canyon, mit dem man in diesem Park zum ersten Mal auf Tuchfühlung gehen kann. Was man von oben schon geahnt hat, bewahrheitet sich unten: Der tosende Fluss macht ein großes Spektakel – kein Wunder angesichts der hohen Schluchtwände, die die Brandung zusätzlich verstärken. Mit Erreichen des Flusses ist man in unmittelbarer Nähe der Boyden Cavern, einem wiederum unbedingt notwendigen Stopp.

⚉ Boyden Cavern

Wer sich die Mühe des Umweges durch den Kings Canyon macht, muss einfach diese Höhle besuchen. Selten gibt es eine eindrucksvollere Präsentation dessen, was reines Wasser über Jahre hinweg erschaffen kann. Die Boyden Cavern ist eine Tropfsteinhöhle, alle fantasievollen Formationen, die man hier bestaunen kann, sind durch herabtropfendes Schmelzwasser beziehungsweise Mineralablagerungen entstanden. Sicher sieht man auf der Welt nur wenige Stalaktiten-Formationen, die aussehen wie eine Hochzeitstorte oder ein Weihnachtsbaum. Es gibt auch eine Stadt, die auf dem Kopf steht oder ein Loch im Stein, das durch strudelnde Kieselsteine entstanden ist. Mehr soll nicht verraten werden, sonst kann man der Fantasie beim Entdecken der Skulpturen keinen freien Lauf mehr lassen. Nur eines sei noch gesagt: So berauschend die Natur draußen im Kings Canyon ist, so bezaubernd präsentiert sie sich sogar hier drinnen, unter der Erde.

Man kann die Höhle nicht ohne Führung betreten, aber das ist auch gut so, denn die Führung ist eine Bereicherung. Von den vielen märchenhaften Gebilden abgesehen, auf die man aufmerksam

Der glitzernde Weihnachtsbaum ist nur eines der fantasievollen Gebilde in der Höhle.

Das Werk allein von Wasser!

le hinein, aber auf diesem kurzen Weg gibt es jede Menge zu entdecken und zu sehen. Zum Höhleneingang führt ein sehr steiler, asphaltierter Weg.

In der Boyden Cavern wurde nie Gold oder Silber gefunden, es wurde auch nie darin gearbeitet. Indianer entdeckten sie im späten 18. Jahrhundert. Boyden, der Namensgeber der Höhle, bot schon 1906 Führungen durch die Höhle an. Er wurde einmal von einer plötzlichen Flut überrascht, konnte sich aber retten, indem er auf allen Vieren hinauskrabbelte. Wenn die Höhle im Frühjahr öffnet, fließt noch Schnee-Schmelzwasser durch die Gänge. Dann kann es für die Besucher auch mal feucht werden.

✉ Hwy 180, Kings Canyon National Park, CA 93633
☎ 1-559-338-0959
🕐 Ende April-Mitte Mai & Sept.-Mitte Nov. tägl. 11-16 h, Mitte Mai-Mitte Sept. tägl. 10-17 h
💲 Erw. $13, Kinder (3 bis 12 J.) $ 8
📧 boydencavern@gmail.com
🖥 www.caverntours.com/BoydenRt.htm

gemacht wird, erfährt man Interessantes über die Höhle, ihren Namensgeber und die Gegend. Da man nicht reservieren muss, kann man einfach Tickets für die nächste Tour kaufen, die stattfindet.

Ein eindrucksvolles Erlebnis ist, wenn der Guide mitten in der Höhle alle Lichter ausschaltet. Es gibt nur zwei Orte auf der Welt, an denen solch eine tiefschwarze Finsternis herrscht – das ist am Grund des Ozeans und hier. Kaum vorstellbar, dass in dieser Dunkelheit im vergangenen Jahr ein neunjähriges Mädchen mit seiner Familie seine Geburtstagsnacht verbracht hat.

Die Höhle versteckt sich zwischen 600 Meter hohen Marmorwänden. 100.000 Jahre lang arbeiteten Regenwasser, der Ablauf des Kings River und die Schneeschmelze an der Entstehung der Formationen, die auch heute noch immer weiter wachsen.

Die Tour dauert – je nach Interesse und Fragen der Besucher – zwischen 45 Minuten und einer Stunde. Im Inneren herrschen konstant 13 Grad, deshalb ist entsprechende Kleidung empfehlenswert (lange Hose und langärmeliges Oberteil, feste Schuhe). Es geht nur etwas mehr als 300 Meter weit in die Höh-

Nach der steilen und kurvigen Passage bis zur Höhle ist es danach regelrecht entspannend, dass die Straße breiter und weniger kurvig wird. Die Canyon-Wände ragen jetzt zu beiden Seiten neben der Straße empor. Nach wenigen Kilometer stößt man mit den **Grizzly Falls** auf die ersten Wasserfälle, die sich die Granitwände hinabstürzen.

Sie befinden sich nur etwa 40 Meter neben der Straße und scheinen zum Greifen nah – und deshalb umso mächtiger. Es folgen einige weitere Canyon Viewpoints, bevor man endlich in **Cedar Grove Village** ankommt (🖥 www.nps. gov/seki/planyourvisit/what_cc_sum. htm). Das ist das definitive Ende, zwar nicht der Welt, aber doch der Zivilisation.

D

▶D5

Die Grizzly Falls sind die ersten Wasserfälle auf dem Weg nach Cedar Grove.

D

Hier gibt es ein Restaurant, einen Campingplatz und eine Lodge, Duschen und kleine Läden. Bis zu Roads End, dem endgültigen Ende aller Fahrerei (weitere 8,8 km/5,5 mi ab Cedar Grove Village), folgen noch Knapp's Cabin, eine antike Holzhütte, die Roaring River Falls, die sich in ein Basin hineinstürzen und Zumwalt Meadow, eine Blumenwiese entlang des Flussufers mit Blick auf den Felsen Grand Sentinel. Dann markiert die Roads End Permit Station den Beginn des Hinterlandes, wofür entsprechende Genehmigungen nötig sind. Die Tageswanderungen findet man beschrieben unter ☎ www.nps.gov/seki/planyourvisit/cc-dayhikesum.htm

Es ist jedoch auch ohne Wanderung erfüllend, die Strecke einfach nur zu fahren, oft zu halten und den stetigen Perspektivenwechsel zu genießen. Und weil die Fahrt so schön war, geht es den ganzen Weg auf dieser Straße auch wieder zurück!

TIPP Wir haben Besucher getroffen, die den Scenic Byway nicht komplett bis Roads End oder zumindest Cedar Grove fahren konnten, weil sie nicht genügend Zeit dafür hatten. Alle haben klar festgestellt, dass sie zugunsten dieser spektakulären Fahrt lieber den einen oder anderen Hain im Kings Canyon oder Sequoia National Park ausgelassen hätten. Der Byway ist nicht nur sehr malerisch, sondern auch eine willkommene Abwechslung zu den vielen, großen Bäumen – schon allein deshalb ein absolutes Muss!

HINWEIS Die Straße ist nach dem Winter ab ungefähr Mitte April offen bis in den November, je nach Schneeaufkommen.

🅱 Visitor Information

Cedar Grove Visitor Center
Im Tal des Kings Canyon und fast am Ende des Scenic Byway liegt das Visitor Center einen halben Kilometer westlich der Ansiedlung Cedar Grove Village und neben dem Sentinel Campground.
☎ 1-559-565-3793
🕐 von Memorial Day bis Labor Day 9-17 h

Donnernd stürzen sich die Roaring River Falls in ein Basin.

Sheep Creek Campground

🏕 (nach Bedarf!) Mai-Mitte Nov.

🚻 nein

⛺ 111   ♾ $ 18

⛺ 111   ♾ $ 18

🖥 www.nps.gov/seki/planyourvisit/camp_region.htm

Sentinel Campground

🏕 Ende April-Okt.

🚻 nein

⛺ 83   ♾ $ 18

⛺ 83   ♾ $ 18

🖥 www.nps.gov/seki/planyourvisit/camp_region.htm

Moraine Campground

🏕 (nach Bedarf!) Mai-Okt.

🚻 nein

⛺ 120   ♾ $ 18

⛺ 120   ♾ $ 18

🖥 www.nps.gov/seki/planyourvisit/camp_region.htm

Hotels Cedar Grove

Cedar Grove Lodge

Am gefühlten Ende der Welt wartet diese Lodge mitten im Herzen des Kings Canyon auf Besucher. Atemberaubende Blicke vor allem aus dem oberen Stockwerk über den mächtigen Kings River sind inklusive. Wanderfans sind hier besonders gut aufgehoben und können getrost mehrere Übernachtungen einplanen, vor allem, um das Hinterland zu erforschen. Die Lodge befindet sich nahe Roads End. Die Zimmer zur Flussseite hin haben eigenen Balkon. Es gibt in der Lodge eine Snackbar.

☎ 1-866-522-6966

📠 1-559-335-5507

🏕 Mai-Okt.

♾ **

🖥 www.nps.gov/seki/planyourvisit/lodging.htm

Ende der Nebenstrecke

Nach dieser willkommenen Abwechslung vom „Baumgucken" ist man bestens gerüstet für den zweiten Part des Zwillingsparks, den Sequoia National Park. Ausgangspunkt für die Weiterreise ist Grant Grove Village, wohin man nach dem sensationellen Abstecher in die Traumlandschaft des Kings Canyon wieder zurückgekehrt ist. Von hier aus führt der Highway 180 noch ein letztes Stück (5 km/3 mi) bis zur **Quail Flat Junction**, von wo aus es ab sofort über die State Route 198, den sogenannten **Generals Highway**, in südliche Richtung weitergeht.

🚶 Wanderwege

🚶 Redwood Mountain Overlook

Knapp 10 km/6 mi südlich von Grant Grove gegenüber der Quail Flat Junction befindet sich der Aussichtspunkt, von dem aus man den Blick auf einen der weltgrößten Sequoia-Haine versprochen bekommt. Zunächst nimmt man als Aussicht jedoch nur das Tal des Kings Canyon mit Middle und South Fork des Kings River wahr. Erst nach angestrengtem Hinsehen entdeckt man in der Ferne einzelne Sequoias aus dem Wald herausragen. Der Stopp ist am Highway ausgeschildert und es gibt eine kleine Parkbucht. Auf einer Informationstafel kann man erfahren, worauf man blickt.

🚶 Redwood Canyon Trail

Die Wanderung zu diesem weniger besuchten Hain ist nicht sehr überlaufen und deshalb noch ein Geheimtipp. Der Weg führt durch den Redwood Canyon und verläuft rund um den **Redwood Mountain Grove**, mit 15.000 Bäumen der größte Hain des Kings Canyon – und der ganzen Welt! Auch die ältesten Bäume stehen in dieser Gruppe. Zeichen jüngst und lang vergangener Feuer begleiten den Weg. Es handelt sich hierbei um bewusst gelegte Feuer zur „Ausdünnung", um den Wald zu rekultivieren und ihm die Bedingungen von vor 100 Jahren neu zu schaffen. An diesen ausgebrannten Stellen kann man sehr schön das Nachwachsen junger Bäume beobachten.

KINGS CANYON
NATIONAL PARK

Nahtloser Übergang von einem Park in den anderen

⇨ *Redwood Saddle Trailhead: Vom Hwy 180 an der Quail Flat Junction rechts abbiegen, Parkplatz nach 2,4 km/1,5 mi (unasphaltiert!).*

◨ *4 Std.*

⤳ *einfach, aber lang*

⇔ *10,4 km/6,5 mi*

⊏ *260 m*

Die Straße ist jetzt einspurig mit einigen Kurven. Man passiert die Montecito Sequoia Lodge und Stony Creek Village und gelangt unbemerkt in den Sequoia National Park. Erste Anlaufstelle hier ist **Lodgepole Village**, *das Kernstück des Sequoia mit so ziemlich allen Einrichtungen des täglichen Bedarfs. Alle Attraktionen sind von hier aus erreichbar und es gibt Übernachtungsmöglichkeiten.*

D

▶D7

❦ SEQUOIA NATIONAL PARK

▶Karte S. 286

(Parkgebühren: $ 20 für 7 Tage pro Familie/Fahrzeug, $ 80 für den Annual Pass)

Der Sequoia National Park wird oft als „unverdorbener Schatz" bezeichnet. Diese Benennung wird ihm gerecht, denn der im wahrsten Sinne des Wortes alles überragende **Giant Forest**, die sich daneben erhebenden Berggipfel, die Flüsschen mit den Kaskade-Becken, blumenübersäte Wiesen und ein funkelnder Sternenhimmel sind alles zusammen Eindrücke, die man so schnell nicht vergisst. Da der Park auch nicht so überlaufen ist wie beispielsweise der Yosemite National Park, kann man hier noch viel unverdorbene Natur vorfinden.

Der Sequoia National Park wurde 1890 als erster National Park Kaliforniens gegründet und war nach dem Yellowstone National Park der zweite Park der gesamten USA überhaupt. Nach der verwaltungstechnischen Vereinigung mit dem benachbarten Kings Canyon National Park 1940 beherbergt der so entstandene Sequoia & Kings Canyon National Park die fünf größten, lebenden Riesenmammutbäume der Welt, die sich alle auf der Fläche des heutigen Giant Forest befinden. 1875 betrat John Muir diesen Bereich. Überwältigt sagte er: „This

Der Sequoia National Park steht ganz im Zeichen der faszinierenden Riesenmammutbäume.

Es ist die Mischung aus Wiesen, Bäumen und Felsen, die im Sequoia National Park bezaubert.

Grove of Big Trees must be the ultimate Sequoia Grove, the true Giant Forest". So kam der Giant Forest zu seinem Namen. Heute befinden sich hier nicht nur die berühmtesten Sequoia-Haine, sondern auch die schönsten Wiesen.

Der Rinderzüchter und Goldsucher Hale Tharp war im Jahr 1858 der erste Weiße in dieser Gegend. Er hauste zeitweise in einem umgestürzten, vom Feuer ausgehöhlten Mammutbaum, der **Tharp's Log** genannt wird und heute noch am Rande der Log Meadow besichtigt werden kann. Im Giant Forest trafen auch Tharp und John Muir zusammen. Muir setzte sich maßgeblich dafür ein, das Gebiet und die Riesenmammutbäume unter Schutz zu stellen. Mit Gründung des Sequoia National Park am 25. September 1890 sollten die natürliche Schönheit der Landschaft bewahrt und die Mammutbaum-Haine erhalten werden. Nur eine Woche darauf wurde der kleinere Grant Grove National Park aus der Taufe gehoben. Die Flächen beider Parks wurden nach und nach weiter vergrößert.

Das Gebiet des Sequoia National Park (für sich alleine betrachtet, ohne den Kings Canyon) wird definiert von der Gebirgskette Great Western Divide im Osten und dem Giant Sequoia National Monument im Süden. Im Westen begrenzen die Gebirgsausläufer „Foothills" den Park. Durch diese Gebirgsausläufer verläuft von Nord nach Süd der sogenannte Giant Sequoia Belt, ein 420 Kilometer langer und 24 Kilometer breiter Streifen, auf dem sich fast die Hälfte aller Sequoia-Haine befindet.

Diese Haine sind die Attraktionen des Parks, hier halten sich die meisten Touristen auf. Im Sommer kann es schon einmal ziemlich voll werden mit entsprechenden Staus auf den Parkstraßen. Bessere Besuchszeiten wären der späte Frühling und der frühe Herbst. Im Winter ist der Sequoia National Park recht verwaist, was unter anderem daran liegt, dass die mittleren und höheren Lagen aufgrund von großen Schneemengen nicht erreichbar sind. Wie im Kings Canyon National Park gibt es auch innerhalb des Sequoia extreme Höhenunterschiede. Entsprechend unterschiedlich ist auch das Klima: Tiefer Schnee in den mittleren Höhenlage im Winter bis in den Mai hinein, hohe Temperaturen von bis zu 38 Grad im Sommer in den niedrigeren Lagen.

D

Neben Wandern im unberührten Hinterland, zu Bergseen oder entlang herrlicher Blumenwiesen sind die verschiedenen Groves Hauptmagnet des Parks. Viele kurze Fußwege führen durch die Baumgruppen hindurch, in denen einige Highlights wie der **General Sherman Tree**, der größte Baum der Welt (gemessen am Volumen), auf die Besucher warten. Die meisten dieser Haine befinden sich im Giant Forest, der den zentralen Anlaufpunkt des Sequoia National Park darstellt.

In einem Museum sind aufwändig und detailliert alle interessanten Informationen dargestellt, die man braucht, um das Naturwunder der Riesenmammutbäume begreifen zu können. Vor der Tür des Museums starten die Shuttle-Busse zu den kostenlosen **Moro Rock/Crescent Meadow Route** Rundfahrten durch den Giant Forest mit verschiedenen Stopps an den wichtigsten Punkten. Wohnmobile sind auf dieser Straße nicht erlaubt, an Wochenenden und Feiertagen von 9 bis 16 Uhr auch keine Pkw – im Winter ist sie ganz geschlossen. Falls der Busfahrer auffällig langsam diese Straße entlangfährt, liegt das nicht an übertriebener Vorsicht, sondern daran, dass er stets Ausschau nach Schwarzbären hält. Denn zwischen den Waldbereichen gibt es immer wieder Lichtungen, auf denen Bären sich gerne aufhalten. Am Vortag hatte unser Busfahrer im Laufe des Tages an solchen Stellen dreimal Bären erspäht. Zusammen mit dem Fahrer Ausschau zu halten, lohnt sich auf alle Fälle.

Von Lodgepole Village aus, der zentralen Versorgungsstation des Parks, verkehren ebenfalls Shuttle-Busse. Sie bringen die Gäste zum Museum beim Giant Forest, wo sie von der grünen Linie (Giant Forest Route) in die graue (Moro Rock / Crescent Meadow) umsteigen können. So kann das eigene Fahrzeug bei Lodgepole Village stehenbleiben, wenn man dort übernachtet. Richtung Nordwesten gibt es noch eine lilafarbene Linie, die Besucher vom Dorst Campground nach Lodgepole bringt. Insgesamt kann man so auf einen nahezu flächendeckenden, kostenlosen Pendelverkehr zurückgreifen (nähere Informationen und Übersichtskarte über die Routen des Shuttle-Busses unter 🖳 www.nps.gov/seki/planyourvisit/parktransit.htm).

Hat man den Park über den Kings Canyon National Park und den Big Stump Entrance erreicht, wird für den Sequoia keine neue Eintrittsgebühr fällig, da beide Parks unter gemeinsamer Verwaltung stehen. Der südliche und damit zweite Zugang zum Doppelpark Kings Canyon/Sequoia ist der **Ash Mountain Entrance** nahe dem Ort **Three Rivers**. Der Highway bis zu diesem Eingangsportal heißt weiterhin Generals Highway (SR-198). Im Süden des Parks gibt es noch einmal ein eigenes Gebiet mit eigenem Parkzugang aus westlicher Richtung über den **Lookout Point Entrance**. Das ist die **Mineral King Area**, ein subalpines Tal, zu dem eine steile, schmale und kurvenreiche kleine Straße führt (Näheres über den Straßenverlauf findet man unter 🖳 www.nps.gov/seki/planyourvisit/driveviewsum.htm. In dieses Tal darf man nicht mit Wohnmobil oder Wohnwagen fahren. Da es eine separate Einheit für sich innerhalb des Sequoia National Park bildet, ist es kein Bestandteil dieses Routenreiseführers. Diejenigen, die einen Abstecher zur Mineral King Area unternehmen möchten, finden Anregungen und Wanderungen unter 🖳 www.nps.gov/seki/planyourvisit/mkdayhikesum.htm.

🛈 Visitor Information

Sequoia & Kings Canyon National Park

✉ *47050 Generals Highway, Three Rivers, CA 93271-9651*

☎ *1-559-565-3341*

🖳 *www.nps.gov/seki*

Lodgepole Visitor Center

Das Visitor Center ist schön ausgestattet mit Ausstellungen über die umgebende

Natur, geologische Besonderheiten, Geschichtliches und das Leben im Park. Besonders empfehlenswert ist der Film „Bears of the Sierra", in dem man einiges über die pelzigen Tiere lernt. Gegenüber des Visitor Center gibt es einen gut sortierten Laden, einen Schnellimbiss, einen Waschsalon und öffentliche Duschen. In der Nähe befindet sich ein Postamt und nur einen Steinwurf entfernt der Lodgepole Campground. Im Lodgepole Visitor Center erhält man Wilderness Permits für Touren mit Übernachtung im Hinterland. Außerdem sind hier Tickets für die Crystal Cave erhältlich. Diese muss man im Voraus kaufen, bei der Höhle selbst gibt es keine Tickets!

✉ *47050 Generals Highway, Sequoia National Park, CA 93271*

☎ *1-559-565-4436*

◷ *bis Anfang Sept. tägl. 7-19 h, dann bis Ende Sept. 7-17 h, danach 8-16.30 h*

🏛 Unterkünfte Sequoia National Park

🛏 Campgrounds Sequoia National Park

🛏 Dorst Creek Campground

Das ist einer von zwei Plätzen im Bereich der beiden National Parks Kings Canyon und Sequoia, den man reservieren kann. Er liegt im nördlichen Bereich des Sequoia National Park recht nahe am Übergang zum Kings Canyon und 13 km/8 mi entfernt vom Lodgepole Vistor Center mit seinen Einrichtungen. In 16 km/10 mi ist der Giant Forest erreicht.

☎ *1-877-444-6777*

◷ *Ende Juni-Labour Day*

🛏 *ja*

🚐 *210* 🍴 *ja* ☎ *nein* ♾ *$ 20*

🏕 *210* ♾ *$ 20*

🖥 *www.nps.gov/seki/planyourvisit/camp_region.htm*

🛏 Lodgepole Campground

Es gibt im ganzen Sequoia National Park keinen besser gelegenen als den Lod-

gepole Campground. Da er sich direkt neben dem Visitor Center mit Lebensmittelmarkt, Imbiss, Waschsalon und Duschen befindet, bietet er zusätzlich eine gute Infrastruktur. Zwei Linien des Shuttle-Busses halten hier, sodass man am Campground zwischen Nord und Süd verkehrstechnisch bestens angebunden ist. General Sherman Tree und Giant Forest sind in gut erreichbarer Nähe. Manche Stellplätze liegen idyllisch direkt am Marble Fork of the Kaweah River. Wer frühzeitig reserviert, sollte unbedingt einen dieser schönen Plätze wählen. Lodgepole Campground ist einer von nur zwei Campgrounds im Sequoia National Park, den man reservieren kann – was man in der Hochsaison auch unbedingt tun muss.

☎ *1-877-444-6777*

◷ *ganzj.*

🛏 *ja (Anfang Mai-Ende Sept.)*

🚐 *204* 🍴 *ja* ☎ *in der Nähe*

♾ *$ 20 (Nebensaison $ 18, viel Schnee $ 10)*

🏕 *204* ♾ *$ 20 (Nebensaison $ 18, bei viel Schnee $ 10)*

🖥 *www.nps.gov/seki/planyourvisit/camp_region.htm*

🏨 Hotels Sequoia National Park

Der Sequoia National Park ist nicht gerade reich gesegnet mit Lodges oder Hotels. Im Bereich des Giant Forest und den nahegelegenen Attraktionen gibt es nur eine Lodge, die Wuksachi Lodge. Ausweichen kann man in Sachen Übernachten mit festem Dach über dem Kopf eigentlich nur auf den außerhalb des Parks gelegenen Ort Three Rivers südlich des Sequoia National Park. Das ist jedoch nicht empfehlenswert, da der Generals Highway gerade im südlichen Bereich extrem kurvenreich und langwierig zu fahren ist. Einzige sonstige Übernachtungsalternativen sind die oben genannten Campgrounds.

🏛 Wuksachi Lodge

In drei einzeln stehenden Gebäuden befinden sich die geräumigen Gästezimmer der Lodge. Sie liegt knapp 10 km/6,3 mi nördlich des Giant Forest und ist trotz der Steinbauweise des Haupthauses sehr modern. In einem angeschlossenen Restaurant kann man sehr gut speisen und dabei die wunderbare Aussicht durch große Glasfenster hinaus auf große Bäume genießen. Alles in allem eine gehobene, dafür aber auch nicht günstige Übernachtungsmöglichkeit innerhalb des Parks.

✉ *64740 Wuksachi Way, Sequoia National Park, CA 93262*

☎ *1-559-565-4070*

🕐 *ganzj.*

🐾 *****

💻 *www.nps.gov/seki/planyourvisit/lodging.htm*

Star des Sequoia National Park: der General Sherman Tree, größter Baum der Welt.

👁 Sehenswürdigkeiten im Sequoia National Park

🌲 General Sherman Tree

Der General Sherman Tree ist gemessen an seinem Volumen nicht nur der größte Riesenmammutbaum der Welt, er ist gleichzeitig auch das aktuell größte Lebewesen überhaupt. Es gibt höhere Bäume als diesen und welche mit größerem Umfang. Aber keinen, der mehr Holz in seinem Stamm hat als der General Sherman! Seine Daten sind spektakulär: Der Baum ist 2.200 Jahre alt. Sein Volumen beträgt 1.478 Kubikmeter. Er ist 83,8 Meter hoch und hat einen Umfang an der dicksten Stelle des Stamms von 31 Metern. Zwar ist seine Spitze abgestorben, sodass er insgesamt nicht mehr weiter wachsen wird. Aber sein Volumen nimmt weiterhin zu.

Ein breiter, bequemer, asphaltierter und recht steiler Weg führt vom ausgewiesenen Parkplatz an der Wolverton Road nördlich des Giant Forest Museums auf einer kurzen Länge von 0,8 km/0,5 mi zum Baum. Auch ein paar Treppenstufen sind zu bewältigen, insgesamt geht es 61 Meter bergab.

Benannt wurde der Gigant nach dem Bürgerkriegs-General William Tecumseh Sherman. Man kann den Baum umrunden und dabei in aller Ruhe bestaunen, überall finden sich spannende Informationen. Zur Veranschaulichung wurde ein abgesägter Baumstumpf als „Footprint" hinter den General Sherman Tree aufgestellt. Das ist ein mit dem Giganten vergleichbarer Baum, der nicht nur eine Vorstellung des ungeheuren Umfangs (ebenfalls 31 Meter) liefern soll, sondern auch die unregelmäßigen Ausprägungen verdeutlicht, die vom natürlichen Wuchs und den Feuernarben herrühren.

▌**TIPP** Wer den steilen Weg nicht bergauf zurückgehen möchte, kann auch am unteren Zugang zum General Sherman Tree in den Shuttle-Bus Richtung Lodgepole steigen und sich zum oberen Parkplatz zurück chauffieren lassen.

⚑ Wanderwege

⚑ Congress Trail

Der Congress Trail ist eine weitgehend eben verlaufende Wanderung vom General Sherman Tree aus in den Wald hinein. Es geht gelegentlich auf und ab, aber der Weg ist schattig und richtig gemütlich (asphaltiert!). Das Bezaubernde ist, dass man genießend durch all diese alten Giganten laufen kann und sich auf nichts konzentrieren muss als auf die Ausstrahlung der Riesenmammutbäume.

Zunächst geht es vom Parkplatz des General Sherman Tree ganz normal zu diesem Baum, danach in Richtung **Giant Forest Sequoia Grove**. An der Abzweigung direkt vor dem General Sherman Tree (vom oberen Parkplatz kommend) steht eine große Informationstafel, auf der der Congress Trail eingezeichnet ist. Innerhalb der nun folgenden Wanderung gibt es verschiedene bekannte Gruppen wie die Senate Group oder die House Group. Das Besondere ist, wie nahe die Bäume aneinander stehen und wie winzig man sich vorkommt, wenn man zwischen ihnen hindurchgeht. Es gibt weitere namhafte Baumvertreter auf dieser kleinen Wanderung – allesamt

benannt nach bekannten Menschen aus Militär und Regierung. Etwas mehr als 2 km/1,3 mi nach dem General Sherman Tree erreicht man die Mc Kinley Tree Junction. Sie verbindet den Congress Trail mit dem Alta Trail, der 3,2 km/2 mi weit in westliche Richtung zum Giant Forest Museum führt. Außerdem zweigt hier noch ein weiterer, namenloser Trail ab, der in Richtung Süden zur Founders Group, Circle Meadow, zur Cattle Cabin und schließlich sogar zu Crescent Meadow führt. Das Gebiet, durch das dieser Wanderweg geht, heißt Alta Plateau und versteckt einige der schönsten Sequoias.

Der Congress Trail ist eine angenehme Alternative zu den überfüllten Wegen, die zu den Hauptattraktionen des Parks führen.

⇨ *Parkplatz zum General Sherman Tree am Generals Highway*
🕙 *2 Std.*
⤳ *einfach*
⇔ *4,7 km/2,9 mi*
⌐ *230 m*

⚑ Tokopah Falls Trail

Wer vor lauter Bäumen den Wald nicht mehr sehen kann, sollte sich mit dieser Wanderung ein wenig Abwechslung ver-

D

Ziel der Wanderung sind die Tokopah Falls.

schaffen. Auf dem Weg zu den Tokopah Falls geht man nicht nur durch unberührte, schöne Natur – man kann am Ziel sogar ein erfrischendes Bad nehmen und im Sprühnebel des Wasserfalls die berauschende Felsenlandschaft genießen. Der beliebte Weg ist nur leider kein Geheimtipp, deshalb sollte man ihn vielleicht gleich morgens früh oder am späten Nachmittag wandern. Los geht's am Lodgepole Campground, bei dem es einen Shuttle-Stopp der Giant Forest Route und der Lodgepole/Wuksachi/Dorst Route gibt.

Es geht immer am Fluss Marble Fork of the Kaweah River entlang, man kann den Weg gar nicht verfehlen. Der Pfad ist manchmal schmal, dann wieder bequem breit und manchmal auch steinig. An besonders felsigen Stellen sind Steinstufen angebracht. Er führt über Bäche und Brückchen, am Ende geht es durch Geröll und über Felsen – ein bisschen Kraxeln ist angesagt und spätestens hier sind gute Schuhe von Vorteil. Wie manche Leute mit Flip-Flops solche Passagen schaffen, bleibt schleierhaft, aber optimal ist es sicher nicht. Ein Schild direkt

vor dem Wasserfall warnt, dass der Weg ab sofort gefährlich wird, was definitiv ein wenig übertrieben ist. Man kann die kleine Steinmauer überklettern und sich in die herrliche Badegumpe stürzen. Zwar ist man mit dieser Idee sicher nicht allein, vor allem in der Hochsaison nicht, trotzdem ist es ein fantastisches Erlebnis. Badesachen sollten also auf jeden Fall mit im Rucksack sein. Zurück geht es denselben Weg, auf der einen Seite die malerische kleine Schlucht mit dem Fluss, auf der anderen immer wieder schöne Ausblicke auf Blumenwiesen umrahmt von Granitfelsen.

Auf dieser Wanderung ist auffällig, dass sich immer wieder Grüppchen von Wanderern bilden, die angestrengt in den Wald schauen. Das heißt in fast allen Fällen, dass die Leute interessante Tiere gesichtet haben. In unserem Fall waren es einmal eine Gruppe Hirsche und – wir konnten es nicht fassen, da es schon das zweite Mal auf dieser Reise war – Bären. Eine Mutter und ihr Junges streiften unbefangen auf einer Lichtung umher. Aber nur so lange, bis sie der Kameras, die keine 15 Meter entfernt von ihnen klickten, überdrüssig wurden und die Mutter bedrohlich und auch recht zügig auf die lästige Meute der Paparazzi zukam. Die daraufhin gesammelt Reißaus nahm.

▌**TIPP** Hin- und Rückweg sind auf dieser Wanderung gleich. Eine besondere Alternative ist es daher, einen der beiden Wege durch den Fluss zurückzulegen und so einen Teil zur Flusswanderung zu gestalten. Vor allem im Hochsommer, wenn der Fluss wenig Wasser führt, kann man diese Alternative empfehlen, denn zu dieser Zeit ist man bis maximal zu den Knien im Wasser. Einfacher ist es, den Hinweg durch den Fluss zurückzulegen, da an manchen Stellen über Felsen geklettert werden muss, was bergab immer ein wenig schwieriger ist. Wer keine Badeschuhe im Gepäck hat, kann normale Joggingschuhe anziehen – barfuß geht es jedoch auf keinen Fall.

Herrlich ist die Alternative durch den Marble Fork of the Kaweah River.

⇥ *Brücke zum Lodgepole Campground*

🕐 *2-3 Std. (mit Flusswanderung mindestens 1 Std. mehr)*

↗ *einfach mit leichten Klettereinlagen*

⇔ *5,4 km/3,4 mi*

⇱ *250 m*

🚶 Lodgepole-Sherman Tree Trail

Wenn man am Lodgepole Campground übernachtet, hat man außer dem Shuttle und dem eigenen Fahrzeug eine dritte Möglichkeit, den berühmten General Sherman Tree zu erreichen: zu Fuß. Am großen Parkplatz vor dem Campground startet der Weg auf der rechten Seite vom Eingangshäuschen des Campground her kommend. Das heißt, man wandert nicht entlang des Flusses Marble Fork of the Kaweah River. Der Weg verläuft etwa 400 Meter von der Fahrstraße versetzt Richtung Südwesten. Es geht knapp 2 km/1,3 mi durch den Wald. Hier stehen die Bäume zwar weit auseinander, aber die dichten Kronen spenden auch im Sommer genug Schatten für die Wanderung. Schließlich trifft man doch wieder auf ein Flüsschen, den Wolverton Creek. Von hier führt der Weg leicht nach links (flussaufwärts), nach ca. 100 Metern gelangt man an eine Brücke, über die der Bach überquert wird. Man folgt dem Weg, der nicht zu verfehlen ist, da es keinen weiteren gibt, grob weiterhin in südwestliche Richtung. Nach 1 km/0,6 mi erreicht man die Zufahrtsstraße zum General Sherman Tree. Diese überquert man und lässt den grauen Asphalt links liegen. Die Autostraße hält jetzt einen Abstand von etwa 100 bis 200 Metern neben uns ein. Nach 2 km/1,3 mi erreicht man den offiziellen Parkplatz und Shuttle-Stopp des General Sherman Tree. Hier beginnt der weiter vorne beschriebene, kurze Spaziergang (▶ Seite 206) zu dem Giganten und den anderen sehenswerten Vertretern der Sequoias in diesem Hain.

┃ TIPP Da Hin- und Rückweg gleich sind und der gesamte Weg auch nicht ganz kurz ist, kann man alternativ ab dem oberen Parkplatz beziehungsweise ab dem Shuttle-Stopp unterhalb des Sherman direkt am Generals Highway mit dem Shuttle-Bus der Giant Forest Route zurück zum Lodgepole Campground fahren.

⇥ *Parkplatz des Lodgepole Campground*

🕐 *3 Std.*

↗ *einfach*

⇔ *4,1 km/2,6 mi (einfacher Weg)*

⇱ *150 m*

🌲 Giant Forest

Der Wald ist der Besuchsmagnet des Sequoia National Park und für sich alleine genommen schon die Reise hierher wert. Der Name sagt schon alles über die Bedeutsamkeit des Ortes aus: „gigantischer Wald". Innerhalb der Grenzen dieses bewaldeten Plateaus wachsen die größten Bäume unseres Planeten. Auch wenn es an anderen Stellen dichtere Haine oder berühmtere Sequoias gibt, schaffen die es nicht, ein solches Gefühl der Ehrfurcht zu erwecken wie die Sequoias im Giant Forest. Vier der fünf größten Exemplare der Riesenmammutbäume stehen hier. Der General Grant Tree im Kings Canyon ist der einzige Vertreter außerhalb des Giant Forest, der eine vergleichbare Höhe erreicht hat. Dass die Bäume gerade hier so ungewöhnlich gut wachsen, liegt an diesem optimalen, gut bewässerten Gebiet. So präsentiert der Giant Forest das Ergebnis von 100 Jahre langen Bemühungen, die Naturschätze zu bewahren. Obwohl man bereits Anfang des 20. Jahrhunderts mit Fahrzeugen aller Art Zugang zum Giant Forest hatte, blieb das Gebiet bis heute doch weitgehend unberührt. Denn neben dem generellen und verkehrstechnisch sehr eingeschränkten Zugang über die Crescent Meadow Road ist das Gebiet hauptsächlich zu Fuß erschließbar. Da dies sowieso die einzige Art ist, diesen zauberhaften Wald und seine Giganten wirklich zu erleben, ist es nicht verwunderlich, dass über 60 km/37,5 mi befestigte Wege den 5 Quadratkilometer großen Giant Forest durchkreuzen. Das

D

Entspannt lässt sich der Giant Forest mit dem Shuttle-Bus genießen.

Schöne ist, dass es auf diesen Wegen nicht nur große Bäume zu bestaunen gibt, sondern auch großartige, mit Blumen übersäte Wiesen, herrliche Blicke auf die Gebirgszüge und harmonische Natur. Und man kann sich auf einem solch weit verzweigten Wegenetz bestens aus dem Weg gehen – viel Privatsphäre, kein Massenandrang.

Der Shuttle-Bus ab dem Giant Forest Museum fährt die wichtigsten Haltepunkte an. Wenn man das Gebiet nicht erwandern möchte, sollte man auf jeden Fall die Gelegenheit wahrnehmen und an den Haltepunkten aussteigen. Auch wenn man mit seinem eigenen Fahrzeug in den Sequoia National Park gekommen ist, sollte man auf den alle 15 Minuten verkehrenden Pendelbus zurückgreifen. Die Straße ist teilweise sehr eng und die Naturgewalt viel besser ohne zu viele nervende Autos zu genießen.

🏛 Giant Forest Museum

Eine Empfehlung ist der Besuch in diesem Museum. Interaktive Exponate erklären die Merkmale des Giant Forest und seiner Sequoias, der Wiesen und der menschlichen Geschichte. Auf einem Querschnitt durch die verschiedenen Zonen der Sierra Nevada findet man die einzelnen Sequoia-Haine anschaulich in einem Relief, sodass man sich ein gutes Gesamtbild machen kann, wo welche Baumgruppen wachsen. Auch die Bedingungen, unter denen die Sequoias gut wachsen, werden dargestellt. Der General Sherman Tree ist hier erneut ein Thema. Mit interaktiven Klappen können große und kleine Besucher herausfinden, wie viele Blauwale nötig sind, um das Gewicht des Giganten aufzuwiegen oder dass er den Platz von drei Fahr-Spuren nebeneinander brauchen würde, wenn man ihn auf eine Autobahn stellen würde. All dies ist ansprechend mit Fotos, Zeichnungen und Grafiken veranschaulicht. Neben Schaukästen und Kurzfilmen ist das modern aufbereitete Museum allein wegen seiner Atmosphäre einen Besuch wert.

Das Gebäude des Museums war ursprünglich ein Laden namens Giant Forest Market, der 1928 eröffnet worden war. Von 1999 bis 2001 wurde das Gebäude renoviert und zu einem Museum und Visitor Center umfunktioniert. Während des Umbaus wurde darauf geachtet, dass der historische Stil erhalten bleibt. Heute wird es im National Register of Historic Places geführt. Rund um das Museum sind einige Wanderweg als Lehrpfade angelegt, ein Informationsschild verschafft einen guten Überblick.

Aus Richtung Lodgepole erreicht man das Museum mit dem kostenlosen Shuttle-Bus Giant Forest Route.

✉ *Highway 198, Sequoia National Park, CA 93262*

🕐 *Im Sommer bis Ende Sept. tägl. 9-18 h, im Winter 9-17 h*

♻ *frei*

🖥 *www.nps.gov/seki/historyculture/gfgfm.htm*

🏃‍♀️ Moro Rock/Soldiers Trail Loop

Diese Wanderung ist eine hervorragende Alternative, um einige Highlights des Giant Forest zu Fuß statt mit einem Fahrzeug zu erleben. Der Moro Rock Trail umläuft die westliche Ecke des Giant Forest Plateau mit herrlichen Blicken auf die Ausläufer des National Park. Das Be-

Den Aufstieg zum Moro Rock sollte man auf jeden Fall in die Wanderung integrieren.

sondere an dieser Wanderung sind die starken Kontraste zwischen felsig-kargen Berghängen und saftig-grünen, gut bewässerten Gebieten. Unterwegs finden sich natürlich ebenfalls schöne Sequoia-Haine.

Der Moro Rock Trail startet am Parkplatz des Giant Forest Museum. Nach etwa 3 km/1,9 mi erreicht man den Bereich Moro Rock. Es lohnt sich ein kleiner Abstecher zum Hanging Rock, von wo aus man einen schönen Blick auf den Moro Rock erhaschen kann. Danach kehrt man das kurze Stück zur Moro Rock Junction zurück und überquert die Fahrstraße, um zum Parkplatz des Moro Rock zu gelangen. Diesen überquert man ebenfalls und beginnt mit dem Anstieg auf den Moro Rock. Dieser Abstecher ist besonders empfehlenswert, wenn man den Giant Forest nur im Rahmen dieser Wanderung erforscht – dann ist der Panoramablick von diesem Felsmonolithen ein Muss.

Wieder abgestiegen führt der Weg über die Straße zurück und anschließend in einigen Serpentinen bis zum Roosevelt Tree, der 1903 nach dem Präsidenten Theodore Roosevelt benannt wurde. Ihm folgt die Gruppe Triple Tree, Drillingsbäume, die aneinander gewachsen sind (ausgeschildert) inmitten anderer, nicht namentlich bekannter Sequoias. Erneut überquert man die Fahrstraße und gelangt anschließend über den Soldiers Trail in ein wenig besuchtes Gebiet des Giant Forest. Zur Linken taucht unvermittelt über der Felsklippe eines kleinen Hügels das Soldier Camp auf. Hier hatte die U.S.-Kavallerie, die im Park patrouillierte, vor 1913 ihren Standort. Anschließend führt der Soldier Trail hinab in die Hazelwood Area und endet schließlich an der Kreuzung mit dem Alta Trail, der zurück zum Giant Forest Museum führt.

↪ *Parkplatz des Giant Forest Museum*

🕐 *3-4 Std.*

↗ *mäßig schwierig*

↔ *7,4 km/4,6 mi*

⌐ *122 m*

....

Nebenstrecke im Giant Forest

▶ D8

🌲 Moro Rock

Moro Rock ist der erste Stopp des Shuttle-Busses auf der Moro Rock/Crescent Meadow Route (die für Wohnmobile grundsätzlich und für Pkw teilweise gesperrt ist, siehe oben). Wer hier nicht aussteigt, hat den gigantischsten 360-Grad-Panoramablick aller Zeiten verpasst. Der Moro Rock selbst ist ein Granitmonolith, den man über eine steile Rampe und später über in den Felsen geschlagene, steinerne Treppenstufen bezwingen kann. Genau genommen sind es um die 400 Stufen, wie eine Hinweistafel verkündet, und knapp 100 Höhenmeter. Dazwischen muss man sich immer mal wieder durch Felsspalten zwängen. Oben auf dem Gipfel des Granitfelsen bedarf es einer gewissen Schwindelfreiheit, denn trotz Sicherung durch ein Geländer befindet man sich dennoch auf über 2.000 Metern Höhe, rechts und links geht es viele hundert Meter bergab und es ist nur ein schmaler Grat, auf dem man über den Felsen wandelt.

Das Stufensteigen wird mit fürstlichen Panoramablicken belohnt, große Teile des Sequoia National Park kann man von hier oben überblicken. Auf dem Generals Highway tief unten kriechen die Fahrzeuge wie auf einer Ameisenstraße entlang. Dass es wegen einer Baustelle zu einem Stau kam, verstärkte dieses Bild.

Im Westen hat man den Blick auf das oft dunstige Central Valley, im Südwesten erspäht man die Ortschaft Three Rivers, man sieht das San Joaquin Valley und mit etwas Glück reicht der Blick auch mal zur fast 200 Kilometer entfernten Westküste.

Eine weitere Informationstafel verkündet, dass die erhabenen Granitgipfel der Great Western Divide den Sequoia National Park unterteilen: Westlich der Divide befinden sich die Canyons des Kaweah River, im Osten ist die Wasserscheide des Kern River. Hinter der Divide linst ein noch höherer Bergrücken hervor. Der weite Canyon direkt unterhalb, in dessen Tiefe man aus dieser faszinierenden

Von diesem abenteuerlich erhabenen Gipfel aus hat man fantastische Panoramablicke!

Herrlicher Blick auf die Great Western Divide

Vogelperspektive blickt, ist der Middle Fork Canyon des Kaweah River. Trotz des Eindrucks einer eher weiten als tiefen Schlucht ist dieser Canyon fast so tief wie der Grand Canyon. Hier oben auf unserem Moro Rock befindet man sich ca. 1.200 Meter über dem Grund des Canyon. Man ahnt, dass ein Zugang in dieses Gebiet ursprünglich gar nicht so einfach war. Erst nach dem Bau des Generals Highway von 1921 bis 1926 wurde der Giant Forest einfacher zugänglich. Die ursprüngliche Straße von 1903 war für den zunehmenden Autoverkehr untragbar geworden.

! HINWEIS Auf dem Rückweg zum Museum hält der Bus nicht an Moro Rock!

🌿 Tunnel Log

Bäume stehen für gewöhnlich aufrecht – nicht so dieser. Der umgestürzte Baum liegt quer über der Straße und hat einen Durchgang ausgeschnitten, durch den man mit dem Auto fahren kann. Allerdings ist das Passieren des Baumes eher ein Spaß, als ein Muss, er blockiert keine Hauptverkehrsstraße. Es ist ein verbreiteter Irrglaube, dass es im Kings Canyon oder Sequoia National Park jemals einen durchtunnelten Baum auf einer Straße gegeben habe, durch den der Autoverkehr zwingend durchmusste. Ein solches Phänomen gab es nur im 160 km/100 mi Luftlinie entfernten Yosemite National Park: Der Wawona Tunnel Tree war der berühmte Baum, durch den man durchfahren konnte beziehungsweise sogar musste. Man findet ihn in der heutigen Mariposa Grove, durchfahren kann man allerdings nicht mehr.

Der durchtunnelte Baum im Sequoia National Park ist namenlos. Im Dezember 1937 fiel ein 80 Meter hoher und 6 Meter im Durchmesser großer Baum einfach um und auf die Crescent Meadow Road. Im folgenden Sommer wurde ein Tunnel von 2,5 Metern Höhe und 5 Metern Breite in den Baum geschnitten. Für größere Fahrzeuge, wie zum Beispiel die Shuttle-Busse, gibt es eine Umfahrung.

D

ANMERKUNG Der Tunnel Log hat auf der Shuttle-Runde keinen eigenen Haltepunkt. Um hier zu verweilen und ein Foto mit durchfahrendem Pkw zu ergattern, muss man bei Moro Rock aussteigen und etwa 1 km/0,6 mi weit zum Tunnel Log zu Fuß gehen. Hat man das Foto geschossen, lohnt es sich, am Straßenrand auf einen Shuttle-Bus zu warten. Die Busfahrer sind meist gnädig und sammeln die Wartenden außerfahrplanmäßig ein.

♨ Crescent Meadow

John Muir hat es einmal wieder in schöne Worte gefasst. Er nannte die Crescent Meadow ein „Gem of the Sierra", ein Juwel der Sierra. Die Wiesenlandschaften sind das Herzstück des Giant Forest und unter ihnen ist es Crescent Meadow im Südosten des Giant Forest, die alle anderen aus dem Rennen schlägt. Sie ist eine von Sequoias umgebene Gebirgswiese von knapp einem Kilometer Länge mit sommerlichen Wildblumen und einem sanften Grün. Man kann sie auf einem 2,5 km/1,6 mi langen Weg umrunden und dabei vor allem im Sommer den Anblick der herrlichen Wildblumen genießen. Da die Wiese ein optimaler Platz für das Sichten von Bären ist, sollte man hier ganz besonders die Augen offenhalten.

Für andere, attraktive Wanderwege ist Crescent Meadow der Ausgangspunkt, beispielsweise für den kurzen Weg zu Tharp's Log (► Seite 207). Wichtig ist, immer auf den vorgegebenen Wegen zu bleiben, um die empfindliche Landschaft nicht zu beschädigen. Crescent Meadow ist der letzte Stopp des Shuttle-Busses auf der Moro Rock/Crescent Meadow Road. Es gibt schöne Picknickmöglichkeiten am Rande der Wiesen und einen großen Parkplatz.

♨♨♨ Crescent Meadow/Log Meadow Loop

Um auch die Crescent Meadow als Highlight des Giant Forest mitzunehmen, ist diese kurze, aber schöne Wanderung bestens geeignet. Sie umfasst gleich zwei große Wiesen der besonderen Art, die Crescent Meadow und die Log Meadow. Ein Spaziergang um beide Wiesen herum präsentiert wunderbare Blicke auf die Giant Sequoias und beinhaltet außerdem die älteste Pionier-Blockhütte des Sequoia National Park.

Man startet am Parkplatz der Crescent Meadow, wohin man mit Pkw oder Shuttle-Bus gelangt. Zunächst folgt man ein kurzes Stück dem High Sierra Trail, danach wendet man sich der Beschilderung gemäß Richtung Tharp's Log. Dabei verlässt man den High Sierra Trail und nähert sich dem Rand der Crescent Meadow. Der Blick auf die Wiese vom südlichen Ende aus ist einer der eindrucksvollsten im Park. Nach einem kurzen Stück entlang der östlichen Seite der Wiese nimmt man den zweiten Weg rechts, um zu Tharp's Lodge zu gelangen (ausgeschildert). Nun geht es ein Stück durch dichten Nadelwald, danach erreicht man die Log Meadow. Nahe am oberen Ende der Wiese trifft der Weg schließlich

Das Durchfahren des umgestürzten Baumes ist mehr ein Spaß als eine Notwendigkeit, denn es gibt eine Umfahrung.

D

Die Crescent Meadow hat etwas Anmutiges.

auf Tharp's Log, eine Blockhütte, die in einen vom Feuer ausgehöhlten Sequoia gebaut wurde. Darin hat Hale Tharp einst einen Sommer lang campiert. Wer sich für das Schicksal des Pioniers interessiert, findet seine Geschichte auf einer Informationstafel.

Nun geht es kurz, aber steil bergauf, danach wieder bergab und man erreicht den Chimney Tree, der 1919 fast vollständig verbrannt ist. Für diesen Baum war das Feuer zwar verheerend, aber für die jungen Sequoias, die jetzt um ihn herum wachsen, war es ein Segen, weil das Feuer ihnen den Weg für ein schnelles Wachstum freigemacht hat.

Nun muss man nur noch die nördliche und die westliche Seite der Crescent Meadow entlanggehen, bevor der Rundweg wieder auf den Parkplatz trifft.

⇨ *Parkplatz bei Crescent Meadow am Ende der Crescent Meadow Road (Endstation des Shuttle-Busses)*

◧ 2-3 Std.

⬈ einfach

⇔ 2,6 km/1,6 mi

⇌ 120 m

Ende der Nebenstrecke

Vom Giant Forest beziehungsweise dem Museum ist es nur ein Katzensprung bis zur nächsten Nebenstrecke, die zur Crystal Cave führt.

Nebenstrecke zur Crystal Cave

♨ Crystal Cave

Im Sequoia National Park verbergen sich mehr als 200 Höhlen, darunter auch die Crystal Cave, die man besichtigen kann. Das Innere der Höhle besteht aus Kalkstein, der durch Metamorphose zu Marmor wurde. Die Höhle ist dekoriert mit Vorhängen aus Stalaktiten, die aussehen wie Eiszapfen, und wellenartigen Stalagmiten. Der kunstvolle Marmor wird von einem unterirdischen Flüsschen poliert. Die Sequoia History Association bietet 45-minütige Führungen durch mehrere „Räume" der Höhle an – außerhalb dieser Führungen, die nur im Sommer stattfinden, kann die Höhle nicht besichtigt werden.

❗TIPP Wenn man morgens an einer frühen Führung teilnimmt, sind noch nicht so viele Besucher da und man steht sich in der Höhle nicht gegenseitig auf den Füßen.

Neben der regulären Führung gibt es auch eine 90-minütige Discovery-Tour, die mit detaillierterem geologischen Hintergrund noch tiefer in die Höhle vordringt, die aber auf 18 Personen ab 12 Jahren limitiert ist (🕐 ab Juni Mo-Fr, 16.15 Uhr, ⚭ $ 16). Ebenfalls angeboten werden 90-minütige Historic Candle-Light-Tours, bei denen die Erlebnisse vermittelt werden sollen, die die Entdecker der Höhle einst verspürten – mit flackernden Kerzen und jeder Menge Geschichtlichem (🕐 ab Juni, donnerstags und freitags um 17.30 Uhr, am Wochenende um 18 Uhr, ⚭ $ 16).

Die Crystal Cave ist nicht besonders groß, hat aber einige großartige Formationen zu bieten. Besonders beeindruckend ist es, wenn der Guide das Licht ausschaltet und man minutenlang die Finsternis einer Höhle „sieht". Man hört plötzlich Dinge, die man vorher gar nicht wahrgenommen hat, zum Beispiel, wie das Wasser auf den Höhlenboden tröpfelt. Innerhalb der Höhle herrscht eine konstante Temperatur von nur 9 °C, langärmelige Oberteile und lange Hosen sowie feste Schuhe sind unbedingt empfehlenswert. Zum Eingang der Höhle führt ein anstrengender, steiler, etwa 15 Minuten langer Weg hinab, der herrliche Blicke auf die Crystal Falls beinhaltet – Blicke, in deren Genuss man nur bei einem Besuch dieser Höhle gelangt.

Die Crystal Cave befindet sich zwischen dem Giant Forest und dem Ash Mountain Entrance. Um sie zu erreichen, biegt man etwa 3 km/1,9 mi südlich vom Giant Forest Museum in westliche Richtung vom Generals Highway ab. Man befährt ungefähr 11 km/7 mi lang die kurvenreiche, sehr enge Crystal Cave Road bis zum Parkplatz der Crystal Cave. Für Wohnmobile ab 22 Feet, Wohnwagen und Busse ist diese Straße verboten!

❗ HINWEIS Tickets müssen mindestens eineinhalb Stunden vor dem Besuch der Höhle am Lodgepole oder Foothills Visitor Center gekauft werden – vor Ort sind keine Tickets erhältlich (auch nicht per Telefon oder Internet).

☎ *1-559-565-3759*
🕐 *Mitte Mai-Ende Okt. (bei Schnee im Frühling geschlossen!)*
⚭ *Erw. $ 13, Kinder (5 bis 12 J.) $ 7, Senioren (ab 62 J.) $ 12*
🖥 *www.visitsequoia.com/crystal-cave.aspx*

Ende der Nebenstrecke

🏠 Unterkünfte im südlichen Sequoia National Park

🛏 Campgrounds

Im Bereich Foothills Area, nahe dem Ash Mountain Entrance, gibt es drei Campingplätze, wobei man nur auf einem davon auch mit dem Wohnmobil campieren kann:

🛏 Potwisha Campground

Der Campground liegt sehr schön am Fluss Middle Fork of the Kaweah River und ist von Eichen umgeben. Da er sich auf einer Höhe von „nur" 640 Metern befindet, ist es hier im Sommer recht warm und im Winter weitgehend schneefrei. Der südliche Parkzugang Ash Mountain Entrance ist 6,5 km/4 mi, Giant Forest über den kurvenreichen Generals Highway 19 km/12 mi entfernt.

☎ *1-877-444-6777*
🕐 *ganzj.*
🚻 *nein*
🛏 *42*   🍽 *ja*   📶 *nein*   ⚭ *$ 18*
🚐 *42*   ⚭ *$ 18*
🖥 *www.nps.gov/seki/planyourvisit/camp_region.htm*

VOM **SEQUOIA NATIONAL PARK**
ZU DEN **PAZIFIKSTRÄNDEN**
UND **LOS ANGELES**

ÜBERSICHTSKARTE **E**

Pazifik

Hauptstrecke km/mi	Teilstrecke km/mi	Nebenstrecke km/mi	Stationen auf dem Highway	Highway
1.739/1.087	0		Ash Mountain Entrance	SR-198
1.749/1.093	10/6		**Three Rivers ►E1**	N Fork Dr
1.753/1.096	14/9		**Sequoia RV Ranch ►E2**	N Fork Dr, SR-198
1.768/1.105	29/18		**Lake Kaweah ►E3**	N Fork Dr, SR-198
1.815/1.134	76/48		Visalia, Kreuzung SR-198/CA-99 ►E4	SR-198
1.941/1.213	202/126		Bakersfield ►E5	CA-99
1.985/1.241	246/154		Junction CA-99/IS-5	CA-99
2.020/1.263	281/176		Tejon Pass ►E6	IS-5
2.100/1.313	361/226		Abzweig IS-405	IS-5
2.117/1.323	378/236		Abzweig US-101	IS-405
2.140/1.338	401/251		Abzweig Las Virgenes Rd	US-101
2.147/1.342	408/255		**Malibu Creek State Park und Campground ►E7**	Las Virgenes Rd
2.157/1.348	418/261		**Malibu Beach**	Las Virgenes Rd, Malibu Canyon Rd
2.162/1.351	423/264		**Malibu Beach RV Park ►E8**	CA-1
2.187/1.367	448/280		**Santa Monica Beach ►E9**	CA-1
2.192/1.370	453/283		**Venice Beach ►E10**	Ocean Ave, Admiralty Way
2.198/1.374	459/287		**Marina del Rey ►E11**	Pacific Ave, Rose Ave, CA-1
2.202/1.376	463/289		Abzweig I-405 vom Fwy 90	Fwy 90
2.238/1.399	499/312		Abzweig I-710 von der I-405	I-405
2.248/1.405	509/318		**Long Beach ►E12**	I-710
2.285/1.428	546/341		**LAX – Los Angeles ►E13**	I-710, I-405

E

Vom Sequoia National Park zu den Pazifikstränden und Los Angeles

Die Route verlässt nun wieder das Hinterland mit der herrlich unberührten Natur, den Wasserfällen, der alpinen Berglandschaft und der gigantischen Riesenmammutbäume – unweigerlich geht es zurück in Richtung Metropolregion Los Angeles. Aber keine Angst: Einige Leckerbissen warten noch an der Küste. Aber von der malerischen Landschaft in all ihrer Vielfalt und ruhigen Beschaulichkeit muss man nun Abschied nehmen.

Im Normalfall führt der Weg weiter über den Generals Highway (SR-198) des Sequoia National Park in südliche Richtung. In unserem Fall war dies leider nicht möglich: Wegen einer Baustelle war der Highway zwischen der Hospital Rock Picnic Area und dem Giant Forest Museum für Fahrzeuge über 22 Feet gesperrt. Da der Generals Highway die einzige Nord-Süd-Verbindung im Sequoia National Park ist, bedeutet dies einen gewaltigen Umweg zurück über den Kings Canyon und den Big Stump Entrance auf den Highway 180. Dort gibt es, westlich vom Big Stump Entrance, die Möglichkeit, über den Highway 245 Richtung Süden zu gelangen. Diese Straße ist äußerst eng, extrem kurvenreich und über die gesamte Strecke nur zweispurig. Andererseits ist sie wunderschön, weil sie an urtypischen, amerikanischen Siedlungen vorbeiführt und immer wieder herrliche Blicke in die Bergwelt bietet, die man gerade verlassen hat. Ist also der Generals Highway aus irgendeinem Grund erneut beziehungsweise weiterhin gesperrt, ist dieser Umweg zumindest vom landschaftlichen Reiz den Mehraufwand wert. Der Highway 245 trifft südlich von Woodlake und östlich von Visalia auf die SR-198.

Als schnellere Alternativroute bei Sperrung wird die Umfahrung des Sequoia National Park über den Highway 63 empfohlen. Dieser zweigt weiter westlich als der Highway 245 vom Highway 180

E

Die Siedlung Badger liegt auf dem Umweg über den Highway 245 – hier der ehemalige Lebensmittelladen des Ortes.

ab und verläuft schnurgerade nach Süden, bis man in Visalia auf den Highway 198 zum Lake Kaweah wechselt. Für sehr große Fahrzeuge ist dieser Highway auch bei freigegebenem Generals Highway eine Alternative, die man sich überlegen sollte – denn wie uns ein Bauarbeiter erzählte, hat der Generals Highway Richtung Ash Mountain Entrance geschätzte 300 Kurven, eine realistische Zahl. Für Wohnmobile über 40 Feet und die kombinierte Länge von Fahrzeugen mit Wohnwagen ab 50 Feet ist diese Strecke generell verboten. Für sie beträgt der Umweg über die Highways 63 (nach Süden) und 198 (wieder nach Osten) bis zum Lake Kaweah 158 Kilometer, was schon eine ordentliche Fahrzeit bedeutet. Die Umgehung dauert demnach definitiv um ein Vielfaches länger als die kurvenreiche Variante über den Generals Highway. Von regelmäßigen Parkbesuchern war zu erfahren, dass dieser Streckenabschnitt häufig Baumaßnahmen und Sperrungen unterliegt. In beiden National Parks wird über diese Sperrungen informiert, sofern gerade welche bestehen. Im Vorfeld kann man die aktuellen Straßenverhältnisse auch unter 🖳 www.nps.gov/seki/planyourvisit/road-conditions.htm verfolgen.

Im Folgenden gehen wir von der Standardstecke ohne Sperrung über den Generals Highway innerhalb des Sequoia National Park aus. Über die 300 Kurven starke Strecke geht es zum Ash Mountain Entrance, vorbei an Hospital Rock und Potwisha. Wenige Kilometer nach dem südlichen Parkausgang erreicht man die kleine Stadt Three Rivers am Kaweah River. Da man im weiteren Verlauf eine gewaltige Fahrstrecke vor sich hat (ab Lake Kaweah sind es 380 km/238 mi bis zum nächsten festen Ziel, Malibu Beach), sollte man vorausschauend noch eine Zwischenübernachtung einplanen. Hierfür gibt es in Three Rivers mit der Sequoia RV Ranch eine optimale Möglichkeit – und wer Zeit übrig hat, sollte dort unbedingt einen Entspannungstag einlegen.

🏨 THREE RIVERS

Der kleine Ort, der sich selbst als „Gateway zum Sequoia National Park" bezeichnet, ist zwar nicht gerade der Nabel der Welt, aber es ist ein netter und charmanter Ort, der so richtig zum Relaxen einlädt. Der Ort liegt in den Ausläufern der Sierra Nevada, das heißt, hier gibt es letzte schöne Blicke auf das Hochgebirge, bevor man sich endgültig von diesem bezaubernden Anblick trennen muss. Genaugenommen müsste Three Rivers „Five Rivers" heißen, denn der Name stammt vom Zusammenschluss von fünf Seitenarmen des Kaweah River. Weil drei davon (Middle, North und South Fork of the Kaweah River) aber überzeugend größer sind als die anderen, beließ man es bei der Namensgebung wohl bei „Three Rivers". Nicht unerwähnt soll bleiben, dass Three Rivers, das hauptsächlich vom Tourismus und den Attraktionen Sequoia National Park und Lake Kaweah lebt, zu den 20 coolsten Kleinstädten Amerikas zählt (Zu solchen Ehren kann man kommen, wenn man vom Reiseunternehmen Budget Travel mit diesem Titel gekürt wird). Daran „Schuld" ist wohl die landschaftliche Schönheit und Gelassenheit, die sich hier präsentiert. Zu den Freizeitaktivitäten gehören Wandern, Radfahren, Klettern, Bootfahren, Wildwassertouren (Kaweah White Water Adventures) und Schwimmen. Wer die schöne Gegend zu Pferd erkunden möchte, hat hierzu bei „Wood 'n' Horse Training Stables" Gelegenheit: 🖳 www.wdnhorse.com. Auch mit Wanderwegen ist Three Rivers gut ausgestattet. Ausgedehnte Touren führen von der Case Mountain Foothill Area bis hinein in den Sequoia National Park. Informationen sowohl über solche Wege als auch über das Umfeld des Lake Kaweah erhält man unter 🖳 www.kaweahcommonwealth.com/hiking.html. Zuguterletzt bietet Three Rivers Einkaufs- und Essensmöglichkeiten, was nach der kargen Infrastruktur der National Parks eine nette Abwechslung ist.

ℹ Visitor Information

Chamber of Commerce Three Rivers
✉ 42268 Sierra Drive, Three Rivers, CA 93271
☏ 1-559-561-3300
✉ info@threerivers.com
🖵 www.threerivers.com

🏨 Unterkünfte Three Rivers

⛺ Campgrounds Three Rivers

⛺ Sequoia RV Ranch

Man muss es klar sagen: Ein Aufenthalt auf diesem Campground steht und fällt mit der Lage des Stellplatzes. Alle Plätze entlang des Flusses sind traumhaft. Morgens wird man vom Plätschern des North Fork of the Kaweah River geweckt. Manche Stellplätze haben gar eigene Terrassen über dem Fluss, auf denen es sich ungeheuer romantisch frühstücken lässt. Diese Plätze haben alle grundsätzlich Full-Hookup. Alle anderen Plätze sind nichts Besonderes und wer wirklich einen Ruhetag auf diesem Campground einlegen will, sollte dies von der Verfügbarkeit eines Stellplatzes am Flussufer abhängig machen. Es gibt eine abgegrenzte Badegumpe mit kleinem Strand, an der man sich locker einen halben Tag oder mehr um die Ohren schlagen kann – und gelegentlich

Highlight des Campground ist der North Fork of the Kaweah River mit dem abgesteckten Badebereich.

auch einen Teil der Nacht: Uns hat das Geheul von Kojoten aus dem Tiefschlaf gerissen, das etwas Markerschütterndes hatte. Man konnte nicht einschätzen, wie weit das Rudel wohl entfernt war. Aufgrund der naturbelassenen Umgebung taucht dieses Phänomen vermutlich öfter auf – ein guter Schlaf oder wahlweise Unerschrockenheit sind in diesem Fall hilfreich.

⇨ *Der SR-198 durch Three Rivers folgen. Der North Fork Dr biegt rechts von der SR ab – dieser Straße etwa 3,5 km/2,2 mi folgen bis zum Campground.*
✉ 43490 North Fork Dr, Three Rivers, CA 93271
☏ 1-559-561-4333
⊙ ganzj.
▯ ja
⌷ 55   ⚑ ja
▨ ja   ∞ ***
⌂ nein
🖵 www.sequoiarvranch.com

Allein ganz knuffig, aber ein ganzes Rudel davon, nachts, heulend ...

🏨 **Hotels Three Rivers**

🏨 **Comfort Inn & Suites**

Gleich am Ortseingang von Three Rivers und damit nur Minuten vom Eingang des Sequoia National Park entfernt liegt dieses Motel. In unmittelbarer Nähe gibt es einen Supermarkt und Restaurants. Das Motel selbst hat einen Außen- und einen Whirlpool sowie einen Fitnessraum –in Sachen Zeitvertreib also sicherlich tauglich für den besagten Ruhetag in Three Rivers.

⇨ *Das Hotel liegt direkt am Hwy 198.*

✉ *40820 Sierra Drive, Three Rivers, CA 93271*

🖨 *1-559-561-9010*

☎ *1-559-561-9000*

🗓 *ganzj.*

⚙ ****

🖥 *www.sequoiahotel.com*

Von Three Rivers aus erreicht man nach nur wenigen Kilometern den Lake Kaweah. Natürlich kann man auch hier übernachten, wenn man die folgende Fahrstrecke Richtung Los Angeles am Stück und ausgeruht angehen will. Allerdings ist dieser Stausee rundum weitgehend schattenlos – und auch ein wenig ohne Charme, verglichen mit dem idyllischen Ort Three Rivers. Für einen Zwischenstopp, eine Bootsfahrt, Vogelbeobachtungen oder eine Runde Schwimmen ist der See allerdings gut geeignet.

🌊 LAKE KAWEAH

Auf den ersten Blick wirkt der Lake Kaweah wie ein Stausee inmitten der Wüste. Der Stausee in der südlichen Sierra Nevada wurde angelegt, um die regelmäßige Überflutung des nahen Ortes **Visalia** in regenreichen Jahren unter Kontrolle zu bringen. Der „Terminus Dam" staut das Wasser der Schneeschmelze aus dem Niederschlagsgebiet des Kaweah River auf. Dieses Wasser kommt aus großen Höhen der Sierra. Der Staudamm wurde 1962 erbaut und ist 7,6 Meter hoch, am Grund der Staumauer ist er 33 Meter breit. Der Wasserstand des Sees variiert je nach Jahreszeit: Im Frühling wird das Wasser angesammelt. Während der Sommermonate wird das Seewasser abgeleitet und dazu genutzt, um die landwirtschaftliche Bepflanzung zu wässern, die den Boden des Valley von einem Wüstenboden in einen fruchtbaren Garten verwandelt hat. Im Herbst und Winter wird der Wasserstand kontrolliert niedrig gehalten, um für die Schneeschmelze eine maximale Kapazität für die Wasseraufnahme bereitzustellen.

Bootfahren, Angeln, Schwimmen, Wasserski, Picknicken und Campen gehören zu den Aktivitäten am Lake Kaweah. Es gibt eine Marina, die alle denkbaren Arten von Booten vermietet. Besonders

Der Lake Kaweah ist ein künstlicher Stausee, der vom „Terminus Dam" aufgestaut wird.

originelle Kahne sind die sogenannten „Patio Boats", eine Art Hausboot mit einer geschlossenen Veranda auf dem Deck. Die Boote der Marina können ab einer Stunde bis zu 24 Stunden entliehen werden.

🏕 Kaweah Marina

An der Kaweah Marina kann man Boote mieten, vor allem die sogenannten „Patio Boats".

- ✉ 3446 Sierra Drive, Lemoncove, CA 93244
- ☎ 1-559-597-2526
- 🕐 Sommer: tägl. 7-19 h, Winter 8-16.30 h
- ∞ ab $ 14 pro Std. für ein Fischerboot bis $ 275 für ein Patio Boat für 24 Std.
- 💻 www.kaweahmarina.com

Ein besonderes Highlight des Lake Kaweah sind die Vögel, die man an allen Seeufern beobachten kann. Im Winter wird sogar der Weißkopf-Seeadler, seines Zeichens das amerikanische Wappentier, in diesen Gefilden recht häufig gesichtet. Manche Vögel fliegen nur über den See hinweg und landen nicht, manche dagegen bevölkern ganze Bäume. Ein Fernglas ist auf jeden Fall empfehlenswert. Im Kaweah Heritage Visitor Center kann man sich über die verschiedenen Vogelarten informieren und mit Hilfe einer dort erhältlichen Broschüre die Vögel, die man in freier Wildbahn beobachtet, auch identifizieren.

ℹ Visitor Information

Kaweah Heritage Visitor Center
- ✉ 34467 Sierra Drive, Lemon Cove, CA 93244
- ☎ 1-559-597-2005
- 🕐 im Sommer Mo-Fr 10-16 h, Wochenende 7-16 h

🏛 Unterkünfte Lake Kaweah

🏕 **Campgrounds Lake Kaweah**

🏕 **Horse Creek Campground**

Mitten in den Ausläufern der Sierra Nevada und direkt am Lake Kaweah liegt dieser Campground mit Zugang zu allen Freizeitaktivitäten am und rund um den See, knapp 5 km/3 mi östlich der Staumauer Terminus Dam. Die Plätze liegen hauptsächlich ungeschützt in der Sonne, das gesamte Seeufer ist recht schattenlos.

- ⇨ Am Hwy 198 ist der Campground ausgeschildert.
- ✉ Horse Creek, Lemon Cove, CA 93244-4270
- ☎ 1-559-597-2301
- 🕐 ganzj. (Mai bis Juli kann je nach Wasserstand des Sees geschlossen sein)
- 🚻 ja
- 🏕 80 📞 ja 📶
- ja ∞ $ 20
- 🅿 80 ∞ $ 20
- 💻 www.reserveamerica.com

Der Kalifornische Condor ist eine der Vogelarten, die sehr häufig am Lake Kaweah zu sehen ist.

Man verlässt den landschaftlich reizvollen Teil der Reise mit dem Lake Kaweah endgültig und nähert sich in rasantem Tempo wieder der Großstadt-Atmosphäre. Eine letzte Überraschung erlebt man während der Durchquerung des Central Valley, das hier rechts und links mit Orangen-Hainen bepflanzt ist. Danach ist es aber bald abrupt zu Ende mit den traumhaften Landschaftsimpressionen. Zudem wird es schlagartig topfeben im Vergleich zu den eben noch durchfahrenen Ausläufern der Sierra Nevada. Der Highway wird kurz vor **Visalia** zum zweispurigen Freeway und verliert damit endgültig seine Reize. Schließlich geht es hinter Visalia auf den Highway 99, auf dem man eine Weile bleiben wird. Die Fahrt ist jetzt eigentlich nur ein Abfahren der Kilometer und das bleibt auch so, bis man kurz vor Los Angeles in die Berge eintaucht.

Wer das Wohnmobil noch länger gemietet hat und der Empfehlung dieses Routenreiseführers folgend die Strände von Los Angeles damit anfährt, sollte spätestens die große Stadt **Bakersfield** für einen Großeinkauf nutzen. Hier sind Läden in allen Größen und mit jedwedem Sortiment vorhanden. Prinzipiell kann man an jeder beliebigen Stelle vom Highway abfahren und rechts oder links davon nach Einkaufszentren Ausschau halten. Einen Wal Mart beispielsweise findet man in der ✉ 6225 Colony Street fast unmittelbar neben dem Highway (links, in Fahrtrichtung). Da der Stadtbereich von Los Angeles erst einmal noch nicht angefahren wird, sondern die Route vorher an die Westküste abbiegt, bieten sich unterwegs auch nicht mehr allzu viele solcher guten Gelegenheiten. Kurz nach Bakersfield rollt man dann automatisch vom Highway 99 auf die Interstate 5 weiter in südliche Richtung.

Etwa 80 km/50 mi vor Los Angeles geht es unvermittelt und unglaublich steil in die Berge hinein. Man befährt dabei den **Tejon-Pass**, eine Gebirgsstraße in den **Tehachapi Mountains**, die von Los Angeles aus in den Norden Kaliforniens führt. Damit überquert man auch die

Transverse Range, eine Gebirgskette, die – für Kalifornien ungewöhnlich – von Ost nach West verläuft. Auf der Passhöhe befindet man sich auf 1.263 Meter über dem Meeresspiegel, was man einem gelegentlich jaulenden Motor seines Fahrzeuges auf dem Weg nach oben schon frühzeitig angemerkt hat. Am Fahrbahnrand sieht man allenthalben liegengebliebene Fahrzeuge, aus deren Motorhaube es bedenklich qualmt. Auch der Geruch nach stark beanspruchten Kupplungen dringt durch alle Ritzen ins Fahrzeug. Bei der Ortschaft Gorman geht es vorübergehend wieder ein Stückchen bergab, bevor man gleich darauf noch einmal ein steiles Stück hoch auf wieder über 1.000 Meter Höhe zu bewältigen hat. Die 4-5 % Steigung über eine längere Distanz sind eine Herausforderung für jedes Wohnmobil. Ist die Sicht nicht allzu sehr von Smog getrübt, ergeben sich aber zumindest sensationelle Blicke auf das aus der Ferne auftauchende Los Angeles. Wer nach dieser Berg- und Talfahrt noch Lust auf weiteres Geschaukel in luftigen Höhen verspürt, wird bald jubilieren: Von der Interstate aus sieht man schon von weitem die abenteuerlichen Achterbahn-Loopings des Freizeitparks **„Six Flags Magic Mountain"** – für Achterbahn-Fans ein Eldorado ohnegleichen. Ob man in der Gondel um die Schiene der Bahn herumgeschleudert wird oder der Mehrfach-Looping einen an die Grenzen treibt – einige der spektakulärsten Achterbahnen der ganzen USA, einige der schnellsten, höchsten und wildesten Bahnen, reihen sich in diesem Park aneinander. Wer ihn besuchen will, sollte für dieses Event auf der Rückreise nach Los Angeles entsprechend Zeit einplanen. Infos unter 🖥 www.sixflags.com/magicMountain, ∞ Erw. $ 61,99, Kinder bis 1,40 m $ 36,99.

TIPP Wer vorab beschließt, den Freizeitpark zu besuchen, sollte sich die Tickets zu Hause oder unterwegs online ausdrucken, das spart $ 25 des Eintrittspreises!

🏠 Übernachtungsmöglichkeit Six Flags Magic Mountain

🚐 Castaic Lake RV Park

Der Wohnmobilpark liegt einen knappen Kilometer von der Castaic Lake Recreation Area entfernt und etwa 9 km/6 mi vor dem Freizeitpark. Schattige Plätze für alle Größen von Fahrzeugen sind vorhanden, der nahe See stellt ein zusätzliches Freizeitangebot dar. Alle Plätze bieten Full-Hookup.

✉ *31540 Ridge Route Road, Castaic, CA 91384*
☎ *1-661-257-3340*
📠 *1-661-257-1077*
🎫 *ja*
🚐 *103*   🏕 *ja*   🛖 *ja*   ∞ *****
🛖 *nein*
📧 *castaicrvprk@earthlink.net*
🖥 *www.castaiclakervpark.com*

Bevor wir uns wieder in den Großstadt-Trubel stürzen, suchen wir noch ein wenig Abwechslung an der Westküste und den Stränden der Großstadt, die wir beim Auftakt zu unserer Reise zunächst vernachlässigt haben. Wir nehmen also Kurs auf den Pazifischen Ozean.

Hierzu wird die direkte Anfahrt auf Los Angeles in einer 90-Grad-Wendung unterbrochen. Dies geschieht, indem man in San Fernando von der Interstate 5 zuerst auf die Interstate 405 wechselt, dabei aber die südliche Richtung noch beibehält und dann nach dem Sepulveda Dam westwärts auf den Highway 101 abbiegt. Nach diesem Richtungswechsel hangelt sich die Fahrstraße eine ost-west-verlaufenden Bergkette entlang, den Santa Monica Mountains. In Calabasas schließlich biegt man auf die ausgeschilderte Las Virgenes Road ab, die in die Malibu Canyon Road übergeht.

🌿 State Parks im Hinterland von Malibu Beach

Noch bevor man wieder auf die Küste trifft, hat man die Möglichkeit, einem der zahlreichen State Parks einen Besuch ab-

zustatten. Direkt auf der Anfahrt zur Küste liegt beispielsweise der **Malibu Creek State Park** an der Las Virgines Road. Mit einem kleinen Schlenker nach Westen erreicht man über den Mulholland Highway (der von der Las Virgines Riad abzweigt) die **Santa Monica Mountains National Recreation Area** (🖥 www.nps.gov/samo). Im Malibu Creek State Park kann man ausgezeichnet mitten in der Natur innerhalb der Ausläufer der Großstadt übernachten. Der Park befindet sich in der Nähe von Agoura Hills, wo einige Vermieter für Autos und Camper angesiedelt sind. Agoura Hills liegt nur 9 km/6 mi westlich der Abzweigung bei Calabasas, wenn man weiter dem Highway 101 folgen würde. Deshalb ist es empfehlenswert, diesen Campground direkt vor dem Morgen der Rückgabe des Wohnmobils als Übernachtungsort zu wählen. Aber auch am Strand von Malibu lässt es sich vortrefflich campen, wenn man am Ende der Reise in die Gefilde von Los Angeles zurückkehrt (► Seite 227).

🏠 Übernachtungsmöglichkeiten im Hinterland von Malibu Beach

🚐 Malibu Creek State Park Campground

Nur wenige Kilometer vom Pazifik entfernt und in den Bergen von Malibu liegt dieser beschauliche State Park, der neben dem Campground auch Wandermöglichkeiten anbietet. Obwohl dieser Park schon zum Metropolgebiet von Los Angeles gehört, ahnt man in dieser Idylle nicht, dass die Millionenstadt schon zum Greifen nah ist. Hier könnte man auch durchaus zwei Nächte verbringen. Die Trailheads befinden sich am großen Parkplatz im Eingangsbereich. Der Campground ist einfach gehalten, aber sehr naturnah – das Heulen der Kojoten in der Nacht ist inbegriffen! Wenn man nicht gerade zielsicher das Labour Day Wochenende erwischt, an dem hier ordentlich Partystimmung herrscht, bieten die weitläufigen Plätze genug Privatsphäre. Sie werden je nach

Eine herrliche Brandung am Malibu Beach bietet optimale Voraussetzungen für Surfer.

Bedarf sowohl als Zelt- als auch als RV-Plätze vergeben. Bei Trockenheit und damit erhöhter Brandgefahr sind Holzfeuer strengstens verboten, was hier auch sehr streng kontrolliert wird.

⇒ *6,5 km/4 mi südlich des Hwy 101 liegt der Parkeingang an der Las Virgenes/Malibu Canyon Rd.*

☎ *1-818-880-0367*

◎ *ganzj.*

🚻 *ja*

🚗 *63*   🚶 *ja*   🅿 *ja*   ♻ *$ 43*

⛺ *63*   ♻ *$ 43*

💻 *www.parks.ca.gov*

Mit oder ohne Besuch eines State Parks erreicht man am Ende der Las Virgines beziehungsweise der Malibu Canyon Road wieder die bereits altbekannte Küstenstraße, den Highway No. 1, einige Kilometer östlich des Stadtzentrums von Malibu. Auf dem Highway No. 1 folgt man nun ostwärts in Richtung Los Angeles den herrlichen Stränden, die man als krönenden Abschluss der Reise noch abklappern sollte.

🌲 STRÄNDE IM LOS ANGELES COUNTY – LIFESTYLE MADE IN USA

In der Beschaulichkeit der weiten Natur im Hinterland Kaliforniens hatte man den Rummel der Gigantenstadt Los Angeles schon fast verdrängt. Bei allem Trubel, Angebot und Leben in der City darf man jedoch nicht vergessen: Die Stadt befindet sich direkt am Meer, am Pazifik. Das heißt also, auf dem Programm kann durchaus auch Sonne, Strand und Schwimmen stehen. Im Süden bei Long Beach beginnend zieht sich eine 115 km/72 mi lange Küstenlinie durch das L.A. County bis hinauf nach Malibu. Auf diesen 115 km/72 mi verteilen sich einige der berühmtesten Strände der Welt – zumindest den Namen nach hat jeder schon einmal von ihnen gehört. Wir beschließen unsere Reise mit diesen populären Stränden, bevor wir uns entweder noch einmal ins Großstadtleben stürzen oder endgültig Abschied nehmen von diesem herrlichen und vielseitigen Bundesstaat. In beiden Fällen nähern wir uns über die Strände, an Malibu Beach beginnend, Stückchen für Stückchen dem Innenstadtbereich von Los Angeles.

🌊 Malibu Beach

Eigentlich müsste es korrekt „Malibu Beaches" heißen, denn die Küste, die zum Bereich von Malibu gehört, misst 34 Kilometer Länge. Platz genug für einige sehenswerte und attraktive Strände. (Eine Auflistung der Highlights findet man unter 🖥 www.malibucity.org). Der Strandbereich, auf den wir auf unserer Route treffen, gehört zum Dan Blocker Beach und liegt östlich des Stadtzentrums von Malibu. Malibu selbst ist kein Ziel dieses Routenreiseführers, dessen Verlauf die Reisenden jetzt vielmehr unweigerlich zurück nach Los Angeles bringt und damit in entgegengesetzte Richtung zu Malibu.

Den Begriff „Malibu" hat jeder schon einmal gehört – im Zusammenhang mit der Fernsehserie „Baywatch" mit David Hasselhoff und Pamela Anderson. Die Suggestion, dass hier immer die Sonne bei blauem Himmel scheint, mag nicht unbedingt zutreffen. Richtig aber ist, dass Malibu das Mekka der Surfer ist. Man findet sie vor allem am Surfrider Beach oder am Topanga State Beach. Aber auch für Naturliebhaber ist die Gegend ein Erlebnis, da hier die weißen Sandstrände fast übergangslos auf die Santa Monica Mountains treffen – der heimliche Slogan der Stadt, „Where the mountains meet the sea", trifft also voll ins Schwarze.

🏛 **Übernachtungsmöglichkeiten Malibu Beach**

🛏 **Malibu Beach RV Park**

Direkt am weißen Sandstrand und nur vom (allerdings stark befahrenen!) Highway No. 1 getrennt befindet sich dieser ordentliche und besondere RV- und Zeltpark. Man hat die Wahl zwischen einem Stellplatz mit direktem Meer- oder mit Bergblick. Beim Meerblick sollte man bedenken, dass die nahe Brandung richtig laut sein kann und das mitunter schon nicht mehr romantisch ist – wenngleich ihr Rauschen das des nahen Highways sogar übertrifft ... Auf den Plätzen mit Bergblick hat

man meist auch das Meer in Sichtweite, da die gesamte Anlage erhöht liegt. Diese Plätze sind allerdings etwas ruhiger, auch weil der Highway weiter entfernt ist. Auf dem Campground kann man Propangas kaufen, es gibt einen Waschsalon und einen Laden, sowie einen Spielraum mit Tischfußball und Billard.

⇨ *Direkt am Hwy 1, etwa 3,5 km/2 mi westlich der Kreuzung Malibu Canyon Rd/Highway 1*

✉ *25801 Pacific Coast Highway, Malibu, CA 90265*

☎ *1-310-456-6052*

📠 *1-310-456-2532*

🕐 *ganzj.*

🚻 *ja*

🛏 *144* 🔌 *ja* ♨ *ja* ⊗ *****

⛺ *35* ⊗ *****

✉ *info@maliburv.com*

🖥 *www.maliburv.com*

Vermutlich berauscht nach einer Nacht mit Meeresbrandung geht es weiter auf dem Highway No. 1 Richtung Los Angeles, aber zunächst nur bis zum nächsten Stopp, dem Santa Monica Beach. Auffallend an diesem Streckenabschnitt des Highway No. 1 sind die ungeheuer hohen Hausnummern im fünfstelligen Bereich! Man fragt sich, wo die Zählung wohl startet, damit man in diesem Bereich des Highways zu solchen Hausnummern gelangt, obwohl er doch streckenweise gar keine Häuser am Straßenrand aufzuweisen hat.

Wunderschön oberhalb des Highway No. 1 und des Pazifiks liegt der Malibu Beach RV Park.

Herzlich willkommen am Santa Monica Pier!

🏛 Santa Monica Beach

Santa Monica wartet trotz der Lage an einer Steilküste gleich mit mehreren Stränden und Parks auf. Der ruhige Palisades Park an der Ocean Avenue etwa steht im starken Kontrast zum Santa Monica Pier mit Vergnügungspark. Sportliche Besucher können hier auch aufs Rad steigen oder sich Inlineskates unterschnallen. Am Pier selbst, aber auch bei einigen Anbietern entlang der Strandpromenade Richtung Venice Beach, werden Fahrräder, Tandems, Inlineskates und Roller vermietet. Die Preise sind direkt am Pier am höchsten und werden niedriger, je weiter man sich vom Santa Monica Pier entfernt. Eine schöne, asphaltierte Strecke führt von hier zum 1,6 km/1 mi entfernten Venice Beach und verbindet die beiden Orte über den weitläufigen Strand miteinander. Ansonsten kann man einfach den herrlich weißen Sandstrand genießen, schwimmen, falls die Temperatur des Pazifik es zulässt, sich an den Sportgeräten am Strand probieren oder einfach faulenzen. Es herrscht deutlich mehr Ruhe als an dem turbulenten Nachbarstrand Venice Beach.

Eines der Wahrzeichen von Santa Monica ist der **Santa Monica Pier**. Dort findet man den ältesten Vergnügungspark Kaliforniens. Der Pier mit Riesenrad und dem antiken Karussell „Hippodrome" musste schon für etliche Hollywood-Produktionen als Motiv herhalten. Dicht an dicht drängen sich hier Fahrgeschäfte und Essensstände, Straßenkünstler bieten zum Teil wunderschöne Kunst an.

Als Kontrast zu Karussell und Achterbahn kann man im **Santa Monica Pier Aquarium** heimische Meerstiere besuchen (🖥 www.healthebay.org/santa-monica-pier-aquarium, ∞ Erwachsene $ 3, Kinder unter 13 Jahren in Begleitung eines Erwachsenen haben freien Eintritt). Der Pier kennzeichnet das offizielle

E

Santa Monica Beach und Highway 1

Ende der Route 66, ein Souvenirladen am hintersten Ende des Piers versorgt Reisende mit allerlei Relikten der legendären Straße.

Parkplatzprobleme hat man am Pier keine. Ein großer, öffentlicher Parkplatz befindet sich direkt unterhalb des Piers, wo Pkw für ⏱ $ 8 bis abends um 10.30 Uhr parken dürfen, Wohnmobile kommen mit ⏱ $ 32 deutlich teurer weg (500 Meter weiter Richtung Venice Beach kostet der öffentliche Parkplatz für Pkw ⏱ $ 7,50, für Wohnmobile $ 20).

Wer in den amerikanischen Gefilden Fußgängerzonen vermisst, darf sich in Santa Monica an einem solch seltenen Exemplar erfreuen: Die **Third Street Promenade**, eine Shopping-Meile, die sich über drei Blocks erstreckt. Von Touristen und Einheimischen gleichermaßen besucht, ist die Fußgängerzone tagsüber Einkaufsbereich und abends der Ort für Straßenkünstler.

Dicht gedrängt befinden sich die Fahrgeschäfte auf dem Pier von Santa Monica.

🏨 Ocean View Hotel

Um das Highlight von Santa Monica, den Pier, in nächtlicher Beleuchtung vom Hotel aus genießen zu können, ist eine Übernachtung im zentral gelegenen Ocean View Hotel ein Tipp. Das Haus ist wenige Schritte vom Strand entfernt, auch die Fußgängerzone ist nahe.

⇨ *Aus Richtung Malibu kommend am Santa Monica Pier halb links auf den Moomat Ahiko Way und sofort wieder links auf die Ocean Ave abbiegen.*

✉ *1447 Ocean Avenue, Santa Monica, CA 90401*

☎ *1-310-458-4888*

⏱ *****

🖥 *www.oceanviewsantamonica.com*

Beim Santa Monica Pier entfernt sich der Highway No. 1 von der Küste. Man verlässt ihn am Pier, indem man rechts auf die Ocean Ave abbiegt. Dabei verliert man vorübergehend den Sichtkontakt zur Küste, während man durch den Stadtbereich von Venice fährt. Der Ocean Avenue folgt man, bis rechts die Blicknell Avenue abzweigt. Am Ende dieser Straße trifft man wieder auf die Küste

und unmittelbar auf den Beginn des Ocean Front Walk, der Richtung Südosten verläuft. Der Punkt, an dem man von der Ocean Avenue abbiegt, ist der zentrale Ausgangspunkt für die Unternehmungen rund um Venice und Venice Beach.

❗TIPP Statt dieses Stück vom Santa Monica Pier nach Venice Beach und dem Ocean Front Walk zu fahren, ist eine schönere Alternative, den Weg zu Fuß den Strand entlang zurückzulegen (siehe Santa Monica Pier). Die Entfernung beträgt nur ungefähr 1,5 km/1 mi, gleichzeitig schlägt man zwei Fliegen mit einer Klappe: Die Strandpromenade entlangzuflanieren ist herrlich und man muss nicht erneut nach einem Parkplatz suchen, was rund um Venice Beach deutlich schwieriger ist als am Santa Monica Pier (zumindest für Wohnmobile). Startpunkt für den Besuch von Venice Beach ist in beiden Fällen der nördliche Beginn des Ocean Front Walk.

🏛 Venice Beach

Man müsste neue Vokabeln erfinden, um die Stimmung von Venice Beach zu beschreiben. Am ehesten scheint die Bezeichnung „exotisch" zu passen. Ausgefallenes Kunsthandwerk wie Flugzeuge

Der Ocean Front Walk, Treffpunkt der Exoten

aus Cola-Dosen, aber auch museumsreife Kunst, Indianerschmuck und die schrägsten Kleidungsstücke werden hier ebenso angeboten wie die Dienste von Wahrsagerinnen und Tätowierern. Auch Botox-Behandlungen kann man sich hier auf offener Straße gönnen – dem Angebot sind in keine Richtung Grenzen gesetzt.

Dazwischen bieten Musiker, Clowns, Akrobaten und Breakdancer ein nahezu professionelles Unterhaltungsangebot, während auf dem **„Ocean Front Walk"** (oder **„Boardwalk"**) alles unterwegs ist, was man sich vorstellen – oder auch nicht vorstellen – kann: Hunde im Kinderwagen, Menschen mit großem Hang zur Selbstdarstellung, Muskelprotze. Letztere sind vor allem am „Muscle Beach" anzutreffen, ein für ⚬ $ 5 offen zugängliches Fitnessstudio im Freien. Schon Arnold Schwarzenegger ließ an diesem Ort seine Muskeln spielen.

Je weiter man sich auf dem Front Walk vorantastet, desto skurriler wird es. Deshalb ist es unbedingt empfehlenswert, die ganze Meile des Front Walk komplett durchzugehen. Die bekannte Freakshow, die sich etwa in der Mitte des Boardwalk befindet und bei der man für ⚬ $ 5 fünfbeinige Hunde, Messer-

schlucker und zweiköpfige Schildkröten präsentiert bekommt, ist als zusätzlicher Input eigentlich nicht wirklich nötig.

An der Promenade befinden sich auch einige sehr nette und natürlich ausgefallene Kneipen. Es ist ausgesprochen unterhaltsam und kurzweilig, vor den Cafés und Lokalen zu sitzen und sich anzuschauen, was auf dem Front Walk so vor sich geht. Ein großer Jahrmarkt scheint das Leben hier zu sein, bestehend aus dem müßigen Strandleben und dem Beobachten mehr oder weniger exzentrischer Mitmenschen. Öffentliche Parkplätze befinden sich unter anderem direkt am Ocean Front Walk und kosten ⚬ $ 9, wofür man bis 1 Uhr

E

Auch eine Art von Kunst: Flugzeuge aus leeren Getränkedosen

Schräge Gestalten am Ocean Front Walk

lange Rundweg führt über entzückende kleine Brückchen und vorbei an mit Bougainvillea (Drillingsblume) umrankten Bungalows stets am Wasser entlang durch eine ruhige, paradiesische Szene.

Entsprechend dem Beach-Bereich sind auch in Downtown Venice die Galerien, Ateliers und Kunstwerke ein wenig schräg. Viel zu sehen gibt es beispielsweise auf dem Abbot Kinney Boulevard zwischen dem Venice Boulevard und der Main Street. Wer Venice als letzte Übernachtung im Großraum L.A. einplant, kann sich zum Beispiel in einem Motel am Lincoln Boulevard (Highway No. 1) zufriedenstellend einquartieren. Es gibt aber auch Hotels direkt am Strand.

nachts parken kann. Für Wohnmobile allerdings gibt es keine Parkplätze direkt am Ocean Front Walk. Deshalb wäre oben genannter Tipp, vom Santa Monica Pier zu Fuß zum Ocean Front Walk zu gehen, eine Lösung des Problems – und eine recht schöne obendrein.

Venice Beach gehört zum L.A.-Stadtteil Venice. Markenzeichen sind die Kanäle, die sich durch den Ort ziehen und denen Venice seinen Namen zu verdanken hat: Es ist schlicht die englische Bezeichnung für Venedig. Einst entstanden als Idee des Tabak-Millionärs Abbot Kinney für einen Vergnügungspark schaukelten Gondolieri die Besucher durch die Wasserstraßen. In den 20er Jahren mussten viele Kanäle Straßen weichen, ein paar Kanäle wurden jedoch restauriert und bieten heute einen idyllisch-romantischen Anblick. Auf dem **Venice Canal Walk** kann man diese Idylle am besten genießen. Die Kanäle sind eingebettet zwischen dem Washington und dem South Venice Boulevard, zwei Blöcke östlich der Pacific Avenue, die parallel zur Küste verläuft. An der Kreuzung Pacific Avenue und Washington Boulevard biegt man auf letzterem ein und fährt vier Straßen weiter in die Dell Avenue, dem Startpunkt des Canal Walk. Der 3 km/2 mi

🏨 Venice on the Beach Hotel

Direkt am Venice Pier und nahe dem Ocean Front Walk bietet das charmante, kleine Hotel wunderschöne Aussichten auf die Küste. Um das Hotel herum befinden sich einige Shops und Restaurants. Die Zimmer sind gemütlich, die Gegend recht lebhaft und das Preis-Leistungs-Verhältnis ist gut. Für einen Aufpreis, der sich lohnt, gibt es schicke Zimmer mit Meeresblick.

⇨ *Statt Richtung Küste und zum Ocean Front Walk abzubiegen, folgt man aus Richtung Santa Monica der Pacific Avenue weitere ca. 3,5 km/2 mi, bis rechts die 28th Pl abbiegt. Dieser bis zum Ende (Ocean Front Walk) folgen.*

✉ *2819 Ocean Front Walk, Venice Beach, CA 90291*
☎ *1-210-429-0234*
💲 ****
🖥 *www.veniceonthebeachhotel.com*

👁 Abstecher

Folgt man der parallel zur Küste verlaufenden Pacific Avenue, die an Venice Beach komplett vorbeiführt, erreicht man Marina del Rey. Um ins Zentrum des Geschehens zu gelangen, biegt man noch innerhalb von Venice von der Pacific Avenue auf die Rose Avenue ab. Dieser folgt man, bis man wieder frontal auf den Highway No. 1 trifft (der hier auch Lincoln Boulevard heißt). Hier rechts abbiegen, das Hafengebiet passieren und schließlich rechts in den Fiji Way einbiegen. Nach einer Linkskurve ist Fisherman's Village im Süden der Marina erreicht.

E13 🏛 Marina del Rey

Hier ist es nicht so sehr das Strandleben als vielmehr das Hafengebiet, das die Aufmerksamkeit des Besuchers fesselt. Der große Yachthafen ist das Markenzeichen der Marina del Rey. Man kann auch selbst auf hohe See gehen und sich ein Boot ausleihen oder an einer Schiffsrundfahrt entweder zur Walbeobachtung oder als schicke Dinner-Kreuzfahrt teilnehmen. Am eindrucksvollsten allerdings ist es, von einem der schönen Strandcafés in Fisherman's Village den Blick über den riesigen Yachthafen mit seinen 6.000 Yachten und Booten schweifen zu lassen.

Parken kann man kostenlos im Parkhaus am Einkaufszentrum Villa Marina Marketplace oder auf dem großen Parkplatz gegenüber der Mall. Man gelangt dorthin, indem man vor Erreichen des Hafengebietes links auf die Maxella Ave-

nue und die zweite Straße wieder links auf die Glencoe Avenue abbiegt, wo sich die Parkhaus-Einfahrt befindet.

Um zum letzten populären Strand im Los Angeles County zu gelangen, verlässt man im Bereich Marina del Rey den Highway No. 1 endgültig und biegt halblinks auf den Marina Freeway ab (Highway 90). Diesem folgen, bis rechts die Interstate 405 abzweigt. Hier rechts auffahren und der Interstate bis zur Abzweigung der Interstate 710 folgen. Auf diese wiederum nach rechts auffahren und ihr folgen bis ans Ende, wo sich der Ausgangspunkt für weitere Erkundungen von Long Beach bei der Anlegestelle der Queen Mary am 1126 Queens Highway befindet (von der Interstate aus gut ausgeschildert), in den die I-710 übergeht.

An der Anlegestelle kann man auch parken. ✆ Die erste halbe Stunde ist kostenlos, danach kostet es bis zu 1 Std $ 3 und alles darüber hinaus bis zu 12 Std $ 12.

🏛 Long Beach E12

Nomen est Omen – die Urlaubsstadt Long Beach verdankt ihren Namen dem mehr als 10 km/6 mi langen Sandstrand am südlichen Ende des Los Angeles County. Neben dem dadurch begünstigten Badeurlaub sind es vor allem zwei Attraktionen, die Long Beach sehenswert machen: Der ausrangierte Luxusdampfer **„Queen Mary"** und das **„Aquarium of Pacific"**. Die 300 Meter lange Queen Mary liegt am Pier J (✉ 1126 Queens Highway) und kann sowohl auf eigene Faust als auch mit einer Führung besichtigt werden. Während der Führung kann man nicht nur die Geschichte und Mysterien des Schiffes erfahren, sondern sich auch

Schicke Yachten gibt's am Hafen anzuschauen.

E

Downtown Long Beach

über die technischen Gegebenheiten informieren und das Art Deco Design bewundern. Informationen erhält man unter 🖥 www.queenmary.com oder unter ☎ 1-877-342-0738. Die Preise variieren, je nachdem, für welche Art der Besichtigung man sich entscheidet. „Normaler" Eintritt $ 25,95. Die verschiedenen Möglichkeiten und Preisgestaltungen findet man unter 🖥 www.queenmary.com/Purchase-Tickets.aspx.

Das Aquarium ist nur wenige Minuten von der Anlegestelle der „Queen Mary" entfernt. Die Unterwasserwelten des Tropischen Ozeans, des Südkalifornischen Pazifiks und des Nord-Pazifiks stehen im Vordergrund. Unter den 550 Arten findet man Meeresbewohner vom Seepferdchen über den Hai bis zum Seelöwen. Das Aquarium befindet sich auf dem ✉ 100 Aquarium Way, Long Beach, CA 90802 und ist täglich geöffnet von 🕐 9-18 Uhr. Das Vergnügen ist nicht ganz billig, Erwachsene zahlen ∞ $ 24,95,

Kinder (7-11 Jahre) $ 12,95 und Senioren über 62 Jahre $ 21,95. Man kann den Besuch mit einer Führung mit Blick hinter die Kulissen, einer Hafenrundfahrt oder anderen Elementen kombinieren. Weitere Informationen unter 🖥 www.aquariumpacific.org.

Long Beach ist unweigerlich die letzte Station auf einer Reise, wie sie abwechslungsreicher nicht sein könnte. Geht man davon aus, dass man mit einem Mietwagen unterwegs war, kann man diesen nun am Los Angeles Airport abgeben. Der Weg dorthin von Long Beach ist überschaubar: Man fährt über die beiden Interstates 710 und 405 genauso zurück, wie man von Marina del Rey her gekommen ist. Schließlich zweigt links die I-105 ab. Dieser folgt man ein kurzes Stück, bevor man – gut ausgeschildert – rechts über den South Sepulveda Boulevard Richtung LAX geleitet wird.

🚹 ZURÜCK IN LOS ANGELES – DAS ENDE EINER FANTASTISCHEN REISE

Das Strandleben hat einen durchaus würdigen Abschluss zu einer fantastischen Rundreise geboten. Vom wilden Pazifik über betriebsame Großstädte und beschauliche Kleinstädte, durch unberührte und zauberhafte Natur mit Bergen und Seen, Canyons und Flüssen, Riesenbäumen und Blumenwiesen hat uns der Weg durch Kalifornien geführt.

Noch muss nicht aller Tage Abend sein, wenn man sich beispielsweise die Innenstadt von Los Angeles auf zwei Portionen aufgeteilt hat. Wenn man mit Wohnmobil unterwegs war, ist es in diesem Fall empfehlenswert, für Los Angeles noch einmal gesondert einen Mietwagen zu nehmen. Die Entfernungen sind gewaltig, das Netz der öffentlichen Verkehrsmittel, wie eingangs beschrieben, nicht zufriedenstellend.

Geht man von einer Übernachtung im Bereich des Flughafens bei Ankunft in L.A. aus, sollte man jetzt am Ende eine andere Ecke suchen, um noch einmal ein ganz anderes Stadtgebiet zu erkunden. Empfehlenswert wären die Bereiche Hollywood nördlich der Innenstadt (auch von hier aus sind die nordwestlich gelegenen Vermietungen in Agoura Hills gut erreichbar) oder eine gänzlich andere Ecke in der Region von Anaheim – dann natürlich nahezu zwingend inklusive Besuch von Disneyland.

Wer an dieser Stelle noch mit Wohnmobil unterwegs ist und zurück zu einem der Vermieter in Agoura Hills muss, bleibt auf der Rückfahrt von Marina del Rey auf der Interstate 405, durchfährt auf ihr das ganze westliche Stadtgebiet von Los Angeles und trifft in den Santa Monica Mountains wieder auf den Highway 101, der Richtung Westen nach Agoura Hills führt. Die Strecke ab Long Beach bis nach Agoura Hills beträgt 90 km/56 mi, wofür man eine gute Stunde rechnen muss, in der Rush Hour entsprechend mehr.

Früher oder später ist es unvermeidlich: Der Los Angeles International Airport ist unsere letzte Station, hier sagen wir Kalifornien Lebewohl und beenden eine abwechslungsreiche Reise mit unendlich vielen Eindrücken, Erlebnissen und Erinnerungen.

Eine Traumreise geht zu Ende.

REISEVORBEREITUNG UND **UNTERWEGS**

Reisevorbereitungen

Informationen zur Nutzung

Zur besseren Strukturierung der Reise-Informationen in diesem Routenreiseführer ist das Kapitel Wissenswertes in drei Abschnitte unterteilt.

Im Abschnitt **Reisevorbereitung** erhalten Sie alle relevanten Informationen, die Sie vor dem Start in den Urlaub benötigen und/oder beachten sollten. Der Abschnitt **Unterwegs** (▶ Seite 252) beinhaltet die wichtigsten Informationen, die Sie während Ihrer Reise durch Kalifornien benötigen. Aber auch diesen Teil sollten Sie bereits vor Reisebeginn gelesen haben. Zuletzt finden Sie im Anhang einige **Checklisten** (▶ Seite 274), die Ihnen in übersichtlicher und zusammengefasster Form noch einmal die wichtigsten Dinge zusammenfassen, die es zu erledigen oder beachten gilt.

Reisevorbereitung

Die Vorbereitung für diese Reise, die in jeder Beziehung eine Traumreise werden soll, ist knifflig und erfordert eine prinzipielle Entscheidung: Möchten Sie in der Gewissheit losfliegen, alles genau durchgeplant zu haben, damit unterwegs nichts schiefgehen kann und Sie sich wirklich auf die Erlebnisse konzentrieren können? Oder möchten Sie aufs Geratewohl ins Abenteuer starten und die Freiheit genießen, sich Ihre Zeit nach Belieben einteilen zu können? Beides hat seine Reize, und es hängt nicht nur von Ihren Gewohnheiten und Vorlieben ab, wie Sie sich entscheiden, sondern auch vom Zeitpunkt im Jahr, zu dem die Reise stattfinden soll.

Soll es in der Hochsaison über den großen Teich gehen, also zwischen Juni und August, ist es unabdingbar, dass Sie in den Städten an der Westküste und den National Parks die Campgrounds vorab reservieren. Übers Internet geht dies sehr einfach, ebenso per Telefon. Die entsprechenden Adressen und Nummern finden Sie jeweils bei der Beschreibung des Campgrounds. Sie müssen sich im Normalfall selbst darum kümmern, da Reisebüros auf diese Dienstleistungen nicht eingerichtet sind (und meist auch gar nicht wissen, dass solche Reservierungen überhaupt möglich sind). Näheres hierzu im Kapitel „Unterwegs". Während des großen Besucheransturms in den Sommermonaten ist es sogar auch außerhalb der National Parks nicht einfach, einen gewünschten Übernachtungsplatz zu ergattern. Das heißt: Während dieser Reisezeit müssen Sie sich in einem gewissen Maße vorher festlegen.

Zu allen Jahreszeiten kann es durchaus reizvoll sein, ohne detaillierte Vorabplanung loszuziehen und die Reise auf sich zukommen zu lassen. Aber wirklich empfehlenswert ist es nicht, vor allem nicht, wenn man das erste Mal in diesem Gebiet unterwegs ist! Es kann die Reise ganz schön beeinträchtigen, wenn man täglich spätestens ab der Mittagszeit damit beschäftigt ist, sich das potenzielle abendliche Ziel zu überlegen und daraufhin nach passenden Campgrounds oder Motels zu recherchieren. Dann gebt das Telefonieren los, denn ganz entspannt darauf hoffen, dass es sicher noch ein Plätzchen für Sie geben wird, sollten Sie je nach Ziel nicht. Bedenken Sie, dass gerade in den National Parks die Anzahl der Campgrounds und damit die Kapazitäten begrenzt sind. Noch viel mehr gilt dies für Städte wie San Francisco.

Neben diesen freien und persönlichen Entscheidungen gibt es allerdings eine Reihe von unbedingt erforderlichen Vorbereitungen: Auf jeden Fall sollten Sie bereits zu Hause Ihr Gefährt mieten, sei es über das Reisebüro oder direkt vor Ort über das Internet.

TIPP Wenn Sie sich frühzeitig auf Kalifornien als Reiseziel festlegen und über das Reisebüro buchen wollen, sollten Sie so früh wie möglich auch Ihr Wohnmobil oder Ihren Mietwagen buchen, da die Reiseveranstalter mit sogenannte **Flex Rates** arbeiten: Die Reisebüros erhalten über die Veranstalter unterschiedliche Kontingente der Autovermieter, die sich nach der Nachfrage für den betreffenden Reisezeitraum richten. Je

Schon Anfang Oktober ist Schnee im Yosemite National Park keine Seltenheit!

nach Auslastung der Fahrzeuge bei den infrage kommenden Anmietstationen werden die Raten dem aktuellen Angebot und der Nachfrage entsprechend wöchentlich angepasst – eine hohe Nachfrage bedeutet also einen höheren Mietpreis. Es ist ein kleines Glücksspiel, einen diesbezüglich günstigen Buchungszeitpunkt zu erwischen. Generell kann man aber davon ausgehen, dass die Nachfrage kleiner ist, je weiter entfernt man noch vom avisierten Reisetermin ist. Ähnlich verhält es sich mit dem Flug. Falls Sie auch diesen über das Reisebüro buchen wollen, gilt: Je früher, desto günstiger.

Was Sie ebenfalls schon von zu Hause aus erledigen sollten, ist das Reservieren des Hotels für die erste Nacht. Um sich eine frustrierende Zimmersuche nach der Ankunft zu ersparen, legen Sie sich lieber im Voraus schon auf Ihr Wunschhotel fest, das Sie direkt, übers Reisebüro oder über Internet-Vermittler wie expedia.de oder hrs.de reservieren können.

Beachten Sie bitte auch, dass es bei den meisten Autovermietungen nicht möglich ist, am selben Tag Ihrer Ankunft in den USA bereits mit dem gemieteten fahrbaren Untersatz loszuziehen. Ob das im Einzelfall tatsächlich Konsequenzen hätte, wenn man sich darüber hinwegsetzt, sei dahingestellt.

Tatsache aber ist, dass Sie sich aufgrund des Jetlags sowieso nicht zu viel zumuten sollten und gut beraten sind, es etwas ruhiger anzugehen.

Zu guter Letzt spielen Ihre **Reisedokumente** eine wichtige Rolle bei den Vorbereitungen. Sie brauchen für die USA keinen Internationalen Führerschein, aber der deutsche bzw. EU-Führerschein muss gültig sein. Selbstverständlich ebenfalls gültig sein müssen die Kreditkarte und der EU-Reisepass, den übrigens auch Kinder haben müssen (der deutsche Kinderpass gilt nicht!). Ihr Reisepass muss mindestens für die Dauer des geplanten Aufenthaltes gültig sein. (▶ Seite 243)

Klima

Über das Klima in Kalifornien könnte man ein eigenes Buch schreiben. Man kann es kaum glauben, dass man sich während der gesamten Reise wettermäßig betrachtet in nur einem Bundesstaat aufhält, denn man durchreist mehrere verschiedene Wetterzonen:

Los Angeles beglückt die Besucher mit konstant sonnigem und trockenem Küstenklima. Im Sommer werden zuverlässig um die 28 Grad (manchmal auch weit mehr) erreicht und auch im Winter können durchaus durchschnittliche Höchstwerte von 16 Grad herrschen. Entlang der Küste Richtung Norden werden die Temperaturen durch den kühlen Pazifik beeinflusst und sind deshalb niedriger als im Inneren des Landes. Die Meeresbrisen sind verantwortlich für gemäßigte Sommertemperaturen um die 25 Grad. Im Winter herrscht mildes Klima von 15 bis 20 Grad. In San Francisco und dem Norden Kaliforniens sind die Sommer kühl und neblig, die Temperaturen klettern kaum einmal über 17 Grad. Die Winter sind regnerisch. Einzig im September und Oktober werden angenehme Temperaturen um die 20 Grad erreicht. Das ist die wärmste und trockenste Zeit des Jahres innerhalb der Bay Area. Im Hinterland, vor allem im Bereich der Sierra Nevada, sind die Sommer sehr heiß, die Nächte aber in den Höhenlagen recht kühl. Charakteristisch für die Winter sind hier heftige Schneefälle mit Schneehöhen bis zu 1,50 Meter.

In Amerika werden Temperaturen in Fahrenheit angegeben (°F), die Umrechnung erfolgt über eine komplizierte Formel. Zur Orientierung ein paar relevante Werte: 32 °F entsprechen 0 °C, und 0 °C entsprechen -17,8 °F. Eine angenehme Temperatur von 25 °C entspricht in Fahrenheit etwa 78 °F, bei sommerlichen 35 °C sind wir in den USA bei 96 °F. In Zehnerskalen sieht das Ganze dann wie folgt aus:

Fahrenheit	Celsius
30–40	-1–4
40–50	4–10
50–60	10–16
60–70	16–21
70–80	21–27
80–90	27–32
90–100	32–38

Umrechnungsformeln

Celsius zu Fahrenheit: $F = (C * 9/5) + 32$
Fahrenheit zu Celsius: $C = (F - 32) * 5/9$

Reisezeit

Kalifornien ist unbenommen zu jeder Jahreszeit attraktiv. Im Frühjahr nach der Schneeschmelze kann man in den National Parks im Hinterland die rauschenden Wasserfälle in all ihrer Macht erleben. Von Wildblumen übersäte Wiesen färben dann das Landschaftsbild fröhlich bunt. Im Sommer sind die Strände um Los Angeles mit der sonnigen Metropolstadt Anziehungspunkt Nummer 1. Im Herbst erlebt man die Weinlese im ganzen Bundesstaat, bunte Laubverfärbungen ergänzen den märchenhaften Anblick in den National Parks. Und im Winter sind alle Fans des Wintersports in ihrem persönlichen Eldorado, aber auch für Nicht-Skisportler ist die zauberhafte Winterlandschaft ein herrliches Erlebnis. Am ehesten ist Kalifornien ein Ganzjahres-Urlaubsparadies – die einzig wahre Reisezeit bezüglich des Wetters gibt es nicht.

Die meisten Besucher kommen natürlich im Sommer zwischen Juni und September. Dann sind die Unterkünfte schnell ausgebucht und die Städte und National Parks überlaufen. Allerdings sind die Berge in diesem Zeitraum besonders schön und ideal zum Wandern. Auch im Sommer braucht man für Nordkalifornien warme Kleidung. Es sollte also von der Kleidung her sowohl für den Strandurlaub als auch für unangenehm kalte und windige Tage für alle Wetterlagen vorgesorgt sein.

Die Nebensaison dauert von März bis Mai und von September bis Oktober. Dann kommen weniger Besucher und die Preise sind deutlich niedriger. Im Herbst kann man bei angenehm warmen Temperaturen im südlichen Bereich noch schwimmen.

Im Winter ist das Hinterland Kaliforniens ein Schneeparadies. Skifahrer und Snowboarder können sich über alle Maßen in den schneesicheren Gebieten austoben. Im nördlichen Bereich der Westküste allerdings muss man zu dieser Zeit mit viel Regen rechnen. Dafür sind die Wintermonate aber gut zum Beobachten der Wale im Küstenbereich um Monterey geeignet.

Wenn Sie sich an den **Schulferien** orientieren müssen, kommt natürlich nur der Sommer in Frage, die empfohlene Reisedauer von drei Wochen in keinen anderen deutschen, österreichischen oder schweizerischen Schulferien unterzubringen ist. Wenn Sie von derlei Faktoren unabhängig sind, bietet sich eine Reisezeit im Mai/Juni an, also vor den amerikanischen Ferien. Die Kern-Sommerferien in den USA reichen von

Ende Juni bis Ende August. Manche Distrikte starten schon im Mai und beginnen wieder Anfang August mit der Schule. Aber die meisten amerikanischen Schulen haben bis Ende August Ferien. In diesem Zeitraum muss man auf der Route mit den meisten Touristen rechnen, da die Amerikaner einen Großteil der Besucher vor allem in den National Parks ausmachen. Ab Mitte/Ende August wird es dann langsam etwas ruhiger. Kurzzeitig flackert noch einmal eine Saisonzeit auf und zwar rund um den Feiertag Labor Day, der immer am 1. Montag im September ist. Am entsprechenden Wochenende ist wahlweise der Freitag oder der Montag in Amerika frei, und die Einheimischen gehen zu diesem Termin noch einmal groß auf Tour. Danach wird es aber endgültig ruhiger, sodass der September ebenfalls ein ausgezeichneter und vom Wetter her mit Sicherheit noch schöner Monat für die Reise ist.

Reisedauer und Routenplanung

Wie schon angesprochen ist eine Reisedauer von drei Wochen das Minimum für die Rundreise mit allen Attraktionen auf der Route. Nur so ist gewährleistet, dass Sie auch einmal zur Entspannung einen Tag länger bleiben können beziehungsweise für den Notfall (Panne, Krankheit etc.) einen Puffer haben. Im Zeitplan inbegriffen sind ausgiebige Wanderungen, die Sie sich „leisten" können und die mit einer oder zwei Übernachtungen pro Park verbunden sind. Mit den aufwändigeren Abstechern, die Sie als Alternativroute beschrieben finden, bleiben Sie ebenfalls im selben Zeitraum. Drei Wochen reichen jedoch definitiv nicht mehr, wenn Sie alle Abstecher und Umwege mitnehmen und/oder eine der Metropole ausgiebiger erleben wollen. Dann müssen Sie vier Wochen und mehr ansetzen.

Steht bei Ihrem Aufenthalt in den USA nicht das Wandern im Vordergrund, sondern möchten Sie die National Parks weniger bewegungsfreudig erleben und mehr Ihr Fahrzeug benutzen, können Sie sogar einen Zeitrahmen von weniger als drei Wochen ansetzen. Dann wird der Großteil der Urlaubszeit an der Westküste und in den großen Städten verbraucht. Möchten Sie dennoch drei Wochen auf dem Kontinent verbringen, können Sie auch einfach mal

einen Erholungsaufenthalt in einem besonders attraktiven Park, an einem See, an der Küste oder in den Bergen einplanen.

Bezüglich der Routenplanung gibt Ihnen die Routenbeschreibung in diesem Reiseführer bereits sehr konkrete zeitliche Orientierungspunkte vor. Die Strecke nimmt alles mit auf, was an Attraktionen im erreichbaren Umfeld liegt. Sie laufen also nicht Gefahr, eine völlig utopische Planung aufzustellen, wenn Sie sich innerhalb dieses Rahmens bewegen. Ihrer Entscheidung obliegt es vielmehr, nach persönlichen Prioritäten einzuteilen, an welchem Ort Sie sich wie lange aufhalten möchten.

Wenn Sie sich noch nicht vorab festlegen möchten, welche zusätzlichen Ziele Sie ansteuern wollen, können Sie trotzdem schon einmal die Hauptroute übernehmen. Das hilft Ihnen auch, sich nicht zu verzetteln, denn abseits der Hauptroute locken unüberschaubar viele weitere attraktive Ziele.

Wenn Sie schon zu Hause wissen, welche Abstecher Sie auf jeden Fall mitnehmen möchten, empfiehlt sich eine individuelle Routenplanung bei Google Earth. Auf dieser Plattform können Sie auch gut entscheiden, welche Ziele Sie für lohnenswert erachten, indem Sie zusätzlich zu den Beschreibungen und den Bildern in diesem Routenreiseführer die bei Google Earth eingestellten Fotos anschauen und sich aus der Vogelperspektive einen Eindruck verschaffen.

Weitere Adressen im Internet, die hilfreich sein können, sind:

- 🖵 *www.map24.de*
- 🖵 *http://maps.google.com*

Sie können aber natürlich auch ganz konventionell Ihre vorgesehene Strecke in eine Karte einzeichnen. Eine solche sollten Sie sowieso im Gepäck haben.

Kosten

Dass dieser Individualtrip kein Billig-Urlaub wird, ist im Vorfeld schon klar. Es gibt allerdings beeinflussbare Faktoren, mit denen man die Kosten reduzieren kann. Das ist in erster Linie die Wahl des Fortbewegungsmittels im Reiseland. Der Camper ist zwar auch aus vielen anderen Gründen das Fahrzeug der Wahl, der Preis spielt aber eine überzeugende Rolle bei der Entscheidung. Sind Sie mit einem Mietwagen unterwegs, müssen Sie, beim Frühstück angefangen, zu allen Mahlzeiten essen gehen (in den Motels wird zwar oft auch Frühstück angeboten, ist aber nicht im Zimmerpreis inbegriffen). Davon abgesehen, dass viel Zeit bei der Wahl eines Restaurants verlorengeht beziehungsweise es streckenweise im Hinterland und in den National Parks gar nicht so einfach ist, überhaupt ein Restaurant zu finden, geht das ständige Auswärtsessen ganz schön ins Geld. Zu der Miete für den Wagen kommen die Übernachtungskosten, die in Motels am günstigsten sind. Aber auch diese sind in den attraktiven Gebieten und den Peripherien der National Parks Kaliforniens richtig hoch!

Natürlich könnten Sie all das umgehen, indem Sie eine organisierte Pauschalreise buchen. Allerdings verlieren Sie dadurch einiges an Freiheit und Erlebniswert. Pauschalreisen übernehmen zwar ebenfalls die grundsätzliche Organisation, schnüren das Korsett aber gerade zeitlich meist so eng, dass für eigene Schwerpunkte und/oder spontane Änderungen des Zeitplans keine Möglichkeit besteht. Gerade im Land der großen Weite und Freiheit kann dies das schöne Erlebnis trüben. Wanderungen und persönliche Erkundungstouren entfallen meist komplett, allein dafür ist der Bundesstaat einfach zu schade. Man muss auch mal die Möglichkeit haben, sich auf einen Felsen zu setzen und eine Stunde lang auf den Sonnenuntergang zu warten.

Konkret müssen Sie für die Campgrounds im Schnitt mit etwa $ 25 pro Nacht rechnen. Ein Doppelzimmer im Motel startet in der Nebensaison ohne Frühstück und außerhalb der National Parks und Städte ab einem Preis von $ 80 aufwärts. Weitere Informationen finden Sie beim Stichwort „Übernachten" (► Seite 248).

Je nach Anbieter und Reisezeit und mit einer günstigen Flex Rate oder mit Frühbucher-Rabatt gebucht kostet der Camper für 20 Tage ab € 1.500 (Achtung, Angaben in Euro, da üblicherweise ab Deutschland gebucht!). In einem solchen Mietpreis sind meist noch keine Meilen enthalten. Diese können als Package dazu gebucht werden. Man muss mit ca. € 300-400 pro 1.000 Meilen rechnen.

Für die vorgegebene Rundreise brauchen Sie mindestens 2.000 Meilen. Ein realistischer Preis inklusive Freimeilen (meist bis zu 1.000) fängt bei € 2.000 an.

Die **Benzinkosten** sind ein schwierig zu veranschlagender Kostenpunkt, da auch in Amerika die Preise stark schwanken. Zusätzlich sind die Preise allein innerhalb Kaliforniens extrem unterschiedlich. In den großen Städten und deren Peripherien ist das Benzin günstiger als im Hinterland, in unbesiedelten Gebieten und in der Umgebung der National Parks. Zahlt man beispielsweise im Einzugsgebiet von Fresno etwa $ 2,95 pro Gallone Sprit (eine Gallone entspricht 3,78 Liter), wird an Zufahrtsorten zu den National Parks auch mal $ 3,35 pro Gallone verlangt. Diese Werte können sich aber innerhalb kürzester Zeit grundlegend ändern. Grob kann man auf der Hauptroute von 2.200 Kilometern ohne die Abstecher eine Gesamt-Benzinrechnung von ca. $ 430 veranschlagen. Ganz genau berechnen kann man es mit Hilfe der aktuellen Preise auf der Seite 🖥 www.gasbuddy.com

Ein weiterer hoher Kostenfaktor ist der Flug, bei dem Sie mit einem Betrag zwischen € 900 und € 1.400 inklusive Steuern und Treibstoffzuschlag pro Person rechnen müssen. Dieser Preis gilt für einen Direktflug Frankfurt – Los Angeles. Kinder bis einschließlich 11 Jahre zahlen nur etwa € 200 weniger, ab zwölf Jahre zahlen sie den vollen Erwachsenenpreis.

Innerhalb der National Parks kommen keine weiteren großen und unvorhersehbaren Kosten auf Sie zu. Der Parkeintritt kostet einheitlich $ 20 pro National Park beziehungsweise mit dem Jahrespass $ 80 für uneingeschränkt viele Parkeintritte. Die Dienstleistungen in den Parks wie Shuttlebusse oder Ranger-Service sind generell kostenlos (gilt nicht für geführte Touren!). Teuer wird es allerdings in den Städten und an der Küste. Eintritte, Unternehmungen und Unterkünfte sowie spezielle Ausflüge, Schifffahrten und Parkkosten schlagen hier noch einmal richtig zu Buche.

Informationen

Mit diesem Reiseführer starten Sie bereits gut gerüstet in den Urlaub. Wenn Sie sich einzelne Städte, National Parks oder Scenic

Byways genauer anschauen möchten, finden Sie bei den Informationsteilen der Routenbeschreibung alle relevanten Internetadressen. Brauchen Sie eher eine Seite, auf der Sie möglichst viele Ziele mehr oder weniger ausführlich finden, ist die absolute Empfehlung die Seite des National Park Services, auf der Sie neben den National Parks auch einige der anderen Ziele und Attraktionen finden: 🖳 www.nps.gov

Vor Ort ist die Informationsbeschaffung dann überhaupt kein Problem mehr. Auch die kleinsten Visitor Center sind unglaublich gut mit Material ausgestattet, die meisten Broschüren sind kostenlos. Meist finden Sie nicht nur Prospektmaterial für das aktuelle Ziel, sondern auch über die ganze Umgebung bis hin zu weit entfernten Zielen, die für Besucher von Interesse sein könnten. Halten Sie also immer die Augen auch offen bezüglich Informationen über Ziele, die an einem anderen Ort Ihrer Route liegen!

Karten

Zusätzlich zu den Orientierungskarten in diesem Reiseführer finden Sie für die grobe Navigation und einen pauschalen Routenüberblick in Deutschland einige ganz gute Karten. Eine Karte mit zufriedenstellender Detailgenauigkeit für die Region ist die von Busche Map: „California" mit dem Maßstab 1:800.000.

Detailliertere Karten als die, die man zu Hause für Kalifornien kaufen kann, werden in den Visitor Centern, in gut sortierten Läden und an Tankstellen angeboten. Allerdings decken diese Karten meist nur jeweils Teilbereiche des gesamten Reisegebietes ab, diese Bereiche dann aber jeweils wirklich komplett. Wenn Sie in Ihrem Heimatland ein portables **Navigationsgerät** besitzen, können Sie dieses natürlich mit der entsprechenden USA-Karte ausstatten und mitnehmen. Sie können auch ein Navigationsgerät vom Autovermieter zusammen mit dem Fahrzeug mieten oder sich vor Ort ein auf die USA zugeschnittenes Gerät kaufen. Manche Vermieter von Wohnmobilen, wie zum Beispiel Road Bear, geben bereits standardmäßig ein Navigationsgerät ohne gesonderte Berechnung mit auf den Weg. In den Einkaufszentren von Los Angeles finden Sie ein ganz akzeptables Angebot von Geräten, die

inklusive der entsprechenden Software ab $ 100 zu bekommen sind.

Das Mieten oder Mitnehmen eines Navigationsgerätes ist vor allem für die Metropolregionen sehr zu empfehlen, da man ohne diese Hilfsmittel schnell komplett überfordert ist, vor allem wenn man sich mit einem für heimische Verhältnisse ungewöhnlich großen Gefährt (Wohnmobil) fortbewegt. Vernünftiges Kartenmaterial sollten Sie darüber hinaus aber ebenfalls mitführen, damit vor allem im Hinterland und auf kleinsten Straßen eine gute Orientierung gewährleistet bleibt.

Einreiseformalitäten & Dokumente

Die Vereinigten Staaten sind sehr kreativ, was Einreisebedingungen betrifft. Bis 2008 genügte für deutsche, österreichische und Schweizer Staatsbürger für die Einreise allein ein noch mindestens drei Monate gültiger, maschinenlesbarer Reisepass. Auch der Kinder-Reisepass berechtigt zur visafreien Einreise, sofern er vor dem 26. Oktober 2006 ausgestellt und ab diesem Datum nicht mehr verändert wurde. Der Kinder-Reisepass muss ein Lichtbild enthalten. An diesen Bestimmungen hat sich nichts geändert, zusätzlich zum Reisedokument ist seit Anfang 2009 jedoch eine vorherige Autorisation über das Internet vorgeschrieben. Vor einer beabsichtigten, visumfreien Einreise müssen Sie eine gebührenfreie, elektronische Einreiseerlaubnis (**Electronic System for Travel Authorization (ESTA)**) einholen. Diese Autorisation ist für zwei Jahre oder bis zum Ablauf des Reisepasses gültig, innerhalb dieser Zeit dürfen Sie unbegrenzt oft einreisen, müssen die Prozedur also nicht jedes Mal wiederholen. Online zu finden unter 🖳 www.esta-usa.de

Seit 2010 wird außerdem eine **Einreisegebühr** in die USA von $ 14 pro Person erhoben. Die Gebühr für die elektronische Reiseerlaubnis fällt bei der Nutzung des elektronischen Einreisesystems an. Sie setzt sich aus $ 4 für die Bearbeitung des Einreiseantrags und $ 10 für die Genehmigung zusammen. Als Zahlungsmittel werden nur die gängigen Kreditkarten anerkannt. Diese „Eintrittsgebühr" ist zwei Jahre lang gültig und berechtigt zu mehreren Einreisen in die USA innerhalb dieses Zeitraums.

Verliert Ihr Reisepass innerhalb dieser zwei Jahre seine Gültigkeit, muss der Antrag für eine erneute Einreise neu gestellt werden.

Da sich in Sachen Einreiseformalitäten immer wieder etwas ändert, schadet es nicht, regelmäßig vor einer geplanten Reise auf der Homepage des Auswärtigen Amtes nachzuschauen. Dort finden Sie die aktuellen Bestimmungen für die Einreise:
🖥 www.auswaertiges-amt.de

Ohne die elektronische Einreiseerlaubnis kommen Sie nicht einmal an Bord des Flugzeuges. Die Autorisierung muss bis spätestens 72 Stunden vor Abflug erfolgt sein. Da der Antrag im Zweifelsfall aber auch abgelehnt werden kann, sollten Sie sich mit einem entsprechenden zeitlichen Vorlauf vor der Reise anmelden, damit Sie notfalls noch ein Visum beantragen können. Haben Sie diese Hürde im Vorfeld genommen, heißt es, sich mit den Regelungen für das Gepäck, hauptsächlich für das Handgepäck vertraut zu machen. Die neuesten Sicherheitsrichtlinien diesbezüglich finden Sie auf der Homepage der **TSA (Transportation Security Administration)** unter 🖥 www.tsa.gov

Aktuell gilt, dass Flüssigkeiten bzw. Gels nicht ins Handgepäck dürfen, sondern in das Gepäck müssen, das Sie aufgeben. Die Flüssigkeiten, auf die Sie nicht verzichten können, dürfen Sie in einem Klarsichtplastikbeutel mit Reißverschluss und einem Fassungsvermögen von knapp einem Liter im Handgepäck mitführen. Dieser Klarsichtbeutel darf nur Flüssigkeits- oder Gel-Behälter mit einem Fassungsvermögen von jeweils höchstens 100 Milliliter enthalten. Pro Passagier ist nur ein solcher Beutel erlaubt.

Wenn Sie mit einem Kleinkind an Bord gehen, dürfen Sie außerdem Säuglingsnahrung, Muttermilch und Babynahrung mit ins Handgepäck nehmen. Des Weiteren sind Medikamente, Flüssigkeiten (inklusive Wasser, Säfte oder Flüssignahrung) oder Gelees für Diabetiker und andere medizinische Bedürfnisse erlaubt.

Für die Durchleuchtung des Gepäcks und Ihrer Person müssen Sie am Flughafen Zeit einplanen. Schuhe und Jacken müssen ausgezogen und aufs Band gelegt werden, Handys und andere elektronische Geräte, Schlüssel, Münzgeld, Schmuck und größere Metallgegenstände müssen ausgepackt und in einem Container durch die Röntgenschleuse geschickt werden.

Aufgrund der umfangreichen Sicherheitschecks empfehlen die Airlines, bei einem Flug in die USA drei Stunden vor Abflug am Flughafen zu sein. Diese Empfehlung ist sinnvoll, weil es in den Warteschlangen oft minutenlang nicht weitergeht.

Erneut stehen Sie in der Schlange am Schalter für „Non US Citizens (Nicht US-Bürger)" des Ankunftsflughafens. Die Einreiseprozedur beinhaltet Folgendes: Fragen zum Reisegrund, dem Ziel und der Reisedauer, manchmal auch nach der ersten Unterkunft. Dann wird ein biometrisches Foto von Ihnen gemacht und Ihr Fingerabdruck genommen. Nach der Abholung des Gepäcks geht es noch durch den Zoll – dann kann der Urlaub beginnen.

❚ HINWEIS Wenn man keinen Direktflug nach Los Angeles und innerhalb der USA einen Zwischenstopp hat, muss man an diesem Flughafen auch einreisen! Das heißt, die Einreiseprozedur findet an dem Flughafen statt, an dem man zuerst einen Fuß auf amerikanischen Boden setzt. Das müssen Sie bei der Planung von inländischen Anschlussflügen unbedingt einkalkulieren – den Folgeflug also nicht zu knapp nach der Landung des Transatlantikfluges auswählen. Bedenken Sie auch, dass Sie, wenn Sie umsteigen, auch Ihr Gepäck abholen und neu aufgeben müssen.

Bei ganz konkreten Fragen zu den Zoll- und Einreisebestimmungen kann man sich im Heimatland jederzeit an die nächstgelegene diplomatische Vertretung der USA wenden.

Gepäck

Seit Juni 2011 darf das Gepäck, das aufgegeben wird, bestimmte Maße nicht mehr überschreiten. Bei Lufthansa beispielsweise dürfen Länge, Höhe und Breite eines Gepäckstücks zusammengerechnet maximal 158 Zentimeter betragen. In der Economy-Klasse gilt grundsätzlich eine Freigepäckmenge von 23 Kilogramm pro Gepäckstück. Da diese Vorgaben von Fluggesellschaft zu Fluggesellschaft variieren, sollte man sich nach der auf dem Flugschein ausgewiesenen Freigepäckmenge richten und auf der Internetseite der Gesellschaft nach den jeweiligen Bestimmungen schauen.

Auch das Handgepäck unterliegt besonderen Bestimmungen, die innerhalb der Fluggesellschaften unterschiedlich sind. In die Economy-Klasse darf gewöhnlich ein Handgepäckstück mitgenommen werden. Auch elektronische Geräte wie Laptop, iPad und tragbare CD-Player sind an Bord erlaubt. Auch hier gibt es je nach Fluggesellschaft unterschiedliche Maßvorgaben. In der Regel dürfen für ein Handgepäckstück die Maße 55 x 40 x 20 Zentimeter und ein Gewicht von 8 Kilogramm nicht überschritten werden.

Beide Vorgaben, die für das aufgegebene Gepäck und die für das Handgepäck, werden recht streng am Flughafen überprüft. Bei Lufthansa wird ein verdächtig großes Handgepäckstück in einem Prüfgitter gecheckt. Verlassen Sie sich niemals auf eine mögliche Kulanz der Angestellten der Airlines – sie sind rigoros: Zu schweres Gepäck muss „erleichtert" werden, zu großes Handgepäck kommt nicht mit an Bord.

Zu einer nicht sehr angenehmen Erfahrung kann es werden, wenn der Transportation Security Service die aufgegebenen Gepäckstücke öffnet und überprüft (wozu er berechtigt ist!). Man darf seinen Koffer also auf keinen Fall abschließen, da im Verdachtsfall die Behörde befugt ist, den Koffer gewaltsam und auf Ihre Kosten zu öffnen. Leider kommt es bei den Kontrollen vor, dass das Gepäck ziemlich durchwühlt am Zielort ankommt beziehungsweise Lebensmittel geöffnet werden, die anschließend im Koffer durcheinander purzeln und alles verdrecken. Verlassen Sie sich nicht auf die Sorgfalt der Kontrolleure, sondern packen Sie Ihre Koffer vorausschauend und vermeiden Sie Dinge, die im Koffer in geöffnetem Zustand Schaden anrichten können.

DEUTSCHLAND
Visa-Informationen
🖳 http://german.germany.usembassy.gov

Amerikanische Botschaft Berlin
🖳 Pariser Platz 2, 10117 Berlin
☎ 030-2385174

Konsularabteilung der Vereinigten Staaten
✉ Clayalle 170, 14195 Berlin
☎ 030-83051200

Generalkonsulat der Vereinigten Staaten
✉ Alsterufer 27/28, 20354 Hamburg
☎ 040-41171100

Amerikanisches Generalkonsulat Düsseldorf
✉ Willi-Becker-Allee 10, 40227 Düsseldorf
☎ 0211-788-8927

Amerikanisches Generalskonsulat Frankfurt
✉ Gießener Straße 30, 60435 Frankfurt/Main
☎ 069-7535-0

Amerikanisches Generalkonsulat Leipzig
✉ Wilhelm-Seyfferth-Straße 4, 04107 Leipzig
☎ 0341-213-840

Amerikanisches Generalkonsulat München
✉ Königinstraße 5, 80539 München
☎ 089-2888-0

ÖSTERREICH
Botschaft der Vereinigten Staaten
✉ Boltzmanngasse 16, 1090 Wien
☎ 01-313390

Visa-Informationen und Einreise
🖳 www.usembassy.at

SCHWEIZ
Botschaft der Vereinigten Staaten
✉ Sulgeneckstraße 19, CH-3007 Bern
☎ 031-3577011
🖳 bern.usembassy.gov

Wohnmobil

Dass man einen fahrbaren Untersatz für die Route braucht, steht außer Frage. Innerhalb der National Parks würden Sie zwar mit den Shuttle-Bussen und in den Städten mit Bussen, Bahnen und Taxis gut zurechtkommen – die Strecken zwischen den einzelnen Zielen sind aber ein unüberwindbares Hindernis. Ein Netz aus „Öffentlichen Verkehrsmitteln" nach unserem Verständnis existiert in den USA nicht. Auch der Highway No. 1 ist nicht anders zu bewältigen als mit einem eigenen fahrbaren Untersatz. Mit europäischen Verhältnissen sind die gewaltigen Distanzen des Landes und die weiten Stre-

Das mobile Zuhause ist das Fahrzeug der Wahl in Kalifornien.

cken ohne menschliche Besiedlung nicht vergleichbar.

Einzige Alternative zum „eigenen" Fahrzeug wäre es, sich einer pauschalen Reisegruppe anzuschließen, aber damit verpassen Sie das On-the-Road-Gefühl, der eigentliche Sinn der Reise wäre verloren.

Dem Camper vor dem Mietwagen Vorrang zu geben, wurde schon unter dem Stichwort Reisekosten begründet. Für das Gefühl von Freiheit und Unabhängigkeit ist es allen anderen Fortbewegungsmitteln unbedingt vorzuziehen. Allerdings sollten Sie bedenken: „Wild" campen ist auch in den USA nicht gestattet.

Das heißt, Sie müssen mit Ihrem Wohnmobil für jede Übernachtung auf einen Campground. Die Kosten dafür sind aber minimierbar. Sie brauchen nicht in jeder Nacht einen Komplettanschluss für den Camper, den sogenannten „Full Hook-up". Beim „**Full Hook-up**" verfügen Sie direkt am Stellplatz über einen Elektroanschluss, den Sie mittels eines Kabels mit dem Camper verbinden, einen Anschluss für das Frischwasser und einen, um die Schmutzwasser-Tanks abzulassen. Es reicht, wenn Sie die allumfassenden Anschlussmöglichkeiten alle zwei bis drei Nächte in Anspruch nehmen. Ein Stellplatz ohne Anschlüsse oder nur mit Wasser bzw. Strom ist deutlich preiswerter, als wenn Sie Ihre eigene sogenannte Dump-Station noch mit am Platz haben. (Eine Dump-Station besteht aus zwei Anschlüssen: einer für die Aufnah-

me des Frischwassers und einer für das Ablassen des Abwassers). Da die meisten Campgrounds über Duschen verfügen, sind Sie auch nicht zwingend auf das Duschen „an Bord" angewiesen, was Sie von den Anschlussmöglichkeiten für den Camper wieder flexibler sein lässt.

Die Camper werden in Amerika „**RV**" genannt (**Recreational Vehicle**) und üblicherweise nach Länge in Feet klassifiziert: Die Fahrzeugtypen C23, C25, C29, C31 entsprechen Längen von 7,0 m, 7,6 m, 8,8 m und 9,4 m. Auch das kürzeste amerikanische Wohnmobil ist größer als die meisten, die wir von unserem Kontinent her kennen. Deshalb sollten Sie sich vorab gut überlegen, welche Platzansprüche Sie haben. Für eine vierköpfige Familie ist der Typ C25 absolut ausreichend mit einem Schlafplatz

So schön es manchmal auch wäre – wildes Campen ist verboten!

für zwei Personen über dem Fahrerhaus im Alkoven und einem Doppelbett im hinteren Fahrzeugbereich. Je größer die Camper sind, desto unbeweglicher werden sie auch. Zwar sind die breiten amerikanischen Straßen und die teilweise unbegrenzten Platzverhältnisse im Hinterland ebenso wenig ein Problem wie die Größe der Stellplätze auf den Campgrounds, aber das Fahrzeug muss dennoch für Sie manövrierbar bleiben – vor allem auf den engen Küsten- und Bergstraßen und in den Großstädten. Für alle Kategorien reicht ein normaler Pkw-Führerschein aus, das Mindestalter der Fahrer beträgt 21 Jahre. Bei Fahrern zwischen 21 und 24 Jahren wird oft ein Risikozuschlag erhoben. Sollten Sie also unter 25 Jahre alt sein und ein Wohnmobil mieten wollen, klären Sie diesen Punkt gleich bei der Buchung.

Da die Vermieter vor Ort ein Wirrwarr unterschiedlicher Versicherungen anbieten, ist die Preiszusammensetzung nicht ganz transparent. Sobald man die wirklich notwendigen Versicherungen zum Auto auswählt, erhöhen sich die Preise zum Teil auf mehr als das Doppelte.

TIPP Mieten Sie das Fahrzeug schon von zu Hause aus entweder direkt über das Internet oder beim Reisebüro an. Damit sparen Sie sich aufwändige Recherchen am Ankunftsort und meist ist es auch günstiger, weit im Voraus zu buchen. Die passende und wirklich sinnvolle Versicherung ist dann auch schon inklusive, sodass Sie sich nicht durch die einzelnen Varianten forsten müssen. Vorab buchen können Sie auch bereits ein Ausrüstungspaket (Convenience Kit) mit Geschirr und Kochutensilien, wofür Sie mit ca. $ 70 rechnen müssen. Diese Gegenstände sind für gewöhnlich nicht im Mietpreis enthalten. Pro Person sollten Sie auch ein Ausrüstungspaket mit Bettwäsche (meist bestehend aus Laken und Schlafsack beziehungsweise Bettbezügen) und Handtüchern reservieren, um diese Platz fressenden Utensilien nicht von zu Hause mitschleppen zu müssen. Elektronische Geräte wie Toaster oder Kaffeemaschine können Sie ebenfalls mieten, wenn sie nicht vom Vermieter mit dazu gegeben werden. Bei solchen Geräten muss allerdings beachtet werden, dass sie nur mit einem externen Stromanschluss in Betrieb zu nehmen sind. Die Fahrzeugbatterie, die Ihnen auch im Stand die Innenbeleuchtung gewährleistet, ist mit 24 Volt nicht auf die Stromspannung ausgelegt, die Geräte wie Toaster und Kaffeemaschine von der Steckdose brauchen (nämlich 110 Volt). Diesen Strom gewinnen Sie entweder durch Verbinden des Campers mit einem externen, elektronischen Anschluss (auf dem Stellplatz) oder durch den Generator des Fahrzeuges. Ladegeräte (z.B. für Mobiltelefone oder Kameraakkus) sind also ohne Generator oder externen Anschluss nicht einsatzfähig, für die meisten Geräte gibt es aber Kfz-Adapter, die an den meist mehrfach vorhandenen 12V-Anschlüssen (Zigarettenanzünder) betrieben werden können. Diese Adapter sollten Sie allerdings bereits vor Reiseantritt besorgen, um sich unnötiges Suchen vor Ort zu ersparen.

Üblicherweise hinterlassen Sie je nach Vermieter eine Kaution zwischen $ 500 und $ 1.000 bei der Übernahme des Fahrzeugs. Dieser Betrag wird Ihrer Kreditkarte belastet und bei einwandfreier Rückgabe des Campers zurückgebucht.

Sie sollten bei Fahrzeugübernahme unbedingt kritisch auf den Zustand schauen und gegebenenfalls Mängel dokumentieren lassen. Manche Fahrzeuge haben bereits eine hohe Kilometerlaufleistung auf dem Buckel und müssten eigentlich gründlich generalüberholt werden, sind aber stattdessen nur notdürftig an mehreren Stellen geflickt (es geht dabei vor allem um den Innenbereich). Die Fahrzeuge von Cruise America beispielsweise sind günstig, werden aber teilweise in eher abgenutztem Zustand vermietet. Sollte man Ihnen ein solches Fahrzeug zugedacht haben, sollten Sie sich nicht scheuen, bei gravierenden Mängeln und schlechtem Gesamteindruck des Fahrzeuginneren ein anderes Fahrzeug zu fordern. Das ist durchaus machbar und spart Ihnen auf der späteren Reise eine Menge Ärger.

Nicht alle Vermietstationen haben deutschsprachige Mitarbeiter, dennoch sollten Sie sich nach Kräften bemühen, bei der Fahrzeugübernahme wirklich alles zu verstehen. Manchmal gibt es Einführungsvideos, die teilweise auch auf Deutsch laufen – nehmen Sie sich unbedingt die Zeit, sich das anzuschauen! Denn hier werden am Fahrzeug die wichtigsten Handgriffe demonstriert und die Fachausdrücke erklärt. Nur so können Sie später wissen, dass Black Water das Schmutzabwasser der Toilette ist und Grey Water das Abwasser von Dusche und Waschbecken und wie und wo Sie es entsorgen müssen. Sie erfahren außerdem, dass Sie das Frischwasser im Tank des Wohnmobils nicht trinken oder zum Kochen verwenden dürfen und wie Sie die Anzeigen der einzelnen Tanks lesen und werten sollen. Vieles spielt sich dann auf der Fahrt sehr schnell von selbst ein, und Sie werden (auch als blutiger Anfänger) sehen, dass es keine Wissenschaft ist, einen Camper zu bedienen. Ein sicheres Grundwissen ist aber trotzdem nötig.

Im Falle einer Panne oder eines Unfalls unterwegs auf Ihrer Reise müssen Sie umgehend die Vermietstation darüber in Kenntnis setzen. Wenn Reparaturen fällig werden, ist der Vermieter immer vorher davon zu unterrichten. Die entsprechende Telefonnummer erhalten Sie bei Anmietung des Fahrzeuges und sie befindet sich im Normalfall auch gut sichtbar im Fahrerhaus des Wohnmobils.

Am Ende Ihrer Reise müssen Sie das Fahrzeug besenrein und möglichst mit leeren Abwassertanks und gefüllter Gasflasche zurückgeben. Ansonsten werden Gebühren fällig, die man gut vermeiden kann. Der Benzintank muss normalerweise der Füllmenge Ihrer Übernahme des Campers entsprechen. Es gibt aber auch Vermieter, die prinzipiell auf einen vollen Tank bei Rückgabe des Campers bestehen.

❗**ANMERKUNG** Sie sollten vermeiden, das Wohnmobil direkt beziehungsweise mit knapp kalkuliertem Zeitplan vor Ihrem Rückflug abzugeben. Auch wenn die Abgabe an sich (Inspektion des Fahrzeuges, Endabrechnung, Kautionsrückbuchung) schnell erledigt ist, kann es zu Wartezeiten kommen, die vor so einem wichtigen Termin wie dem Rückflug schon mal Panik auslösen können.

Die gängigen großen Vermieter von Wohnmobilen sind alle im Stadtbereich oder der weiteren Umgebung von Los Angeles angesiedelt. Daneben gibt es auch kleinere Anbieter wie Apollo Motorhome Holiday USA und Moturis (beide recht teuer). Die drei namhaften, großen Anbieter mit Stationen in Los Angeles sind:

El Monte RV

✉ *12818 Firestone Blvd, Santa Fee Springs, CA 90670*
☎ *1-562-404-9300*
🖥 *www.elmonterv.com*

Road Bear RV

✉ *28404 Roadside Drive, Agoura Hills, CA 91301*
☎ *1-866-491-9853*
🖥 *www.roadbearrv.com*

Cruise America Motorhome Rental

✉ *2233 E 223ʳᵈ Road, Carson, CA 90810*
☎ *1-310-522-3870*
🖥 *www.cruiseamerica.com*

Falls Sie die in diesem Routenreiseführer als Rundreise konzipierte Strecke variieren und den Camper woanders als bei der Anmietstation zurückgeben möchten, müssen Sie den Zuschlag für eine Einwegmiete einkalkulieren beziehungsweise sichergehen, dass dies bei dem Vermieter Ihrer Wahl überhaupt möglich ist.

Übernachten

Campen ist in den USA eines der populärsten Freizeitvergnügen, für ausreichend viele Campingplätze ist folglich gesorgt. Diese können trotzdem, vor allem in den begehrten Reisemonaten des Sommers, recht schnell ausgebucht sein. Auf den vom Nationalpark-Service verwalteten Campgrounds im Hinterland, in den State Parks und in den National Parks bekommt jeder Camper einen großzügigen Stellplatz und Sie können den Nachbarn normalerweise nicht auf den Teller schauen. Standardausstattung der Plätze ist eine weitläufige Parzelle mit Stellplatz, Tisch-Bank-Garnitur und Feuer- beziehungsweise Grillstelle. Diese Plätze haben fast immer ein Abendprogramm mit regionalem Schwerpunkt, meist finden die Veranstaltungen in einem direkt am Campground gelegenen Amphitheater statt. Oft gehören zusätzliche Einrichtungen wie Lebensmittelläden, Souvenir Shops und Campingbedarf sowie Waschräume mit

Idylle pur ist das Übernachten auf einem der Plätze des National Service.

Es liegen ebenfalls ein paar wenige, privat betriebene KOA-Campgrounds auf der Route. **KOA (Kampgrounds of America)** ist der Mercedes unter den Campingplätzen. Meist haben diese Plätze einen hohen Standard mit Freizeitaktivitäten, Pools und sehr gepflegten sanitären Anlagen und Duschen. Im Schnitt sind sie dafür ein paar Dollar teurer als die staatlichen Plätze. Einen Überblick erhalten Sie im Internet unter 🖥 www.koa.com

Sind Sie mit dem Mietwagen unterwegs, werden die zahlreichen Motels auf der Strecke Ihre Anlaufstelle fürs Übernachten sein. Preislich variieren sie stark, was nicht durch Komfort und Ausstattung, sondern am meisten durch die geografische Lage bedingt ist. Die Motels innerhalb der National Parks sind sehr teuer, liegen dafür aber meist sehr schön. Die Motels in den etwas größeren Städten sind auch nur dann preiswerter, wenn das Umfeld außerhalb der Reichweite eines attraktiven Ziels liegt. Insgesamt kann man aber wieder günstiger wegkommen, wenn man außerhalb der Saison reist. Die großen Ketten im Westen der USA sind zum Beispiel Best Western, Holiday Inn und Day's Inn, wobei diese sich alle sehr ähneln. Als ADAC-Mitglied sollten Sie sich bei Buchung eines Motels aus einer Kette nach Triple A Rates des amerikanischen Automobilclubs AAA erkundigen, dann erhalten Sie in diesen Häusern Rabatte. In diesem Reiseführer werden auch individuelle Häuser oder solche kleinerer Ketten vorgestellt, die Motels in den National Parks werden sowieso häufig vom Nationalpark-Service betrieben. Dort hat man normalerweise keine große Wahlmöglichkeit.

Kalifornien ist ein teures Pflaster. Die Übernachtungen können ganz schön ins Geld gehen, eine vorausschauende Planung kann helfen, Kosten einzusparen, indem man im Vorfeld nach günstigeren Motels Ausschau hält. Ohne Reservierungen muss man vor Ort auf das Angebot zurückgreifen, das noch verfügbar ist – und das sind vermut-

Münzwaschmaschinen und –trocknern zum Angebot. Auf manchen Plätzen kann man auch kleine Blockhütten mieten.

An der Westküste und in den Städten sieht das ganz anders aus. Während man auf den naturbelassenen Hinterland-Plätzen niemals asphaltierten Untergrund hat, ist dies bei den meist privat betriebenen Plätzen der Küstenstädte und vor allem der Großstädte durchaus üblich. Dann reiht sich auf dem unnatürlichen Untergrund Camper an Camper und die Platzverhältnisse sind deutlich eingeschränkt. Das liegt an den hohen Grundstückspreisen in Kalifornien, die eine großzügige Ausdehnung eines Platzes unbezahlbar machen würden. Hier ist eine Übernachtung nur Mittel zum Zweck und kein Abenteuer in der Natur. Wenn es geht, sollte man auch an der Küste auf einen Campground in einem State Park ausweichen.

Die zumeist großzügig angelegten und gut gepflegten, staatlichen Plätzen innerhalb der National Parks kann man unter einer zentralen Internetadresse reservieren: 🖥 www.nps.gov

Nach Eingabe des entsprechenden National Parks finden Sie auch die Campgrounds, die jeweils einen eigenen Menüpunkt haben. Alle relevanten staatlichen Campgrounds innerhalb der Parks, die um die Parks herum verteilten Plätze sowie die privaten Parks in den Städten finden Sie ohnehin in diesem Routenreiseführer aufgelistet.

lich nicht eben die Hotels mit dem besten Preis-Leistungsverhältnis. Um einen groben Überblick zu bekommen, hier die einzelnen Kategorien der Motels und deren Kosten (die Preise gelten jeweils für ein Doppelzimmer pro Nacht und ohne Frühstück):

Kategorie Luxus ab $ 180:	***
Komfortabel $ 100-180:	**
Günstig bis $ 100:	*

Im Vergleich weisen die Campgrounds eine große Preisspanne auf. Die Preise liegen zwischen $ 18 auf einem Platz des Nationalpark-Service und $ 100 in San Francisco oder auf einem privaten Platz mit extrem guter Lage und Ausstattung (die Preise gelten pro Nacht und Stellplatz, selten wird nach Personen berechnet):

Einfache Kategorie	bis $ 35
Kategorie mit etwas Komfort	$ 35-50
Gehobene Kategorie	ab $ 50

„Gehobene Kategorie" muss allerdings nicht gleichbedeutend mit exklusiver Ausstattung sein, sondern kann auch nur die Lage widerspiegeln.

Vereinzelt wird auf der Rundreise auch B&B (Bed and Breakfast) angeboten, was in den USA eher einer privat geführten Pension entspricht, das heißt: Zimmer mit Frühstück, meist in familiärem und nostalgischem Rahmen. Allerdings sind diese Unterkünfte auch nicht gerade günstig, zumal meist pro Person abgerechnet wird. Sie müssen mit $ 50-150 pro Person rechnen.

Sie können sich bei der Suche nach Unterkünften direkt an die im Routenreiseführer empfohlenen Motels wenden oder über einen der Hotel-Vermittlungsservices im Internet wählen, um darüber hinaus nach geeigneten Unterkünften zu suchen. Zwei Empfehlungen sind:

Hotel Reservation Service: 🖥 www.hrs.de
Expedia: 🖥 www.expedia.de

Über einen solchen Veranstalter ist es auch günstig, das Hotel in Los Angles zu buchen. Bei Buchung über ein Reisebüro zahlen Sie unnötige Gebühren und kommen auch beim Übernachtungspreis oft teurer weg, als bei einer Direktbuchung im Hotel Ihrer Wahl oder einer Buchung über einen der beiden oben genannten Dienstleister.

Gesundheit und Versicherungen

Ist während Ihres Aufenthaltes in den USA ein **Arztbesuch** vonnöten, müssen Sie diesen zunächst selbst in voller Höhe bezahlen. Da die Gesetzlichen Krankenkassen diese Kosten aber auch nachträglich nicht übernehmen, empfiehlt sich eine **Auslands-kranken- und/oder Unfallversicherung**, die auch die USA abdeckt. Besonders günstige Versicherungen, auch für eine ganze Familie, bietet beispielsweise der ADAC an.

Private Krankenversicherungen übernehmen im Normalfall die in Nordamerika entstandenen Behandlungskosten. Um diesbezüglich aber ganz sicher zu sein, sollten Sie das Kleingedruckte Ihres Tarifvertrages studieren beziehungsweise bei Ihrer Versicherung anfragen. Rückversichern sollten Sie sich auch, was konkret im Falle eines **Krankenhausaufenthaltes** erstattet wird. Kalifornien ist neben Florida der teuerste Bundesstaat der USA in Sachen Gesundheitsversorgung. Rechnungen über stationäre Behandlungen können leicht einmal die Höhe eines neuen Kleinwagens erreichen. Es gibt Tarifvereinbarungen zwischen den Behandlern und den Versicherern, die eine Rechnung rabattieren. Fragen Sie auch danach.

In allen Fällen sollten Sie, wenn vorhanden, eine deutsche Versicherungskarte dabei haben (gilt auch für Privatpatienten!). Auch wenn die Amerikaner zunächst nichts damit anfangen können, weil sie ja nicht direkt, sondern über den Patienten abrechnen, ist die Versicherungsnummer und das Vorhandensein eines Versicherungsschutzes für amerikanische Ärzte und Krankenhäuser ein wichtiger Faktor.

Medikamente, insbesondere solche für chronische Erkrankungen, sollten Sie in der für die Dauer der Reise ausreichenden Menge mitnehmen. Zusätzlich ist ein in englischer Sprache verfasster Brief des Arztes Pflicht, in dem die Medikamentation begründet wird. Für gewöhnliche Unbefindlichkeiten wie Kopfschmerzen erhält man in den größeren Supermärkten beziehungsweise in der Apothekenkette Walgreens rezeptfrei Medizin wie Aspirin, Nasenspray, Vitamintabletten etc. Die Drugstores oder manchmal auch Pharmacies belegen in den Supermärkten meist einen eigenen Verkaufsraum.

Impfungen sind für Amerika nicht erforderlich. Hilfe im Notfall ruft man über die Telefonnummer „1" (Operator) oder „911" (landesweiter **Notruf**).

Mit der Buchung der Reise auch eine Reiserücktrittsversicherung abzuschließen, ist in jedem Fall wichtig. Sollten Sie vor Ihrer Abreise ernsthaft krank werden, springt diese Versicherung ein und erstattet die Kosten für die stornierte Reise. Bei einer Reise dieser Größenordnung und Kostenhöhe sollten Sie sich gut absichern, sodass außerplanmäßige Ereignisse, die die Reise unmöglich machen, von einer Versicherung aufgefangen werden.

Mitnehmen

Neben Stadterkundigungen, für die bequeme – und im Falle von San Francisco auch warme – Kleidung sinnvoll ist, steht die Natur im Vordergrund der Reise. Sie müssen also für Wanderungen und verschiedene Wetterlagen gerüstet sein. Ganz wichtig sind gute und robuste Wanderschuhe, die im besten Fall schon zu Hause eingelaufen wurden. Eine wind- und wasserabweisende Funktionsjacke sollte unbedingt ins Gepäck – vor allem, wenn Sie eine Whale Watching Schiffstour planen! Strandutensilien und Badebekleidung dürfen ebenfalls nicht fehlen. Wenn Sie in Los Angeles und San Francis-

co nicht gerade nobel essen gehen wollen, reicht legere und bequeme Kleidung in den Restaurants. Im Outdoor-Bereich darf neben der für ungemütliches Wetter entsprechenden Bekleidung und Ihren Papieren natürlich die Kreditkarte auf gar keinen Fall im Gepäck fehlen. Sie ist auch jenseits der Städte als Zahlungsmittel anerkannt und meist beliebter als Bargeld. Einen gewissen Vorrat an Dollar sollte man dennoch bereithalten, da man auch der Aussage „Cash only" hin und wieder begegnet –verwunderlich für Amerika, das Land der Kreditkarte.

Wenn etwas zu Hause vergessen wurde, kann es auf fast allen Etappen der Reise recht gut besorgt werden (Ausnahme im Bereich der National Parks). Lediglich den Adapter für die amerikanischen Steckdosen sollten Sie auf jeden Fall von zu Hause aus mitnehmen, da dieser Anschlussstecker vor Ort schwer zu bekommen ist. Mitgebrachte elektronische Geräte, die gemäß europäischer Norm auf 230 Volt Wechselstrom ausgelegt sind, müssen auf 110 Volt umschaltbar sein, da in den USA nur 110 bis 120 Volt in die Leitungen eingespeist werden.

Ein ganz wichtiger Faktor, nicht nur im Sommer, ist der Sonnenschutz. Denken Sie nicht nur an entsprechende Kopfbedeckungen, sondern auch an Sonnencreme mit hohem Schutzfaktor. Diese erhalten Sie zwar auch überall unterwegs, im Fall der Fälle werden Sie sich aber sicher nicht mit unnötigen Besorgungen beschäftigen wollen, wenn eigentlich der Genuss der Reise im Vordergrund stehen soll.

Unterwegs

Die in der folgenden Auflistung aufgeführten Stichpunkte orientieren sich ganz spezifisch an den Erfordernissen der bereisten Region und beziehen sich nicht pauschal auf die gesamten USA. Regionale Unterschiede und Charakteristika werden konkret für die Nationalparkroute betrachtet und vorgestellt. Zusätzlich spiegeln einzelne Kategorien die persönlichen Erfahrungen wider, die die Autorin bei der eigenen Reise gesammelt hat.

Alkohol

Leichte Alkoholika und Bier gibt es auf jeden Fall in den Supermärkten und meist auch in den kleinen Läden der Campgrounds, Spirituosen verkaufen die „Liquor Stores" und die Tankstellen. Um Alkohol kaufen zu können, müssen Sie mindestens 21 Jahre alt sein, im Zweifelsfall ist ein Ausweis vorzulegen. Alkoholische Getränke sollte man im Kofferraum des Fahrzeuges verstauen.

Die Gesetze und Bestimmungen zum Alkoholkonsum sind nicht nur Sache der einzelnen Bundesstaaten, sondern sogar der einzelnen Counties und demnach nicht einheitlich geregelt. In öffentlich zugänglichen Anlagen wie zum Beispiel Recreation Areas und State Parks sollte offiziell kein Alkohol getrunken werden. In der Öffentlichkeit zu trinken, ist generell im ganzen Land kritisch, es ist manchmal verboten, manchmal wird es toleriert.

Autofahren unter Alkoholeinfluss wird streng bestraft. Die gesetzliche **Promillegrenze** beträgt 0,8. Es ist aber eindeutig zu empfehlen, sich nach Alkoholkonsum generell nicht ans Steuer zu begeben, im Falle eines Unfalls nach Alkoholkonsum zahlt die Versicherung nicht.

Anreise

Die schnellste und bequemste Art der Anreise auf den nordamerikanischen Kontinent ist das Fliegen. Es gibt ein sehr großes Angebot von internationalen Airlines, wobei man meistens eine Zwischenlandung im Heimatland der jeweiligen Airline einkalkulieren muss (Alitalia beispielsweise legt einen Zwischenstopp in Rom ein). Als Linienfluggesellschaft steuert Lufthansa Los Angeles von Deutschland aus non-stop an, Startflughäfen sind Frankfurt/Main und München. Von beiden Flughäfen aus können Sie auch mit den amerikanischen Fluggesellschaften United und Continental (letztere kooperiert mit Lufthansa) non-stop in ca. 12 Stunden nach Los Angeles fliegen. Ganz neu bietet auch Air Berlin einen Linien-Direktflug von Berlin nach Los Angeles an, im Sommer auch ab Düsseldorf. Wenn Sie von anderen deutschen Flughäfen abfliegen, kann es sein, dass es innerhalb Deutschlands oder, je nach Fluggesellschaft, in einer europäischen Hauptstadt noch einen Zwischenstopp gibt. Dies gilt auch für Flüge aus Österreich und der Schweiz.

Wundern Sie sich nicht, wenn der Hinflug länger dauert als der Rückflug – das ist normal. In westliche Richtung fliegt man mit der Erdumdrehung, der Flieger wird aber gleichzeitig von der zurückweichenden Luft gebremst. Beim Flug in Richtung Osten dagegen schiebt dieser Wind zusätzlich an. In Bezug zur umgebenden Luft fliegt das Flugzeug zwar in beiden Richtungen gleich schnell. Aber im Verhältnis zur Erdoberfläche spielt die Windgeschwindigkeit auch eine Rolle.

Es gibt eine große Zahl von Billigfluganbietern und Flugsuchmaschinen im Internet, die Sie ebenfalls unter die Lupe nehmen können. Da kommen Sie zwar unter dem Strich etwas günstiger weg, müssen sich aber durch ein nahezu unübersichtliches Angebot forsten. Es ist ratsam, auch hier auf die Buchung über ein Reisebüro zurückzugreifen. Dort erhalten Sie gezielte Informationen zu Ihren Flugabsichten und werden beraten.

Wollen Sie aus Kostenersparnis einen anderen amerikanischen Flughafen anfliegen und im Inland einen der günstigen Weiterflüge nach Los Angeles nehmen, gibt es dafür zwar vor Ort wiederum eine große Auswahl an Möglichkeiten. Sie sollten aber bedenken, dass man in den USA große Distanzen zurücklegen muss und ein Inlandsflug Sie wertvolle Urlaubszeit kostet. Allein der

Anflug auf einen Flughafen, der im Normalfall nicht unmittelbar auf der direkten Flugroute liegt, mitsamt dem Landeprozess, den Einreiseformalitäten, dem Umsteigen innerhalb eines in den meisten Fällen großen Flughafens und dem neuerlichen Einchecken und Starten kostet Zeit. Fliegt man nicht non-stop, ist dies zwar auch ein gewisser Zeitverlust, hat aber den Vorteil, dass man zumindest annähernd auf der Route Richtung Westen zwischenlandet. Eine Übersicht über mögliche Airlines findet sich im Internet unter
🖳 www.seatguru.com

Der **Los Angeles International Airport (LAX)** ist mit neun Terminals und fast 60 Millionen Passagieren pro Jahr der drittgrößte Flughafen der USA (nach Atlanta und Chicago) und der sechstgrößte weltweit. Als Drehkreuz für die bedeutenden US-Airlines wird er von allen direkt angeflogen. Er liegt 31 Kilometer von Downtown Los Angeles entfernt und ist mit Shuttle-Bussen mit den meisten Flughafenhotels verbunden. Ein Shuttle bringt die Gäste auch zur Aviation Station, an der man Metro-Anschluss in die Stadt hat.

Los Angeles International Airport (LAX)
✉ *1 World Way, Los Angeles, CA 90045*
☎ *1-310-646-5252*
🖳 *www.lawa.org*

Ein alternativer Flughafen zu Los Angeles ist der **San Francisco International Airport (SFO)**. Er befindet sich 21 Kilometer außerhalb der City von San Francisco und ist mit öffentlichen Verkehrsmitteln gut erreichbar. Prinzipiell kann man also auch nach San Francisco fliegen und dort in die Route einsteigen. Dann fügt man den Abschnitt zwischen Los Angeles und San Francisco über den Highway No. 1 einfach am Ende der Reise an.

Auskunft

Im Reiseland kommen Sie ganz unproblematisch an gutes Informationsmaterial heran, zum Beispiel über die Welcome und Visitor Centers, die regionalen Chambers of Commerce und die Convention & Visitors Bureaus. Zentrale Anlaufstellen sind die **California Welcome Centers**, die über lokale Sehenswürdigkeiten informieren. Auf der Homepage findet man die Orte der Center

mit Adressen und genauen Informationen:
🖳 www.visitcwc.com

Die Rufnummern und/oder Adressen der entsprechenden Stellen finden Sie in diesem Routenreiseführer beziehungsweise vor Ort in den örtlichen Telefonbüchern.

Mitglieder des ADAC und des schweizerischen beziehungsweise österreichischen Automobilclubs können schon zu Hause Reisematerial der American Automobil Association (AAA) anfordern. Neben diesen für Mitglieder kostenlosen Unterlagen ist auch sehr gutes Kartenmaterial erhältlich. Im Internet finden Sie den Automobilclub unter:
🖳 www.aaa.com

Ganz unten auf der Seite kommt man als Mitglied auf die Folgeseite, auf der man die zum Wohnort nächste Niederlassung findet.

Es gibt ein sehr gutes, umfangreiches, deutschsprachiges Reiseportal im Internet, in dem erste Informationen über die gesamte USA übersichtlich dargestellt sind. Auf der Startseite können Sie bequem den gewünschten Bundesstaat anklicken. Darüber hinaus haben Sie auf diesen Seiten die Möglichkeit zu Online-Buchungen von Flügen, Hotels, Campern und Pauschalangeboten. Diese Seiten gehen nicht sehr ins Detail, verhelfen aber zu einem ersten groben Überblick: 🖳 www.usa.de

Eine zentrale, staatlich betriebene Seite, auf die man immer stößt und auf der man nicht nur auf der Suche nach groben Informationen über das Reiseland fündig wird, ist:
🖳 www.visitcalifornia.de

Zentrale Auskunftsstelle innerhalb der USA
California Division of Tourism
✉ *980 9th Street Ste 480, Sacramento, CA 95814-2715*
☎ *1-800-462-2543*
🖂 *caltour@commerce.ca.gov*

Autofahren

Nach dem ersten Schreck über das riesige Ungetüm von Wohnmobil, das ab sofort Ihr rollendes Zuhause sein soll, werden Sie das Fahren bald sehr genießen. Auf den US-Highways können sich europäische Autofahrer entspannen. Die Fahrweise ist viel rücksichtsvoller und gemächlicher als in Europa. Auf den Interstates darf man maximal 75 mph (120 km/h) fahren, auf den Freeways

65 mph (105 km/h) und auf den Highways 55 mph (88 km/h). Halten Sie sich an die Geschwindigkeitsvorschriften, die normalerweise regelmäßig ausgeschildert sind. Wenn kontrolliert wird, sind die Strafen bei Geschwindigkeitsüberschreitungen happig und sofort vor Ort zu bezahlen.

Auf den kalifornischen Interstates und Freeways gibt es ein ganz spezielles System: Die linke Fahrspur ist sogenannten „Fahrgemeinschaften" vorbehalten. Das heißt, diese Spuren dürfen Fahrzeuge benutzen, in denen neben dem Fahrer noch mindestens ein Mitfahrer unterwegs ist. Sie heißen **Car Pools** oder **Diamond Lanes** und sind an schwarz-weißen Schildern beziehungsweise an den Diamanten erkennbar, die direkt auf die Fahrbahn gemalt sind. In San Francisco werden teilweise mehr als zwei Mitfahrer gefordert, damit diese Spur benutzt werden darf.

Die Fahrweise in den Großstädten unterscheidet sich vom gemächlichen Tempo auf den Überlandstraßen. Rücksichtnahme ist nicht mehr erstes Gebot, es geht hektischer zu. Ein Spurenwechsel in der Rush Hour kann mit einem Wohnmobil zu einem beinahe unmöglichen Unterfangen werden. Wagt man es dennoch, ertönt das ein Hupkonzert, das einem ganz schnell von seinem Vorhaben abbringt. Innerorts sind höchstens 35 mph (56 km/h) erlaubt, in Wohnbezirken und in der Nähe von Schulen nur 25 mph (40 km/h).

Ungewohnt ist das System an ampellosen Kreuzungen. Grundsätzlich gilt: Wer zuerst an der Kreuzung zum Stehen kommt, fährt zuerst wieder, aber anhalten müssen trotzdem alle, die die Kreuzung erreichen (alle vier Fahrbahnen haben Stoppschilder mit dem Zusatz „4-Way-Stop"). Gibt es eine Ampel, darf man auch bei Rot rechts abbiegen, aber erst, wenn man angehalten und sich vergewissert hat, dass dabei niemand behindert oder gefährdet wird. Verboten ist das Rechtsabbiegen bei Rot nur in Zusammenhang mit dem Hinweisschild „No turn on red". Grundsätzlich befinden sich die Ampelanlagen übrigens erst hinter der Kreuzung.

Falls Sie im Rückspiegel ein Polizeifahrzeug mit Blaulicht sehen, halten Sie sofort am Straßenrand an, bleiben im Fahrzeug sitzen und verhalten sich ruhig. Öffnen Sie das Fenster einen Spalt breit und legen Sie danach die Hände wieder aufs Lenkrad, sodass der nahende Officer diese sehen kann. Der Umgangston amerikanischer Polizisten ist etwas ruppiger als gewohnt, ebenso sind Kontrollen ohne erkennbaren Grund häufiger. Den Anweisungen des Polizisten sollte Sie ohne Diskussion Folge leisten – dann ist die Kontrolle auch schnell wieder vorbei.

Das **Tanken** ist im Vergleich zu Europa günstiger, aber auch in Amerika schwanken die Preise. Gemessen wird das Benzin in Gallonen (ca. 3,78 Liter). Prinzipiell muss man vor dem Tankvorgang ins Kassenhaus, wo man sich mit der Kreditkarte „anmeldet". Erst dann wird eine Zapfsäule freigegeben. An manchen Tankstellen kann man direkt an der Zapfsäule per Kreditkarte tanken. Das geht natürlich am schnellsten, weil man nicht einmal ins Kassenhäuschen muss. In beiden Fällen, also mit Einsatz der Kreditkarte, erspart man sich weitere Hürden wie beispielsweise eine begrenzte Abgabemenge von Benzin.

Auch wenn man in ein großes Gefährt wie ein Wohnmobil intuitiv eigentlich Diesel einfüllen würde, fahren die meisten Fahrzeuge dieser Kategorie in Amerika mit Benzin – Diesel bleibt praktisch nur den Trucks vorbehalten. Es gibt drei Typen von Benzin: Regular (87 Oktan), Midgrade (89 Oktan) und Premium (91 Oktan). Bei der Autovermietung erfahren Sie, welches davon für Ihr Fahrzeug das richtige Benzin ist.

Autovermietungen/Leihwagenfirmen

Die Empfehlung des Routenreiseführers ist zwar das Reisen im Wohnmobil, Sie finden

Manches ist anders im Straßenverkehr am anderen Ende der Welt.

aber auch alle relevanten Informationen und Übernachtungsmöglichkeiten für die Rundreise mit dem Pkw. Direkt am Flughafen oder in der unmittelbaren Umgebung des Los Angeles International Airport befinden sich ungefähr 40 Vermieter. Da man an diesem Flughafen große Strecken bewältigen muss, haben die Vermieter auch meist einen Shuttle-Service innerhalb des Flughafengeländes. Die namhaften Anbieter sind:

Bären stehen unter besonderem Schutz in Kalifornien.

Alamo

✉ *9020 Aviation Blvd, Los Angeles, CA 90301*
☎ *1-310-649-2242*
🖥 *www.alamo.com*

Avis

✉ *9217 Airport Blvd, Los Angeles, CA 90045*
☎ *1-310-342-9200*
🖥 *www.avis.com*

Budget

✉ *9775 Airport Blvd, Los Angeles, CA 90045*
☎ *1-310-642-4500*
🖥 *www.budget.com*

Europcar

✉ *9020 Aviation Blvd, Los Angeles, CA 90301*
☎ *1-888-826-890*
🖥 *www.europcar.com*

Hertz

✉ *5855 West Century Blvd, Los Angeles, CA 90045*
☎ *1-310-645-7001*
🖥 *www.hertz.com*

Alle Vermieter haben auch Dependancen innerhalb der Stadt und/oder im Bereich von Agoura Hills im Norden der Stadt. Bei allen Vermietern muss der Fahrer mindestens 21 Jahre alt sein, Mieter unter 25 Jahren müssen außerdem eventuell einen Risiko-Zuschlag bezahlen. Es wird ein gültiger Führerschein Klasse 3 benötigt, ein Internationaler Führerschein ist nicht notwendig.

TIPP Erkundigen Sie sich bei Ihrem Automobilclub über mögliche Rabatte bei bestimmten Anbietern.

Bären

„You are now in Bear Country" – diese Begrüßung wird Ihnen auf dem Weg durchs Hinterland des Öfteren unterkommen. Was zunächst übertrieben wirkt, ist gar nicht so weit hergeholt. Zwar muss man sich beim Begriff „Bärenland" trotzdem keine Überflutung des Staates mit Pelztieren vorstellen, im Schnitt aber sieht laut Statistik jeder zweite Tourist bei seiner Rundreise mindestens einen Bären. Die größten Chancen ergeben sich auf Wanderungen, vor allem, wenn man auf nicht so stark frequentierten Wegen unterwegs ist. Die Begegnung mit einem so beeindruckenden Tier kann den Adrenalinspiegel schon einmal gewaltig in die Höhe treiben. Wichtig ist, dass man sich zuvor mit ein paar Verhaltensregeln vertraut gemacht hat.

Oberste und allerwichtigste Regel ist, auf den Campgrounds prinzipiell alles Essbare und gut Riechende (das beinhaltet sogar Kosmetik- oder Waschartikel!) in die Metallboxen einzuschließen, die normalerweise an jedem Stellplatz vorhanden sind. Das gilt vor allem für Reisende, die mit Auto und Zelt unterwegs sind. Wohnmobil-Reisende sollten das Essen nicht von außen sichtbar im Wohnmobil liegen lassen. Bären schauen auch durch Windschutzscheiben! Sie haben einen gut ausgeprägten Geruchssinn, der sie auch auf kilometerweite Entfernung Essen riechen lässt und anlockt. Bären sollen aber auf keinen Fall die Scheu vor Menschen verlieren, da sie ansonsten immer häufiger auf Campingplätzen oder in Siedlungen auftauchen und zu einer ernsthaften Gefahr werden. Gewöhnen sie sich erst einmal an die Zivilisation, sind Park Ranger gezwungen, sie zu verjagen oder gar zu töten. Um dies zu verhindern, sollte man sie gar nicht erst anlocken. Wenn man erwischt wird, weil man Essen nicht vorschriftsgemäß verschlossen hat, kann man mit einer Vorladung vor den Richter und einer Strafe von $ 5.000 rechnen.

In Hotels und Motels sollte man ebenso darauf achten, dass nichts Essbares im Zimmer von außen einsehbar ist. Nehmen Sie also alles aus dem Auto mit ins Zimmer und schließen Sie die Fenster, vor allem, wenn Sie sich nicht im Zimmer aufhalten.

Bei Wanderungen in der Wildnis sollte man prinzipiell den Proviant in einem bärensicheren Blechtornister mitnehmen. Dort, wo es die Genehmigungen für solche Wanderungen ins Hinterland gibt, kann man normalerweise auch die Behälter gegen Gebühr mieten.

Trifft man schließlich trotz aller Vorsichtsmaßnahmen aus nächster Nähe auf einen Bären, muss man Folgendes tun: Alle Personen eng zusammen stellen, mit den Armen fuchteln, sich groß machen und vor allem: viel Lärm veranstalten. Auf diese Weise verjagt man den Bären und sorgt dafür, dass er seine natürliche Scheu vor Menschen behält. Das ist zwar kein einfaches Unterfangen, wenn einem das Herz bis zum Hals klopft, aber es vertreibt einen Bären im Normalfall zuverlässig. Prinzipiell wollen Bären nichts von den Menschen wissen. Wenn man in einem gebührenden Abstand von ihnen entfernt bleibt, sind Maßnahmen zum Vertreiben gar nicht nötig. Auf keinen Fall sollte man einem Bären seinen möglichen Fluchtweg versperren oder ihn umzingeln. Ebenso sind Jungtiere absolut tabu, so harmlos sie auch aussehen mögen – im Zweifel ist das Muttertier nicht weit entfernt und bereit, sein Junges gegen alle möglichen Gefahren zu verteidigen.

Die kalifornischen Bären sind übrigens Schwarzbären, auch wenn sie in allen möglichen Fellfarben von Braun bis Schwarz vorkommen.

Mit Behinderung in den USA

Alle Einrichtungen in den USA sind behindertengerechter, als wir es aus Europa kennen. Überall gibt es Angebote für „Handicapped Persons" wie Rollstühle an den Flughäfen und in den Visitor Centers, ausgewiesene Parkplätze, spezielle Toiletten und Rampen zu öffentlichen Gebäuden und Restaurants. Die Amerikaner sind sehr entgegenkommend und hilfsbereit behinderten Menschen gegenüber. In den Hotelbeschreibungen im Internet findet man auch meist den Hinweis auf Zimmer für behinderte Gäste (Persons with Disabilities oder Disabled Persons).

Botschaften

Bei rechtlichen Problemen, Überfall, Diebstahl oder Verlust der persönlichen Dokumente sind die Botschaften und Generalkonsulate in den USA eine wichtige Anlaufstelle:

DEUTSCHLAND

Botschaft der Bundesrepublik Deutschland
- ✉ 4645 Reservoir Rd. N.W.,
  Washington D.C. 20007-1998
- ☎ 1-202-298-4000
- 🖥 www.germany.info

Deutsches Generalkonsulat

- ✉ 6222 Wilshire Blvd., Suite 500, Los Angeles, California 90048-5193
- ☎ 1-323-930-2703
- 📠 1-323-930-2805

ÖSTERREICH

Botschaft der Republik Österreich
- ✉ 3524 International Court N.W.,
  Washington, D.C. 20008
- ☎ 1-202-895-6700
- 📠 1-202-895-6773
- 🖥 www.austria.org

Generalkonsulat der Republik Österreich

- ✉ 11859 Wilshire Blvd., Suite 501,
  Los Angeles, California 90025
- ☎ 1-310-444-9310

SCHWEIZ

Botschaft der Schweizerischen Eidgenossenschaft
- ✉ 2900 Cathedral Ave. N.W.,
  Washington, D.C. 20008-3499
- ☎ 1-202-745-7900

☏ 1-202-387-2564
🖥 www.swissemb.org

**Generalkonsulat der Schweizerischen
Eidgenossenschaft**
✉ 11766 Wilshire Blvd., Suite 1400,
Los Angeles, California 90025
☏ 1-310-575-1145
☏ 1-310-575-1982

Essen und Trinken

Ein Hinweis vorneweg: Einen Gourmeturlaub dürfen Sie nicht erwarten. Der hohe Anteil an Fast Food ist ein gutes Argument dafür, für die Reise ein Wohnmobil zu mieten und damit die Gelegenheit zu nutzen, selbst kochen zu können. Während es in den Städten ein Überangebot an Ketten wie Mc Donalds, Burger King, Pizza Hut und Subway gibt, sind in den entlegeneren Gebieten teilweise gar keine Restaurants zu finden.

Highlights in richtigen Restaurants (die auch gleich entsprechend teurer sind) mit einer umfangreichen Speisekarte sind in den USA auf jeden Fall Rindersteaks aller Art und in jeder Zubereitungsversion. Rindfleisch gibt es im Vergleich zu den europäischen Preisen auch recht günstig in den Supermärkten – teilweise günstiger als Geflügel oder marinierte Steaks. Ganz wichtig bei der Bestellung im Restaurant ist, dass der deutsche Bratzustand „blutig" nicht zu „bloody" im Englischen wird, sondern „extra rare" heißt. So richtig blutig wie in Europa bekommen Sie das Fleisch sowieso nicht, in Amerika wird in den einzelnen Stufen jeweils etwas stärker durchgebraten. Beliebt sind auch Hühnchenfleisch (z.B. als gebackene Hühnerbruststücke oder Geflügelteile zubereitet) und Schweinefleisch, z.B. Spare Ribs. Als Beilage kann man zwischen Baked Potato mit Sour Creme oder Pommes Frites (die hier French Fries heißen) wählen. Um dem Charakter Kaliforniens gerecht zu werden, finden sich auf den Speisekarten der Restaurants auch immer mexikanische Spezialitäten (Tex-Mex-Küche) wie gefüllte Tacos und Tortillas. In den Küstenstädten sind natürlich auch verschiedene Fisch und Meerestiere zu haben. Möglicherweise stehen noch zwei oder drei Pasta-Gerichte mit auf dem Plan, das war's dann im Großen und Ganzen mit der Essensauswahl. Wirklich kreative und zum Beispiel mediterrane Restaurants findet man ausschließlich in den größeren Städten (San Francisco gilt neben New York als eine der wenigen, amerikanischen Städte mit einem ordentlichen Küchenniveau) und meist zu einem hohen Preis.

Ein kleines Abenteuer kann das Frühstück sein. Den Tag mit süßen Pancakes und noch süßerem Sirup zu starten, ist nicht jedermanns Sache. Man unterscheidet zwischen dem süßen Continental Breakfast und dem mächtigen American Breakfast mit jeder Menge Eier, Schinken, Speck und Cornflakes. Bei einem normalen Motel-Frühstück kann es durchaus passieren, dass die Pancakes, Muffins, Waffeln oder gar frittierten Leckereien das Angebot dominieren. Ein Frühstückscafé, sofern greifbar, wäre eine Alternative. Insgesamt kann man sich durchaus ein „europäisches" Frühstück arrangieren, auch wenn solche Angebote auf den Frühstückskarten der Cafés mit der Lupe zu suchen sind.

Überall lädt das goldene M zum Essen ein.

Das Mittagessen hat in den USA weniger Bedeutung und wird meist aus den Fast Food Restaurants bedient. Erst das Abendessen (Dinner) ist wie das Frühstück wieder eine große Mahlzeit und wird recht früh eingenommen – die Küchen mancher Restaurants sind entsprechend früh auch wieder „kalt".

Was Ihnen am Anfang sicher befremdlich vorkommen wird, ist die Verweildauer im Restaurant. Kaum haben Sie den letzten Bissen hinuntergeschluckt, wird Ihnen ohne Aufforderung die Rechnung auf den Tisch gelegt. Das dürfen Sie nicht persönlich nehmen, die Essenszeiten pro Gast sind einfach kürzer getaktet, auch wenn gerade offensichtlich nicht viel los ist.

Auch in den heimischen Restaurants wird es immer gängiger, sich nicht einfach einen Platz zu suchen. In Amerika ist dies völlig unüblich, Sie müssen immer warten, bis Ihnen ein Tisch zugewiesen wird („wait to be seated").

Um im Restaurant nicht mit mühsamem Suchen im Wörterbuch über der Speisekarte brüten zu müssen, hier die wichtigsten Essensvokabeln:

Frühstück

Bacon	Schinkenspeck
Boiled egg	Gekochtes Ei
Bread	Brot
Cereal	Cornflakes
Cheese	Käse
Cream	Kaffeesahne
French Toast	In Fett gebackener, weicher Toast
Fried Eggs	Gebratene Eier
Ham	Schinken
Ham and eggs	Spiegeleier mit Schinken
Jam	Marmelade
Jelly	Gelee
Maple syrup	Ahornsirup
Milk	Milch
Over easy egg	Spiegelei, von beiden Seiten gebraten

Frühstück

Pancakes	Pfannkuchen
Peanut butter	Erdnussbutter
Poaches eggs	Pochierte Eier
Raisin bread	Rosinenbrot
Rolls	Brötchen
Sausage	Würstchen
Scrambled eggs	Rührei
Sunny side up eggs	Spiegelei
Waffles	Waffeln
White bread	Weißbrot
Wholewheat bread	Vollkornbrot

Beilagen

Baked potatoes	In der Schale gebackene Kartoffel
Boiled potatoes	Salzkartoffeln
French fries	Pommes frites
Hash browns	Reibekuchen
Mashed potatoes	Kartoffelbrei
Potatoe pancakes	Kartoffelpuffer
Potatoe salad	Kartoffelsalat
Salad	Salat
Vegetables	Gemüse

Gemüse

Asparagus	Spargel
Beans	Bohnen
Beetroot	Rote Beete
Cabbage	Kohl, Kraut
Carrots	Karotten
Cauliflower	Blumenkohl
Cole slaw	Krautsalat
Corn	Mais
Cucumber	Gurke
Garlic	Knoblauch
Mushrooms	Pilze
Onion	Zwiebel
Onion rings	Frittierte Zwiebelringe

Gemüse	
Peas	Erbsen
Potatoes	Kartoffeln
Pumpkin	Kürbis
Red and green pepper	Rote und grüne Paprika
Rice	Reis
Spinach	Spinat
Tomatoes	Tomaten
Yam	Süße Kartoffel

Obst	
Apples	Äpfel
Apricots	Aprikosen
Cherries	Kirschen
Dates	Datteln
Grapes	Trauben
Lemon	Zitrone
Peaches	Pfirsiche
Pears	Birnen
Pineapple	Ananas
Strawberries	Erdbeeren

Fisch und Meeresfrüchte	
Bass	Barsch
Clams	Muscheln
Cod	Kabeljau
Crabs	Krebse
Halibut	Heilbutt
Lobster	Hummer
Lox	Geräucherter Lachs
Oyster	Auster
Salmon	Lachs
Seafood	Meeresfrüchte
Shark	Hai
Shrimps	Garnelen
Sole	Scholle
Swordfish	Schwertfisch
Trout	Forelle
Tuna	Thunfisch

Fleisch	
Lamb	Lamm
Bacon	Schinkenspeck
Beef	Rindfleisch
Chicken	Hühnchen
Duck	Ente
Filet mignon	Filetsteak
Fried chicken	Brathähnchen
Ham	Gekochter Schinken
Meat balls	Hackbällchen
Pork	Schweinefleisch
Pork chops	Kotelett
Prime rib	Hochrippe
Prime rib steak	Hochrippe als Steak gebraten
Sirloin steak	Lendensteak
Spareribs	Schweinerippchen
T-Bone steak	Steak mit Knochen
Tenderloin steak	Filet
Turkey	Puter
Veal	Kalb
Wings	Flügel

Zubereitungsarten bei Fleisch	
Boiled	Gekocht
Broiled	Gebraten
Fried	Frittiert
Grilled	Gegrillt
Sauteed	Gedünstet

Auch die Getränke sind eine Wissenschaft für sich. Eine Überraschung ist der Kaffee. Gerade die Kaffees zum Mitnehmen sind exzellent und haben in den meisten Fällen Starbucks-Qualität. Auch der zum Frühstück gereichte Kaffee ist längst keine dünne Brühe mehr, sondern ganz guter Filterkaffee, der jederzeit kostenlos nachgefüllt wird. Sie können außerdem überall auch Latte Macchiato und Cappuccino bestellen, ohne ratlose Blicke zu ernten.

In Restaurants des Fast Food Bereichs werden Sie sich an das erfreuliche „Free

Refill" der Softgetränke (Cola, Fanta etc.) gewöhnen. Es bedeutet, wie beim Frühstückskaffee auch, dass Sie sich jederzeit an den Getränkeautomaten die Becher neu auffüllen dürfen, ohne extra zu bezahlen.

In den Supermärkten füllt ein nicht enden wollendes Angebot an Softdrinks viele Regalreihen. Neben Cola in unzähligen Variationen (diet, coffeine free etc.) gibt es das typische Root beer (eine Art Wurzelbier ohne Alkohol, sehr gewöhnungsbedürftig), das legendäre Dr. Peppers (die maximale Steigerungsform von Red Bull und Cola zusammen) oder Sprite, das in Amerika „Mist" heißt. Wirklich durstlöschend sind die verschiedenen, mit Kohlensäure versetzten Fruchtsäfte oder der Ice Tea in allen Geschmacksrichtungen. Orangensaft wird meist in Behältern mit fünf Litern Füllmenge zu einem günstigen Preis verkauft und hat die Qualität frisch gepressten Saftes. Hier muss man allerdings genau auf die Etiketten schauen, um nicht an einen Kanister aus Pulver angerührten „Saftes" zu geraten.

Eine echte Überraschung ist das amerikanische Bier. Für Kalifornien typisch sind die einheimischen Marken „Budweiser", „Busch" und „Miller", sowie die mexikanischen Marken „Corona" und „Victoria". Importiertes Bier ist teurer und schmeckt zumindest in diesem Umfeld nicht halb so gut.

Der Wein kommt meist aus dem Nappa Valley, aber auch sonst verteilen sich Weinbaugebiete über ganz Kalifornien. Nicht wundern – Rotwein wird in den USA oft gekühlt serviert. Stellvertreter für die harten Getränke sind Whiskey und Brandy, und die typischen Cocktails sind Piña Colada und Margarita.

Getränke	
Beer	Bier
Champagne	Sekt
Coffee	Kaffee
Decaf	Koffeinfreier Kaffee
Diet	Kalorienarm
Draught	Fassbier
Hot chocolate	Heiße Schokolade
Iced tea	Eistee

Getränke	
Milk	Milch
Orange juice	Orangensaft
Root beer	Wurzelbier (alkoholfrei, mit Kohlensäure)
Sugar free	Zuckerfrei, evtl. mit Süßungsmitteln
Tea	Tee
Water	Wasser
Wine	Wein

Ein Novum ist „Organic Food", worauf man in den Supermärkten in allen möglichen Essenssparten trifft. Organic Food ist mit unseren Bio-Produkten vergleichbar, auch die Preisdifferenz zu nicht-Bio-Produkten entspricht der Differenz, die wir aus den heimischen Supermärkten kennen.

Feiertage

Normalerweise haben alle öffentlichen Institutionen das ganze Jahr über geöffnet, nur wenige sind saisonal geschlossen. In diesem Routenreiseführer wurde meist „ganzjährig geöffnet" angegeben, da dies bis auf die Ausnahme zweier Tage zutrifft. Diese beiden Tage, an denen überall und alles geschlossen bleibt, sind Thanksgiving und der 25. Dezember. An diesen Tagen haben auch die Visitor Centers und Museen geschlossen, die ansonsten wirklich durchgehend das ganze Jahr geöffnet haben. Weihnachten „beschränkt" sich in den USA auf den ersten Weihnachtsfeiertag, den 25. Dezember; Thanksgiving findet immer am vierten Donnerstag im November statt. Ansonsten gibt es relativ wenige solcher offiziellen Feiertage und selbst an diesen sind mit Ausnahme von Thanksgiving, Ostersonntag, Weihnachten und Neujahr die meisten Geschäfte geöffnet. Die wenigsten Feiertage sind terminlich fest datiert. Im Gegensatz zu uns haben die Amerikaner an Ostern und Pfingsten jeweils keinen zweiten Feiertag. Fällt ein Feiertag auf ein Wochenende, wird er am darauffolgenden Montag „nachgeholt". Den Auftakt der Reisezeit innerhalb Amerikas bildet der Memorial Day (letzter Montag im Mai) und das Ende der Saison läutet der Labour Day ein (erster Montag im September). Einheitliche Feiertage sind außerdem:

Einheitliche Feiertage	
New Year (Neujahr)	1. Januar
Geburtstag von Martin Luther King	3. Montag im Januar
President's Day	3. Montag im Februar
Karwoche	Good Friday (Karfreitag, nur regional)
Memorial Day (Soldatengedenktag)	letzter Montag im Mai
Independence Day (Unabhängigkeitstag)	4. Juli
Labour Day (Tag der Arbeit)	erster Montag im September
Columbus Day	zweiter Montag im Oktober
Veteran's Day (Tag der Veteranen)	11. November
Thanksgiving Day (Erntedankfest)	vierter Donnerstag im November
Christmas Day (Weihnachten)	25. Dezember

Geld

Die Währungseinheit der USA ist der US-Dollar. Die Reisekasse kann man auf drei Zahlungsmittel verteilen: Bargeld, Reiseschecks (Travellerschecks auf Dollar ausgestellt) und natürlich die Kreditkarte (Visa, Eurocard, American Express etc.). An Bargeld dürfen Sie theoretisch bis zu $ 10.000 ins Land einführen.

Da die Zahlung mit **Kreditkarte** neuerdings deutlich eingeschränkt ist und gelegentlich nur bar bezahlt werden kann (▶ Seite 251), sind Reiseschecks als Zahlungsmittel eine echte Alternative. Ansonsten sollten Sie auch etwas Bargeld mit auf die Reise nehmen. Mit der Kreditkarte können Sie sowohl Bargeld bei den Banken abheben (allerdings mit Geheimzahl), als auch in den Supermärkten, Hotels, Restaurants und Souvenirläden bezahlen. Ein Muss ist die Karte beispielsweise für die Miete des Campers oder Mietwagens, denn sie wird mit der Kaution belastet. Bargeld ist an dieser Stelle nicht üblich. Auch im Gesundheitsbereich ist die Kreditkarte unverzichtbar, weil viele Praxen oder Einrichtungen den Patienten ansonsten gar nicht behandeln würden.

Bei Verlust oder Diebstahl sollte man die Karte sofort sperren lassen. Für alle sperrbaren elektronischen Geräte und für Kreditkarten gibt es Notfall-Nummern: ☎ +49-116116 oder +49-30-40504050.

Ansonsten können Sie bei Problemen mit der Kreditkarte auch direkt beim entsprechenden 24-Stunden-Service kostenlos in Amerika anrufen (in Klammern stehen die Telefonnummern der entsprechenden Institutionen in Deutschland:

American Express
☎ 1-800–AMEXCO (069-9797-1000)

Master Card
☎ 1-800-247-4623 (069-7933-1910)

Visa
☎ 1-800-227-6811 oder
☎ 1-800-336-8472 (069-7920-1333)

Diners Club
☎ 1-800-525-9150 (069-6616-6123)

In den Städten, den großen Einkaufszentren und am Flughafen von Los Angeles gibt es Banken. Auf Barabhebungen mit der EC-Karte sollte man sich allerdings nicht verlassen. Die Abhebung mit der persönlichen PIN funktioniert nur in Europa zuverlässig.

Einen gewissen Bargeld-Vorrat sollten Sie auf jeden Fall von zu Hause aus mitnehmen. Denken Sie daran, dass die meisten Banken zu Hause jedoch größere Mengen ausländischer Währungen ein paar Tage im Voraus bestellen müssen, sodass Sie mit Ihrer Order nicht zu knapp vor dem Reisestart sein sollten. Sie sollten möglichst kleine Scheine bestellen, 100-Dollar-Noten sind nicht sehr beliebt bei den Empfängern!

Der US-Dollar ist in 100 Cent unterteilt, die meisten Cent-Beträge haben einen „Spitznamen", den Sie verinnerlichen sollten: Es gibt Münzen zu 1 Cent („Penny"), 5 Cent („Nickel"), 10 Cent („Dime"), 25 Cent („Quarter"), 50 Cent („half Dollar") und 1 Dollar (selten).

Die Banknoten, die sich derzeit im Umlauf befinden, sind: 1, 2, 5, 10, 20, 50 und 100 Dollar. Die Scheine sehen alle gleich aus und haben auch noch dieselbe Größe, sodass man schon genau hinschauen muss. Am häufigsten sind die 1- und 5-Dollar-Scheine.

Zu guter Letzt werden Sie sich anfangs wundern, dass beim Einkauf die von Ihnen gewählten Artikel an der Kasse immer mehr kosten als gedacht. Die Preise werden meist ohne Umsatzsteuer (**Sales Tax**) angegeben, diese wird erst an der Kasse berechnet. Es gibt keinen einheitlichen Umsatzsteuersatz, grob liegt dieser zwischen 3 und 6,5 %, für Übernachtungen bis zu 15 % des Nettobetrages.

Handys

Dass Sie in den National Parks abseits der Zivilisation sind, bemerken Sie spätestens dann, wenn Sie Ihr Handy aus der Heimat benutzen möchten – kein Empfang! Das kann über weite Strecken der Reise der Fall sein, deshalb sollten Sie sich auf diese Art der Telekommunikation nicht verlassen.

Wenn Sie auf ein mobiles Telefon angewiesen sind, weil Sie beispielsweise von unterwegs aus die Campgrounds reservieren möchten, könnten Sie sich bereits in Los Angeles entsprechend ausrüsten. Entweder kaufen Sie für Ihr europäisches Handy eine amerikanische SIM-Karte ohne Vertrag (ca. $ 5-10 Grundgebühr zuzüglich beliebiger Aufladung), dann haben Sie für die Reise eine neue Nummer. Ein empfehlenswerter Anbieter ist AT&T, da dieses Netz auf der Route am flächendeckendsten empfangen werden kann. Auch das amerikanische T-Mobile deckt das bereiste Gebiet ganz gut ab, verlässt Sie aber spätestens in den National Parks. Prinzipiell brauchen Sie ein Triband Handy für GSM-1900-Mobilfunknetze, die meisten aktuellen Handys und Smartphones unterstützen diesen Standard. Nehmen Sie ihr eigenes Handy mit, müssen Sie vorab auch prüfen, ob man mit dessen aktuellen **Roaming-Konditionen** in den USA telefonieren kann (kann man in anderen europäischen Ländern uneingeschränkt telefonieren, muss das nicht zwingend für die USA zutreffen!) und mit welchen Kosten dies verbunden ist.

Alternativ können Sie ein komplettes amerikanisches Handy mit SIM-Karte für ca. $ 50-80 kaufen, worin der Prepaid-Anteil bereits enthalten ist. Ein solches Handy

kann man in einem der vielen kleinen Mobilfunkläden in Los Angeles kaufen. Damit Sie sich aber auf Ihren Urlaub konzentrieren und keine wertvolle Zeit mit der Suche nach einem Mobiltelefon vertun müssen, können Sie auch von zu Hause aus vorab ein USA-taugliches Handy besorgen. Ein guter Anbieter mit guten Konditionen ist Cellion. Ausführliche Informationen findet man unter ☎ www.cellion.de

ACHTUNG Eine lauernde Kostenfalle sind die Roaminggebühren für Datenverbindungen. Aktuelle Mobiltelefone und Smartphones (ebenso zum Beispiel auch manche Netbooks und Tablets) arbeiten standardmäßig mit einer dauerhaft aktivierten Datenverbindung, die durch die Roaminggebühren innerhalb kürzester Zeit hohe Kosten verursachen kann. Mittels dieser Verbindung werden zum Beispiel die Internet- und E-Mailfunktionen der Geräte betrieben. Diese Datenverbindung lässt sich bei den meisten Telefonen problemlos abschalten – im Zweifelsfall sollten Sie zusätzlich Ihren Anbieter kontaktieren, um mögliche Kostenprobleme zu vermeiden.

Internet

Auf dieser Reise gibt es unterwegs immer wieder Möglichkeiten, sich in den Lodges der National Parks, den Motels, den Campgrounds oder natürlich in den Internet-Cafés der Städte mit dem mitgebrachten Laptop in ein WLAN-Netz einzuwählen. Auf manchen Campgrounds und in manchen Hotels ist es kostenpflichtig, manchmal auch kostenfrei – man braucht aber immer einen Zugangscode, den man normalerweise an der Rezeption erhält.

Wenn Sie unterwegs unabhängig von einem WLAN-Hotspot online sein wollen, sollten Sie Ihren Laptop, den Datenstick oder das iPad mit einer reinen Datentarif-SIM-Karte ausstatten. Eine solche erhalten Sie in Kalifornien in Elektronik- oder Mobilfunkläden für $ 25-30 für 2,5 bis 5 GB Datenvolumen. Per Kreditkarte kann man Monatsverträge abschließen. Auch hier ist wegen der guten Verbreitung der Anbieter AT&T die Empfehlung.

Übrigens: Wer in den USA nach WLAN fragt, wird ratlose Blicke ernten. Das „Wireless LAN" heißt in Amerika „Wi-Fi".

Kinder

So kinderfreundlich die Amerikaner sind, so kinderfreundlich sind die Einrichtungen ihres Landes. Sei es das Kindermenü im Restaurant, sei es die kostenlose Unterbringung der Kinder im Motelzimmer der Eltern oder sei es die überschwängliche Freundlichkeit, mit der die Menschen auf die lieben Kleinen zugehen. Auch pädagogisch werden Kinder lehrreich versorgt: In den National Parks bieten die Ranger eigens für Kinder konzipierte Programme an, in den Museen gibt es Führungen und Videovorträge nur für Kinder. Neben dem Naturerlebnis und den Städte-Highlights San Francisco oder Hollywood machen solche interaktiven Programme das Land zu einem familienfreundlichen Ziel.

Maße und Gewichte

1 inch (in)		= 2,54 cm
1 foot (ft)		= 30,48 cm
1 yard (yd)	= 3 ft.	= 91,44 cm
1 mile (mi)	= 1.760 yd	= 1,609 km
1 fluid ounce (fl.oz.)		= 29,57 ml
1 gallon (gal)		= 3,79 l
1 ounce (oz)		= 28,35 g
1 pound (lb)		= 453,59 g

1 cm	= 0,39 in
10 cm	= 0,33 ft
1 m	= 1,09 yd
1 km	= 0,62 mi
1 l	= 0,624 gal
100 g	= 3,527 oz
1 kg	= 2,205 lb
10 kg	= 1,57 stone

National Parks

Im ersten Moment denkt man bei der Bezeichnung National Park an einen Freizeit- oder Vergnügungspark. Das trifft die Bedeutung der amerikanischen National Parks aber mitnichten. Es handelt sich im Gegenteil um speziell geschützte Gebiete der Natur. Neben den Naturparks gibt es die National Monuments, das sind zumeist historisch oder archäologisch bedeutsame Stätten, die ebenfalls unter Schutz stehen. Zuletzt nehmen einen Großteil der Schutzgebiete auch die Erholungsgebiete ein, die sogenannten Recreation Areas.

Sie erkennen ein Schutzgebiet schon daran, dass es den umfangreichen Ranger-Service bietet und von diesen auch verwaltet wird. Innerhalb dieser Gebiete gibt es Regeln, die zum Beispiel Erkundigungen auf eigene Faust einschränken oder ganz untersagen. In vielen Fällen brauchen Sie für besonders tief in die Landschaft eindringende Wanderungen sogenannte Permits, Erlaubnisse der Ranger, dass Sie diese Wanderung unternehmen dürfen. Ein Beispiel ist das Betreten der Desolation Wilderness südlich des Lake Tahoe. ▶ Seite 270

Im Internet findet man fast alle amerikanischen Schutzgebiete unter: 🖳 www.nps.gov

Die National Parks kosten einheitlich $ 20 pro Park, egal, mit wie vielen Personen Sie reisen. Es gibt einen „America the beautiful – Annual Pass" für $ 80. Mit diesem Pass können Sie ein Jahr lang beliebig viele National Parks besuchen. Im Fall der beschriebenen Route rechnet sich der Annual Pass nicht, wenn Sie allerdings planen, die Anzahl der National Parks und/oder State Parks zu erhöhen oder binnen eines Jahres erneut in die USA zu reisen, erhalten Sie den Pass an allen Eingängen der National Parks und National Monuments beziehungsweise auch schon vorab über die Seite 🖳 www.nps.org.

Insgesamt betrachtet sind die National Parks und die anderen Schutzgebiete jeden Dollar Eintrittsgeld Wert. Überall findet man liebevoll und gebäudetechnisch sehr anspruchsvoll gestaltete Visitor Centers, die ausführliches Informationsmaterial zur Verfügung stellen. Hier stehen auch die Park Ranger bereit, um geduldig alle Fragen zu beantworten, Tipps zu geben und geführte Touren anzubieten. In den allermeisten Fällen schließt sich noch ein Museum an (meist sind die Exponate recht aufwändig und ansprechend dargestellt), es gibt Erfrischungen, Souvenirs und Literatur zu kaufen, und Sie finden überall blitzsaubere sanitäre Anlagen.

Unzählige Wanderungen (Trails) sind in den Schutzgebieten für die Besucher angelegt und werden auch gut gepflegt. Die „Highlights" finden Sie stets ausführlich in den Besucherzeitungen beschrieben. An den Parkeingängen wird Ihnen diese Zeitung direkt bei Ankunft ausgehändigt. Sie finden darin alles für diesen National Park Relevante: die Übernachtungsmöglichkeiten, klimatische Bedingungen, Wissenswertes über

Flora und Fauna, das Angebot der Ranger, Aktivitäten aller Art, Wandervorschläge, Tipps für Ihre Erkundigungen und vieles mehr.

Die National Parks sind allesamt ganzjährig geöffnet, teilweise mit Einschränkungen in der Verkehrsführung in den Wintermonaten.

Öffnungszeiten

Die Supermärkte in den Großstädten haben meist rund um die Uhr inklusive sonntags geöffnet, Malls und Einkaufszentren im Allgemeinen außer sonntags bis etwa 21 Uhr. Ansonsten kann man in Supermärkten außerhalb der Städte normalerweise von 8 bis 21 Uhr, in manchen auch bis 24 Uhr einkaufen. Öffentliche Einrichtungen wie Postämter oder Touristeninformationen sind meist von 9 bis 17 Uhr geöffnet, die touristischen Anlaufstellen in der Sommersaison oft auch länger.

In den Restaurants wird mittags zwischen 11.30 und 14.30 Uhr Mittagessen serviert, Abendessen gibt es zwischen 17.30 und 22 Uhr.

Rauchen

Rauchverbot besteht in öffentlichen Gebäuden und Verkehrsmitteln. In Hotels gibt es oft ausgewiesene Raucherzimmer, die aber meist schlechter und teurer sind als Nichtraucherzimmer. Rauchwaren dürfen nur an über 18-Jährige verkauft werden. Insgesamt ist die Einstellung gegenüber Tabakkonsum nicht so rigoros wie in Bezug auf Alkohol.

Reiten

Die landschaftlich eindrucksvollen Ziele im Hinterland Kaliforniens sind wunderbar zu Pferd erreichbar, was den Abenteuercharakter der Reise zusätzlich ungemein fördert. Zudem wird es blutigen Anfängern leicht gemacht, sich auf und mit dem Pferd zurechtzufinden. In den USA, dem Geburtsland des Reitens, wird nach Western-Art, der sogenannten kalifornischen Reitweise geritten, so wie es die Cowboys bei der Arbeit seit jeher praktizieren. Die speziell gezüchteten Pferde, die meist etwas kleiner sind, als man sie aus Europa kennt, und daher „wendiger", reagieren sehr sensibel auf jede Hilfe der Reiter, da sie selbständiges Arbeiten gewohnt sind. Nur so ist es den Cowboys möglich, den Zügel locker in nur einer Hand

zu halten, das Pferd dabei trotzdem zu lenken und eine Hand komplett frei zu haben, um zum Beispiel Rinder zu treiben. Die leichteste Hilfe durch Schenkeldruck bringt das Pferd in die gewünschte Gangart, die es dann auch zuverlässig beibehält. Klingt alles sehr bequem? Ist es auch!

Der Sattel unterscheidet sich ebenfalls von dem, der für die klassische Reitweise benutzt wird. Er ist breit, hat einen stützenden hinteren Rand und breite Steigbügel mit einem guten Halt für die Füße. Die langen Zügel sind offen und hängen lose durch – das soll nicht nur cool aussehen, sondern zeigt, wie einfach das Pferd mit der leichtesten Hilfestellung zu „lenken" ist – auch und gerade für Anfänger.

Für uns europäische Touristen ist das Reiten also eine durch und durch komfortable und angenehme Sache. Man sollte es dennoch nicht unterschätzen. Natürlich spürt man trotz allem die Anstrengung nach einem Ritt in allen Knochen, aber eigentlich nur deshalb, weil es so ungewohnt ist, im Sattel zu sitzen. Vielleicht portionieren Sie deshalb Ihre Reitausflüge und starten lieber zu mehreren Touren, statt gleich einen Halbtagesausritt zu unternehmen. Reiter mit etwas Erfahrung können sich auch mehrtägige Reitausflüge vornehmen. Man muss hierfür kein Profi sein, sollte aber zumindest ein reiterisches Basiswissen mitbringen. Vor allem in der Nähe der National Parks bieten Ranches und private Organisatoren Reittouren an. Die regionalen Touristenbüros und Visitor Centers geben hierzu Auskunft.

Es gibt einige spezialisierte Reiseveranstalter, die folgenden beiden bieten spezielle Kalifornien-Touren an:

Pferd & Reiter
⌨ *www.pferdreiter.de/amerika/kalifornien.html*

Reisebüro Pegasus
⌨ *http://reiterreisen.com*

Sicherheit

Los Angeles ist eine Millionenstadt und das erste, was man damit verbindet, ist eine hohe Kriminalitätsrate. Das sollte man aber differenziert betrachten, denn es ist wie überall auf der Welt, dass beliebte Touristengegenden und Sehenswürdigkeiten einigermaßen sicher sind. Dennoch sollte man sich jederzeit vor Taschendieben in Acht nehmen. Zudem sollte man sich vorab erkundigen, welche Gebiete man auf keinen Fall betreten darf. In Los Angeles ist es zum Beispiel Southside Los Angeles, wovon man sich fernhalten sollte, in San Francisco ist es das Stadtviertel Tenderloin. Wenn Sie unsicher sind, wo es für Sie als Tourist sicher ist und wo nicht, fragen Sie im Hotel/Motel danach.

Es gibt einige Vorkehrungen, die zur Minimierung des Schadens bei einem Überfall beitragen können: Nie zu viel Bargeld bei sich tragen, Wertgegenstände und größere Bargeldmengen sollten im Hotelsafe bleiben. Statt Schultertaschen nehmen Sie lieber eine feste und nicht sichtbare Gürteltasche mit. Den Schmuck lassen Sie am besten ganz zu Hause.

Bei Problemen wählen Sie die Notrufnummer der Polizei, das ist in den gesamten Vereinigten Staaten die 911. Damit alarmieren Sie auch die Feuerwehr und rufen einen Krankenwagen.

Die Risiken in der unberührten Natur „draußen" sind ganz anderer Art. Unter anderem Skorpione, Klapperschlangen und Kojoten haben hier ihren Lebensraum, dessen sollte man sich stets bewusst sein. Bären stellen keine unmittelbare Gefahr dar, dennoch sollte man die Regeln streng beachten, beginnend beim Wegsperren von Lebensmitteln bis hin zu richtigem Verhalten bei einem direkten Kontakt (▶ Seite 255).

So schön die Strände Kaliforniens am Pazifik sind und so beeindruckend der Wellengang sich meist präsentiert – das Meer birgt durchaus auch Gefahren. An einigen Küstenabschnitten gibt es gefährliche Strömungen und weniger erfahrene Schwimmer werden auch mit der Brandung überfordert sein. Hinzu kommen teilweise extrem kalte Wassertemperaturen, was vor allem für den Norden gilt. Hier erreichen die Temperaturen selten Werte über 13 Grad! Um einen Strand richtig einordnen zu können, erkundigen Sie sich beim nächstgelegenen Visitor Center und achten Sie auf Wachstationen am Strand und Gefahrenwarnungen.

Sonnenuntergang

Obwohl wir uns im tiefen Westen der USA befinden, geht die Sonne sehr früh am Abend unter, auch im Hochsommer! Das sollte man unterwegs stets einkalkulieren, wenn man ein Ziel noch im Hellen erreichen beziehungsweise an einer bestimmten Stelle einen Sonnenuntergang erleben will. Sogar im August geht in Kalifornien um 19.45 Uhr die Sonne unter – fast 2 Stunden früher, als zur selben Zeit in Mitteleuropa.

Sprache

In Kalifornien wird – klar! – amerikanisches Englisch gesprochen. Das unterscheidet sich zwar vom Schulenglisch (und zwar sowohl im Vokabular als auch in der Aussprache), wer aber befürchtet, komplett zu versagen, irrt sich. Die Einwohner bemühen sich ganz offensichtlich um eine langsame, wohl artikulierte Sprache, wenn sie an Touristen geraten. Das fällt extrem auf und ist eine sehr höfliche Geste der Gastgeber, die dafür berühmt sind, Silben gerne mal zu „verschlucken".

Hilfreich ist es, einige Vokabeln zu kennen, die speziell in Kalifornien beziehungsweise auf Ihrer Rundreise von Bedeutung sind:

Apartment	Wohnung
Daylight saving time	Sommerzeit
Dome	Granitformation
Grove	Baumgruppe
First floor	Erdgeschoss
Second floor	Erster Stock
First name	Vorname
Last name	Zuname
Giant Sequoia	Riesen-Mammutbaum
Flash flood	Plötzliche Wassermassen nach starken Regenfällen
Flashlight	Taschenlampe
Junk Food	Essen mit geringem Nährwert
Long distance call	Ferngespräch
Restroom	Toilette
RV (Recreation Vehicle)	Wohnmobil
Trailer	Wohnwagen
Wilderness	Unberührtes Gebiet, Wildnis
Zip code	Postleitzahl

Geläufige Abkürzungen	
BLT	Bacon, Lettuce and Tomatoe (Schinken, Salat und Tomaten): Sandwich
BBQ	Barbecue
Dept.	Department (Abteilung)
ID	Identification (Ausweis)
Limo	Limousine (nicht Limonade!)
P.O. Box	Post Office Box (Postfach)
X-mas	Christmas (Weihnachten)
X-ing	Etwas kreuzt die Straße

Und ein paar nützliche Redewendungen	
Entschuldigung!	Excuse me!
Danke	Thank you (very much)
Bitteschön	You are welcome (nicht: Sie sind willkommen!)
Ich verstehe Sie nicht	I don't understand you
Wie bitte?	Pardon me?
Ich spreche nur wenig Englisch	I only speak a little English
Können Sie mir bitte helfen?	Can you help me, please?
Wie viel kostet das?	How much is it/that?
Kann ich mit Kreditkarte bezahlen?	Can I pay by credit card?
Wie viel Uhr ist es?	What time is it?
Wie ist Ihr Name, bitte?	What's your name, please?
Mein Name ist ...	My name is ...
Ich habe eine Panne	My car is broken down
Wo ist der nächste Arzt/Zahnarzt?	Where is he nearest doctor/dentist?
Das ist ein Notfall!	This is an emergency!
Ich habe bei Ihnen ein Zimmer reserviert	I have booked a room
Rechnung/bezahlen, bitte	The bill, please

Sportmöglichkeiten

Angeln

Da unsere Reise an großen und kleinen Bergseen, Stauseen und einigen idyllischen Flüssen vorbeiführt, sollte jeder Angelfreund seine Ausrüstung mit dabei haben. Vor allem in der Sierra Nevada bieten Flüsse in den Bergketten optimale Möglichkeiten. Von den Piers an der Westküste starten überall Boote zu dem Zweck, Sportangler aufs Meer zu bringen. Ortsinformationen und Lizenzen erhält man über das **California Department of Fish & Game**:

🖥 www.dfg.ca.gov
☎ 1-916-445-0411

Baden

Die kristallklaren Seen im Hinterland und die Flüsse sind eine harte Konkurrenz für den Pazifik mit seinem beeindruckenden Wellengang und den paradiesischen Stränden. Die Seen und Flüsse führen alle so sauberes Wasser, dass man sich jederzeit für eine Erfrischung hineinstürzen kann. Kleiner Wermutstropfen bei so vielen ungewöhnlichen Badeerlebnissen ist, dass keines der Gewässer angenehm warme Badetemperaturen aufweisen kann! Einzig im südlichen Bereich der Westküste kann man mit etwas Glück im Hochsommer bei 20 Grad ins Wasser steigen.

Golf

Der Bundesstaat ist ganzjährig mit milden Temperaturen gesegnet – ein Eldorado für Golfer! Berühmte Golfplätze gibt es en masse in Kalifornien, allen vorneweg Pebble Beach am 17-Mile Drive an der Steilküste vor Monterey. Da Golf in Amerika fast ein Volkssport ist, verwundert es auch nicht, dass es sogar Plätze in den großen Städten (auch Los Angeles und San Francisco) gibt. Eine unendlich lange Liste der Golfplätze ganz Kaliforniens findet man unter:

🖥 www.golfguideweb.com/california/california.html

Klettern

Für Profis gibt es nur ein Ziel: den Yosemite National Park. Jeder Kletterer, der etwas auf sich hält, sollte in seinem Leben einmal die Monolithen El Capitan oder Half Dome bezwungen haben. Aber auch entlang der

Tioga Road im Yosemite Park bieten sich einige Kletter-/Bouldermöglichkeiten. Auch Anfänger können sich im Yosemite National Park versuchen, es gibt eigens geführte Aufstiege und Lehrgänge.

Außer im Yosemite National Park gibt es Klettermöglichkeiten in den National Parks Kings Canyon & Sequoia und in der Umgebung von Truckee beim Lake Tahoe.

Radfahren

Es gibt einige reizvolle Möglichkeiten vor allem für Mountainbiker, Fahrräder kann man in den etwas größeren Orten und in den National Parks mieten. In San Francisco und an den Stränden von Los Angeles ist es fast schon ein Muss, die Gegend auf dem Drahtesel zu erkunden. Die Städte an der Westküste sind alle gut ausgestattet mit Vermietern, die neben dem „gewöhnlichen" Fahrrad auch Tandems, Inlineskates oder Tretmobile verleihen.

Rafting

Kalifornien ist in den Höhenlagen schneereich und infolgedessen gibt es im Frühjahr eine ordentliche Schneeschmelze. Das lässt so manchen zahmen Fluss zu einem reißenden Strom anschwellen. Man kann also von einer gemütlichen Spazierfahrt über eine waghalsige Achterbahnfahrt auf dem Fluss alle Extreme des Raftings ausprobieren! Es werden überall Touren ab einem halben Tag Dauer (∞ ab ca. $ 75) bis hin zu mehrtägigen Touren angeboten.

Für Expeditionen dieser Art bieten sich auf der Rundreise der Truckee River beim Lake Tahoe, der Merced River im Yosemite National Park, der Kings River im Kings Canyon National Park oder der Kaweah River im Sequoia National Park an.

Reiten

Siehe eigenes Kapitel Reiten ▶ Seite 264

Wandern

Das ist natürlich die ultimative Sportart in Kalifornien, vor allem innerhalb der National Parks! Das unvergleichliche Angebot an Wanderwegen ist sowohl in- als auch außerhalb der Parks vorhanden, sodass Sie zwischen kurzen Wegen und Tagesmärschen alles finden, was das Wandererherz begehrt. Wenn

dann noch eine Übernachtung im abgelegenen Hinterland (Wilderness) hinzukommt, ist das Abenteuergefühl perfekt.

Straßen

Landläufig geht man davon aus, dass der amerikanische „**Highway**" der europäischen „Autobahn" entspricht, das ist aber ein Trugschluss. Der Highway wird meist vom entsprechenden Bundesstaat unterhalten und trägt demnach auch das Kürzel des Staates mit in der Bezeichnung – der Scenic Byway im Kings Canyon Park heißt beispielsweise CA-180. Diese Straßen in Kalifornien entsprechen am ehesten Bundesstraßen in unserer Vorstellung, sind aber noch viel idyllischer, wirken wegen ihrer Weitläufigkeit weniger befahren und passieren kaum Orte. Sie zeichnen sich durch die berühmte, endlose Weite aus, wenn man bis zum Horizont nur Landschaft und Natur sieht und sich dazwischen die schmale, zweispurige Straße windet. Zu erkennen sind die Highways an den weißen Schildern mit schwarzer Schrift. Oft wird auf diesen Hinweisschildern die konkrete Stadtangabe ausgespart, stattdessen lesen Sie meist nur die Bezeichnung des Highways und die jeweiligen Städte in beide Richtungen, wenn das Schild an einer Kreuzung steht. Sie sollten also immer up to date sein, welchen Highway Sie als nächstes in welche Richtung befahren müssen.

Unserer Autobahn entspricht die amerikanische „**Interstate**", die durch ihre blau-weiße Beschilderung gekennzeichnet ist. Da kommt schon mehr das bekannte Autobahn-Feeling auf, denn die Straßen sind meist mindestens vier-, oft sechsspurig (vor allem im großstädtischen Bereich). Im Gegensatz zu unseren Autobahnen ist allerdings das Überholen auf der rechten Spur erlaubt, das heißt, Sie müssen beim Spurenwechseln sowohl nach rechts als auch nach links dieselbe Vorsicht walten lassen. Besonders ist, dass die Ausfahrten auch nach links abgehen können, Sie also einmal quer über alle Spuren wechseln müssen. Für europäische Verhältnisse undenkbar, im eher ruhigen Fluss auf einer Interstate aber eigentlich ganz unproblematisch.

Außer in der Peripherie und sogar innerhalb von Los Angeles werden Sie allerdings mit dem Straßentypen Interstate planmäßig wenig in Berührung kommen. Sowohl die Interstates als auch die meisten Highways sind in Kalifornien gebührenfrei.

Die **„unpaved roads"** sollten Sie mit Camper tunlichst meiden und auch für Autos ohne Vierradantrieb sind sie nicht empfehlenswert – denn hierbei handelt es sich um Staubstraßen beziehungsweise unbefestigte (Schotter-)Straßen. Diese sind normalerweise als solche gekennzeichnet und werden Ihnen in Kalifornien, vor allem im Hinterland, immer wieder begegnen. Auch wenn sie an der Abzweigung noch ganz ordentlich aussehen und die Fahrt auf ihnen noch so viel versprechend klingt („scenic" etc.), werden Sie ohne geeignetes Fahrzeug keinen Spaß an der sensationellen Landschaft haben.

Was einen gut organisierten Europäer schon einmal auf die Palme bringen kann, sind **„Road Constructions"** in der Hochsaison! Das kann sowohl zu erheblichen Behinderungen mit Wartezeiten vor dem Baustellenbereich führen als auch unter Umständen zu gigantischen Umwegen, um den Bereich ganz zu umfahren. So geschehen im Sequoia National Park von Anfang 2011 bis Frühjahr 2012. Hier war der südliche Parkbereich wegen Straßenarbeiten für Fahrzeuge über 22 Feet gesperrt, die unvermeidbare Umfahrung bedeutete einen Umweg von 160 Kilometern! Es ist prinzipiell sinnvoll, sich Informationen zum nächsten National Park zu beschaffen und sich über Baumaßnahmen zu informieren (online sind solche Informationen auf den Seiten der National Parks immer an exponierter Stelle zu finden). Und ebenso wichtig ist es, für unvorhersehbare Fahrten einen zeitlichen Puffer einzubauen.

Telefonieren

Es ist nicht wirklich einfach, aus Kalifornien in Deutschland beziehungsweise Europa anzurufen. Zunächst muss man den Zeitunterschied bedenken, um niemanden mitten in der Nacht aus dem Bett zu scheuchen. Dann ist es fast unmöglich, mit einem Münztelefon ein Übersee-Gespräch zu führen. Sie wählen zunächst die 1, dann die Vorwahl und Rufnummer, woraufhin Ihnen eine Computeransage die fälligen Gebühren nennt. Diese in Münzen einzuwerfen, führt nicht

immer zum gewünschten Erfolg. Entweder verweigert der Apparat die Münzen oder es sind – trotz vorheriger Ansage - zu wenig. Wesentlich unkomplizierter ist das Telefonieren mit einer Telefonkarte, die man in Geschäften, an Tankstellen und bei allen touristischen Einrichtungen kaufen kann. Diese gibt es mit den bereits aufgeladenen Werten 10, 20 oder 50 Dollar. Das meiste Geld zahlt man bei dieser Variante für das Zustandekommen der Verbindung. Hat man den Teilnehmer erst einmal an der Strippe, kann man erstaunlich lange für wenig Geld telefonieren. Es kann aber auch passieren, dass eine nicht geringe Gebühr von der Karte abgezogen wird, obwohl am anderen Ende der Leitung besetzt ist oder niemand abgenommen hat.

Die amerikanischen Telefonnummern bestehen aus einer dreistelligen Vorwahl, dem Area Code, und einer siebenstelligen Rufnummer. Wählt man die 0, erhält man einen Operator, der weiterhelfen kann. Rufnummern mit der Vorwahl 800, 866, 877 und 888 sind kostenfrei (toll free).

Gerade wenn man mit dem Operator plaudert oder im Motel ein Telefongespräch anmelden möchte (was allerdings sehr teuer ist!), ist ein kleines Grundvokabular unbedingt nötig:

Can I leave a message?	Kann ich eine Nachricht hinterlassen?
Dial	Wählen
Please hold	Bitte warten/bleiben Sie dran
Answer the phone	Ans Telefon gehen
Pick up the phone	Zum Hörer greifen
Area code	Vorwahl
I can't hear you	Ich kann Sie nicht verstehen
Could you speak up, please?	Könnten Sie etwas lauter sprechen?
Local call	Ortsgespräch
Collect call	R-Gespräch, Gebühr bezahlt Empfänger

Für Europäer eher ungewöhnlich wird es, wenn die letzten Ziffern der Telefonnummer in Buchstaben angegeben werden (vanity number), was die Amerikaner sehr intensiv zu tun pflegen. Es ist also der Blick auf eine Telefontastatur nötig, um eine Nummer richtig „verstehen" zu können. Steht da zum Beispiel 1-800-RV4Rent, heißt dies „übersetzt": 1-800-784-7368.

Als kleine Hilfestellung hier die entsprechende Tastatur:

1	2 abc	3 def
4 ghi	5 jkl	6 mno
7 pqrs	8 tuv	9 wxyz

Internationale Vorwahlen (von den USA aus)

Deutschland	01149 + Vorwahl (ohne 0) + Teilnehmernummer
Österreich	01143
Schweiz	01141
USA	001 (von Europa aus)

Gespräche innerhalb der USA

Innerhalb Telefonbezirk	1 + Teilnehmernummer
Landesweit	1 + Vorwahl (Area Code) + Teilnehmernummer

Trinkgeld

In Europa bekommen Bedienungen im Restaurant das Trinkgeld als Dreingabe zum Verdienst – nicht so in Amerika. Dort macht das Trinkgeld („Tip") meist einen Großteil des Gehaltes der Bedienung aus. Bei der Versteuerung wird ein Trinkgeldanteil in Höhe von 10 bis 15% des Rechnungsbetrages angesetzt. Es ist also wichtig, dass Sie im Restaurant beim Bezahlen an das Trinkgeld denken. In Fast Food Restaurants ist es dagegen nicht üblich. Bei Zahlung mit Kreditkarte tragen Sie unter dem Rechnungsbetrag den Trinkgeldbetrag bei „Tip" ein. Von Ihrer Karte wird dann der Gesamtrechnungsbetrag inklusive Trinkgeld abgebucht. Ist das Trinkgeld bereits im Preis inbegriffen, finden Sie dazu den Hinweis „Service included" auf der Speisekarte.

Dem Gepäckträger am Hotel stehen etwa $ 2 pro Gepäckstück zu, das er für Sie schleppt, und dem Zimmermädchen sollten Sie $ 2-4 pro Übernachtung im Zimmer zurücklassen. Denken Sie auch bei der Taxifahrt an Trinkgeld in Höhe von 10 bis 15 % des Fahrpreises für den Fahrer.

Trinkwasser

Egal, ob es das Duschwasser im Hotel oder das zum Essen servierte Wasser im Krug ist – alles Wasser, das aus der Leitung kommt, ist in Nordamerika mehr oder weniger leicht mit Chlor versetzt. Das ist beim Duschen oder Waschen noch unproblematisch, im Trinkwasser ist der Geschmack aber gewöhnungsbedürftig, wenn auch nicht gesundheitsschädlich. Wenn Sie den chlorigen Beigeschmack nicht mögen, sollten Sie sich mit Trinkwasser aus dem Supermarkt eindecken. Die günstigste Variante ist einfaches Wasser ohne Kohlensäure (Spring Water), das meist in größeren Kanistern erhältlich ist und entsprechend lange vorhält. Dieses Wasser sollten Sie auch zum Kochen benutzen.

Uhrzeit und Datum

In den USA gibt es bei der Zeitangabe grundsätzlich kein 24-Stunden-System. Der Tag wird vielmehr in zweimal 12 Stunden unterteilt, das heißt, die Uhrzeiten von Mitternacht bis 12 Uhr mittags werden mit a.m. (ante meridiem, lat. für „vor Mittag") angegeben und die Stunden von mittags bis Mitternacht mit p.m. (post meridiem, lat. für „nach Mittag").

Die Datumsangabe steht nicht in der für uns gewohnten Reihenfolge geschrieben. Die Amerikaner geben zuerst den Monat an, dann den Tag und zuletzt das Jahr, also wird der 1. September 2012 so geschrieben: 09/01/12.

Umgangsformen

In den USA geht man weit weniger förmlich miteinander um als in Europa. Wenn man sich jemandem vorstellt, tut man dies mit seinem Vornamen, was aber nicht mit dem Duzen zu vergleichen ist, das wir kennen. Bei der Begrüßung die Hand zu reichen, ist nicht üblich.

Grundsätzlich begegnen die Amerikaner in Kalifornien den Europäern herzlich, hilfsbereit und sehr freundlich. Egal, ob selbst Tourist oder Einheimischer – sie sind daran interessiert, woher man kommt, was man schon alles in den USA gesehen hat und wie man das Land findet. Nie würde man grußlos aneinander vorbeigehen, ein paar Worte werden vor allem bei einem Zusammentreffen in der Abgeschiedenheit immer gewechselt. Man soll sich aber nichts vormachen – es steckt auch ein wenig Oberflächlichkeit in diesem Wesenszug. Eine schnell mal ausgesprochene Essenseinladung ist normalerweise nicht wirklich Ernst gemeint.

In den Restaurants, Visitor Centers und auf den Campgrounds ist das freundliche und offene Auftreten der Amerikaner besonders offenkundig. Es verhält sich allerdings ganz so, wie wir es auch gerade aus Europa kennen: Begegnet man sich auf einer Wanderung in Oberbayern oder im Schweizer Bergland, grüßt man sich auch immer. In einer Großstadt wie München oder Zürich hetzen die Menschen allerdings wieder achtlos aneinander vorbei. So mussten wir mit Rückkehr nach Los Angeles auch schnell erkennen, dass mit dem Erreichen der Großstadt die Herzlichkeit wieder ein wenig von den Menschen abgefallen war.

Umweltschutz

Wer mit dem Klischee in die Staaten reist, eine in Sachen Umweltschutz komplett ignorante Gesellschaft anzutreffen, sieht sich positiv überrascht. Es gibt sichtbare Bemühungen hinsichtlich eines Recyclingprogramms mit Mülltrennung. Der Müll, der auf Wanderungen entsteht, sollte auf alle Fälle wieder mit zurück zu den Müllcontainern genommen werden. Nur so haben alle nachfolgenden Besucher denselben Spaß an der unberührten Landschaft.

Schwierig wird es in den National Park innerhalb des „Bear Country". Die fest verschließbaren und bärensicheren großen Müllcontainer schlucken für gewöhnlich den ganzen Müll ungeachtet dessen Trennung.

Im Straßenverkehr kann man dazu beitragen, Umweltbelastungen zu vermeiden, indem man auf verbrauchsarmes Fahren achtet. Bei mehreren Übernachtungen im selben Hotel beziehungsweise Motel kann man klar signalisieren, dass die Handtücher nicht täglich gewechselt werden müssen, indem man sie nach Benutzung wieder an der Stange aufhängt.

Kalifornien ist einer der umweltbewusstesten Bundesstaaten mit den härtesten Abgasgesetzen der USA. Die Amerikaner sind aber, trotz ihres erwachenden Umweltbewusstseins, in Sachen Umweltschutz in einigen Punkten immer noch weit hinter den Europäern zurück. Sie verbrauchen einen unverhältnismäßig hohen Anteil der Weltenergie, konsumieren deutlich mehr Wasser, Kohle und Strom und fahren Fahrzeuge mit hohem Benzinverbrauch und haben überhaupt einen überdurchschnittlichen Benzinverbrauch durch vieles Fahren, sowohl kleinster als auch riesiger Strecken. Als europäischer Gast im Land muss man nun nicht unbedingt dazu beitragen, solche exorbitanten Werte weiter mit in die Höhe zu treiben.

Wale beobachten

Nicht nur in Monterey, quasi dem Synonym für Walbeobachtung, sondern vor der ganzen Küste Kaliforniens können Wale beobachtet werden. Von Dezember bis April sieht man die Grauwale vorbeiziehen, im Sommer und Herbst sind es die Blau-, Buckel- und Pottwale. Neben Monterey bietet fast jede andere Hafenstadt auch Bootsfahrten zur Walbeobachtung an, die alle mindestens drei Stunden lang dauern.

Wäsche waschen

Sehr viele Campgrounds und Motels bieten einen Waschsalon an, in dem Sie Ihre Wäsche selbst waschen und danach in den Trockner stecken können. Ihre Reise sollte mit diesem Service flächendeckend ausgestattet sein. Hat Ihr Campground gerade keine Waschmöglichkeiten, gibt es in den Städten auch Läden mit Waschautomaten (**Laundry**), die meist münzbetrieben sind und mit dem Einwurf von Quarters (25c-Stücke) funktionieren. Eine Waschmaschinenladung kostet etwa $ 2, ein Trocknerdurchgang $ 1-3.

Wilderness Permit

Auf unserer bereisten Strecke gibt es einige Wilderness Areas, unter denen man Naturschutzgebiete versteht, die besonders geschützt werden. Hier gibt es keine Infrastruktur, also keine Straßen, Gebäude, Campingplätze oder sonstige Einrichtungen. Gebietsweise werden Wege gepflegt, jedoch nicht sehr ausgeprägt. Um diese Gebiete im Rahmen einer Wanderung mit Übernachtung oder zum Teil auch nur für Tageswanderungen zu betreten, braucht man eine Wilderness Permit. Damit wird die Zahl der Wanderer in diesem fragilen Schutzgebiet besser kontrolliert. Die Genehmigungen sind in den Wilderness Areas der National Parks, der National Forests und der **Desolation Wilderness** südwestlich des Lake Tahoe erforderlich. Informationen erhält man jeweils unter den entsprechenden offiziellen Seiten des Parks oder des Gebiets.

Zeitverschiebung

In Kalifornien gilt die Pacific Standard Time, kurz PST. Zur Mitteleuropäischen Zeit (MEZ) beträgt der Zeitunterschied 9 Stunden – das heißt, in Kalifornien liegt man 9 Stunden hinter der europäischen Zeit zurück.

Der Zeitunterschied kann Ihnen nach dem Flug ganz schön zu schaffen machen. Indem Sie mehrere Zeitzonen durchfliegen, werden Ihr Schlaf-Wach-Rhythmus und verschiedene Körperfunktionen gestört – man spricht vom sogenannten Jetlag („Syndrom der Zeitverschiebung"). Weil Tageslicht und Dunkelheit nicht zu den gewohnten Zeiten auftreten, kommen die natürlichen Rhythmen wie Essens- und Schlafenszeit, Hormonproduktion oder Körpertemperatur aus dem Takt. Da die innere Uhr sich nicht kurzfristig an die neue Ortszeit angleichen kann, treten die körperlichen und psychischen Beschwerden des Jetlags in unterschiedlicher Ausprägung auf. Es gibt allerdings ein paar Verhaltensempfehlungen, mit deren Hilfe die Anpassung an die Zeitzone des Zielortes erleichtert wird.

Bereits im Flugzeug sollten Sie Ihre Uhr auf die Uhrzeit des Ziellandes einstellen (die über die Bildschirme an Bord auch jederzeit parallel mit angezeigt wird). Den Tagesrhythmus des Zielortes sollten Sie gleich übernehmen. Das heißt, wenn Sie in der Mittagszeit landen, sollten Sie unbedingt bis zum Abend (Einbruch der Dunkelheit genügt) „durchhalten", ohne ein Nickerchen dazwischen zu machen. Da dieses nur äußerst kurz ausfallen dürfte, werden Sie erstens sowieso nach einer Stunde nur sehr schwer wieder wach und zweitens sind Sie danach noch viel müder als vor dem Schläf-

chen. Am besten verbringen Sie die Zeit zwischen Landung und Abend hauptsächlich im Freien. Wenn Sie dann müde ins Bett sinken, schlafen Sie ruhig aus und vermeiden an den beiden Folgetagen große körperliche Anstrengungen. Wichtig: In dieser Zeit weder Schlafmittel noch Alkohol konsumieren!

Schon vor dem Flug über mehrere Zeitzonen kann man einiges tun, um die Symptome des Jetlags zu minimieren. Bei Westflügen schon zwei bis drei Tage vorher später zu Bett gehen, als normalerweise. Dadurch kann man seinen Biorhythmus an die Schlafenszeit am Zielort anpassen. Bei Ostflügen gilt umgekehrt, einige Tage vorher ein bis zwei Stunden früher zu Bett gehen, als üblich. Das verschiebt die Schlafphase nach vorne.

Viele Menschen empfinden die Beeinträchtigungen der Hinreise (Richtung Westen) als weniger schlimm, als die bei der Rückreise Richtung Osten. Das ist nicht nur gefühlt so, sondern wissenschaftlich belegt. Bei Westflügen wie von Mitteleuropa in die USA wird der Tag verlängert. Damit wird die innere Uhr leichter fertig, als mit einer Verkürzung des Tages. Nach einer unbequemen Nacht im Flugzeug landet man beispielsweise in der Mittagszeit im Heimatland ist todmüde, weil man kaum geschlafen hat und die „biologische Uhr" auf die USA-Zeit und damit auf Nacht eingestellt ist. Man passt sich zwar an die Verkürzung des Tages zunächst schneller an, dadurch sind aber die Auswirkungen des in Unordnung geratenen Rhythmus umso heftiger, und man ist in seiner Leistungsfähigkeit deutlich eingeschränkt. Man geht am Tag der Rückkehr zu früh ins Bett, nach neuer Zeit zwar am Abend, aber der Körper ist eigentlich noch auf Mittagszeit eingestellt. An den Folgetagen bekommt man tagsüber Müdigkeitsanfälle, nachts liegt man oft stundenlang hellwach im Bett. Deshalb sollten Sie auf gar keinen Fall am Tag nach der Heimkehr wieder arbeiten gehen! Geben Sie Ihrem Körper Zeit, wieder in den neuen Rhythmus zu finden – es gibt keine anderen Mittel, dieses Prozedere zu beschleunigen.

Man rechnet pro Stunde Zeitverschiebung mit einem Tag, den die Anpassung an den neuen Rhythmus benötigt. Wundern Sie sich also nicht, wenn Ihre Körperfunktionen eine Woche lang verrückt spielen.

Zoll

Neben den Gegenständen des persönlichen Bedarfs (Kleidung, Kamera etc.) dürfen folgende Waren **zollfrei in die USA** eingeführt werden:

- 200 Zigaretten oder 50 Zigarren oder 3 Pfund Tabak
- 1 Liter alkoholische Getränke pro Person ab 21 Jahren
- Geschenke im Wert von $ 100
- Zahlungsmittel bis $ 10.000
- Tierische und pflanzliche Frischprodukte (Obst, Wurst, Gemüse) dürfen nicht eingeführt werden. Gebäck, Käse und Süßigkeiten (ohne Alkoholfüllung!) sind erlaubt.
- Hunde und Katzen dürfen Sie in die USA mitnehmen, wenn die Tiere nicht in den USA bleiben sollen und sie gemäß einem tierärztlichen Attest frei von auf den Menschen übertragbaren Krankheiten sind. Hunde müssen mindestens 30 Tage vor der Einreise gegen Tollwut geimpft worden sein. Da die Regelungen sich ändern können, muss man sich über die aktuellen Bestimmungen in der US-Botschaft oder dem Konsulat informieren.
- Für die Einfuhr von gefährlichen Arzneimitteln für den eigenen Bedarf ist ein Rezept in englischer Sprache notwendig, das bestätigt, dass Sie diese Medikamente brauchen. Dabei haben müssen Sie außerdem den Beipackzettel und einen entsprechenden Arztbrief. Das betrifft auch scheinbar harmlose Hustenmittel, die aber zum Beispiel Kodein beinhalten, einen Abkömmling des Opiums.

Bei der **Rückreise nach Deutschland** dürfen Sie folgende Waren zollfrei mitnehmen:

- 200 Zigaretten oder 100 Zigarillos oder 50 Zigarren oder 250 g Rauchtabak oder eine anteilige Zusammenstellung dieser Waren
- 1 Liter Spirituosen mit einem Alkoholgehalt von mehr als 22 % oder 2 Liter Alkohol und alkoholische Getränke mit einem Alkoholgehalt von 22 % oder weniger oder eine anteilige Zusammenstellung dieser Waren und 4 Liter nicht schäumende Weine und 16 Liter Bier.

- (Personen, die Alkohol oder Tabakwaren einführen, müssen mindestens 17 Jahre alt sein)

Außerdem darf mitgeführt werden:

- 500 g Kaffee oder 200 g Auszüge, Essenzen oder Konzentrate aus Kaffee oder Zubereitungen auf der Grundlage dieser Waren oder auf der Grundlage von Kaffee
- (Bei Kaffee muss das Mindestalter 15 Jahre sein)
- 50 g Parfüms und 0,25 Liter Eau de Toilette.
- Arzneimittel für den persönlichen Bedarf
- Waren bis zu einem Warenwert von 430 Euro (bei Reisenden unter 15 Jahren bis zu einem Warenwert von 175 Euro)

Weitere Informationen und Links findet man unter 🖳 www.zoll.de

Für die **Rückreise nach Österreich** gilt:

- 200 Zigaretten oder 100 Zigarillos oder 50 Zigarren oder 250 g Rauchtabak
- 1 Liter Alkohol und alkoholische Getränke mit einem Alkoholgehalt von mehr als 22% oder 2 Liter Alkohol und alkoholische Getränke von höchstens 22% oder eine anteilige Zusammensetzung dieser Waren und 4 Liter nicht schäumende Weine und 16 Liter Bier.
- 500 g Kaffee oder 200 g Kaffee-Extrakt
- 100 g Tee oder 40 g Tee-Extrakt
- 50 g Parfum
- (Für die Einfuhr von Alkohol und Tabakwaren nach Österreich müssen die Personen ebenfalls mindestens 17 Jahre alt sein)
- Katzen und Hunde dürfen mit Tollwutimpfzeugnis nach Österreich reisen. Das Impfzeugnis muss mindestens 30 Tage und höchstens ein Jahr alt sein.
- Arzneimittel für den persönlichen Bedarf
- Waren bis zu einem Warenwert von 430 Euro (bei Reisenden unter 15 Jahren bis zu einem Warenwert von 150 Euro)

Zollfreie Mengen von Waren bei **Einreise in die Schweiz** sind:

- 200 Zigaretten oder 50 Zigarren oder 150 g Tabak
- 2 Liter alkoholische Getränke bis zu 15 % Alkoholgehalt, 1 Liter alkoholische Getränke über 15 % Alkoholgehalt
- (Beides wieder nur für Personen über 17 Jahre wirksam)
- Waren sind bis zu einem Wert von sfr 300 pro Person zollfrei. Wird dieser Gesamtwert aller Waren überschritten, sind alle Waren abgabepflichtig. (ausgenommen von dieser Wertfreigrenze sind alkoholische Getränke und Tabakwaren, die in oben angegebenen Mengen abgabefrei sind!). Personen unter 17 Jahren dürfen Geschenke bis zu sfr 50 zollfrei in die Schweiz mitnehmen.

Grundsätzlich darf in **keines der drei Länder** Folgendes mitgenommen werden beziehungsweise unterliegt strengen Regelungen:

- Dinge, die unter den Artenschutz fallen (z.B. Elfenbein), Betäubungsmittel, Fleisch und Fleischwaren, Lebensmittel, gefährliche Hunde (Kampfhunde), Gift, Feuerwerkskörper, Schusswaffen und Munition.

Checklisten

▌ Konkrete und frühe Reiseplanung

- ☐ Gültigkeit der Reisepässe kontrollieren (Neubeantragung dieses Dokumentes dauert ein paar Wochen!), ESTA-Anträge stellen
- ☐ Flug-Recherche und Buchung, Vergleiche von Angeboten der Reisebüros und des Internets
- ☐ Hotelreservierung; beachten Sie, ob es einen Shuttle-Service vom Flughafen zum Hotel gibt.
- ☐ Reservierung Fahrzeug; auch hier ist ein Shuttle vom Hotel bzw. dem Flughafen zum Vermieter wichtig, da es bei den Entfernungen innerhalb Los Angeles zu hohen Taxi-Rechnungen kommen kann.

- ☐ Reiserücktrittsversicherung und Auslandskrankenversicherung abschließen.
- ☐ Richtlinien für Gepäck und Handgepäck der befördernden Airline recherchieren.
- ☐ Bei Mitnahme eines Haustieres die entsprechenden Bestimmungen der Fluggesellschaft und der Einreise checken.
- ☐ Rechtzeitig US-Dollar bei der Bank ordern, die Lieferung dauert in der Regel einige Werktage.
- ☐ Zweite Kreditkarte zur Sicherheit
- ☐ Evtl. Travellerschecks

▌ Kofferpacken

Kleidungsstücke
- ☐ Gut passende und robuste Wanderschuhe, möglichst schon eingelaufen
- ☐ Sportschuhe und/oder Sandalen
- ☐ Bequeme Schuhe, die auch fürs Restaurant geeignet sind.
- ☐ Wind- und wasserdichte Goretex- oder Softshell-Jacke
- ☐ Mütze, Schal, Handschuhe (fürs Whale Watching und San Francisco)
- ☐ Kopfbedeckung
- ☐ Badebekleidung inklusive Badeschlappen für die Duschen auf den Campgrounds
- ☐ Socken, Strümpfe
- ☐ Unterwäsche
- ☐ Schlafanzüge
- ☐ Hosen, Jeans, Funktionskleider fürs Wandern
- ☐ T-Shirts
- ☐ Pullover, Strickjacken und/oder Fleece
- ☐ Sportausrüstung z.B. zum Klettern je nach persönlichem Bedarf

Mit Kindern unterwegs
- ☐ Sonnenkappe
- ☐ Bekleidung (siehe oben)
- ☐ Wanderstiefel; bei Kindern besonders auf gute Qualität achten!
- ☐ Ggf. Einwegwindeln für die ersten Tage
- ☐ Kuscheltier
- ☐ Kuschelkissen
- ☐ Schnuller oder Schmusetuch fürs Flugzeug
- ☐ Altersgerechtes Spielzeug/Musik/Hörspiele/Gerätschaften/Bücher fürs Fahren
- ☐ Kleinere Rucksäcke für die Wanderungen
- ☐ Trinkflaschen
- ☐ Eigenes Taschengeld für größere Kinder
- ☐ Schwimmtiere oder Schwimmflügel

Mit Haustier unterwegs

- ☐ Transportbox fürs Flugzeug
- ☐ Evtl. Lieblingsspielzeug für die Transportbox
- ☐ Maulkorb, Halsband, Geschirr, Leine
- ☐ Impfbescheinigung oder sonstige Papiere für die Einreise
- ☐ Wenn nötig: Medizin

Medikamente

- ☐ Medikamente, die regelmäßig eingenommen werden müssen; inkl. ärztlichem Attest für Zoll
- ☐ Ggf. Pille/Verhütungsmittel
- ☐ Fenestil oder Ähnliches gegen Stiche
- ☐ Kleines Erste-Hilfe-Set mit Pflastern, Wundsalbe und Verbänden

❗ HINWEIS Die meisten schmerzstillenden Medikamente oder solche gegen Erkältungen und grippale Infekte können Sie frei verkäuflich in allen großen Läden und Apotheken erhalten.

Sonstiges

- ☐ Adapter für Stromanschluss (am besten 2 davon!)
- ☐ Reiseföhn (umschaltbar auf 110 V)
- ☐ Leselektüre, Spiele, Bücher
- ☐ Sonnenbrillen
- ☐ Wäscheklammern und Schnur

- ☐ Fernglas
- ☐ Fotoapparat, Digitalkamera
- ☐ Evtl. Notebook inkl. Ladekabel und Stick für die Foto-Übertragung von der Kamera
- ☐ Mobiltelefon (vorher checken, ob der Vertrag für die USA registriert ist)
- ☐ Großer Rucksack
- ☐ Evtl. Wanderstöcke
- ☐ Taschenlampe (in den Wohnmobilen meist bei der Ausrüstung dabei)
- ☐ Schreibzeug
- ☐ Führerschein
- ☐ Versichertenkarte der Krankenkasse/privaten Versicherung
- ☐ Kartenmaterial, evtl. Navigationsgerät mit entsprechender Software
- ☐ Reiseführer
- ☐ Wörterbuch
- ☐ Adresse Mietwagen-Vermieter, Voucher für Mietwagen, Hotels und sonstige Reiseleistungen
- ☐ 12-Volt-Anschlüsse für elektronische Geräte, die während der Fahrt bzw. unabhängig von Stromanschlüssen auf den Campingplätzen geladen werden müssen

❗ HINWEIS Auf keinen Fall Lebensmittel in die Koffer packen! Die Koffer werden durchleuchtet, Lebensmittel fallen als Kohlenwasserstoffverbindungen auf und werden ggf. beschlagnahmt

🔢 Ersteinkauf Wohnmobilfahrer

- ☐ Getränke
- ☐ Wasser (auch zum Kochen)
- ☐ Spülmittel
- ☐ Spüllappen
- ☐ Seife, Duschgel, Shampoo
- ☐ Kartoffeln, Nudeln, Reis
- ☐ Zwiebeln
- ☐ Eier
- ☐ Gewürze (Salz, Pfeffer, Paprika, Kräuter)
- ☐ Essig, Öl
- ☐ Butter, Margarine
- ☐ Wurst
- ☐ Käse
- ☐ Marmelade, Schokocreme, Honig

- ☐ Kaffee, Tee
- ☐ Milch, Milchprodukte
- ☐ Müsli, Cornflakes
- ☐ Brot, Toastbrot
- ☐ Knabbereien
- ☐ Holzkohle, Grillanzünder
- ☐ Küchentücher
- ☐ Toilettenpapier (muss gut abbaubar sein)
- ☐ Chemie für Toilette im Camper
- ☐ Alufolie, Gefrierbeutel
- ☐ Plastikbehälter (3 versch. Größen)
- ☐ Mülltüten

Stichwortverzeichnis

#

17-Miles-Drive 78

A

Abkürzungen 266
Action Watersports 129
Ahwahnechee-Indianer 168
Ahwahnee 168, 177
Alamo 255
Alcatraz 89, 90
Alcatraz Cruises 91
Alkohol 252
Alvarado Street 77
Amerikanische Riviera 59
Anacapa Island 62
Anaheim 56
Angel Island 89
Angeln 266
Anreise 252
Aquarium of Pacific 233
Arch Rock Entrance 159
Argonaut Hotel 107
Arztbesuch 250
Ash Mountain Entrance 188, 204
Auskunft 253
Auslandskrankenversicherung 250
Autofahren 253
Autovermietungen 254
Avila Adobe 44
Avis 255
Azalea Campground 194

B

Baden 266
Bären 255
Baustellen 268
Bay Bridge 96
Bayview Campground 137
Bayview Trail zu den Cascade Falls 134
Bear County 116
Behinderung 256
Beilagen 258
Benzinkosten 242
Best Western Plus Encina Lodge & Suites 65
Best Western Plus Timber Cove Lodge Mar. Res. .. 131
Beverly Hills 53
Big Oak Flat Entrance 159, 165
Big Oak Flat Information Station 161
Big Oak Flat Road 165
Big Stump Entrance 185, 188
Big Stump Trail 188
Big Sur 69
Big Trees Tram Tour 180
Bixby Bridge 72
Blue Go's Nifty 50 Tolleys 121
Boardwalk 231
Bodie Historic State Park 146
Boole Tree 196
Bothe-Napa Valley SP Campground 111
Botschaften 256

Boudin's 100
Boyden Cavern 198
Brand von San Francisco 88
Bridalveil Fall 169
Bridgeport 145
Bronson Caves 50
Budget 255
Bunker Hill 40

C

Cable Cars 97
Cabrillo Highway 58
Cachuma Lake Campground 67
Cachuma Recreation Area 66
California Academy of Sciences 104
California Department of Fish & Game 266
California Division of Tourism 253
California State Capitol 113
California State Route 158 153
California Street-Lane 97
California Welcome Center am Pier 39 90
California Welcome Centers 253
Camp 4 176
Camp Curry 176
Campground by the Lake 130
Campgrounds am June Lake Loop 155
Campgrounds Cedar Grove 200
Campgrounds Grant Grove 194
Campgrounds im südl. Sequoia National Park .. 216
Campgrounds Lake Kaweah 224
Campgrounds Mono Lake 152
Campgrounds Monterey 80
Campgrounds Napa Valley 111
Campgrounds Ost Lake Tahoe 125
Campgrounds Sacramento 114
Campgrounds San Francisco 106
Campgrounds Santa Barbara 63
Campgrounds Sequoia National Park 205
Campgrounds Süd Lake Tahoe 130
Campgrounds Three Rivers 222
Campgrounds West Lake Tahoe 137
Campgrounds Yosemite Valley 175
Camp Richardson 121, 127, 130, 131
Camp Richardson Corral 128
Candlestick Park 106
Candlestick RV Park 106
Cannery Row 73, 76
Canoe Mono Lake 152
Canyonview Campground 200
Capitol West RV and MH Park 114
Carmel by the River RV Park 80
Carmel-by-the-Sea 78
Carmel Country Inn 81
Carpinteria Beach State Park Campground ... 63
Car Pools 254
Casa Nuestra 111
Cascade Falls 134
Cascade Lake 133
Castaic Lake RV Park 226
Castello di Amoroso 111

Cavallo Point Lodge & Spa 109
Cedar Grove 196
Cedar Grove, Campgrounds 200
Cedar Grove, Hotels 201
Cedar Grove/Kings Canyon NP, Unterkünfte . 200
Cedar Grove Lodge 201
Cedar Grove Village 199
Cedar Grove Visitor Center 200
Central Coast 68
Chamber of Commerce Three Rivers 222
Channel Islands National Park 62
Checklisten 274
Chicago Stump 196
Chinatown Los Angeles 45
Chinatown San Francisco 93, 101
Chris Flat Campground 145
Christmas Tree Point 89, 105
Chumash-Indianer 61
Civic Center 89, 94
Comfort Inn & Suites 223
Congress Trail 207
Conservatory of Flowers 89
Converse Basin Grove 196
Conzelman Road 92
Crane Flat Campground 165
Crescent Meadow 214
Crescent Meadow/Log Meadow Loop 214
Crescent Meadow Route 204
Cruise America Motorhome Rental 248
Crystal Cave 215
Crystal Springs Campground 194
Curry Village 168, 176

D
DASH-Minibusse 43
Datum 269
Del Monte Beach 73
Desolation Wilderness 128, 271
De Young Memorial Museum 89
Diamond Lanes 254
Disneyland Hotel 57
Disneyland Paradise Pier Hotel 57
Disneyland Resort 41
Disneyland Resort Hotels 56
Disney's Grand Californian Hotel & Spa ... 56
D.L. Bliss State Park 120
D.L. Bliss State Park Campground 137
Dorst Creek Campground 205
Downtown Los Angeles 40

E
Eagle Point Campground 137
Eagles Point 90
Eastern Sierra Scenic Byway 144
Ed Z'berg-Sugar Pine Point State Park 120
Einreiseformalitäten 243
Einreisegebühr 243
El Bonita Motel 112
El Capitan 157, 168
El Capitan Beach State Park Campground 64
El Dorado Beach 127
Eldorado National Forest 115
Eldorado National Forest, Unterkünfte 116
Electronic System for Travel Authorization (ESTA)
.... 243

El Monte RV 248
El Presidio de Santa Barbara SHP 62
El Pueblo de Los Angeles 43
Emerald Bay 120, 132
Emerald Bay State Park 120, 132
Erdbeben 87
Essen und Trinken 257
ESTA 243
Etikette 269
Europcar 255

F
Fallen Leaf Campground 130
Fallen Leaf Lake 128
Fallen Monarch 192
Fanette Island 120, 132
Farmers Market 77
Feiertage 260
Fifth and Mission Parking Garage 103
Filmpaläste 51
Financial District 93
Fireside Lodge 131
Fisch und Meeresfrüchte 259
Fisherman's Wharf 93, 98
Fleisch 259
Flex Rates 238
Flughafenhotels Los Angeles 55
Fort Point 96
Four Mile Trail 171
Freizeitmöglichkeiten Ostseite Lake Tahoe . 122
Freizeitmöglichkeiten Südseite Lake Tahoe . 126
Freizeitmöglichkeiten Westseite Lake Tahoe . 132
Fresno 184
Fresno Convention & Visitors Bureau 185
Frisco 89
Front of Line-Pass 47
Frühstück 258
Full Hook-up 246

G
Gamlin Cabin 193
Gardnerville 144
Gefängnisinsel Alcatraz 89
Geld 261
Gemüse 258
General Grant Tree 188, 192
General Grant Tree Trail 192
General Sherman Tree 204, 206
Generals Highway 201
Gepäck 244
Gesundheit und Versicherungen 250
Getränke 260
Getty Center 50
Getty Villa Malibu 42
Giant Forest 202, 209
Giant Forest Museum 210
Giant Forest Sequoia Grove 207
Glacier Point 159, 177
Glacier Point Road 178
Glacier Point Tour Bus 171, 178
Golden Gate 95
Golden Gate Bridge 95
Golden Gate National Recreation Area 90
Golden Gate Park 89, 103
Golf 266

Granite Cliffs 157
Granite Lake 135
Grant Grove 192
Grant Grove Cabins 195
Grant Grove, Campgrounds 194
Grant Grove, Hotels 195
Grant Grove/Kings Canyon NP, Unterkünfte . 194
Grant Grove Stables 194
Grant Lake 154
Grant Plaza Hotel 108
Grauman's Chinese Theatre 52
Griffith Park 49
Grizzly Falls 199
Grizzly Giant 180
Gull Lake 154

H

Haight Street 105
Half Dome 157, 174
Handys 262
Happy Isles 170
Heavenly Lake Tahoe 127
Heidelberg Inn 156
Hendriks Point 93
Hertz 255
High Sierra 157
Highway 267
Highway No. 1 58
Highway No. 1 Nord 86
Hilton Los Angeles-Universal City 55
Hilton San Francisco Union Square 108
Historic Barn & Powerhouse 98
Hodgdon Meadow Campground 165
Hollywood 51
Hollywood Boulevard 51
Hollywood City Walk 48
Hollywood Entertainment Museum 51
Hollywood Heritage Museum 51
Hollywood & Highland Complex 51
Hollywood History Museum 51
Hollywood-Zeichen 48
Horse Creek Campground 224
Horsetail Falls 117
Hotel Ost Lake Tahoe 126
Hotels am June Lake Loop 156
Hotels außerhalb San Franciscos 109
Hotels bei Fisherman's Wharf 107
Hotels bei Sacramento 114
Hotels Cedar Grove 201
Hotels Grant Grove 195
Hotels im Norden von Los Angeles 56
Hotels im Nordwesten von Los Angeles 55
Hotels in Downtown Los Angeles 57
Hotels in Downtown San Francisco 108
Hotels in Sausalito 109
Hotels Mono Lake 152
Hotels Monterey 81
Hotels Napa Valley 112
Hotels Santa Barbara 65
Hotels Sequoia National Park 205
Hotels Südseite Lake Tahoe 131
Hotels Three Rivers 223
Hotels Yosemite Valley 176
House of Blues 53
Hume Lake 197

Hyatt Summerfield Suites L.A. LAX/El Segundo 55

I

Incline Village/Crystal Bay Visitor Center 122
Inspiration Point 132
InterContinental Hotel The Clement Monterey . 81
Internet 262
Interstate 267

J

Japantown 94
John Muir Lodge 195
John Muir Trail 172
Julia Pfeiffer Burns State Park 70
Junction View 197
June Lake 153, 154
June Lake Loop 153
June Lake Loop, Campgrounds 155
June Lake Loop, Hotels 156
June Lake Loop, Unterkünfte 155
June Mountain Ski Area 155

K

Kalifornien 19
Kalifornienstrom 88
Kampgrounds of America 249
Karten 243
Kaweah Heritage Visitor Center 224
Kaweah Marina 224
Kinder 263
Kingsbury Grade 143
Kings Canyon National Park 186
Kings Canyon NP/Cedar Grove, Unterkünfte . 200
Kings Canyon NP/Grant Grove, Unterkünfte . 194
Kings Canyon NP, Sehenswürdigkeiten 192
Kings Canyon Scenic Byway (Hwy 180) 196
Kings Canyon Visitor Center 189
Kings River 187
Kissling Garage 103
Klettern 266
Klima 239
KOA (Kampgrounds of America) 249
Kodak Theatre 52
Kosten 241
Krankenhausaufenthalt 250
Kreditkarte 261
Kutzadika-Indianer 151
Kyoto Grand Hotel and Gardens 57

L

Lake Cachuma 66
Lake Kaweah 223
Lake Kaweah, Campgrounds 224
Lake Kaweah, Unterkünfte 224
Lake of the Sky Trail 128
Lakeside Beach 126
Lake Tahoe 118
Lake Tahoe Basin Management Unit 122
Lake Tahoe Boat Rides 129
Lake Tahoe, Campgrounds Ostseite 125
Lake Tahoe, Campgrounds Südseite 130
Lake Tahoe, Campgrounds Westseite 137
Lake Tahoe, Freizeitmöglichkeiten Ostseite .. 122
Lake Tahoe, Freizeitmöglichkeiten Südseite . 126
Lake Tahoe, Freizeitmöglichkeiten Westseite 132

Lake Tahoe, Hotels Ostseite 126
Lake Tahoe, Hotels Südseite 131
Lake Tahoe-Nevada State Park 120
Lake Tahoe, Unterkünfte Ostseite 125
Lake Tahoe, Unterkünfte Südseite 130
Lake Tahoe, Unterkünfte Westseite 137
La Residence Country Inn 112
Laundry 270
Lavender Inn by the Sea 65
LAX 39, 253
Lee Vining 149
Leihwagenfirmen 254
Lembert Dome 162
Lil Toot 60
Little Italy 93
Lodgepole Campground 205
Lodgepole-Sherman Tree Trail 209
Lodgepole Village 202
Lodgepole Visitor Center 204
Log Meadow Loop 214
Long Beach 233
Lookout Point Entrance 204
Lora Josephine Knight 133
Los Angeles 39
Los Angeles Convention & Visitors Bureau . . . 41
Los Angeles County, Strände 227
Los Angeles, Flughafenhotels 55
Los Angeles, Hotels im Norden 56
Los Angeles, Hotels im Nordwesten 55
Los Angeles, Hotels in Downtown 57
Los Angeles International Airport 39
Los Angeles International Airport (LAX) 253
Los Angeles, Sehenswürdigkeiten Downtown . 43
Los Angeles, Sehenswürdigkeiten nördl. Innenstadt . 47
Los Angeles, Sehenswürdigkeiten nordwestl. Innenstadt . 50
Los Angeles, Unterkünfte 54
Los Angeles Zoo 49
Lower Pines Campground 176
Lower Yosemite Fall 167

M

Maggies Peaks 135
Maison 140 Beverly Hills 55
Malibu Beach 227
Malibu Beach RV Park 228
Malibu Beach, State Parks im Hinterland . . . 226
Malibu Beach, Übernachtungsmögl. Hinterland . 226
Malibu Beach, Übernachtungsmöglichkeiten 228
Malibu Creek State Park 226
Malibu Creek State Park Campground 226
Marina del Rey 41, 233
Marina Dunes RV Park 81
Marin County 92
Marin Headlands 92
Mariposa Grove 165, 180
Mark Twain Tree 188
Maße und Gewichte 263
McAbee Beach 73
McWay Waterfall Trail 70
Medikamente 250
Meeresfrüchte 259
Merced Grove 165
Merced River 159, 166
M. H. de Young Memorial Museum 104
Middle Cascades 167

Mineral King Area 204
Mirror Lake/Meadow 170
Mist Trail 172
Mit Behinderung in den USA 256
Mitnehmen 251
Mobiltelefone 262
MOCA 47
Mono Basin Scenic Area 149
Mono Basin Scenic Area Visitor Center 152
Mono County 144
Mono Lake 150
Mono Lake Basin 143
Mono Lake, Hotels 152
Mono Lake, Unterkünfte 152
Mono Vista RV Park 152
Monterey 72
Monterey Bay 73
Monterey Bay Aquarium 74
Monterey Bay Coastal Recreational Trail 73
Monterey Bay Whale Watching 76
Monterey, Campgrounds 80
Monterey History & Maritime Museum 78
Monterey Hotel 81
Monterey, Hotels 81
Monterey Peninsula 73
Monterey, Sehenswürdigkeiten 74
Monterey, Sehenswürdigkeiten außerhalb 78
Monterey, Sehenswürdigkeiten Old Monterey . 77
Monterey State Historic Park 77
Monterey, Unterkünfte 80
Moraine Campground 201
Moro Rock 212
Moro Rock/Crescent Meadow Route 204
Motel 6 Santa Barbara State Street 65
MOT - Museum of Tolerance 54
Mount Hollywood Trail 49
Mount Tallac Trail 128
Mulholland Highway 49
MUNI (Municipal Transportation Agency) 98
Museum of Contemporary Art (MOCA) 47
Museum of Tolerance (MOT) 54

N

Napa 110
Napa Valley 110
Napa Valley, Campgrounds 111
Napa Valley Expo RV Park 111
Napa Valley, Hotels 112
Napa Valley, Unterkünfte 111
National Parks 263
Nature Center at Happy Isles 170
Navigationsgerät 243
Nebel San Francisco 89
Nebenstrecke zur Crystal Cave 215
Negit Island 151
Nevada Beach 123
Nevada Beach Campground 122, 125
Neverland Ranch 66
Nob Hill 93
North Beach 93
North Grove Loop Trail 193
North Pines Campground 176
Notruf 251

O

Oakland Bay Bridge 96
Obst 259
Ocean Front Walk 41, 231
Ocean Mesa Campground 64
Ocean View Hotel 230
Öffnungszeiten 264
O Hotel 57
Old Monterey, Sehenswürdigkeiten 77
Old Sacramento Visitor Center 113
Olmsted Point 164
Olvera Street 44

P

Pacific Coast Highway 58
Pacific Heights 89, 94
Panoramic Point 194
Panoramic Point Road 194
Panum Crater 152
Paoha Island 151
Paradice Motel 131
Path of History 78
Pebble Beach 78, 266
Pfeiffer Big Sur State Park 71
Pier 39 98
Pier 39, San Francisco 90
Pine Cliff Resort 155
Pioneer Yosemite History Center 179
Placerville Ranger District 115
Point Lobos State Reserve 79
Point Sur Historic State Park 72
Point Sur Lightstation 72
Pope Beach 127
Portsmouth Square 102
Potwisha Campground 216
Powell-Hyde-Lane 97
Powell-Mason-Lane 97
Presidio 89
Princess Monterey Whale Watching 76
Promillegrenze 252
Pyramid Creek Loop 117

Q

Quail Flat Junction 201
Queen Mary 233

R

Radfahren 267
Radisson Los Angeles Airport Hotel 55
Rafting 267
Rainbow Trail 128
Rauchen 264
Recreational Vehicle 246
Redewendungen 266
Redondo Beach Pier 55
Red Rocks Trail 66
Redwood Canyon Trail 201
Redwood Mountain Grove 188, 201
Redwood Mountain Overlook 201
Refugio Beach State Park Campground 64
Regan Beach 126
Reisedauer 241
Reisedokumente 239
Reisevorbereitung 238
Reisezeit 240

Reiten 264
Richardson Bay 92
Road Bear RV 248
Road Constructions 268
Roaming-Konditionen 262
Rodeway Inn West Sacramento 114
Round Hill Pines Beach & Marina 123
Routenplanung 241
Rubicon Point Trail 136
Russian Hill 93
RV 246

S

Sacramento 112
Sacramento, Campgrounds 114
Sacramento Convention & Visitors Bureau ..113
Sacramento, Hotels 114
Sacramento, Sehenswürdigkeiten 113
Sacramento, Unterkünfte 114
Sacramento West/Old Town KOA 114
Saddle Mountain RV Park and Campground ..80
Sales Tax 262
San Anselmo Inn 109
San Carlos Beach 73
Sanctuary Cruises 76
Sandflat Campground 116
San Francisco 87
San Francisco, Campgrounds 106
San Francisco, Hotels außerhalb 109
San Francisco, Hotels Fisherman's Wharf ..107
San Francisco, Hotels in Downtown 108
San Francisco International Airport (SFO) ...253
San Francisco Maritime National Historical Park .101
San Francisco RV Resort 87, 106
San Francisco, Sehenswürdigkeiten außerhalb 90
San Francisco, Sehenswürdigkeiten innerhalb 93
San Francisco, Stadtteile 93
San Francisco, Unterkünfte 106
San Francisco Visitor Information Center 90
San Miguel Island 62
San Rafael Mountains 66
San Simeon Bay 68
San Simeon Creek Campground 69
San Simeon Pier 69
Santa Barbara 59
Santa Barbara, Campgrounds 63
Santa Barbara Conference & Visitors Bureau . 61
Santa Barbara County Courthouse 61
Santa Barbara Historical Museum 61
Santa Barbara, Hotels 65
Santa Barbara Island 62
Santa Barbara Maritime Museum 61
Santa Barbara Museum of Natural History .. 61
Santa Barbara, Sehenswürdigkeiten außerhalb .. 62
Santa Barbara, Sehenswürdigkeiten Innenstadt . 61
Santa Barbara, Unterkünfte 63
Santa Cruz Island 62
Santa Monica 229
Santa Monica Beach 41, 229
Santa Monica Mountains National Recr. Area 226
Santa Monica Pier 229
Santa Monica Pier Aquarium 229
Santa Rosa Island 62
Santa Ynez Valley 66
Sausalito 92

Sausalito, Hotels 109
Sawed Tree 188
Schotterstraßen 268
Schulferien 240
Sehenswürdigkeiten an der Tioga Road 162
Sehenswürdigkeiten außerhalb Los Angeles .. 41
Sehenswürdigkeiten außerhalb Montereys ...78
Sehenswürdigkeiten außerhalb San Franciscos . 90
Sehenswürdigkeiten außerhalb von Santa Barbara . 62
Sehenswürdigkeiten Downtown Los Angeles . 43
Sehenswürdigkeiten im Kings Canyon National Park . 192
Sehenswürdigkeiten im Sequoia National Park ..206
Sehenswürdigkeiten im Yosemite Valley 168
Sehenswürdigkeiten Innenstadt Santa Barbara .. 61
Sehenswürdigkeiten innerhalb San Franciscos 93
Sehenswürdigkeiten Monterey 74
Sehenswürdigkeiten nördliche Innenstadt LA . 47
Sehenswürdigkeiten nordwestliche Innenstadt LA . 50
Sehenswürdigkeiten Old Monterey 77
Sehenswürdigkeiten Sacramento 113
Sehenswürdigkeiten südlich des Yosemite Valley . 177
Sentinel Campground 201
Sepulveda House 44, 45
Sequoia Groves 158
Sequoia National Park 202
Sequoia National Park, Campgrounds 205
Sequoia National Park, Campgrounds südlicher Teil . 216
Sequoia National Park, Hotels 205
Sequoia National Park, Sehenswürdigkeiten .206
Sequoia National Park, Unterkünfte 205
Sequoia National Park, Unterkünfte südlicher Teil . 216
Sequoia National Park, Wanderwege 207
Sequoia RV Ranch 222
Sequoias 190
SFO 253
Sheep Creek Campground 201
Sheraton Fisherman's Wharf Hotel 107
Sicherheit 264
Sierra Nevada 118, 157
Silverado Trail 110
Silver Lake 154
Silver Lake Resort 156
Silver Lake Resort RV Park 156
Six Flags Magic Mountain 225
Six Flags Magic Mt, Übernachtungsmöglichkeit ..226
Smokey's Trail 128
Solvang 66
SOMA 89, 94
Sonnenuntergang 265
South Entrance 159
South Fork of the American River 116
South Lake Tahoe 120, 122
South Lake Tahoe Bike Path 121
South of Market (SOMA) 89, 94
South Tufa Reserve 151
Sportmöglichkeiten 266
Sprache 265
Squaw Valley 120
Stadtteile San Francisco 93
State Parks im Hinterland von Malibu Beach. 226
Stearns Wharf 60
Steuern 262
St. Helena Highway 110
Strände im Los Angeles County 227
Straßen 267

Stream Profile Chamber 128
Sunset Campground 195
Sunset Strip 53
Sutter's Fort State Historic Park 113
SW Hotel 108

T
Tahoma 121
Tallac Historic Site 128
Tangerine Hotel 56
Tanken 254
Taylor Creek 128
Taylor Creek Visitor Center 128
Tehachapi Mountains 225
Tejon-Pass 225
Telefonieren 268
Tenaya Creek 170
Tenaya Lake 163
Tharp's Log 203
The Ahwahnee 177
The Fallen Monarch 180
The Presidio 94
The Rock 90
The Wharf Inn 107
Third Street Promenade 230
Three Rivers 204, 221
Three Rivers, Campgrounds 222
Three Rivers, Hotels 223
Three Rivers, Unterkünfte 222
Tioga Lodge 152
Tioga Pass Entrance 157
Tioga Road 161
Tioga-Road 157
Tioga Road, Sehenswürdigkeiten 162
Toiyabe National Forest 144
Tokopah Falls Trail 207
Topaz Lake 144
Transportation Security Administration 244
Transverse Range 225
Treasure Island 89
Trinken 257
Trinkgeld 269
Trinkwasser 269
Truckee 120
TSA 244
Tunnel Log 213
Tunnel View 166
Tuolumne Grove 165
Tuolumne Meadows 157, 162
Tuolumne Meadows Campground 163
Tuolumne Meadows Shuttlebus 162
Tuolumne Meadows Visitor Center 160
Twin Peaks 89, 105
Ty Warner Sea Center 61

U
Übernachten 248
Uhrzeit und Datum 269
Umgangsformen 269
Umweltschutz 270
Unfallversicherung 250
Union Square 93, 103
Union Station 45
Universal Studios 47
Unpaved roads 268

Unterkünfte am June Lake Loop 155
Unterkünfte Cedar Grove/Kings Canyon NP . . 200
Unterkünfte Grant Grove/Kings Canyon NP . . 194
Unterkünfte Hinterland Malibu Beach 226
Unterkünfte im Eldorado National Forest 116
Unterkünfte im südlichen Sequoia NP 216
Unterkünfte Lake Kaweah 224
Unterkünfte Los Angeles 54
Unterkünfte Malibu Beach 228
Unterkünfte Mono Lake 152
Unterkünfte Monterey 80
Unterkünfte Napa Valley 111
Unterkünfte Ost Lake Tahoe 125
Unterkünfte Sacramento 114
Unterkünfte San Francisco 106
Unterkünfte Santa Barbara 63
Unterkünfte Sequoia National Park 205
Unterkünfte Six Flags Magic Mt 226
Unterkünfte Süd Lake Tahoe 130
Unterkünfte Three Rivers 222
Unterkünfte West Lake Tahoe 137
Unterkünfte Yosemite Valley 175
Unterwegs 252
Upper Pines Campground 176
Upper Yosemite Fall 167, 173
USA 18

V

Valley Floor Loop 171
Valley View 166
Valley View Trail 71
Valley View Trail to Pfeiffer Falls Overlook 71
Vanity number 269
Venice Beach 41, 230
Venice Canal Walk 232
Venice on the Beach Hotel 232
Vernal Fall 172
Versicherungen 250
Vikingsholm 133
Vikingsholm Castle 133
Vine Country 110
Visalia 223

W

Wale beobachten 270
Walker River 145
Walk of Fame 52
Walt Disney Concert Hall 40, 46
Wandern 267
Wanderwege Kings Canyon NP 188, 201

Wanderwege Sequoia National Park 207
Wanderwege Yosemite Valley 170
Wäsche waschen 270
Wawona 179
Wawona Campground 179
Wawona Hotel 180
Wawona Information Station 161
Wawona Road 178
Wawona Tunnel Tree 180
Wax Museum 100
Welcome Centers 253
Whale Watching 270
Whale Watching, Monterey 75
White Wolf 165
Wilderness Areas 271
Wilderness Permit 270
William Randolph Hearst Mem. State Beach . . 69
Wohnmobil 245
Woodwind Sailing Cruises 124, 136
Wuksachi Lodge 205

Y

Yosemite Falls 167
Yosemite Lodge at the Falls 176
Yosemite Museum 170
Yosemite National Park 157
Yosemite Point 174
Yosemite Valley 159, 167
Yosemite Valley, Campgrounds 175
Yosemite Valley, Hotels 176
Yosemite Valley, Sehenswürdigkeiten 168
Yosemite Valley, Sehenswürdigkeiten südlich des ~ . 177
Yosemite Valley, Unterkünfte 175
Yosemite Valley Visitor Center 160
Yosemite Valley, Wanderwege 170
Yosemite Village 168
Yosemite Wilderness Center 168

Z

Zeitverschiebung 271
Zephyr Cove 123
Zephyr Cove Beach 123
Zephyr Cove Marina 124
Zephyr Cove Resort 126
Zephyr Cove RV Park & Campground 125
Zephyr Cove Stables 123
Zoll 272
Zubereitungsarten bei Fleisch 259
Zurück in Los Angeles 235

NATIONALPARKKARTEN

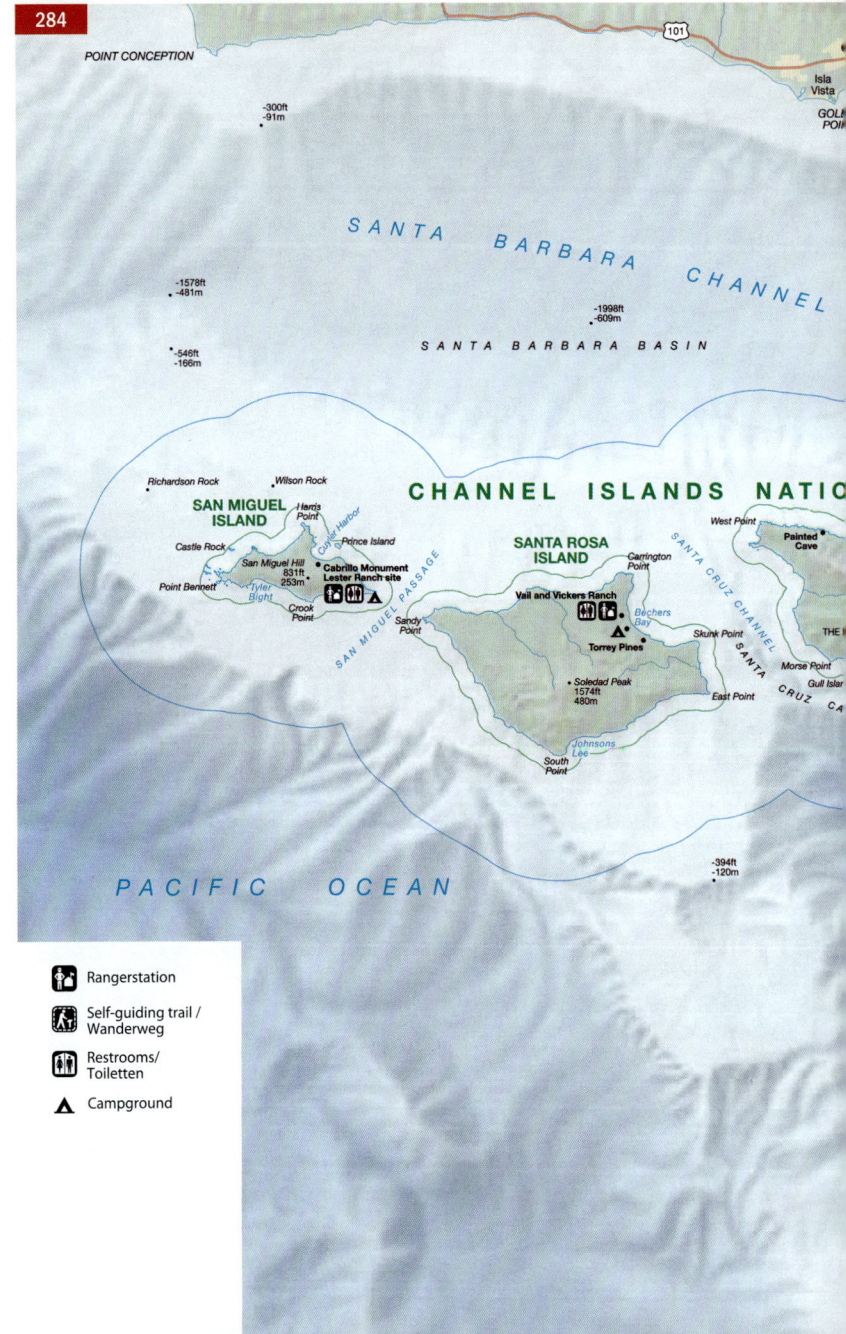

POINT CONCEPTION

• -300ft
-91m

Isla
Vista

GOL
POI

SANTA   BARBARA   CHANNEL

• -1578ft
-481m

• -1998ft
-609m

SANTA   BARBARA   BASIN

• -546ft
-166m

CHANNEL   ISLANDS   NATIO

Richardson Rock •   • Wilson Rock

SAN MIGUEL
ISLAND

Harris
Point

West Point

Painted •
Cave

Castle Rock •

• Prince Island

SANTA ROSA
ISLAND

Carrington
Point

Point Bennett •

San Miguel Hill
831ft
253m

Cabrillo Monument
Lester Ranch site

Vail and Vickers Ranch

Bechers
Bay

Tyler
Bight

Crook
Point

Sandy
Point

Torrey Pines

Skunk Point

Morse Point

Gull Islar

• Soledad Peak
1574ft
480m

East Point

Johnsons
Lee

South
Point

• -394ft
-120m

PACIFIC   OCEAN

Rangerstation

Self-guiding trail /
Wanderweg

Restrooms/
Toiletten

▲   Campground

Santa Barbara

Montecito Summerland

Carpinteria

Santa Barbara Harbor

OUTDOORS SANTA BARBARA VISITOR CENTER

Ojai

150

Oak View

SULFUR MOUNTAIN

Santa Paula

OAK RIDG

101

33

126

Ventura

CHANNEL ISLANDS NATIONAL PARK VISITOR CENTER
PARK HEADQUARTERS

Ventura Harbor

El Rio

Camarillo

101 Los A

Channel Islands Harbor

Oxnard

Newbu Park

-390ft
-119m

La Jolla Peak
1567ft
478m

1

SANTA MONICA MOUNT
NATIONAL RECREATION

-780ft
-238m

PARK

POINT MUGU

SANTA CRUZ ISLAND

Scorpion Ranch

Diablo

Prisoners Harbor

San Pedro Point

ANACAPA ISLAND

Smugglers Cove

Main Ranch

NPS PROPERTY

CY PROPERTY

LLEY

HUENEME CANYON

ANACAPA PASSAGE

Summit Peak
936ft
284m

Light Station and museum

-1886ft
-575m

-918ft
-280m

-8ft
0m

SANTA

MONICA

BASIN

SANTA

CRUZ

BASIN

-6448ft
-1966m

PILGRIM BANKS

-102ft
-31m

-420ft
-128m

-1722ft
-525m

SANTA BARBARA ISLAND

Light beacon

Sutil Island

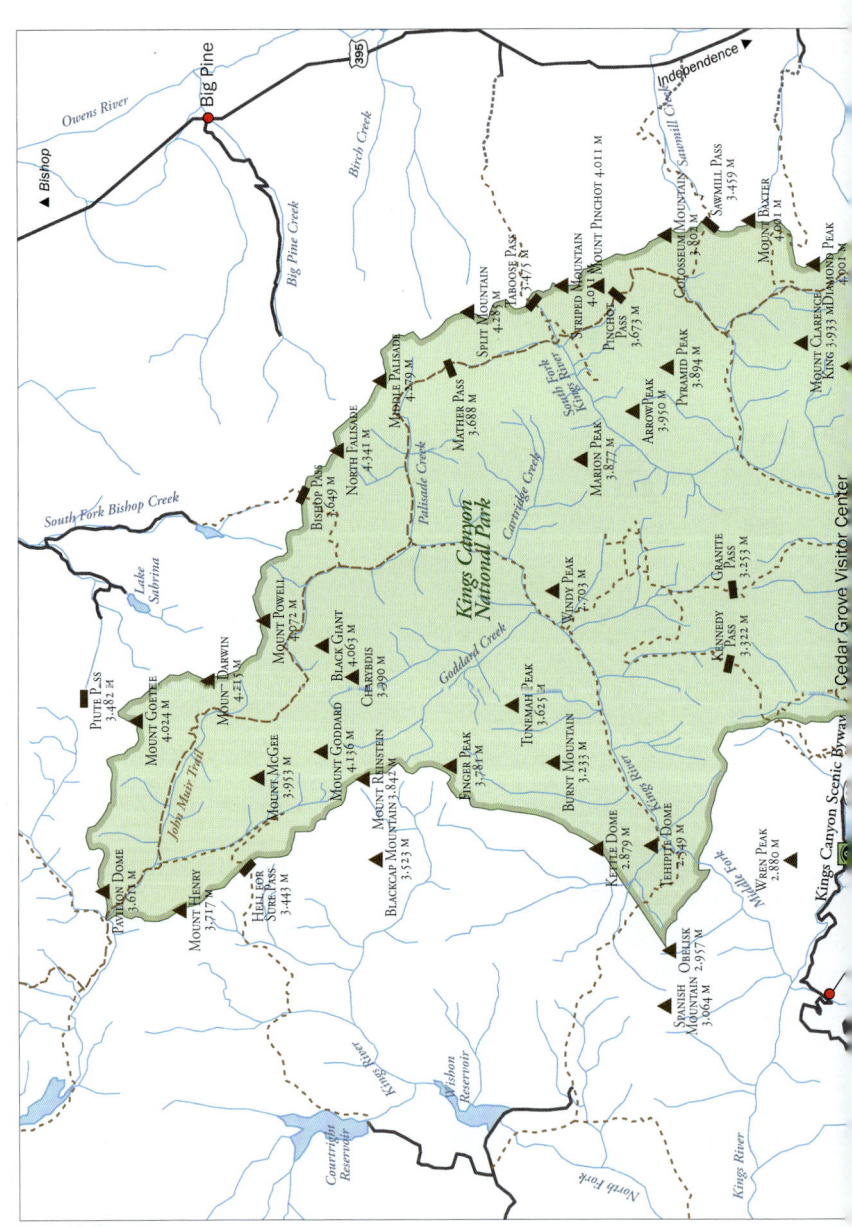

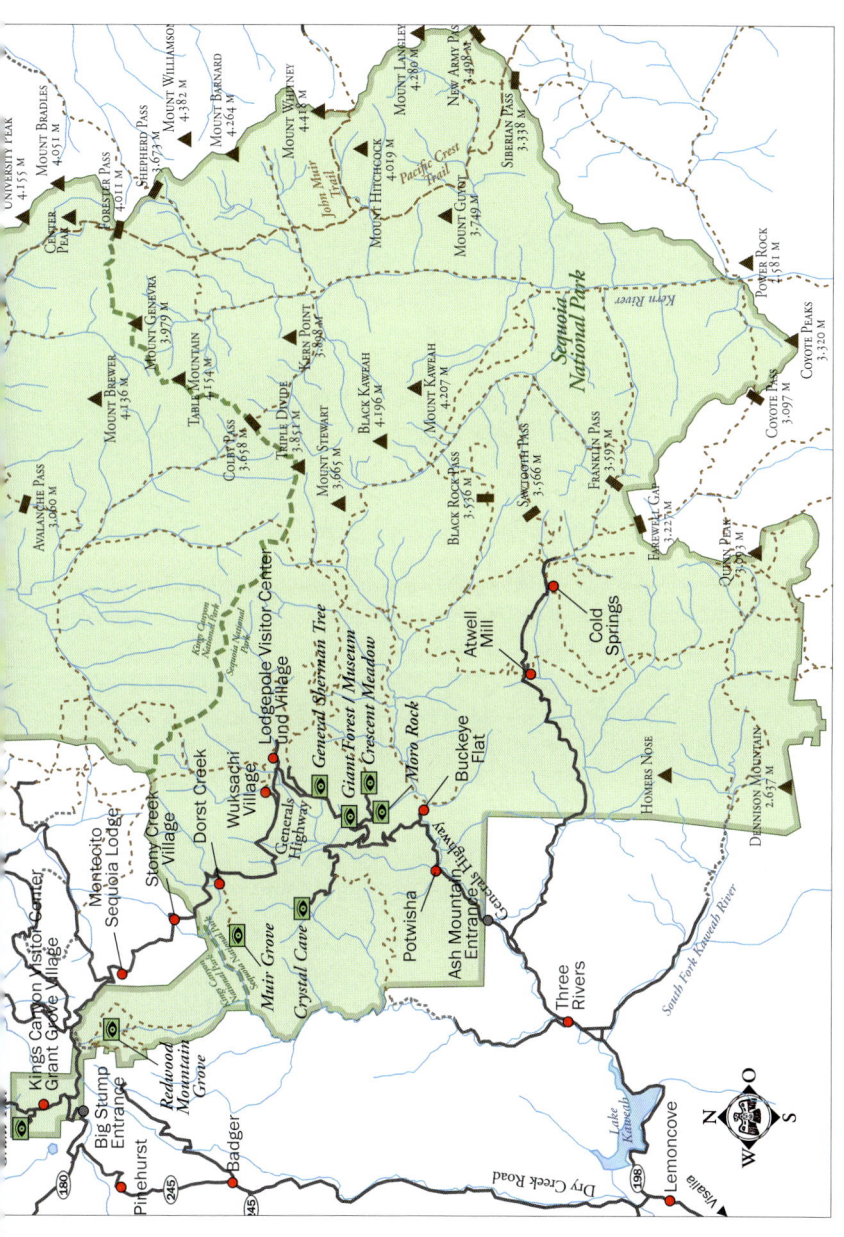

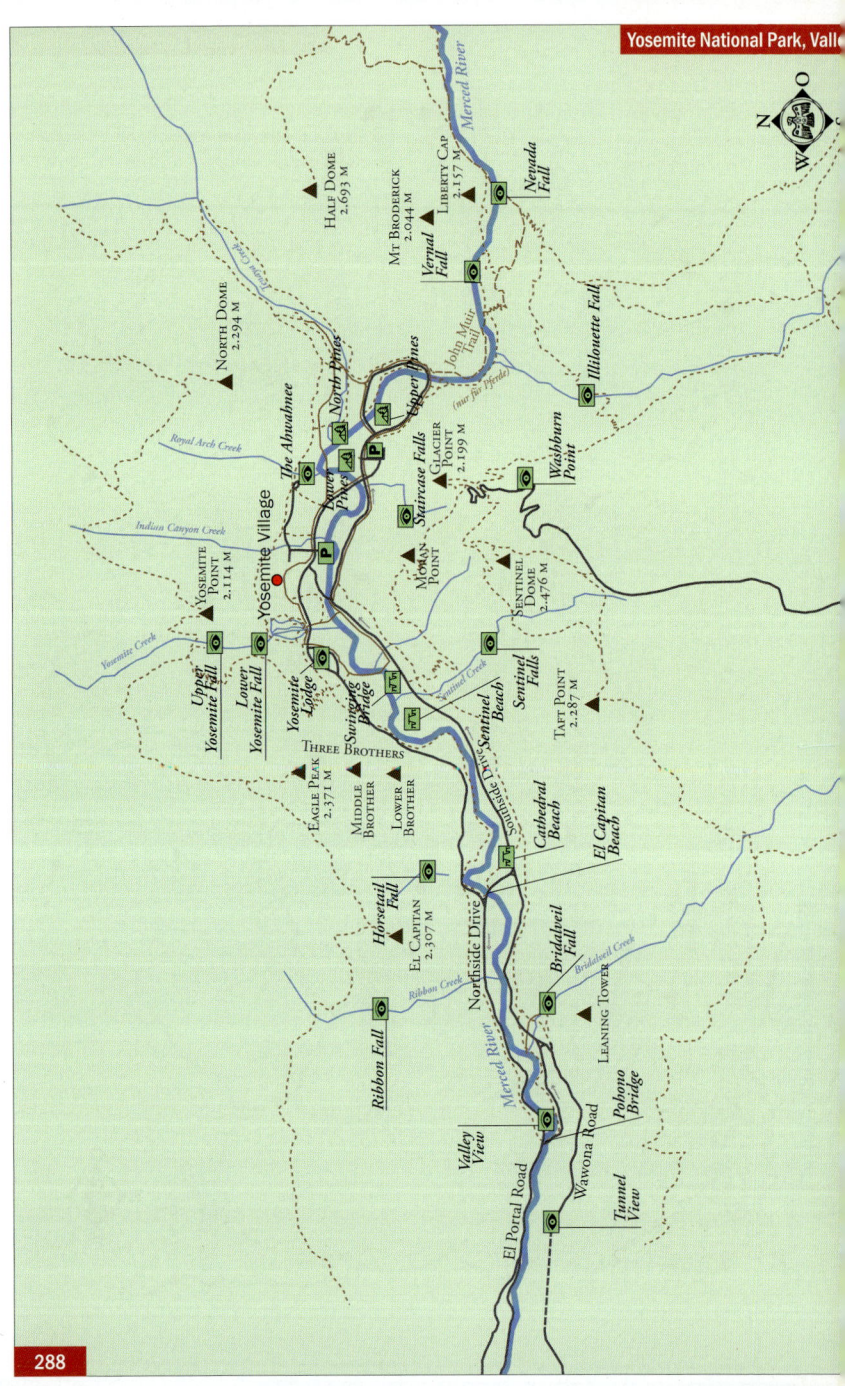